지방자치론

김 현 조

도서출판 대영문화사

머리말

시민혁명을 통해 절대왕정이 무너지고 시민의 자유와 권리 신장을 위한 제도적 장치의 하나로 창안된 근대 지방자치제도가 가동된 지 200년의 역사가 흘러가고 있다. 그 동안 자유민주주의를 신봉하는 국가들은 대부분 지방자치제도를 도입하여 자신들의 토양에 맞게 운영해 옴으로써 정치적 민주주의의 신장과 함께 사회복지 국가 건설을 위한 굳건한 기초를 마련했다. 진정한 복지국가는 민주주의가 제대로 뿌리내지지 못한 곳에서는 결코 건설될 수 없다는 역사적 교훈을 감안할 때 지방자치는 모든 국가가 충실하게 잘 가꾸어 나가야 할 대상이며 이상이라 하겠다.

그 동안 대학에 몸을 담고 오랜 세월 동안 지방자치론을 강의해 온 사람으로서 평소 느끼고 있었던 점은 어떻게 하면 학생들이 광범위한 지방자치의 내용을 명료하게 이해하고, 실무에 잘 응용할 수 있을까 하는 것이었다. 지방자치의 역사가 오래된 만큼이나 이에 대한 연구와 저술도 수없이 존재한다. 따라서 지방자치에 대한 이론이나 실무적 내용은 연구되지 아니한 영역이 없을 정도로 많이 연구되었고, 이제 민주 시민으로서 알아야 할 보편적 지식으로 발전하게 되었다. 이러한 상황에서 지방자치에 대한 저술을 하나 더 남긴다는 것은 학문적으로나 실무적으로 별다른 의미를 부여할 수 없을 것 같다. 그러나 만에 하나 이 분야에 관심을 가진 학도들에게 지방자치에 대한 이론과 실무적 내용을 좀 더 체계적으로 이해하고 응용력을 배양하는 데 다소나마 보탬을 줄 수 있다면, 이러한 노력이 결코 무의미한 것이 아닐 것이라는 믿음을 갖게 하여 이 책의 출간을 시도하게 된 것이다.

지방자치는 다양한 변수들에 의해 규정되고 있을 뿐만 아니라 국가별로 다양한 모습으로 발전되어 왔기 때문에 다루어야 할 대상 영역이 광범위하고, 내용적으로 방대하여 한 권의 저서로 압축해 내는 것은 여간 힘든 일이 아니다. 그러나 지방자치에 관심을 가진 학도들의 앞선 선행 연구와 각종 기관들의 통계자료가 축적되어 있었기 때문에 이러한 저술 작업도 가능했다. 특히 졸저 『국정관리론』(대영문화사)의 지방자치 관련 내용들이 이번 저술에 많은 도움을 주었고, 이 책의 여러 부분에 녹아 있음을 밝혀 둔다.

그리고 이 책이 출간되기까지는 많은 사람들의 도움이 있었다. 무엇보다 저자에게 학문적 시각을 제공해 준 여러 은사님과 선배님들, 그리고 오늘의 현 위치에 머물 수 있도록 많은 격려와 사랑을 보내 주신 주위의 모든 분들에게 깊이 감사드리고, 특히 어려운 여건에서도 출판을 흔쾌히 승낙해 주신 대영문화사 임춘환 사장님과 임직원 여러분에게 깊이 감사드린다.

2009년 7월

엄광산 가얏골 연구실에서

김현조

차 례

머리말/3

제 1 장 지방자치 서설 ······ 13

제 1 절 지방자치제도의 성립 ······ 13

1. 지방분권과 민주주의/13
2. 지방자치제도 성립의 이론적 전제/17
3. 지방자치단체 성립의 3대 요소/18
4. 시대별 사회 특성과 지방의 위상/20

제 2 절 지방자치론의 학문성 ······ 25

1. 학문의 성립 요건/25
2. 사회과학의 학문적 성격/26
3. 지방자치론의 학문 체계/30

제 2 장 지방자치의 본질 ······ 35

제 1 절 지방자치의 의의 ······ 35

1. 지방자치의 개념/35
2. 지방자치의 중요성/36

제 2 절 주민자치와 단체자치 ······ 39

1. 주민자치/39

2. 단체자치 / 43

제 3 절 지방자치와 민주주의와의 관계 ······ 45

1. 관계 긍정설 / 45
2. 관계 부정설 / 47

제 4 절 지방자치의 가치와 한계 ······ 50

1. 지방자치의 가치 / 50
2. 지방자치의 한계 / 56

제 5 절 지방자치권 ······ 57

1. 근거 학설 / 57
2. 지방자치권의 종류 / 59
3. 지방자치권의 수권법률 형태 / 63

제 6 절 지방자치의 현대적 경향 ······ 65

1. 주민자치와 단체자치의 접근 / 65
2. 신중앙집권과 신지방분권 / 66
3. 지방자치의 위기 / 67

제 3 장 지방사무와 행정환경 ······ 70

제 1 절 지방행정의 존재 양식 ······ 70

1. 지방행정의 범위 / 70
2. 지방행정의 존재 양식 / 71

제 2 절 지방행정의 이념과 특성 ······ 73

1. 지방행정의 이념 / 73
2. 지방행정의 특성 / 79

제 3 절 지방행정사무의 종류 ······ 82

1. 사무의 배분 방식 / 82
2. 행정사무의 종류와 구별 기준 / 84

제 4 절 지방행정의 환경 ······ 89

1. 거시적 환경 변수 / 89
2. 미시적 환경 변수 / 94

제 4 장 중앙정부와 지방정부의 관계 ···················· 106

제 1 절 정부관계의 이론적 시각 ···················· 106
1. 영국과 미국의 사례 / 106
2. 일본의 사례 / 112
3. 정치사회적 시각: 던리비의 견해 / 118

제 2 절 한국의 중앙·지방관계 ···················· 121
1. 건국 이전 / 121
2. 건국 이후 / 126

제 3 절 중앙정부의 지방정부 통제 ···················· 133
1. 중앙통제의 의의 / 133
2. 중앙통제의 방식 / 134
3. 우리나라 중앙통제의 발전 방향 / 136

제 4 절 국가의 지도·감독과 분쟁 조정 ···················· 140
1. 국가의 지도·감독 관계 / 140
2. 국가와 지방정부 간 분쟁 조정 / 143

제 5 장 지방자치단체의 기관 구성 ···················· 144

제 1 절 지방자치단체의 의의 ···················· 144
1. 지방자치단체의 개념 / 144
2. 지방자치단체의 특성 / 145
3. 자치단체의 종류 / 148

제 2 절 지방자치단체 기관 구성 ···················· 154
1. 기관통합형 / 154
2. 기관분립형 / 158
3. 절충형 / 166
4. 주민총회형 / 167

제 6 장 지방자치단체의 조직구조 ···················· 169

제 1 절 지방의회 ···················· 169
1. 지방의회의 의의 / 169
2. 지방의회의 구성과 지위 / 171

3. 지방의회의 권한 / 175
4. 지방의원의 지위 · 역할 · 자질 / 185
5. 내부조직 / 191
6. 지방의회의 운영 / 193
7. 지방의회의 쟁점 / 198
8. 지방의회의 발전 과제 / 202

제 2 절 집행기관 ······ 206
1. 집행기관의 의의 / 206
2. 집행기관의 조직 / 207
3. 지방의회와 집행부의 관계 / 217

제 7 장 지방자치단체의 계층과 구역 ······ 221

제 1 절 지방정부 계층제도 ······ 221
1. 계층제의 의의 / 221
2. 단층제와 중층제의 장단점 / 222
3. 계층제의 세계적 동향 / 225
4. 한국의 지방계층제도 / 226

제 2 절 지방정부 구역제도 ······ 231
1. 자치구역의 의의 / 231
2. 구역 설정의 기준 / 234
3. 구역의 개편이론 / 236

제 8 장 지방자치단체의 사무배분 ······ 250

제 1 절 사무배분의 의의 ······ 250
1. 사무배분의 개념 / 250
2. 사무배분의 필요성 / 251
3. 사무배분의 영향 요인 / 252

제 2 절 사무배분의 원칙과 기준 ······ 254
1. 주요국의 사무배분 / 254
2. 사무배분 일반 원칙의 모색 / 259
3. 사무배분의 기준 / 261

제 3 절 한국의 사무배분과 개선 과제 264
1. 사무배분 실태 / 264
2. 한국 사무배분의 문제점 / 269
3. 사무배분의 개선 과제 / 272

제 9 장 지방재정 : 자주재원 275

제 1 절 지방재정 275
1. 지방재정의 의의 / 275
2. 지방재정구조 / 279
3. 재정자치의 내용 / 281
4. 재정지표 / 283

제 2 절 지방세 287
1. 세원의 배분 / 287
2. 지방세 분류 체계 / 297
3. 지방세율의 구조 / 305
4. 한국 지방세제도의 발전 과제 / 307

제 3 절 세외수입 311
1. 세외수입의 의의 / 311
2. 세외수입의 종류 / 313
3. 세외수입의 발전 과제 / 317

제 10 장 지방재정 : 의존재원 322

제 1 절 지방재정조정제도 322
1. 지방재정조정제도의 의의 / 322
2. 지방재정조정제도의 기능 / 323
3. 외국의 지방재정조정제도 / 325

제 2 절 지방교부세 332
1. 지방교부세의 의의 / 332
2. 지방교부세의 기능 / 333
3. 지방교부세의 종류 / 334
4. 지방교부세 산정 방식 / 336

5. 우리나라 지방교부세제도 / 340

제 3 절 국고보조금 ······ 344
1. 국고보조금의 의의 / 344
2. 국고보조금의 유형 / 345
3. 한국 보조금제도의 발전 과세 / 348

제 4 절 지방채 ······ 349
1. 지방채의 의의 / 349
2. 지방채의 기능 / 351
3. 지방채의 종류 / 351
4. 지방채의 발행 조건 / 354
5. 한국의 지방채 발전 과제 / 355

제 11 장 지방정부 간 협력과 갈등 ······ 357

제 1 절 지방정부 간 협력: 광역행정 ······ 357
1. 광역행정의 의의 / 357
2. 광역행정의 촉진 요인 / 359
3. 광역행정의 분류 기준과 유형 / 361
4. 광역행정의 운영 방식 / 363

제 2 절 지방정부 간 분쟁: 갈등과 해결 ······ 368
1. 지방정부 간 갈등의 의의 / 368
2. 지방정부 간 갈등의 근거 이론 / 369
3. 지방정부 간 갈등의 유형 / 371
4. 외부성과 지역이기주의 · 무임승차 / 373
5. 갈등의 해결 방안 / 376

제 12 장 주민참여와 지방 거버넌스 ······ 380

제 1 절 주민참여 ······ 380
1. 주민참여의 의의 / 380
2. 주민참여의 체제 / 383
3. 주민참여에 관한 이론적 시각 / 385
4. 주민참여의 수단 / 389

제 2 절 지방 거버넌스 ··· 396
1. 거버넌스의 본질 / 396
2. 지방 거버넌스 / 402

제 3 절 주민자치센터의 운영 ··· 407
1. 주민자치센터의 의의 / 407
2. 주민자치센터의 유형화 / 409
3. 주민자치센터의 운영 체계 / 413
4. 주민자치센터의 발전 과제 / 414

제 13 장 지방정부의 혁신 ··· 418

제 1 절 지방정부 혁신의 의의 ··· 418
1. 정부혁신의 개념 / 418
2. 정부혁신의 접근 방법 / 419

제 2 절 지방정부 혁신의 배경 ··· 420
1. 신자유주의 대두 / 420
2. 신자유주의와 신공공관리 / 422

제 3 절 정부혁신의 방향 ··· 425
1. 혁신정부의 모형 / 425
2. 지방정부 혁신의 방향 / 426

제 4 절 지방정부 혁신의 수단 ··· 429
1. 정부혁신의 일반적 수단 / 429
2. 행정관리의 발전 과제 / 432

제 5 절 지역혁신과 지역 발전 ··· 435
1. 지역혁신 체제의 의의 / 435
2. 지방분권 · 지역혁신 · 지역 균형발전 / 438
3. 지역혁신 체제의 핵심 요소 / 440
4. 지역 발전의 내용 / 442

참고 문헌 / 448

찾아보기 / 460

제 1 장 지방자치 서설

제 1 절 지방자치제도의 성립

1 지방분권과 민주주의

1) 지방분권

민주주의가 발전하기 위해서는 국민주권 사상과 이를 구현할 수 있는 제도적 장치들이 요구된다. 국민주권 사상은 국민이 국가의 주인이라는 사상을 의미하는 것으로서 자연법 사상에 그 기초를 두고 있다. 전제 군주도 보편적인 자연법(natural law)의 제약을 받아야 하며, 이러한 자연법을 준수하지 않는 군주는 국민이 혁명을 통해 군주를 몰아낼 수 있다는 로크(John Locke)의 『시민정부론』(1690)에서 그 원형을 발견할 수 있다(이극찬 역, 1977: 20-27).[1)]

1) 영국의 로크는 『시민정부론』에서 정부는 사회계약에 의해 조직되었으므로 시민의 생명·자유·재산을 보장할 의무가 있다고 주장하면서 생명·자유·재산의 자연권은 계약에 의해서도 지배자에게 위양할 수 없다고 주장했다. 만약 통치자가 이러한 시민권을 침해할 경우 사회는 통치자에게 저항하거나 혁명을 통해 새로운 정부를 구성할 수 있다고 주장했다.

역사적으로 한 시대를 마감하고 새로운 시대를 열게 하는 것은 무엇보다 기존 체제의 한계와 새로운 계몽사상의 등장에 주로 기인한다. 예컨대, 중세봉건 사회가 신이 지배하는 암흑기를 마감하고, 인간이 지배하는 절대왕정 시대로 진입하게 된 것은 과학문명의 점진적 발달에 힘입어 인간의 능력에 대한 믿음을 가지기 시작했기 때문이다. 자연은 극복할 수 없는 대상이 아니라 사람의 능력으로 충분히 극복할 수 있는, 신의 지배가 아니라 인간이 지배하는 사회를 만들 수 있다는 계몽사상에서 비롯된 것처럼 자유주의 국가의 등장은 절대왕정이 초래하는 인권에 대한 탄압과 이를 거부하는 인권 존중의 혁명적 자연권 사상에서 비롯된 것이다.

민주주의(democracy)의 실현을 위해서는 권력의 기능적 분립과 권력의 지역적 분립이 요구되는데, 후자가 바로 지역적 분립으로서 지방분권이다. 지방분권(decentralization)은 정치적 분권(political decentralization)으로서 국가 권력의 일부를 지방자치단체에 위양(委讓)하여 지방 주민 또는 그 대표자의 책임 아래 지방사무가 처리되는 것을 의미한다. 이러한 정치적 분권의 실천 과정에서는 행정 능률도 함께 달성할 수 있는데, 이것은 국민의 자유와 권리의 신장이라는 지방자치의 입장에서 볼 때 그 실천 과정에서 수반되는 부산물로 간주되는 것이다. 자치적 분권은 절대왕정 체제의 권력집중에 따른 폐해를 해소하기 위해 삼권분립과 함께 도입된 중요한 정치조직 원리로서 오늘날 대부분의 국가에서 이를 채택하고 있다. 우리나라는 1949년 지방자치법을 제정함으로써 지방분권을 위한 법적 장치가 만들어졌으며, 1952년 지방의회가 구성됨으로써 지역에 바탕을 둔 근대국가의 정치적 분권이 처음으로 이루어졌다.

지방분권의 정도를 측정하는 지표는 여러 사람들에 의해 제시되고 있다. 그 중에서 특히 스미스(B. C. Smith)는 지방분권의 지표를 ① 사무 범위(function), ② 위임사무(delegation), ③ 재정조달권(revenue), ④ 지방정부 설치 방식(creating areal government), 종속성(dependency), ⑤ 지방정부의 규모(areas), ⑥ 정당정치(party politics), ⑦ 지방정부의 구조(structure of system) 등을 들고 있다(Smith, 1985: 83-91). 이 밖에도 지방분권의 측정지표로서 ① 특별행정기관의 종류와 수, ② 국가공무원과 지방공무원의 수, ③ 국가재정과 지방재정 규모, ④ 국세와 지방세의 비율, ⑤ 사무배분의 방식, ⑥ 감사의 횟수, ⑦ 지방자치단체 중요 직위의 선임 방법 등이 중요한 영향 변수로 작용한다고 볼 수 있다.

따라서 위의 내용을 토대로 비교적 중요하다고 생각되는 지방분권의 측정지료를 제시하면 첫째, 지방정부의 중요 직위 선출 방식을 들 수 있다. 지방단체장과 중요 관리자가 주민 또는 대표자들에 의해 선출되지 않고 중앙정부에 의해 임명될 경우 지방분권의 수준이 낮다고 할 수 있다.

둘째, 특별지방행정기관의 수이다. 지방에 종합적인 행정 주체인 지방자치단체가 존재함에도 불구하고 관할구역 내 중앙정부의 특별지방행정기관을 많이 두고 있는 것은 관치행정의 비중이 높다는 것을 의미한다.

셋째, 국가위임사무의 비중이다. 국가위임사무 제도 그 자체가 지방정부에 대한 중앙통제가 강하다는 것을 의미하며, 특히 기관위임사무의 비중이 높을 경우 더욱 분권화의 수준은 낮게 평가된다.

넷째, 지방재정의 비중이다. 국가 총재정 중에서 차지하는 지방재정의 비중이 낮을 경우 대체로 지방분권화의 수준이 낮게 평가된다.

다섯째, 지방공무원의 비중이다. 공무원 중 지방공무원의 수가 중앙정부 공무원 수보다 적을 경우 지방분권의 수준이 낮다고 볼 수 있다. 왜냐하면 공무원의 수는 사무량과 재정 수요에 대체로 비례적 함수 관계를 가지기 때문이다.

여섯째, 감사 및 보고의 종류와 횟수이다. 지방정부에 대한 중앙정부의 감사나 중앙정부에 대한 보고의 형태가 까다롭고 그 횟수가 많다는 것은 그만큼 중앙통제가 강하다는 것을 의미한다.

2) 민주주의

국가의 발전은 자유에 기초한 민주주의를 그 토대로 삼지 않으면 불가능하다. 그것은 개인의 창의력이 최대한 발휘될 수 없는 사회는 결코 발전할 수 없다는 역사적 사실에서 이를 이해할 수 있다. 사회주의 사회에서는 개인의 창의력보다 소유욕을 배제한 사회적 협동이 발전의 중요한 요소로 인식되어 온 반면, 자본주의 사회에는 소유를 전제로 한 개인의 자유와 창의력에 발전의 동력이 존재함을 인식해 왔다. 이러한 철학적 사고의 차이는 결국 사회주의는 몰락하고 자본주의가 크게 번영하는 결과를 가져왔다.

이러한 의미에서 본다면 경제 발전과 복지국가의 건설을 위해 자유와 민주주의를 신장하는 일에 국민적 노력을 기울여야 한다. 왜냐하면, 국가 발전의 최종 단계라 볼 수 있는 복지국가로 진입하기 위해서는 투명한 정부(transparent), 능률적인 정부(efficient)), 책임 있는 정부(responsible)를 구현하지 않으면 아니 되기 때문이다. 만약 그러한 정부가 아니라면 어느 누구도 세금을 기꺼이 부담하지 아니할 것이며, 결국 강한 국민적 조세저항에 직면하게 될 것이다. 따라서 민주주의는 복지국가 건설을 위한 필요 조건이며, 경제 발전은 복지국가 건설의 충분 조건에 해당된다. 동일한 맥락에서 권력분립은 민주주의 확립을 위한 필요 조건이며, 시민사회 건설은 민주주의 확립의 충분 조건에 해당한다고 할 수 있다.

여기에서 시민사회라 함은 역사적 의미를 지닌 용어로서 19세기 서구 사회에서 존재했던 자유민주주의에 기초한 사회를 말한다. 이러한 시민민주주의는 국민의 자유와 권리를 최대한 보장해 주는 사회적 여건을 마련해 주기 때문에 현대 사회에서도 매우 중요시하고 있다. 역사적으로 볼 때 국민의 자유와 권리는 국가와 사회의 역학적 관계에 의해 규정되어 왔다. 국가의 힘이 강했을 때는 국민의 자유와 권리가 제한을 받았고, 민(民)의 힘이 강했을 때에는 반대로 이것이 크게 신장되면서 민주주의가 크게 발전할 수 있었다. 이러한 민의 힘은 여러 부문에서 나타나난다. 무엇보다 기업(enterprise), 언론기관(mass media), 공익시민단체(public interest organization of citizen)의 역할이 그 원천이 될 것이다(Sandel, 1996).

기업은 시장경제 원리에 따라 이윤을 추구하는 조직으로서 민간 부문을 가장 잘 대표하는 집단으로 볼 수 있다. 독자적으로 개발된 기술과 자주재원에 기초하여 운영되는 건실한 기업은 정치적으로 자유로울 수 있을 뿐만 아니라 외부와의 연대를 통해 권력을 견제할 수 있는 힘을 가지므로 시민역량의 원천이 되는 것이다. 언론기관은 정부를 포함한 모든 사회조직에 대해 비판 기능을 수행하는 것이 가장 중요한 사회적 역할이다. 진실에 기초한 사실의 보도도 중요하지만 사건사고에 대한 사회 및 시대적 의미를 밝히고 잘못된 점을 비판함과 아울러 대안을 제시하는 것은 민주주의의 발전에 없어서는 안 될 중요한 요소이다. 그리고 공익시민단체들의 활동 역시 언론기관과 마찬가지로 비판과 선도 기능이 주된 기능이므로 민주주의 발전에 중요한 기능을 수행하고 있다. 이러한 기업, 언론, 시민단체들의 역량 강화는 진정한 민주주의를 구현하는 배경적 요인이 되고 있다.

2 지방자치제도 성립의 이론적 전제

근대적인 지방자치의 개념 속에는 지방자치의 성립을 위한 이론적 전제로서 다음과 같은 요소들이 함축되어 있다. 즉 ① 정치적 통일, ② 중앙정부로부터의 상대적 독립, ③ 민주주의 실현 등이다(정인홍, 1967: 30-44). 이러한 세 가지 요건은 지방자치의 개념 속에 원천적으로 내재하는 근대 지방자치의 개념을 특징짓는 요소이기도 하다.

정치적 통일(political unification)은 하나의 강력한 정치 세력이 다른 작은 규모의 지배 세력들을 무너뜨리고 국가라는 통합된 실체를 갖게 되는 경우이다. 정치적 통일이 이처럼 지방자치의 성립을 위한 첫째의 전제 조건으로 고려되는 것은 지방자치가 국가 이전의 제도가 아니라 국가 이후의 제도라는 것을 의미한다.

중앙정부로부터의 상대적 독립(relatively independent of central government)이라 함은 지방정부가 중앙정부로부터 일정한 범위 내에서 권능을 부여받아 주민에 의해 자율적으로 운영되는 것을 의미한다. 이 경우 지방정부는 중앙정부의 통제로부터 완전히 자유로울 수 없는 존재로서 전국적 네트워크 속에서 작동하는 하나의 부분에 해당되므로 국가 전체적인 질서 유지에 요구되는 법적 통제를 받아야 할 뿐만 아니라 중앙정부와 협력 관계를 항상 유지해야 하는 위치에 있음을 말한다.

이러한 의미에서 본다면 연방정부 내 존재하는 주정부(州政府)는 독자적인 헌법을 가지고 3권을 행사하는 실체이기 때문에 중앙정부로부터 절대적으로 독립한 존재이므로 지방자치단체에 속할 수 없으며, 또한 중세봉건

사회의 영주에 의한 지배 체제 역시 비록 국가라는 하나의 울타리 안에 있었지만 관할구역 내에서 절대적 권한을 행사하는 주체였으므로 지방자치단체라고 말할 수 없다. 이처럼 일정한 국토 내에서 일정한 지역을 배타적으로 지배하는 실체가 있다면 그것은 국가 속에 존재하는 또 하나의 국가에 해당하는 것이다.

민주주의의 실현(realization of democracy)은 지방자치의 제도적 목적에 비추어 당연히 요구되는 지방자치의 성립 요건이다. 지방자치단체가 중앙정부로부터 일정한 권능을 부여받아 지방자치를 실시한다 하더라도 그 과정이 민주적 방식으로 이루어지지 않을 경우 그것은 근대적 의미의 지방자치라 할 수 없다. 근대적 의미의 지방자치는 민주주의의 발전을 위한 제도적 장치로 도입된 것이므로 그 과정은 주민의 자치, 주민에 의한 자치, 주민을 위한 자치가 되어야 한다.

3 지방자치단체 성립의 3대 요소

1) 주 민

지방자치단체의 구역 내에 주소를 가진 자를 주민이라 한다. 여기에는 국적·성별·연령·행위 능력을 불문한다. 주민은 법령으로 정하는 바에 따라 소속 지방자치단체의 재산과 공공시설을 이용할 권리와 그 지방자치단체로부터 균등하게 행정의 혜택을 받을 권리를 가질 뿐만 아니라 일정한 요건 하에서 당해 지방자치단체에의 참정권(선거권, 피선거권)을 가진다. 그 대신 그 자치단체의 비용을 분담하는 의무를 진다(지방자치법 제13조). 주민은 지방자치단체를 구성하는 3대 요소 중의 하나로서 행정 주체로부터 특별한 혜택을 받지 못하는 보통사람들을 의미하며, 이것은 근대화 과정의 역사적 의미를 가진 시민사회(civil society)의 시민과 사회적으로 혜택을 받지 못하거나 약자의 위치에 있는 현대 사회(modern society)의 소외된 자와는 다른 개념이다.

2) 자치구역

구역이란 일정한 목적을 달성하기 위해 국토 공간을 구분해 놓은 지리상의 한계로서 공공단체의 관할권이 미치는 지역적 범위를 말한다. 따라서 자치구역이라 함은 지방자치단체의 자치권이 일반적으로 미치는 지역적 범위를 뜻한다. 구역은 지리적 개념인 동시에 정치·경제·사회·문화적 현상을 반영한 법제적 개념이다. 구역은 법적 성격과 기능에 따라 자치구역(autonomous area)과 행정구역(administrative area)으로 나뉘며, 수행되는 기능의 복합성 여부에 따라 일반 목적(general purpose) 구역과 특별 목적(special purpose) 구역으로 나뉜다. 따라서 자치구역은 일반 목적의 자치구역과 특별 목적의 자치구역으로 나뉜다. 일반 목적의 자치구역은 지방자치단체의 관할구역을 의미하고, 특별 목적의 자치구역은 한정된 특수 목적을 전문적으로 수행하기 위해 국가가 설치한 법인격을 가진 특별자치단체의 구역을 의미한다.

3) 자치권

자치권이라 함은 지방자치단체가 그의 관할구역 내에서 사무를 자주적으로 처리할 수 있는 권능을 말하는 것으로서 관할구역에 대한 지배권이라고도 한다. 이것은 공공단체의 주민에 대한 공적 지배권이라는 점에서 국가의 통치권과 그 성질을 같이하지만 자치권의 성질에 대해서는 두 가지의 견해가 대립되고 있다. 하나는 국가의 통치권(governing power) 일부가 국가로부터 수여된 것이므로 국가로부터 수권된 범위 내에서만 행사될 수 있다고 하는 전래권설과 다른 하나는 국가 이전에 이미 고유한 권리로서 지방자치권이 존재했으므로 국가는 이를 사후 승인한 것에 지나지 않기 때문에 이를 자의적으로 침해해서는 아니 된다고 하는 고유권설이 대립되고 있다. 우리나라는 헌법 제117조에서 지방자치단체는 법령의 범위 안에서 자치에 관한 규정을 제정할 수 있다고 규정함으로써 전래설의 입장을 취하고 있다. 이러한 지방자치권에는 자치입법권과 자치행정권, 자치사법권이 존재한다. 영미계 국가들은 3권을 모두 지방정부에 인정하지만 대륙계 법통을 이어받은 국가들은 입법권과 행정권만을 인정하는 경향이 있다.

4 시대별 사회 특성과 지방의 위상

1) 중세봉건 사회

중앙과 지방의 관계에 대해 역사적으로 의미를 갖는 것은 중세봉건 국가 이후부터라 하겠다. 그 이전은 노예제에 기초한 고대국가의 시기로서 로마와 같은 국가를 제외하고는 국가로서의 면모를 제대로 갖추지 못했을 뿐만 아니라 중앙과 지방의 관계 역시 제도적 의미를 크게 발견할 수 없으므로 중앙과 지방의 관계를 논의하기에 부적합하다.

중세봉건 국가(feudal states of middle ages)는 권력구조가 기본적으로 봉건적 주종 관계에 의해 성립된 국가를 말한다. 봉건사회의 기초는 지배자로서의 영주(領主)와 피지배자로서의 농노(農奴)의 수직적 상하 관계에 있었지만 그 관계는 자연발생적으로 형성된 것이며, 11~13세기의 프랑스, 독일, 영국 등 서유럽의 여러 국가들이 그 전형적인 모습을 보였다(조인형, 1982: 93). 이러한 봉건국가의 모든 권력 체계는 봉주(封主: 국왕)와 봉신(封臣: 영주)의 성실 선서에 기초한 인적 지배 관계로 환원되며, 권력은 봉신에 의해 전유되고 분할되어 행사되었다. 따라서 봉신 상호간의 관계는 독립적·대립적이었으며, 항상 토지와 농노를 둘러싸고 투쟁이 되풀이되고 있었다(배영우, 2000: 125-135).

유럽의 중세봉건 국가는 하나의 지역사회가 정치적으로 소국가 단위를 형성하는 것은 물론 경제적으로 생산과 교환의 장소 단위로 되어 있었는데, 영주(lord of the manor)의 영토를 넘어선 다른 지역사회의 경제 및 법질서와 조화를 유지하기 위해 통일조직으로서 봉건국가가 필요하게 되었다. 그런 국가의 정점에 영주의 한 사람인 대영주를 국왕으로 추대했다. 이러한 이유 때문에 국왕의 권력은 약할 수밖에 없었으며, 영주가 각각 독립적 주권을 행사하고 있었으므로 봉건국가는 전체적 통일을 이룬 중앙집권적 통일국가가 되지 못했다. 바로 이 점이 봉건국가와 근대국가와의 다른 점이다. 즉 근대국가는 국가적 영토를 소유하는 영역국가임에 비해 봉건국가는 인적 결합 관계를 무시하면 국가로서의 존재가 희박해지는 것이다.

봉건국가의 국왕이 수행하는 업무는 국가 전체에 관련된 공공사무도 있겠지만 여러 영주 세력의 균형을 유지하는 것이 더욱 중요했다. 이것은 바로 봉건국가의 존속을 위한 대전제였기 때문이다. 봉건국가에서는 비교적 엄격한 법제도의 실행이 이루어져 왔으나 그 법률도 봉주와 봉신의 상호 관계에 의해 이해되는 것이며, 당사자 간의 이해가 대립될 경우 그것은 실력 행사에 의해서만 해결되었다. 이렇게 볼 때 봉건국가는 관념적으로는 철저한 법치국가인 동시에 현실적으로는 철저한 실력주의 국가였다.

이러한 봉건 시대의 중앙과 지방의 관계는 상호 독립적이고 대립적인 관계(independent and rivalrous relation)에 있었다. 즉 각 영주들은 입법, 행정, 사법권을 장악한 사실상의 통치권자로 군림했기 때문에 국가 속에 존재하는 또 하나의 소국가에 해당했다. 이러한 결과 중앙정부의 통치권은 인적 결합에 의해서만 어느 정도 유지될 수 있었으며, 제도적 측면에서 본 중앙과 지방의 관계는 거의 존재하지 않았다고 할 수 있다.

2) 전제주의 사회

전제주의 국가는 대개 군주정을 채택했으므로 흔히 절대왕정이라 불린다. 봉건제도와 근대 제도의 과도기에 위치한 절대왕정은 여전히 토지의 영유 관계를 기반으로 했기 때문에 절대군주들은 토지영유권자와 교회를 자기에게 종속시키면서 시민계급의 지지도 동시에 얻으려고 했다. 정치 형태에서는 중앙집권적 통일국가였다는 점에서 분권적인 중세봉건 국가와 다르고, 인민의 무주권(無主權)과 신분적 계서제(階序制)를 유지했다는 점에서 근대 자유국가와도 구별된다.

전제주의 국가(absolutism state)는 14세기에서 15세기로 이어진 르네상스의 과도사회를 지나 16세기에서 18세기 사이에서 대체로 형성되었으며, 근대국가의 원초적 형태였다(배영우, 2000: 156-157). 전제주의 국가는 중세적 공동사회의 붕괴로부터 성립되었으므로 공동사회에서 해방된 각 개인의 생활 안정과 사회 질서의 유지가 중요한 과제로 등장했다. 이러한 문제의 해결 과정에 주권(sovereignty)이라는 관념도 성립하게 되었는데, 이러한 국가 주권의 절대성 요구는 교회의 권력이나 영주의 권력을 극복하고 세속적 국가를 확립하기 위한 이론적 무기로서 필요한 것이기도 했지만 동시에 국가 권력을 종교나 전통의 속박에서 해방시키기 위한 요구이기도 했다. 이러한 속박에서 벗어난 국가 권력은 그 자체의 존재 이유를 묻지 않으면 안 되었다.

국가 권력 그 자체의 존재 이유에 관한 이론의 전개는 시민국가 시대에 진입한 후 생긴 일이지만, 주권론의 등장이 그 첫걸음이 되었다는 것은 분명한 사실이었다. 홉스(Thomas Hobbes)는 『리바이어던』(1651)에서 자연상태에서는 만인의 만인에 대한 투쟁만이 존재하므로 자기 보존의 이익을 위해 사람들은 계약으로써 국가를 만들어 자연권을 제한하고, 국가를 대표하는 자에게 그것을 양도하여 복종해야 한다고 주장하면서 전제 군주제를 가장 이상적인 국가 형태라고 주장했다(한승조 역, 1976: 223-224).

또한 전제주의 국가에서 근대국가의 통치기구(governing body) 골격이 형성되었다는 사실도 간과해서는 안 된다. 인격적 지배가 전근대적 사회의 특징이라고 한다면 객관적 기구 지배가 근대국가의 특징이라고 해도 무방할 것이다. 절대군주 자신은 인격적 지배자였다고 하지만 교회와 봉건적 귀족에 대한 투쟁에서 승리하기 위해 지배 수단으로서 관료제나 상비군 등 통일적 국가기구를 육성하지 않으면 안 되었다(김진웅 외, 1998: 225-232). 그리하여 국가기구가 정비되자 절대군주 자신도 국가기구의 논리나 국가의 자기 보전 법칙에 따르지 않을 수 없게 되었다. 즉 국가 이성에 따르지 않을 수 없게 된 것이다. 이것은 결국 인격적 지배를 거부하고 객관적 기구에 의한 지배의 길을 열게 된 것이다.

이 시대의 국가는 전제군주가 국가의 주권을 행사하지만 백성의 생활을 윤택하게 하는 도덕적 의무가 강하게 요구된 정치 체제였다. 국가는 국방 기능 외에 사회 질서 유지가 중요한 국가 기능이었으며, 통치를 위한 법률이 제정되고 관료집단이 형성되었다. 즉 전제주의 국가는 백성을 위한 권력의 집중이었다는 데에 이전의 정치 체제와 구별된다. 전제주의 국가에서의 중앙과 지방 관계는 주인과 대리인의 관계에 비유할 수 있다. 군주는 입법·행정·사법의 전권을 행사하는 전제군주였으며, 지방장관이 있었다면 그것은 군주의 분신에 불과했다. 따라서 당시의 지방단체는 법인격을 갖지 못했기 때문에 정부간 관계는 존재할 수 없었으며, 오직 중앙과 지방의 관계만이 존재할 따름이다.

3) 자유주의 사회

자유주의 국가는 개인의 자유를 존중하고, 봉건적 공동체의 속박으로부터 벗어나려고 하는 사상을 바탕으로 19세기에 존립했던 국가를 말한다. 자유주의(liberalism)란 매우 다의적인 개념으로서 그 규정도 천차만별이다. 하지만 자유주의는 최근 몇 세기 동안 서양 문명을 이끌어 온 대표적인 사조라는 점에서 서양 근대사에 자유주의의 역사적 전개부터 살펴보지 않을 수 없다. 서양의 자유주의는 15세기 말부터 오늘에 이르기까지 사상으로서, 운동으로서, 또한 생활양식으로서, 제도로서 형성·발전되어 온 원리이기 때문에 그 광범위하고 다양한 내용을 획일적으로 정의한다는 것은 사실상 불가능하다.

그러나 자유 원리의 공통된 내용을 중심으로 파악한다면 다음의 두 가지 점으로 요약될 수 있다. 첫째는 보편적 인권(general human rights)의 원리이다. 이것은 정신적·사회적 활동에서 온갖 개인의 자유와 창의(initiative)를 말한다. 그것은 개성과 그 활동의 다양성을 전제로 하며, 이성적 커뮤니케이션(communication)을 통해 더 나은 것이 형성될 것을 믿는 입장이다. 개인의 정신적·사회적 활동의 자유에 대한 비인간적·강제적 구속과 획일화를 가능한 한 제거하는 것은 이의 당연한 결과이다. 예컨대 시민적 자유로서 신체의 자유, 거주·이전의 자유, 종교의 자유, 사고와 표현의 자유, 집회 결사의 자유, 직업 선택의 자유, 죄형법정주의를 비롯하여 재판에서의 정당한 절차의 존중 등은 이 원리의 전형적 표현이다.

둘째는 보편적 시민권((general civil right)의 원리이다. 이것은 시민적 자유를 지킬 수 있도록 정치제도, 정책과 기관을 비판하면서 필요한 모든 것을 제정하고, 개정할 있는 자유를 모든 남녀에게 인정하는 원리이다. 정치사회를 구성하고 운영하는 권리로서의 참정권, 정치에서의 토론과 설득 과정의 중시, 정치에 대한 비판의 자유, 보도를 통한 알 권리, 정치적 집회·결사활동의 자유, 소수자의 권리 보호 등의 정치적 자유가 여기에 포함된다.

지방자치제도는 국민의 자유와 권리 신장이라는 정치적 목적에서 출발한 것이므로 이것은 적어도 국민 주권의 이론이 등장한 이후부터 논의될 수 있다. 국민 주권 이론은 국민이 진정한 국가의 주인이라는 사상에 기초한 이론으로서 절대왕정을 붕괴시키고 자유주의 국가를 성립시키는 원동력이 되었다. 이러한 국민 주권을 실현시키기 위해 지방자치제도가 나타난 것이므로 지방자치는 자유주의 시대를 그 출발점으로 하고 있다. 즉 지방자치제도는 19세기 자유주의 시대에 권리 의무의 주체인 법인격을 가진 중앙정부와 지방정부의 두 주체가 등장한 이후부터 비로소 존립하게 된다. 이때의 지방정부는 중앙정부로부터 일정한 범위의 자치권을 부여받아 일정한 중앙통제를 받으면서 자치사무를 처리하게 된다.

4) 현대 복지사회

현대 복지국가는 자유주의 국가의 한계를 극복하기 위해 국민의 생존권적 기본권을 중심으로 20세기 이후에 형성된 국가로서 국민 전체의 복지 증진과 행복 추구를 국가의 가장 중요한 사명으로 여긴다. 자본주의 국가에서는 완전고용·최저임금 보장·사회보장제도 등이 가장 중요한 정책과제이다. 현재 스웨덴·노르웨이·핀란드·덴마크 등의 북유럽 국가들이 잘 실현하고 있다. 현대의 사회복지 국가(social welfare state)는 자본주의적 생산양식과 결부되어 있기 때문에 계급 대립으로 인한 체제의 위기가 초래될 가능성이 있으므로 이의 방지를 위해 19세기 후반부터 시장에 대한 국가적 개입을 많이 허용하는 한편, 자본주의 생산 기반 위에서 사회민주주의나 민주사회주의를 지향하는 국가도 많이 늘어나 있는 상태이다.

복지국가는 적정한 수준의 경제 성장(economic growth)에 의해 얻어지는 국민소득의 증대를 바탕으로 재정정책(fiscal policy)에 의한 소득 격차의 해소, 일부 산업의 국유화, 완전고용, 쾌적한 의식주 생활의 확보, 질병자 · 실업자 · 노인 · 모자 가정의 사회보장, 국민연금 등에 의해 국민들로 하여금 최저한의 건강하고 문화적인 생활을 보장함과 아울러 언론 · 집회 · 결사의 자유 등 정치적 복지도 아울러 보장하는 것이다.

그러나 이러한 사회보장(social security)의 확대는 다른 한편에서 볼 때 많은 비용을 발생하여 제품의 원가를 상승시키고, 이것은 국제경쟁력의 약화를 가져와 결국 국민소득의 저하를 가져오기 쉽다. 또한 공공 영역의 확대는 관료주의 국가를 형성하여 국민생활에 대한 지나친 간섭으로 소외감을 확대하는 한편, 사회보장제도의 과도한 확충은 국민생활 안정에 따른 노동자의 근로 의욕 감퇴와 마약 등의 유혹에 빠질 가능성이 높고, 자살과 비행 청소년의 증대를 초래하기도 한다. 그러나 복지국가는 이러한 문제점에도 불구하고 인류가 지향하는 가장 이상적 국가 형태로 평가되고 있다.

복지국가에서의 중앙과 지방의 관계는 자유주의 국가의 연장선상에서 파악되는 관계이므로 근본적으로 자유주의 시대에서의 중앙정부와 지방정부 간의 관계와 크게 다르지 않다. 다만 국민의 복지 향상을 위한 행정사무가 크게 늘어남으로써 중앙정부와 지방정부의 관계는 정치적 목적보다 행정적 목적에 더욱 충실한 지방자치로 발전하게 되는 특징을 보여 주고 있다.

제 2 절 지방자치론의 학문성

1 학문의 성립 요건

지방자치론이 하나의 분과 학문으로서 존립하기 위해서는 학문의 성립에 요구되는 조건들을 두루 갖추어야 한다. 여기에는 적어도 다음과 같은 조건들이 충족되어야 한다(김광웅, 1983: 124; 이계탁 외, 1999: 21).

첫째, 고유한 연구 영역(characteristic area of research)이 존재해야 한

다. 자연과학이 자연 현상을 대상으로 하듯이 사회과학은 사회 현상을 연구 대상으로 한다. 사회과학은 정치학, 행정학, 경제학, 사회학 등 여러 분과 학문으로 나뉘는데, 정치학은 정치 현상을, 경제학은 경제 현상을, 행정학은 정부관료 집단을 중심으로 한 행정 현상을 연구 대상으로 삼고 있다. 마찬가지로 지방자치론은 지방자치단체의 자치행정 현상을 연구 대상으로 삼고 있는 것이다.

둘째, 주제를 설명할 수 있는 고유한 이론과 논리성(theory and logicality)이 존재해야 한다. 이론이라 함은 "사물과 사물 간의 속성 관계에 대한 언명"으로서 현상을 설명하거나 현상의 예측에 필요한 도구로 사용된다. 즉 지방자치론에는 지방정부의 다양한 현상을 설명할 수 있는 자체적으로 개발되거나 인접 과학에서 개발되어 토착화된 고유한 이론들이 많으므로 이론성을 충분히 확보하고 있다고 볼 수 있다.

셋째, 지식의 체계성(systematic constitution of knowledges)이 존재해야 한다. 잡다한 관련 지식들을 한곳에 모아 놓는다고 해서 학문이 성립되는 것이 아니라 논리적인 체계에 따라 지식이 편성될 때 학문의 성립이 가능해진다. 이제 지방자치론은 학자들의 많은 연구 노력에 힘입어 타학문과의 학문적 경계를 분명히 하면서 지식의 이론적 체계성도 잘 확보하고 있는 편이다.

이러한 의미에서 본다면 지방자치론은 학문으로서 지녀야 할 제반 조건을 두루 갖추고 있기 때문에 하나의 완전한 분과 학문인 지방자치학으로 존립해도 문제가 없을 것으로 보인다.[2)]

2 사회과학의 학문적 성격

1) 과학성과 기술성

과학성이란 왜(why)를 중심으로 구성된 학문성으로서 설명성(explanation),

2) 지방자치론과 지방자치학의 구별은 학문 성립 요건의 충족도 수준 차이에서 구별된다.

인과성(causality), 객관성(objectivity), 유형성(pattern)을 강조한다(백완기, 1978: 75). 따라서 과학성은 객관적인 자료에 의해 검증된 사물과 사물 간에 존재하는 인과관계의 논리적 체계성라고 말할 수 있다. 과학성을 달리 표현하면 이론성이라 말할 수 있다. 이것은 인과관계의 언명이라 할 수 있는 이론 부분이 과학으로서의 학문을 구성하는 요체이기 때문이다.

모든 학문이 추구하는 과학적 이상은 결국 정밀한 인과관계를 발견하는 데 있다. 인과관계의 치밀성은 사회과학보다 자연과학이 높다. 그것은 인간의 주관이 완전히 배제된 객관적인 사실에 기초하여 도출한 원리이기 때문이다. 자연 현상은 일정한 조건이 충족되면 반드시 일정한 방향으로 변화를 일으키지만 사회 현상은 일정한 조건이 충족되더라도 반드시 일정한 방향으로의 변화가 나타나지 않는다. 그것은 사회과학이 동일한 환경 조건일지라도 행동을 달리하는 인간을 그 대상으로 한 학문이기 때문이다.

이러한 과학적 과정을 통해 생성된 이론의 사명은 설명(explanation)과 예측(prediction)에 있다(강신택, 2005: 131-132). 우리는 어떤 문제가 발생했을 때 그 원인을 분석해 낸다. 즉 어떠한 원인에 의해 그러한 결과가 발생했는지 분석하여 인과관계의 법칙을 찾아내고, 그것에 의해 사실의 전모를 설명해 낸다. 그리고 그와 유사한 문제 상황이 전개될 때 문제의 원인을 유추할 수 있고. 또 문제 해결을 위한 대책을 마련할 수 있다. 이처럼 이론은 설명과 예측이란 두 기능을 가지고 있기 때문에 모든 학문은 이론적 탐구에 부단한 노력을 기울이고 있다.

기술성은 어떻게(how)를 중심으로 구성된 학문성으로서 실용성, 실천성, 처방성을 중시한다. 기술성이 무엇이냐에 대해서 용어와 개념이 통일되어 있지 않다. 왈도(D. Waldo)는 기예(art) 또는 전문성(profession)으로 표시하고 있고, 사이먼(H. A. Simon)은 실기(practice)로 표현하고 있다(백완기, 1978: 75). 기술성은 문제 해결을 위한 구체적 방법과 기법에 관련되고, 또한 응용성과 관련된다. 즉 과학성을 순수과학에 비유한다면 기술성은 응용과학에 해당된다는 의미이다. 사회과학의 기술성을 강조하는 사람들은 인간이 엮어내는 활동이 유동적 성질이 강하고 경험과 능력 같은 무형적 요인에 의해 좌우되는 경향이 많으며, 또한 인간의 감정에 기초한 현상이므로 보편적 원칙이나 법칙의 발견이 어려울 뿐만 아니라 측정이나 실험이 불가능하여 정확성과 신뢰성이 희박하다는 데 근거하고 있다(김중규, 1999: 119).

지방자치론이 이론 지향의 과학(science)이냐 실천 지향의 기술(art)이냐에 관한 문제는 충분히 논란의 대상이 될 수 있다. 그러나 지방자치론은 과학성과 기술성 어느 한 가지만으로 이루어진 것이 아니라 양면성을 가지고 있으며, 다만 그 비중에 차이가 있을 뿐이다. 여기에서 유념해야 할 사항은 기술성과 과학성은 상호 무관한 것처럼 보이지만 긴밀한 보완 관계를 유지하고 있다는 사실이다. 처방과 같은 실천적 필요성은 결국 과학적 연구를 촉진시켰고, 과학적 연구는 실천적 처방에 유용한 지식을 제공해 왔다. 이러한 처방은 현실의 정확한 분석이나 진단을 기초로 하지 않으면 안 된다. 현실에 대한 객관적인 분석 없이 내리는 처방은 공허하고 위험한 것이므로 기술성이 강조될수록 과학성은 더욱 요구되는 것이다.

2) 일반성과 특수성

사회과학의 이론이 모두 그러하듯이 지방자치론 역시 이론의 일반성(generality)과 특수성(speciality)을 동시에 지니고 있다. 이론의 일반성을 가진다는 것은 시간과 공간을 초월하여 언제 어디서나 적용할 수 있는 보편성이 존재하고 있음을 의미한다. 그러나 사회과학 분야에서 시공을 초월한 진실로 받아들일 수 있는 보편적인 법칙을 찾기가 매우 힘들다. 그러나 아무리 인간을 연구 대상으로 하는 사회과학이라 할지라도 인간의 삶에 대한 방식은 유사한 면이 많으므로 시간과 공간을 관통하는 보편적인 법칙이 존재할 수 있기 때문에 이를 찾는 학자들의 노력을 무모하다고 일축할 수 없다.

그러나 이론에는 모든 상황에 적용할 수 있는 일반이론(general theory)보다 제한적 상황에서만 그 타당성을 지니는 특수이론(categorical theory)이 더 많은 것이 현실이다. 그것은 지방자치론이 국가의 정치제도의 맥락에서 나타나며, 동시에 사회・문화적 환경에 영향을 받아 이루어지는 것이므로 항상 가변적 성질을 띠고 있기 때문이다. 즉 국가의 정치 체제나 사회

·문화적 환경이 바뀌면 자치 현상도 상이하게 나타나는 것이다.

사회주의 정치 체제 하에서 일어나는 행정 현상과 자유주의 정치 체제 하에서 일어나는 행정 현상은 분명히 성격상의 차이가 있으며, 동일한 자유주의 정치 체제 하에서도 민주화된 선진 국가들과 발전도상 국가들의 행정 현상에서는 엄연한 차이가 존재한다. 후진 사회에서 국가 발전을 위해 도입한 선진국의 훌륭한 제도들이 제대로 작동하지 못하고 결국 실패하게 된 근본적 원인은 무엇보다 정치·경제·사회 등 문화적 차이에서 비롯된 것임이 밝혀졌다. 이러한 비교론적 시각에서 국가 간 행정을 연구한 것이 비교행정론(comparative public administration)이며, 특히 문화적 접근을 통해 행정 현상의 차이를 분석한 리그스(F. W. Riggs)의 비교행정이론은 시공에 따라 행정 현상도 다르게 나타나는 행정의 특수성을 잘 설명해 주고 있다.[3] 이러한 특수성은 지방자치론의 토착화 문제와 밀접히 관련된다. 어떤 일반성을 띤 이론이 특정 상황에 적용되면서 설명력이 감소할 경우 우리는 본래의 이론을 약간 수정하여 적용하게 된다. 이것은 일반이론이 특정 상황에 맞게 변형되면서 특수이론으로 변모되는 것으로서 토착화의 한 모습을 보여 주는 것이다.

3) 규범성·경험성·실천성

지방자치론은 여타 분야의 학문과 마찬가지로 그 목적에 따라 규범적 연구, 경험적 연구, 실천적 연구를 병행함으로써 규범성과 경험성, 실천성을 가진다 (Bailey, 1968: 128-139).

규범적 연구(normative research)라 함은 당위에 관한 연구로서 마땅히 나아가야 할 방향이나 가치를 연구하는 것이다. 지방자치론은 인간을 연구하는 사회과학의 한 분과 학문으로서 이론 부분이 중심적 지위를 차지하지

---

3) 리그스는 국가 간의 행정 비교는 제도적 비교보다는 문화적 차이를 비교하는 것이 올바른 방향이라 주장하고, 정치·경제·사회의 문화적 배경이 행정에 어떠한 영향을 가져왔는지를 연구했다. 결론적으로 그는 특정 국가의 행정은 그 사회의 문화적 환경의 영향을 받을 수밖에 없고, 문화적 환경이 다른 국가의 행정제도를 수정 없이 도입하는 것은 실패할 가능성이 많다는 것을 지적하고 있다.

만 어느 학문이든 이론만으로 구성된 학문은 없다. 대부분의 학문은 경험적 분석에서 나온 이론에 기초하여 바람직한 상태를 그려본다. 즉 지방자치론은 지향해야 할 가치가 어떤 것이어야 함을 다루고 있으므로 규범적 성격을 지니고 있다.

경험적 연구(empirical research)라 함은 객관적 사실에 기초하여 사물 간에 존재하는 속성 관계를 밝히는 연구를 말한다. 즉 원인과 결과 간의 인과관계를 도출하는 연구이기 때문에 객관적 사실을 분석하는 작업이 수반된다. 경험적 분석에서 나온 검증된 사물의 속성 관계의 언명은 인간의 주관이 거의 배제되어 있기 때문에 정확성과 신뢰성이 높고, 현상을 설명하고 예측하는 유용한 도구로 사용된다.

실천적 연구(practical research)라 함은 규범적 연구와 경험적 연구를 서로 결합시키는 연구이다. 이러한 의미에서 본다면 실천성은 규범성과 이론성의 결합으로 확보될 수 있는 것이다. 지방자치론은 규범적 연구에서 바람직한 방향이 모색되어 있을 뿐만 아니라 경험적 연구에서 유용한 원리들을 확보하고 있으므로 행정 분야에 어떤 문제가 발생했을 경우 이를 시정하기 위한 처방전을 제시할 수 있는 능력을 가지고 있다. 이러한 처방전은 문제 상황의 유형과 성격에 따라 그 내용이 달라진다. 학문의 실천성은 바로 학문의 존재 가치와 관련되고 있다. 하나의 학문이 아무리 훌륭한 규범적 가치를 내포하고 있고, 이를 달성할 수 있는 운영 원리를 가지고 있다 하더라도 이것이 기술적으로 결합되어 문제 해결을 위한 처방전으로 제시되지 못한다면 학문으로서의 사명을 다하지 못하는 것이므로 학문의 궁극적 목적은 바로 실천성에 있다 할 것이다.

3 지방자치론의 학문 체계

1) 연구의 대상과 초점

사회과학은 인간이 엮어내는 사회 현상을 연구하는 학문이다. 그 중에서 지방자치론은 지방자치단체의 활동 현상들을 연구하는 학문이다. 따라서 지방자치단체는 지방자치론의 연구 주제를 얻어낼 수 있는 장소(locus)의 의미를 가진다. 이러한 연구 대상을 사람들은 연구 범위로 혼동하여 사용하는 경우가 많다. 연구 대상은 연구 모체로서의 표본에 해당되며, 연구 범위는 연구 주제와 관련하여 선정한 여러 차원들의 분석 대상과 수준을 의미한다. 즉 지방자치론의 연구 대상은 지방자치단체이지만 연구 범위는 다양한 활동기관들의 조직구조와 기능, 공직자의 행태, 행정에 영향을 미치는 환경적 요인 등 연구자가 특히 관심을 가진 여러 차원의 주요 내용들을 의미한다.

자방자치론의 연구 범위에 관련된 분석 대상의 수준을 범주화해 보면 개인적, 집단적, 조직적, 사회적, 국제적 수준으로 나누어 볼 수 있다. 개인적 수준(personal level)에서는 지방 공직자의 성격, 가치관, 행태, 직무 만족, 소외, 갈등, 개인적 발전 등이며, 집단적 수준(group level)은 집단 행태, 집단 리더십, 협상 능력 등이고, 조직적 수준(organizational level)에서는 관료제, 조직구조, 계층제, 관리 기능, 정책 과정, 의사결정 체제, 행정정보 체제, 권한 갈등, 정부 규제, 자원 배분, 근무 조건 등을 들 수 있다, 또한 사회적 수준(social level)은 사회적 가치, 윤리, 공익, 사회환경, 사회문화와 행정문화, 주민 참여, 사회적 형평 등을, 그리고 국제적 수준(international level)은 지방행정 체제의 비교, 비교정책, 비교관료제, 비교문화 등을 포함한다(김규정, 2000: 63-64). 그러나 연구의 대상이나 범위를 정하는 데 학자 간에 아직 완전한 의견의 일치를 보지 못하고 있다. 연구자가 취하는 입장이나 연구 중점에 따라 연구 대상과 범위가 달라지기 때문이다.

연구의 초점(focus)이라 함은 연구를 행할 때 중점을 두어야 할 핵심적 내용을 말한다. 이것은 위에서 논의한 연구 대상 및 연구 범위의 연속적 개념이다. 즉 연구 범위 상에 찍어놓은 하나의 지점으로 이해할 수 있다. 우리가 연구할 때 먼저 주제를 선택하고, 주제와 관련된 연구 내용의 범위를 한정한다. 그리고 무엇에 중점을 두고 분석할 것인가를 세부적으로 결정하게 된다. 이처럼 연구 초점은 연구 목적과 직결되면서 연구자가 가장 관심을 가지고 알고자 하는 연구의 핵심적 내용을 말한다. 따라서 연구 대상, 연구 범위, 연구 초점은 연구 주제와 관련된 범위의 광협(廣狹)에 관련된 문제이며, 연구 초점은 연구 범위 상에 설정된 하나의 가장 좁은 연구 대상이라 할 수 있다. 예컨대 지방공기업을 분석할 때 연구의 목적이 경영 성과의 파악에 있다면 연구 초점은 기업 이윤이 되어야 할 것이다.

2) 지방자치론의 구성 체계

지방자치론은 중앙정부, 지방자치단체, 주민 등 3주체의 관계 속에서 일어나는 제반 현상을 중심으로 엮어지기 때문에 이를 중심으로 학문적 체계를 구성하는 것이 바람직하다. 즉 중앙정부와 지방정부 간의 관계, 지방자치단체의 구성과 기능, 지방자치단체와 주민 간의 관계 등이 중요한 학문적 내용으로 구성된다. 그러나 이러한 3주체들의 활동은 결코 진공 속에서 이루어질 수 없기 때문에 지방자치에 영향을 미치는 환경적 요소들이 학문 체계에 포함된다.

첫째, 중앙정부와 지방정부의 관계에서는 지방분권(local decentralization)과 관련된 내용들이 편제되며, 여기에는 지방분권, 지방자치이론, 정부간 관계이론, 중앙통제이론이 중요한 내용을 이룬다. 즉 지방분권에서는 분권의 역사적 배경과 촉진요인, 측정지표 등이 다루어지며, 지방자치에서는 지방자치의 개념과 지방자치의 유형, 지방자치의 가치, 지방자치권 등 본질적 내용들을 다룬다. 또한 정부간 관계에서는 중앙정부와 지방정부 간 관계이론과 중앙통제가 중심적 내용을 이룬다.

둘째, 지방자치단체 내부 문제에서는 무엇보다 조직과 권능이 중요하다. 그 중에서 특히 지방자치단체 운영의 토대가 되는 자치구역(district), 자치계층(tier), 자치사무(function)에 관련된 내용들이 중심적 내용을 이루고, 이러한 기능 구조의 토대 위에 지방자치행정을 추진하는 주체인 의회와 집행부의 기관 구성과 그 하위 체제인 조직・사무・재정 등 행정관리의 내용들이 중요한 구성 요소로 편성된다. 기관 구성에서는 역사적 발전 과정에서 특징적으로 나타난 가장 전형적 형태를 중심으로 유형화하고, 이러한 유형론에 기초하여 우리나라 지방자치단체의 조직구조와 재정제도, 지방자치단체 상호간의 관계(광역행정, 갈등문제) 등이 다루어진다.

셋째, 지방자치단체와 주민과의 관계에서는 지방정부의 행정 서비스 제공과 주민의 행정 참여(administrative participation)가 중심이 된다. 지방자치는 주민이 선임한 대표기관을 통해 이루어지는 정치행정 과정이므로 주민의 의사를 반영할 수 있는 다양한 통로를 만들어 주는 것이 무엇보다 중요하므로 여기에서는 주민참여의 이론이 가장 핵심적 지위를 점한다. 주민의 정부에 대한 관여로서 주민참여 이론과 지방 거버넌스 이론을 다루었으며, 또한 지방정부의 주민에 대한 서비스로서는 지방공공 서비스와 지역혁신이 중요한 영역이 될 수 있다.

넷째, 외부환경(external environment)과의 관계에서는 정치, 경제, 사회, 문화 등 거시적 환경과 지방자치에 직접 영향을 미칠 수 있는 미시적 환경이 다루어진다. 거시적 환경으로 현대 사회의 일반적 특징인 세계화, 지방화, 정보화 등을 다루었으며, 미시적 환경은 도시화 및 지역 개발을 그 중심 내용으로 다루었다. 그리고 이를 제외한 기타 환경적 문제는 필요에 따라 전 분야에서 다루어진다.

여기에서 정치적 환경은 한국의 권력구조, 정당제도, 선거제도, 의회제도 등이 중요한 영향 변수이며, 경제적 환경은 한국의 경제 상황과 산업정책,

[그림 1-1] 지방자치론의 구성 체계

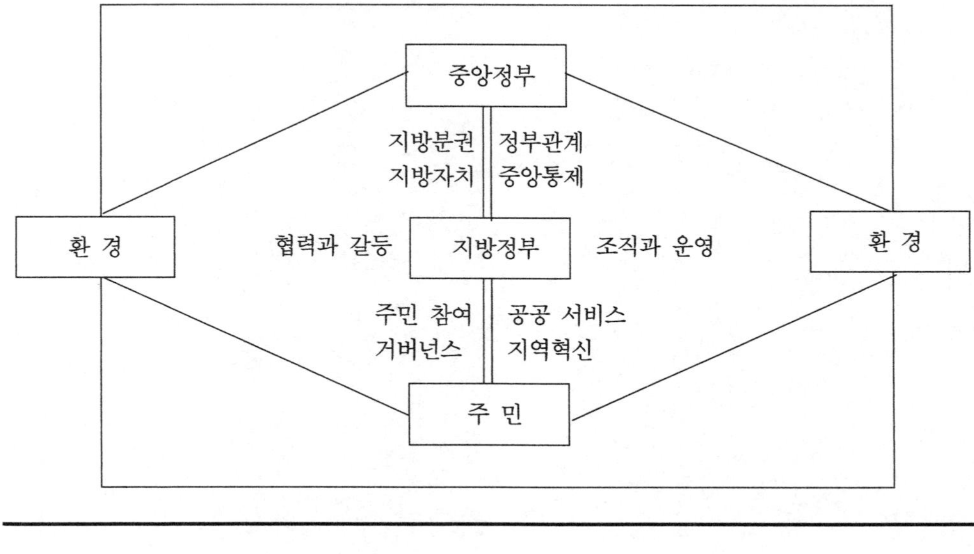

지역경제의 구조적 특징 등이, 사회적 환경은 인구, 도시화, 지역개발 문제가, 그리고 문화적 환경은 한국의 전통문화와 의식구조, 지역의 고유한 문화적 자산과 자원 등이 중요한 영향 변수로 작용한다. 또한 세계화의 시대에 우리나라 지방정부와 맺어지는 외국의 지방자치단체 및 공익단체들과의 국제적 관계도 함께 고려되어야 한다. 그러나 이 책에서는 이러한 환경 변수들을 모두 다루지 아니하고 필요한 부분만 선별적으로 다루었다.

이상에서 논의한 지방자치론의 학문적 내용 체계를 간단히 나타내면 [그림 1-1]에서 보는 바와 같다.

제 2 장 지방자치의 본질

제 1 절 지방자치의 의의

1 지방자치의 개념

지방자치의 개념은 앞서 논의한 지방자치의 이론적 전제 위에서 현실적 운영 요소를 감안하여 기능적 측면에서 정의하는 것이 타당하다. 지방자치에 대한 개념은 많은 학자들에 의해 다양하게 정의되고 있는데, 그 대표적 정의를 보면, 지방자치란 "일정한 지역과 주민을 기초로 한 공공단체가 중앙정부로부터 상대적으로 독립하여 자율성을 가지고 그 지방의 행정사무를 주민이 선정한 기관을 통해 주민의 의사에 따라 주민의 부담으로 처리하는 것"(정세욱, 2000: 7)으로 정의되는가 하면, "일정한 지역의 주민들이 지방자치단체를 구성하여 국가의 일정한 감독 아래 그 지역 안의 공동문제를 자기 부담에 의해 스스로 처리하는 것"(최창호, 2003; 59)으로 정의되기도 한다. 이상의 두 정의에서 본 바와 같이 지방자치(local autonomy)란 적어도 다음과 같은 요소들이 구성 요소로 편제될 때 존립이 가능해진다.

첫째, 지역(area)이 존재해야 한다. 지역은 국가의 영토와 같은 관할구역으로서 지방자치단체의 지배권이 미치는 지리적 범위를 가리킨다. 이러한 지역적 범위가 설정되면 자동적으로 특정 지방자치단체의 인적 구성 범위도 설정되는 것이다.

둘째, 행정주체자로서의 지방자치단체(local government)와 주민(residents)이 존재해야 한다. 지방자치단체는 인위적으로 만들어진 권리 의무의 주체이지만 법인격을 가지고 있기 때문에 자연인처럼 계약 당사자로서 재산을 취득·관리·처분하는 등 다양한 법적 능력을 갖는다. 그러나 이러한 행위 능력을 가진 법적 주체라 하더라도 현실적으로는 주민대표자들의 역할을 통해 그 목적이 실현된다.

셋째, 자치권(right of autonomy)이 존재해야 한다. 자치권은 국가의 주권과 같은 의미를 가지는 것으로서 주민 총체로서의 자치단체가 일정한 지역에서 자치사무를 자신의 책임 하에 처리할 수 있는 권한을 말한다.

넷째, 자치기관(organs of autonomy)이 존재해야 한다. 오늘날과 같은 대중정치 시대에는 지역 주민들이 모든 일을 처리하기 어려우므로 지방자치단체는 주민의 의사를 표현하고 실천할 수 있는 기구로서의 자치기관이 필요한데, 여기에는 지방의회와 자치단체장, 행정조직 등이 있다.

다섯째, 자치사무(affairs of autonomy)가 존재해야 한다. 자치사무는 지방자치단체가 수행해야 할 대상 사무로서 의식주 등 기본 욕구 충족에 관한 일에서부터 자녀교육, 문화·예술, 환경 보존에 관한 일에 이르기까지 매우 다양한 사무들이 존재한다.

여섯째, 재정자원(fiscal resources)이 필요하다. 이것은 자치사무를 처리하는 데 소요되는 비용으로서 자치재정권에 기초하여 조달되는 자주재원과 중앙정부가 지원하는 의존재정을 포함한다.

2 지방자치의 중요성

1) 민주주의 기본 골격

지방자치는 국민의 자유와 권리를 보호하고, 민주주의를 신장하기 위한 정치조직 원리의 하나로 도입된 것이다. 이러한 민주주의는 적어도 국민주권 사상과 권력분립의 토대 위에서 그 모습을 형성하게 된다.

국민주권 사상은 영국의 존 로크(John Locke)에 의해 처음으로 제기었는데, 그는 『시민정부론(*An Essay Concerning the True Original, Extent, and End of Civil Government*』(1690)에서 정부는 사회계약에 의해 조직되었으므로 시민의 생명・자유・재산을 보장할 의무가 있으며, 이러한 생명・자유・재산에 대한 자연권은 계약에 의해서도 지배자에게 위양할 수 없다고 주장하여 민주주의의 발전을 위한 사상적 기초를 확립했다. 특히 그는 통치권자가 이러한 시민권을 침해할 경우 사회는 통치자에게 저항하거나 혁명을 통해 새로운 정부를 구성할 수 있다고 주장함으로써[1] 입헌군주 체제와 민주사회로 전환할 수 있는 사상적 근거를 마련했다. 이러한 로크의 자연법 사상과 국민의 저항권 이론은 국민이 통치조직의 최종적인 결정권을 갖는다는 국민주권(popular sovereignty) 이론의 원천에 해당한다.

권력분립은 국가의 권력을 나누어 가짐으로써 독재를 방지할 수 있다는 논리에 근거하고 있다. 로크는 『시민정부론』에서 민주주의의 실현을 위해 입법과 행정의 2권 분립이 필요하다고 주장한 바 있으며, 프랑스의 몽테스키외(Charles Montesquieu)는 『법의 정신』(1748)에서 사법권을 하나 더 추가하여 국가 권력을 입법권, 행정권, 사법권으로 분리하고 각각 다른 기관에 분장시킴으로써 국민의 권리가 최대한 보장될 수 있다고 주장했다. 권력분립은 위와 같은 기능적(수평적) 권력분립 외에도 지역적(수직적) 권력분립이 이루어질 때 더 나은 민주주의가 확립될 수 있으므로 지방자치는 민주주의의 기본 골격을 형성하는 중요한 제도적 장치의 하나이다.

2) 주민복지의 증진

지방자치는 주민복지 증진을 위한 사업의 추진에 많은 노력을 기울인다.

---

1) 군주에 대한 국민의 저항권이 발동되는 경우는 ① 군주가 독단적으로 법을 만들었을 경우, ② 군주가 의회의 활동을 방해했을 경우, ③ 군주가 제멋대로 선거법을 변경시킨 경우, ④ 군주가 자기 국민을 외국의 지배 하에 인도했을 경우, ⑤ 집행부가 그 임무를 포기 또는 게을리했을 경우 등이다(이극찬 역, 1977: 20-27).

주민복지는 매우 추상적인 개념이기 때문에 이를 좀 더 구체화시켜 정치적, 경제적, 사회적, 문화적 복지로 나누어 고찰할 경우 그 실체를 어느 정도 파악할 수 있다. 정치적 복지는 주로 민주주의와 관련되기 때문에 이미 위에서 논의했으므로 여기에서는 이를 제외한 경제・사회・문화적 복지를 중심으로 논의한다.

경제적 복지(economic welfare)는 경제적 선택의 자유를 그 본질로 한다. 경제적 선택의 자유는 결국 국민소득이나 지역소득이 증대될 때 가능하므로 일반적으로 1인당 국민소득 내지 1인당 지역소득과 관련하여 복지의 수준을 가늠하고 있다. 이러한 국민소득과 지역소득의 향상은 과학기술의 발달에 의존하게 되므로 중앙정부와 지방정부는 과학기술의 발전과 경제 성장에 대해 지대한 관심을 가져야 한다. 특히 지방자치단체는 지역의 특성에 맞는 산업을 육성하여 국가의 장기적인 발전에 이바지할 수 있도록 노력해야 한다.

사회적 복지(social welfare)는 다양한 요인에 의해 결정되지만 일반적으로 사회보장제도의 수준으로 결정된다고 볼 수 있다. 사회보장제도는 사회보험, 공적 부조, 사회복지 서비스의 체계로 이루어지지만 학자에 따라서는 공중위생도 포함하는 경우도 있다(紫田嘉彦, 1987: 212.-214). 사회보험과 공적 부조는 전 국민을 대상으로 국가가 주도적으로 행하고 있기 때문에 지방자치단체는 사회적 약자인 노인과 아동, 장애인 등을 대상으로 한 비금전적인 사회복지 서비스를 강화하는 것이 기본 방향이다.[2)]

문화적 복지(cultural welfare)는 경제적 복지와 사회적 복지에 이어 중요한 영역을 차지한다. 문화적 복지는 사회 발전 과정과 관련할 때 비교적 늦게 이루어지는 경향이 있지만 문화적 복지가 향유될 때 시민들의 삶은

---

2) 일반적으로 65세 이상의 인구가 전체 인구의 7%를 상회하면 고령화사회로, 14%를 넘으면 고령사회, 20%를 넘으면 초고령사회로 간주한다. 한국의 경우 노인의 인구 비율이 매년 급속히 증가되고 있는 추세이므로 이들에 대한 정부 차원의 대책이 마련되어야 한다. 그리고 아동은 미래의 국가를 이끌어 갈 주역이므로 이들에 대한 국민적 관심과 보호가 있어야 한다. 이들의 정신과 육체가 건전하고 건강하게 발육되지 못하다면 국가의 미래가 약속되지 못할 뿐만 아니라 향후 커다란 사회적 부담으로 남게 되므로 국가사회가 조기에 이들을 보호해야 하는 이유가 여기에 있다.

더욱 풍요로워진다. 이러한 문화적 복지가 행정 과정에서 창조되는 경우는 대체로 전통문화의 유지 발전이나 새로운 문화의 창조로 나타난다. 지금까지 찾아내지 못한 문화적 유산(cultural legacy)을 발굴해 내는 것은 물론이고, 기존의 전통문화를 현대 사회에 맞게 더욱 계승 발전시키는 것은 후손들이 해야 할 과제 중의 하나이다. 또한 지역 주민의 자존심과 긍지를 제고할 수 있는 발전적인 새로운 문화를 창조하는 것은 현재의 사람들이 미래의 후손들에게 물려 줄 유산을 만드는 과정이므로 지방정부 차원에서 관심을 가지고 추진하는 것이 바람직하다. 특히 지방정부가 새로운 문화의 창조에 높은 관심을 보이는 것은 가장 지방적인 것이 가장 세계적이라는 사실을 인식하고, 당해 지방에 특유한 문화유산을 남기고 싶은 지역 주민의 강한 욕구에서 비롯된 것으로 이해된다.

제 2 절 주민자치와 단체자치

1 주민자치

1) 주민자치의 내용

주민자치는 지방자치단체의 구성 주체인 주민이 자신의 부담과 책임 하에 스스로 구성한 기관을 통해 자신의 공공사무를 처리한다는 민주정치의 요소를 존중한다. 그렇기 때문에 주민자치는 정치적 의미의 지방자치라고 불리고 있다. 주민자치는 지방자치 발달의 역사적 측면에서 볼 때 지방자치단체의 자치권에 대한 국가의 인정과는 관계없이 주민과 지역이 본래 가지고 있는 자치권을 기반으로 성립된 지방자치 유형을 말한다. 따라서 단체자치가 국가와의 관계에서 인정받는 자치권을 그 기반으로 한다면, 주민자치는 지방자치단체와 주민과의 관계에서 성립되는 민주주의적 여러 장치와 전통을 그 기반으로 하고 있다는 점에서 대조적이다.

주민자치의 전통은 일찍이 영국에서 발달했고, 그것은 근대적 의미의 지방자치로 연결되어 점차 세련된 모습을 형성하면서 오늘에 이르렀다. 이러한 결과 영국 사람들은 국가사무와 지역사무를 구분하려 하지 않고, 단체자치에서 볼 수 있는 고유사무와 위임사무의 개념적 구분도 하지 않고 있다. 또한 그들은 지역사회의 일을 위해 자진해서 봉사해 왔기 때문에 지방자치와 관련한 명예직 사상이 일찍부터 발달되어 있었다. 따라서 영국의 지방자치는 국가의 인정에 의하여 성립된 지방자치가 아니라 지역사회를 기반으로 하여 스스로 봉사하는 가운데 형성된 역사적 산물이라는 점을 충분히 이해할 수 있다. 영국의 지방자치가 법적 제도로서의 면모를 갖추게 된 것은 19세기 말엽의 일이다(김학로, 1997: 28).

영국의 지방자치 발달은 민주주의의 발전과 결코 무관하지 않다. 마그나카르타(Magna Carta, 1215), 청교도혁명(1640), 명예혁명(1688) 등의 과정을 거치면서 발달되어 온 영국의 민주주의는 특히 명예혁명을 거치면서 크게 발전된 모습을 갖추게 되었다. 명예혁명을 통해 정권을 인수한 의회는 과거 국왕이 행사하던 주요 권한들을 거의 행사함으로써 명실상부한 국가의 중심 기관으로 존립하게 되었고, 그 이후 역사적 발전 과정에서 국왕의 행정권이 포기됨으로써 이를 인수한 의회는 자신을 대신하여 국정을 집행하는 행정부를 자신들이 스스로 구성하는 전통을 확립했는데, 이것이 오늘의 의원내각제가 탄생하게 된 배경이다. 또한 과거 국왕이 임명하던 지방장관인 치안판사도 의회가 임명함으로써 민선에 의한 지방장관의 성격을 띠게 됨으로써 오늘날 주민 직선으로 선임되는 자치단체장과 흡사한 모습이었다. 이처럼 영국의 명예혁명은 민주주의 발달사에 획기적인 전환점을 가져다 주었고, 지방자치의 발달사에도 커다란 진전을 보게 한 역사적 사실로 기록되고 있다.

이러한 민주적인 전통과 주민자치 사상은 이념형으로서의 주민자치제도를 성립시켰으며, 이는 지방자치단체와 주민의 관계에 역점을 두는 자치제도로서 정치·행정 과정에 민주적 요소가 많이 나타나는 것이 특징이다. 즉 기관 구성을 할 때 의원내각제의 형태를 본받아 기관통합형의 정부 형태를 취하며, 자치단체장은 지방장관만의 단일한 지위를 가지게 되고, 자치계층 구조는 단층제를 지향한다. 또한 사무배분은 지방자치단체의 행·재정적 능력을 감안하여 개별적으로 배분하며, 지방세는 독립세제도를 유지한다. 이 밖에도 의회가 행정부보다 우월적 지위를 점하는 동시, 입법적 통제가 지방정부 통제의 중심적 수단으로 활용된다.

2) 주민자치 형성의 역사적 배경

주민자치는 영국의 역사적 발전 과정에서 자연스럽게 형성된다. 영국은 5세기 초 로마제국의 속국인 브리타니아(Britania)에 게르만 민족의 일파인 앵글로색슨(Anglo-Saxon)족이 진입함으로써 역사 시대가 전개되고, 이들이 가지고 있던 민회(民會, folk-moot)의 전통이 전승됨으로써 주민자치제의 기반이 형성된다. 민회는 모든 주민이 한자리에 모여 의사를 결정하는 직접민주제의 형태로서 민주주의의 발전에 크게 기여한 공적을 남긴다. 게르만 민족이 가지고 있던 민회의 전통은 역사적 발전 과정에서 대부분의 국가에서는 소멸되었지만 영국에서는 오랫동안 보존되어 왔기 때문에 영국이 민주주의의 본산으로 성장하는 중요한 배경적 요인으로 작용했다.

국가의 발전 과정은 씨족사회에서 부족사회, 지역사회로 발전하고, 이것은 다시 지역에 기초한 소국가로 발전하다가 결국에는 하나의 통일된 국가로 발전하는 것이 일반적 과정이다. 영국은 7세기에 이르러 7개의 소국가가 형성되는데, 이때의 지방조직은 Tun(面), Hundred(郡), Shire(道), Brough(市), Parish(敎區) 등이 있었다. 이러한 조직은 11세기에 이르러 노르만(Norman) 왕조에 의해 국가가 통일됨으로써 일부 지역의 명칭이 변경되어, Township(면), Hundred(郡), County(道), Borough(市), Parish(敎區) 등으로 나타났다. 노르만왕조 시대의 통치 형태는 봉건적 중앙집권 체제였다. 이것은 지역적 기득권을 인정하면서도 전국의 통일적 지배가 가능한 중앙집권적 정치 체제의 구축을 의미한다. 이 시기에는 도시단체와 교구의 자치가 허용되었다. 도시단체는 국왕의 차별적 면허장에 의해 다양한 자치가 이루어졌으며, 종교적 목적을 가진 교구는 종교적 목적의 범위 내에서 자치가 허용되었다. 이 시기의 지역 명칭은 오늘날 영국 지방자치제도의 지역 단위에서 일부 나타나고 있는 데서 역사적 의미를 찾을 수 있다

(정인홍, 1967: 62-64).

14세기에 이르러 영국에서는 치안판사제도를 운영하게 되었다. 이것은 노르만왕조 시대에 지방통제를 위해 군주가 파견했던 Sheriff(국왕 임명)와 마찬가지로 국왕에 의해 임명되었으며, 처음에는 사법 기능을 담당했지만 시간의 경과와 더불어 점차 행정 기능을 흡수하여 종국에는 지방장관의 위치를 점하게 되었다. 이러한 상태에서 일어난 명예혁명(1688)은 의회로 하여금 종전에 국왕이 가지고 있던 대부분의 권력을 행사하게 했고, 치안판사의 임명도 의회에 의해서 이루어지게 되었다. 이러한 결과 치안판사는 국왕의 임명에서 의회의 임명으로 전환되고, 의회임명의 치안판사는 국민이 임명한 것과 동일한 내용을 가지게 됨으로써 명예혁명 직후의 치안판사는 오늘날 민선 지방장관과 동일한 성격을 가지게 된 점에서 중요한 역사적 의미를 가진다.

영국 사회는 그 이후 도시단체법(Municipal Corporations Act, 1835), 지방자치법(Local Government Act, 1888)의 제정을 통해 지방행정 단위가 법인격을 획득하면서 근대 지방자치단체로 발전해 나갔다(정인홍, 1967: 74-76). 그러나 근대적 의미의 진정한 지방자치는 1932년 제정된 직접·평등·보통·비밀의 선거법과 1933년 제정된 지방자치법(Local Government Act, 1933)의 제정 이후부터라 말할 수 있다. 그 이전에는 토지의 소유권을 가진 자 등 특정한 자격을 가진 사람만이 투표를 할 수 있는 체제였기 때문에 영국의 민주주의는 보통선거가 실시된 20세기 초반에서야 비로소 완성되었다고 볼 수 있다.

이처럼 영국의 민주주의는 지방자치의 발전 과정과 더불어 크게 발전할 수 있었고, 주민자치형 지방자치제도는 민회라는 전통에 의해 지방 공동의 문제를 지역 주민 스스로의 힘으로 처리하는 과정에서 발전했다. 이것은 영국의 지방자치가 법적 문제가 아닌 정치적 의미의 지방자치로 발전한 것을 말해 주는 것이며, 국가 통일 이후의 근대적 지방자치의 과정에서도 주민 밀착형 자치제도로 발전하게 한 요인이 된 것이다. 이러한 결과 영국의 지방자치는 중앙정부와의 관계보다 주민과의 관계에 더 중점을 둔 제도로 발전하게 되었다.

2 단체자치

1) 단체자치의 내용

단체자치의 본질적 내용은 국가가 자신의 영토 내에 일정한 구역을 설정하고 그 구역을 기초로 하여 독자적인 행정처리 능력을 가진 지방자치단체를 인정한다는 의미이다. 그 인정은 법률을 통해 법인격을 부여하는 형식으로 이루어지기 때문에 법률적 의미의 지방자치로서 단체자치에 해당한다. 단체자치는 국가·지방자치단체·주민의 3자 관계에서 국가와 지방자치단체의 관계에 중점을 두는 제도이다. 이것은 프랑스와 독일 등 대륙계 국가들에 의해 주로 발전되어 온 자치제도로서 오늘날 많은 국가들이 도입하여 운영하고 있는 실정이다. 그러나 이러한 독특한 자치제도를 창조한 이들 국가들도 처음에는 당초 자신의 일을 자신의 책임 하에 처리한다는 이른바 주민자치의 경험과 전통을 거의 가지고 있지 못했으므로 중앙정부로부터 상대적으로 독립하여 독자적 운영 체제를 인정받는다는 것은 매우 힘든 일이었다.

그러나 프랑스대혁명 시기에 투레(Jacques G. Thouret) 등이 주창한 지방권사상(地方權思想) 등에 의해 절대군주는 지방단체의 법인격을 인정하고 일정한 범위의 지방자치를 허용하게 되었다. 그러나 자치적인 경험이 부족한 이들 국가는 지방정부와 주민의 관계보다 중앙정부와 지방정부와의 관계에 역점을 단체자치모형을 구상하게 됨으로써 집권적 성격을 띠게 되었고, 따라서 지방정부는 자치권의 범위에 큰 관심을 보이게 되었다. 단체자치의 유형에 속하는 일본과 우리나라가 흔히 지방자치권을 놓고 쟁점으로 삼고 있는 것은 이와 같은 사정에 연유되고 있는 것이라 하겠다.

프랑스 지방자치제도의 기본 골격은 1800년부터 전개된 나폴레옹 통치시대에서 그 뿌리를 찾을 수 있다. 1789년 대혁명 직후의 프랑스 지방자치제도는 주민자치에 가까운 형태를 취했지만 크고 작은 혁명의 연속으로 사회 질서는 극도로 문란하게 되었으며, 정치행정제도 역시 제대로 작동되지 못했다. 따라서 프랑스 국민은 자유를 위해 일어난 시민혁명이 사회 질서를 파괴하고 생계를 위협하는 상황으로 발전하고 있었으므로 국민들은 자유보다 질서와 빵을 요구했으며, 강력한 지도자의 등장을 기대하고 있었다.

이러한 사회 분위기 속에서 무력으로 정권을 쟁취한 나폴레옹은 자연스럽게 강력한 중앙집권적 정치 체제를 구축할 수 있었다. 그는 정치와 행정제도를 대대적으로 개혁했으며, 그러한 과정에서 지방자치제도도 크게 바꾸어 놓았다. 즉 자치계층을 단축하고, 자치단체장을 임명 방식으로 전환했으며, 의원은 민선 지방의원 중에서 중앙정부가 재지명하는 등의 조치를 취해 강력한 중앙집권적인 정치구조를 구축했다(정인홍, 1967: 96-108).

이러한 역사적 배경과 전통 위에서 생성된 단체자치 유형은 중앙정부와 지방정부 간의 관계에 역점을 두는 제도로서 정치·행정 과정에서 중앙집권적 요소가 강하게 나타나는 것이 특징이다. 즉 지방정부의 기관을 구성할 때 기관분립형의 정부 형태를 취하며, 자치단체장은 지방자치단체의 수장이면서 동시에 국가 중앙행정조직의 구성원 자격을 가진다. 그리고 자치계층은 중층제, 사무의 배분 방식은 포괄적 배분을 지향하며, 또한 지방세 제도는 국세에 첨가하여 운영하는 부가세 방식을 취한다. 그 밖에도 행정부가 의회에 대해 우월적인 지위를 점하고, 행정통제를 주요한 지방통제 수단으로 삼고 있는 것이 특징이다. 이러한 제도적 특성은 이념형에 해당하는 것으로서 단체자치 사상이 지향하는 제도적 표현으로 이해되는 것이다.

2) 단체자치제도 형성의 역사적 배경

단체자치형 지방자치는 프랑스의 역사적 발전 과정에서 형성된다. 프랑스는 9세기에서 14세기 사이 유럽 사회에서 일반적으로 진행된 중세봉건국가를 경험하면서 자치적인 요소가 나타나기 시작했다. 이 시기에는 도시단체들이 국왕의 획일화된 면허장에 의해 동일한 내용으로 자치가 허용되었으며, 또한 종교적 목적을 가진 교구(敎區)에서도 종교적 목적의 범위 내에서 자치가 허용되었다.

이러한 사실들을 고려해 볼 때 프랑스는 봉건국가 체제 하에서도 도시단체와 교구가 일정 범위 내에서 자치를 행하고 있었으며, 이것은 도시단체마다 자치의 내용을 달리하는 영국과 대조적이다. 그러나 이 시기의 프랑스 자치는 정치적 통일, 중앙정부로부터의 상대적 독립, 민주주의라는 근대 지방자치의 이론적 전제 요건을 모두 충족하지 못했기 때문에 결코 지방자치라고 말할 수 없다. 이러한 도시단체와 교구의 자치적 기능은 절대왕정까지 이어졌지만 근대적 의미의 지방자치 시작은 프랑스대혁명(1789)이 일어난 직후부터라 말할 수 있다.

혁명 직후에는 모든 지역단체가 지방자치를 실시했으며, 기관 구성은 영국의 기관통합형을 도입했다. 이때 편성된 자치행정계층은 Commune-Canton-District-Departement 등이다. 그러나 그 후 이어진 여러 차례의 혁명을 통해 헌법이 제정되고 지방자치제도가 변모되면서 자치계층도 축소되는 경향을 보였다. 특히 나폴레옹 시대에는 지방조직을 Commune-Arrondissement-Departement 등으로 단축시키면서 강력한 중앙집권적 지배 체제를 구축했다. 따라서 지방정부 형태는 견제와 균형의 원리에 입각한 기관분립형을 취하고, 단체장은 임명형으로, 의원은 민선 가운데서 국왕이 재지명함으로써 프랑스 단체자치제도의 기본 골격이 여기에서 형성된 것이다 (정인흥, 1967: 96-108). 이것은 그 이후 역사적 과정을 거치면서 많은 제도적 변화를 가져왔지만 1982년 지방자치법의 개혁까지 오랫동안 기본 골격을 유지해 왔다.

제 3 절 지방자치와 민주주의와의 관계

1 관계 긍정설

지방자치는 국민의 자유와 권리를 신장하기 위해 도입된 정치조직 원리의 하나이기 때문에 지방자치와 민주주의는 불가분의 관계에 있다는 것이 일반적 견해이다. 그러나 19세기 사회에서 도입된 지방자치제도는 절대왕정의 극복이라는 시대적 요청에 의해 지방자치와 민주주의의 관계는 매우 높은 연관성을 가졌지만 그때와 시대적 상황이 크게 달라진 현대 자유민주주의 국가에서는 과연 지방자치가 민주주의 필수 요건인가에 대해 의문을 제기하는 사람이 없지 않다. 이들이 바로 지방자치와 민주주의의 관계를 부정하는 사람들의 입장이다. 먼저 긍정적 견해를 가진 사람들의 주장에 의하면 지방자치란 절대군주 체제에 대항하기 위해 확립된 제도이므로 권력분립이론과 그 역사적 사실을 중시하고 있다.

영국의 브라이스(James Bryce)[3]는 일찍이 그의 저서 『근대 민주주의(*Modern Democracy*)』(1921)에서 민주정치의 발달을 고대 그리스의 도시국가나 영국의 초기 역사에서 나타난 민회(folk-moot)에서 찾고 있다. 그는 지방자치가 민주정치의 모태라는 것을 설명하기 위해 다음과 같이 기술하고 있다. “민주정치는 수백 내지 수천의 자유민이 살던 농촌 및 소도시의 협소한 지역에서 그 발단을 보게 되었다. 그 가장 오래된 형태는 모든 자유민이 그들의 공동문제에 대해 협의할 수 있었던 것은 민회였다. 비록 특정한 가족의 장이 특권을 누리기는 했지만 모든 사람이 자신의 의견을 발표할 수 있는 집회였던 것이다. 이러한 집회는 사람들이 야만 상태를 벗어나 다소 정착하여 질서 있는 사회에 접근하고 있다는 것을 보여 주는 것이었다. 많은 지방에서는 이러한 단체가 왕국의 내부에 있었고, 또한 독립하여 존재하는 것도 있었으나 어디에서나 사람들은 다 같이 이에 의해 자유의 정신을 숭상하고 공동의 목적을 위해 협력하는 습관을 가지게 되었다.” 그는 또한 “지방자치는 민주주의 최량의 학교이며, 민주정치의 성공을 위한 최량의 담보”라고 주장했다(Brice, 1921: 129, 133).

프랑스의 토크빌(Alexis de Toqueville)[4]은 1831년 7개월 동안의 미국

---

3) 브라이스는 1870년 처음으로 미국을 방문한 이후 1907년 2월에는 워싱턴 주재 대사로 미국에 파견되었다. 자유당 의원으로 있던 1880~1907년 기간에는 외무차관(1886), 상무장관(1894~95)으로 일한 사람으로서 『아메리카공화국』 등 총 14권의 저서를 남겼다.

4) 토크빌은 1827년 베르사유재판소 배석판사에 취임하고, 1831년 교도소 조사를 위해 미국으로 건너갔다. 귀국 후 그는 『미국 민주주의』를 저술하고, 제1권(1835)에서 미국의 민주주의가 잘 유지되는 원인이 국민주권 정신과 다양한 제도에 있으며, 이보다 더

방문에서 얻은 경험을 토대로 저술한 그의 명저 『미국 민주주의(*De la Democrate en Amerique*)』(1885)에서 민주주의의 뿌리를 역시 지방자치에서 찾고 있으며, 이를 설명하기 위해 그는 다음과 같이 주장한다. "지방자치는 자유 국민을 형성한다. 지방자치제도의 자유에 대한 관계는 학문에 대한 초등학교의 관계와 흡사하다. 지방자치는 자유를 민중의 손이 미치는 곳에 맡겨 두는 것이며, 그것은 사람들에게 자유를 어떻게 행사하고 어떻게 유용하게 할 것인가를 가르쳐 준다. 지방자치제가 없이도 자유로운 정부조직을 가질 수 있을는지 모르나 자유의 정신을 갖는 것은 절대 불가능한 것"이라고 주장하고 있다(Toqueville, 2007: 44).

그리고 우리나라 정인흥은 『지방자치론』에서 지방자치와 민주주의의 관계를 다음과 같이 설명하고 있다. "민주주의의 존립을 근거로 하지 않는 지방자치는 그것의 성립과 발전을 기대하기 어려우며, 지방자치가 구조적인 유기적 요소로 되어 있지 않는 민주주의는 그것의 개화가 충분히 이루어지지 않는다"(정인흥, 1967: 34-35). 그에 의하면 민주주의는 지방자치에 내장되어야 할 가장 기본적인 요소이며, 민주주의 또한 지방자치를 그 실천수단으로 활용하지 않으면 충분히 발전되기 어렵다는 것을 지적하고 있다. 이상에서 논의된 주장들을 요약하면 지방자치는 ① 정치적 권력 제한의 원리이고, ② 민주정치의 훈련장이며, ③ 민선·자기 처리의 원리를 실천하는 현장이라는 것이다(최창호, 2003: 73-74).

2 관계 부정설

지방자치와 민주주의의 관계를 부정하는 사람들의 견해에 의하면 긍정론자들이 주장하는 내용들은 모두 허구에 지나지 않는다고 주장한다(최창호, 2003: 75).[5]

중요한 원인은 여러 사회 분야에서 기회의 평등을 추구한 것이라고 했다.

5) 지방자치와 민주주의가 무관하다고 주장하는 대표적 사람은 랭로드(J. Langrod)와 뮬린(L. Moulin)이 대표적이다. 그들은 1953년과 1954년에 걸쳐 영국의 『행정학지(*Public*

정치적 권력 제한(restriction of political power)을 위해 도입된 지방자치는 전제정치를 방지하기 위한 것이므로 19세기 사회에서는 타당한 제도였지만 민주주의가 확실하게 뿌리를 내린 현대 자유민주주의 국가에서는 과연 이것이 필요한가에 대해 많은 의문을 제기하고 있다. 즉 미국이나 영국 사회가 지방자치를 하지 않는다 하더라도 자유를 최대한 경험한 그 사회가 과거의 전제정부나 독재정부로 회귀할 수 없다는 사실에 반대 논리의 근거로 삼고 있다. 따라서 권력 제한 이외의 다른 정치적 의미는 있을지 모르지만 권력 제한을 통한 자유의 신장이라는 정치적 의미는 거의 사라졌고, 다만 행정적인 능률이나 주민복지 향상을 위한 지역 발전의 측면에서 지방분권이 요구된다는 입장이다.

민주주의의 훈련장(training camp of democracy)이라고 함은 자치단체장이나 지방의원이 유능한 정치지도자로 성장하는 과정과 주민들의 정치교육장의 두 의미를 가진다. 전자는 많은 국가에서 이러한 사실이 발견되고 있으며, 후자는 단체장이나 의원들의 지방자치 과정에서 권력 행사의 정당성과 이에 따른 책임 원리를 배우게 된다. 그러나 이러한 견해에 반대하는 사람들은 일반 주민들의 입장을 고려하여 그러한 효과를 부정한다. 즉 주민들은 생업에 종사하기 때문에 지방자치 과정에 참여할 수 있는 기회도 적을 뿐만 아니라 관심을 기울일 수 있는 마음의 여유도 없기 때문에 지방자치는 임명직 관료를 중심으로 한 행정 과정이 중심을 이루기 때문에 민주주의의 충분한 훈련장이 되지 못한다고 주장한다.

민선·자기처리(popular election and self government)의 원리라고 하는 것은 지방자치는 스스로 결정하고, 집행하며, 그 결과에 대해 책임지는 것을 말한다. 자치단체장과 지방의원이 민선을 통해 선임되고, 이들을 통해 지방자치가 이루어지기 때문에 자기 책임의 원리가 실현되는 것으로 볼 수 있지만 이를 부정하는 사람들의 견해는 형식적인 논리가 아니라 실제적인 상황에 초점을 맞추고 있다. 주민의 대표는 주민의 의사를 단순히 전달하

Administration)』에서 지방자치의 민주주의의 관계에 대한 긍정적 입장을 취하는 브릭(Panter Brick)과 쟁론했다(강용기, 2008: 72-75).

는 사자(使者)에 불과한 대리자와는 달리 비록 주민으로부터 선출되지만 일단 당선되고 나면 주민 의사와 본인이 가지고 있는 지식과 경험을 토대로 최종적인 의사를 정하여 자치 과정에 참여하는 것이기 때문에 주민의 의사와 대표의 의사가 서로 다를 수 있다. 또한 지방정부 운영의 실제적인 주체는 대표성이 없는 공무원 조직이므로 주민의 의사와는 다른 방향으로 지방자치가 흘러갈 가능성이 높기 때문에 자기결정, 자기집행, 자기책임의 원리는 허구에 지나지 않다는 것이다.

지방자치와 민주주의의 관계는 시대와 국가에 따라 다양하게 나타난다. 선진국의 경우는 지방자치가 정치적 가치보다 행정적 가치에 더 높은 비중을 두고 있으며, 후진국은 행정적 가치보다 정치적 가치에 더 높은 비중을 두고 있는 것으로 볼 수 있다. 우리나라는 아직 민주주의가 충분히 개화되지 못한 상태에 있기 때문에 여전히 지방자치의 정치적 가치(political value)를 높게 평가하고 있으며, 또한 행정적 가치(administrative value)도 이에 못지않게 높게 평가하고 있다.

이상의 논의에서 본 바와 같이 지방자치의 민주주의에 대한 긍정적인 시각과 부정적인 시각은 모두 일면의 타당성을 지니고 있으므로 어느 일방을 잘못된 주장이라 말할 수 없다. 그러나 인간 본성에 기초한 권력 장악의 욕망과 독재화의 가능성, 지방자치 과정에서 주민 의사가 정확히 반영될 수 없지만 민주화된 사회일수록 충실히 반영되고 있으며, 또한 지방자치가 민선이 아닌 관료집단에 의해 사실상 운영된다 하더라도 민선 책임자의 정치력을 통해 주민 의사와 동일한 방향으로 운영되고 있는 점을 고려할 때 긍정설이 좀더 설명력을 갖는 것으로 보인다.

제 4 절 지방자치의 가치와 한계

1 지방자치의 가치

1) 정치적 가치

(1) 민주 이념의 실현

민주주의는 구성원들의 다수 의사를 최대한 반영하는 정치 과정이라고 한다면 지방자치는 이러한 요구에 가장 잘 대응할 수 있는 장치이다. 지방자치는 지역의 다수 주민이 공동으로 참여하여 지역의 현안 문제를 해결해 나가는 과정으로서 자기결정(自己決定), 자기집행(自己執行), 자기책임(自己責任)의 원리가 강하게 적용된다. 자기결정은 주민 자신의 문제를 스스로 결정하는 것이며, 자기집행은 결정된 사항을 자신이 집행하는 것이며, 자기책임은 집행의 결과에 대해 결정자(집행자) 자신이 책임을 진다는 의미이다. 그러나 민주적 방식이 아닌 방법으로 결정되고 집행된다면 주민의 책임은 면제되는 것이다. 주민이 책임을 지지 않는다는 것은 바로 관치행정을 의미하며, 이러한 상황에서는 민주적 절차가 거의 불가능해진다. 결국 지역 내 공동사무를 지역 주민의 참여와 협의를 통해 자주적으로 처리하는 과정에서 민주 이념은 더욱 확산되고 공고하게 실현되는 것이다.

(2) 민주주의 훈련장

민주주의의 훈련장이라 함은 지방자치가 다스리는 자와 다스림을 받는 자 모두에게 훌륭한 민주주의 교육 장소가 될 수 있다는 의미이다. 지방자치 과정에서 그 운영의 주체로 참여하는 자는 지방자치에서 얻은 경험을 토대로 국가 차원의 국정에 참여할 수 있는 능력을 배양할 수 있고, 운영의 객체로서 참여하는 주민은 선거 과정이나 행정 과정에서 권한 행사의 정당성과 책임의 원리를 배울 수 있게 된다.

(3) 전제정치의 방파제

지방자치는 민주주의를 실현시킬 수 있는 제도적 장치의 하나이기 때문에 높은 정치적 가치를 인정할 수 있다. 국가 권력이 절대적 지배자나 통치권자 한 사람에게 집중되어 독재 정치의 폐해를 경험한 국민들은 권력의 분산에 대한 욕구가 강하게 나타나기 마련이다. 권력분립에 대한 사상적 단초를 제공한 사람은 로크이며, 그의 사상을 보완한 사람은 몽테스키외이다.

로크(John Locke)는 총19장으로 구성된 『시민정부론』(1690)에서 국가권력을 2권(입법, 행정)으로 분립할 것을 주장했으며, 몽테스키외(Charles Montesquieu)는 『법의 정신』(1748)에서 사법을 추가하여 3권 분립을 주장했다. 권력분립은 기능적 분립과 지역적 분립으로 나뉘며, 지역적 분립은 기능적 분립이 가지는 한계를 보완하는 장치의 의미가 짙다. 기능적 권력분립만으로 민주주의가 실현될 수도 있지만 여기에 지역적 분립이 추가될 때 더 나은 민주주의를 구현할 수 있는 여건이 되기 때문에 지방자치는 결국 권력의 집중으로 인한 전제정치의 가능성을 방지하는 요인으로 작용한다.

(4) 정국 혼란의 방지

정국의 혼란 방지는 민주주의 정치제도와 관련된다. 민주적 정치 과정은 다스림을 받는 자가 다스리는 자의 위치로 나아갈 수 있는 길을 항상 열어놓고 있기 때문에 권력 교체에 따른 정국 혼란의 가능성은 항상 존재한다. 그러나 지방자치단체가 지역사무를 충실히 수행하고 있는 상태에서는 중앙정치가 비록 혼란을 초래하더라도 국가 전체의 충격은 완화되어 정국의 안정을 확보할 수 있다. 이것은 지방정부의 정상적 기능의 수행으로 주민생활과 직결된 생활상의 문제는 크게 영향을 받지 않는다는 논리에 기초하고 있다.

2) 행정적 가치

(1) 기능 분담과 행정 능률의 향상

지방자치는 중앙정부의 전국적 통치에서 발생되는 한계를 극복해 주는 수단으로 활용되고 있다. 만약 하나의 주체에 의해 전국이 통치될 경우 행정부의 과중한 업무 부담으로 인한 행정 능률의 저하를 초래하기 쉽다. 그것은 중앙정부가 기획 업무와 국토 개발 등 전국적 이해관계가 걸려 있는 국가 차원의 사무 외에도 일선 지방행정까지 관장하기 때문이다. 이러한 과중한 업무를 지방자치단체가 분담해 준다면 중앙정부는 전국적 문제에 더 많은 관심을 가지고 선택과 집중(selection and concentration)을 통해 행정을 처리하고, 지방정부 또한 주민생활에 직결된 문제에 행정력을 집중함으로써 국가의 총체적 능률(efficiency of the whole state)을 크게 제고할 수 있다.

(2) 지역 실정에 맞는 행정

지방자치는 또한 지역 특성에 맞는 행정을 가능케 한다. 중앙정부의 전국 통치는 자연 전국적 사무에 대해 일차적 관심을 가지게 되므로 지역사무는 뒷전으로 밀려날 수밖에 없다. 그러나 지방자치단체는 특정한 범위의 지역적 기초 위에 성립된 정부이므로 지역 사정에 매우 정통해 있어 지역 내에 존재하는 문제점을 충분히 파악할 수 있을 뿐만 아니라 문제의 해결에도 지역의 특성을 충분히 고려하여 주민의 요구에 맞는 행정 서비스가 가능하다.

(3) 정책의 지역적 실험

국가정책은 많은 국민들에게 광범위하게 영향을 미치는 정책과 일부 국민들에게 한정되는 정책이 있다. 어느 경우의 정책이든 그 선택에는 신중을 기하지 않으면 안 된다. 특히 광범위한 영향력을 가진 정책일수록 결정과 집행에 만전을 기해야 한다. 그것은 정책의 실시로 입게 되는 피해의 문제가 존재하기 때문이다. 충분한 검토 없이 졸속으로 결정된 잘못된 정책을 전국 단위에 적용할 경우 이로 인한 피해는 전국적 규모로 확산된다.

이러한 의미에서 본다면 지방정부 공직자보다 국가 공직자들의 정책에 대한 능력과 책임이 더욱 중시되는 것이다. 이러한 전국 단위의 정책 적용에서 발생되는 문제점을 최소화하기 위해서는 지역 차원에서 시험적 적용(experimental application)이 요구된다. 즉 지방자치단체에서 일차적으로 시험 적용하여 성공적 결과가 나올 경우 전국으로 확대하는 것이 바람직하다.

(4) 종합행정의 실현

지방자치는 종합행정(integrated administration)의 장점을 지니고 있다. 중앙정부의 업무는 비교적 전문화되고 부서 간의 벽이 높기 때문에 인접 부서에 대한 정보의 파악이 부실하여 업무 추진의 유기성이 결여되기 쉽다. 이러한 결과 종합적 시각에서 업무를 추진할 수 없는 한계를 가지게 되는 것이다. 예컨대 한 가정의 경우 국방부는 군에 입대할 장정이 몇 명인가에 관심이 있을 것이고, 교육부는 취학 아동에, 국세청은 미납 세금이 얼마나 있는가에 각기 관심을 가지게 될 것이다. 이 경우 한 가정의 정보에 대한 종합적 파악이 잘 이루어지지 않을 뿐만 아니라 그러할 필요도 없다.

그러나 지방정부는 주민대표기관의 책임 아래 한 가정에 대한 정보를 모두 파악하여 입체적 행정 서비스를 제공할 수 있는 장점이 있다. 또한 중앙의 각 부처는 위임사무나 보조금 사무의 집행을 위해 지방정부와 개별적 업무 협조를 맺게 되지만 지방정부는 여러 중앙부처의 사무를 수임하여 처리하는 과정에서 지역 단위에서 중앙행정이 종합되는 경향이 있으므로 유용한 정보의 산출과 업무의 유기적인 수행이 가능해진다.

3) 경제적 가치

(1) 자원배분의 효율성

지방자치는 자치단체의 보유 재원을 가장 합리적으로 배분하여 지역 주민의 후생을 극대화할 수 있다. 공공 서비스 중에는 중앙정부에 의해 제공되어야 할 것과 지방정부에 의해 제공되어야 할 것이 있다. 중앙정부에 의해 생산 공급되는 국가공공재는 전국적 규모의 영향력을 가진 것이 일반적이지만 주민의 일상생활과 직접 관련되거나 특정 지역 내에서만 효과를 발생하는 지방공공재는 각 지방자치단체의 자체 조직에 의해 공급되는 것이 좀 더 효율적이다. 따라서 공공재의 생산 및 공급은 가장 효율적인 생산 단위에 자원을 배분하는 것이 바람직하다. 이러한 의미에서 본다면 지방자치는 지역 주민의 공공재에 대한 수요를 비교적 정확히 파악하여 원하는 만큼 공공재를 공급할 수 있는 위치에 있으므로 자원의 최적 배분(optimal distribution)과 이에 기초한 사회적 후생(social welfare)의 극대화를 도모할 수 있다.

(2) **소비자 선호에의 대응**

지방자치는 소비자의 다양한 요구를 수용할 수 있다. 중앙정부는 전국을 대상으로 서비스를 제공하기 때문에 국민의 수많은 요구가 발생되지만 그 규모가 방대하여 원천적으로 소비자의 개별적 요구에 적절히 대응하지 못하는 한계를 가지고 있으므로 탄력성과 기동성을 가진 지방정부에 공공재의 공급을 맡기는 것이 바람직하다. 이때 지방자치단체는 소비자의 선호에 신속·정확히 대응할 수 있는 고객 지향의 행정(clientele oriented administration)이 가능해진다.

(3) **지역특수산업의 발전**

지방자치는 또한 지역특수산업의 발전에 이바지할 수 있다. 중앙정부는 지역적 소규모의 산업보다도 대량 생산적이고 전국적인 산업의 육성에 주력할 수밖에 없으므로 지역에 기반을 둔 지방 산업들은 뒷전으로 밀려 소홀해지기 쉽다. 따라서 지역특수산업의 육성을 위해서는 지역의 특성과 사정을 잘 파악하고 있는 지방자치단체가 지역산업 육성의 주체가 되어야 한다. 그러할 때 지역산업은 지역 특수성과 고유한 지역문화를 융합한 독창적인 상품을 만들어 세계적 산업으로 발전할 수 있을 것이다.

4) 사회·문화적 가치

(1) **주체의식의 제고**

지방자치의 사회적 가치는 먼저 주체의식과 애향심을 고려할 수 있다. 주체의식은 주인의식으로서 사물을 처리할 경우 주인이 된 위치에서 처리한다는 의미이다. 여기에는 자치결정, 자치책임이 수반된다. 주인의식을 가지게 되면 사물에 대해 항상 문제의식을 가지게 되어 잘못된 점을 쉽게 발견하게 된다. 피용자의 눈에는 잘 보이지 않는 문제점도 감독자의 눈에는 잘 보이게 되는 이유가 바로 주인의식의 차이에서 비롯되는 것이다.

이러한 점에서 본다면 조직의 구성원들은 피용자의 의식에 젖어 근무하기보다 주인의식을 가지고 근무할 때 조직 발전에 기여할 수 있고, 따라서 자기 발전도 동시에 도모할 수 있게 된다. 그러나 주인의식(mind of master)의 확보에는 조직운영자의 리더십이 많은 영향을 미치기 때문에 구성원 자신의 긍정적 인식 전환 외에도 지도자의 노력이 함께 요구되는 것이다.

(2) 애향심의 제고

애향심은 지방자치단체 구성원으로서 가지게 되는 지역사회에 대한 애정으로서 이것은 지방자치단체의 높은 복지 수준, 자긍심을 가질 수 있는 지역문화를 함께 가질 때 더욱 강화되는 경향이 있다. 지역문화는 전통문화(traditional culture)와 현대문화(modern culture)를 포괄하는 개념으로서 전자는 예로부터 내려오는 각종 인간 활동의 양식을 말하며, 후자는 현재를 살고 있는 주민들이 만들어 낸 새로운 생활양식과 행동양식을 의미한다. 결론적으로 지역 주민의 자긍심과 애향심은 당해 지역의 생활 조건이 우수하거나 다른 지역에서 볼 수 없는 고유한 독창적인 문화를 가질 때 더욱 높아질 수 있으므로 지방정부는 지역 발전과 우수한 지역문화의 보존과 형성에 적극적으로 노력해야 한다.

(3) 공동체 의식 제고

공동체 의식은 개인의 이익을 초월한 더 높은 가치의 공공 규범에 예속되는 심리를 말하며, 이것은 지방자치의 과정을 통해 배양될 수 있다. 지방자치는 지역 주민 스스로의 능력에 의해 지역 내 사무를 처리하는 것이므로 주민자치 의식과 자치 역량을 배양할 수 있을 뿐만 아니라 이러한 과정을 통해 협동정신(cooperative spirit)과 공동체 의식(community spirit)을 배양할 수 있다. 특히 지방자치는 주민생활에 직결된 민원 업무 외에도 사회복지, 민방위, 재난관리 등의 서비스, 편익시설과 문화복지의 확대 등 다양한 프로그램의 자율적 운영을 통해 삶의 질을 한층 높이는 공동 복지의 장을 마련해 준다.

(4) **경쟁의식의 제고**

지방자치는 또한 다른 지방자치단체와 정책의 경쟁을 벌이는 경쟁 체제를 마련해 준다. 특정 지방자치단체가 실시하여 성공한 정책은 벤치마킹되어 다른 지방자치단체의 정책으로 확대될 가능성이 높기 때문에 많은 분야의 다양한 정책의 산출은 지방정부 간 경쟁을 유발하여 결국 국가 전체의 발전을 가능하게 한다.

2 지방자치의 한계

1) 정치 · 행정적 한계

지방자치는 당해 지역의 입장에서 문제를 부분적으로 해결하는 데 전념하는 결과 국가 전제의 이익이나 전국적 차원의 효과를 간과할 가능성이 있다. 이것은 마치 숲의 이론에서 지적하듯 개개의 나무를 볼 수는 있어도 숲 전체를 볼 수 없는 것과 마찬가지이다. 또한 지방자치는 잦은 선거와 이의 과열로 인해 주민 상호간에 적대적 감정을 유발하여 주민 분열을 초래할 가능성이 있다. 지방자치는 다수의 상반된 이해당사자 간의 토론과 타협을 통해 갈등을 조정함으로써 문제를 해결하는 과정이므로 여기에는 필연적으로 많은 자원과 시간이 소요되기 때문에 시간적으로 촉박한 위기 상황에 놓여 있는 사업의 추진에는 효과적으로 대처할 수 없는 한계를 가진다.

이러한 국가적 위기 상황에 잘 대처할 수 있는 체제는 전국적인 인적 · 물적 · 정보 자원을 신속히 동원할 수 있는 중앙집권 체제(system of centralized authority)가 유익하다. 즉 지루하게 펼쳐지는 대립 · 토론 · 협상 · 타협의 과정, 각 부분 주체 간의 불필요한 경쟁과 극단적인 마찰, 지방정부의 낮은 기술 · 장비 · 전문성 등은 비능률을 초래하기 쉬우므로 오히려 일사분란한 중앙집권 체제가 유익하다는 의미이다.

2) 경제 · 사회적 한계

지나친 소규모의 지방자치는 공공 서비스의 공급에서 규모의 경제

(economy of scale)를 실현할 수 없다. 예컨대, 소규모인 두 인접 지역이 각각의 치안 업무에 필요한 통신장비를 개별적으로 구매할 경우 주민 1인당 부담은 클 수밖에 없지만, 만약 두 지역이 공동으로 구매할 경우 양 지역의 1인당 부담액은 줄어들 것이다. 또한 특정 지방자치단체의 독자적인 분배정책(세입, 세출)은 당해 지역의 부자들을 인접 지역으로 몰아내고 인접 지역의 빈자들을 유인하게 됨으로써 결국 재원 부족으로 분배정책의 지속적 시행이 불가능해져 정책실패로 끝날 가능성이 높다.

지방자치는 주민들의 향토의식과 애향심을 토대로 전개되는 것이다. 그러나 지방자치가 잘못될 경우 지방색을 지나치게 부각시켜 방어적 지역감정을 고취함으로써 배타주의로 발전할 가능성이 있다. 이러한 지역감정은 특정 지역 주민이 소외감 내지 피해의식을 많이 갖는 경우, 또는 특정 지역 주민이 우월감이나 이기적인 행동을 보일 때 주로 생겨난다. 지방자치는 원래 주민들의 애향심을 토대로 특성 있는 지역 발전을 도모함으로써 국가 발전에 기여하는 것이므로 그 지역의 주민들이 지역에 대한 귀속감을 가지고 자신들의 이해관계에 대한 관심 속에서 자기 주장을 펴는 것은 당연하다. 그러나 이것이 지역이기주의(regional self-centeredness)로 흘러 오직 자기에게 유리한 입장에서 모든 사안을 처리하려고 하는 것은 커다란 사회적 문제를 일으킨다.

제 5 절 지방자치권

1 근거 학설

지방자치단체가 본연의 임무를 원활히 수행하기 위해 가지게 되는 지방자치권은 그 성립의 근거를 기준으로 할 때 대체로 세 가지의 학설로 요약된다, 즉 ① 고유권설, ② 전래권설, ③ 제도적 보장설이다(정세욱, 2004;

139-142; 최창호, 2003: 68-73).

고유권설(固有權說)은 지방자치권이 어느 누구로부터 주어지는 것이 아니라 국가가 성립되기 이전부터 가지고 있었던 지역단체의 고유한 기능에서 비롯된다는 것이다. 비록 국가로부터 지방자치권이 부여되는 과정이 있다 하더라도 그것은 기존의 자치권을 국가가 사후적으로 승인하는 단순한 형식적인 절차에 불과하다. 이것은 시대적으로 자유주의 국가에서 주장된 이론으로서 주민자치를 기반으로 발달되어 온 서구 사회의 국가들이 선호하는 자치권 이론이다. 또한 이것은 신중앙집권화 현상으로 중앙정부의 권능이 확대됨에 따라 지방자치가 상대적으로 위축되는 것을 우려하여 지방정부의 위상 강화를 위해 강조되는 학설이기도 하다.

전래권설(傳來權說)은 지방자치권의 근원을 중앙정부의 적극적인 수권행위에서 찾는 학설이다. 지방자치권은 고유권설이 주장하는 지역사회의 역사적 기능을 무시하는 것은 아니지만 적어도 그것이 완전한 권한으로 인정받아 정당성을 가지려면 국가로부터의 공식적인 법률행위가 있어야만 가능하다는 입장이다. 즉 중앙정부의 수권에 의해 비로소 지방자치권이 탄생될 수 있다는 것이다. 이것은 주민자치의 역사적 전통이 없는 국가들이 선호하는 이론이며, 시대적으로는 생활권 보장을 위해 중앙정부의 복지 기능이 확대 강화된 20세기에 들어와서 강하게 주장된 자치권이론이다.

제도적 보장설(制度的 保障說)은 기본적으로 전래권설의 입장을 수용하지만 이것만으로 지방자치권의 도출을 충분히 설명할 수 없다는 입장이다. 따라서 제도적 보장설은 여기에 헌법적 보장을 추가하고 있다. 국가가 법률 차원에서 자치권을 수여할 경우 자치권의 탄생은 가능하지만 이것은 불완전한 상태에 놓일 수밖에 없다. 왜냐하면 그것은 의회의 의결로 항상 수정될 수 있는 대상이기 때문이다. 따라서 국민투표나 의회의 까다로운 절차를 요하는 헌법에서 이를 보장할 때 자치권은 가장 안전하게 보장된다는 입장으로서 오늘날의 통설로 인정되고 있다.

2 지방자치권의 종류

1) 자치입법권

지방자치권의 종류는 크게 자치입법권과 자치행정권, 자치사법권으로 대별할 수 있다.[6] 자치입법권은 지방의회에서 정립하는 조례와 지방자치단체장이 정립하는 규칙으로 나뉜다. 조례는 헌법·법률·시행령·상위 조례가 정하는 범위 내에서 지방자치단체의 조직과 운영에 관한 사항을 정한 객관적인 규범이다. 조례 제정의 대상은 주로 주민의 권리와 의무에 관한 사항, 지방자치단체가 주민복지 증진을 위해 추진해야 될 사업의 기본 방향과 내용, 재산의 취득·관리·처분에 관한 사항, 기타 주민을 위해 조례로 정하는 것이 필요하다고 인정되는 사항 등이 그 대상이 된다.

이러한 조례의 정립과 관련하여 문제로 제기되는 것은 조례 제정의 한계(limited))와 범위(category)에 관한 것이다. 우리나라 지방자치법 제15조에 의하면 "지방자치단체는 법령의 범위 안에서 그 사무에 관하여 조례를 제정할 수 있다. 다만, 주민의 권리 제한 또는 의무 부과에 관한 사항이나 벌칙을 정할 때에는 법률의 위임이 있어야 한다."라고 규정하고 있다. 여기에서 특히 주목되는 것은 '법령의 범위 안'이라는 표현이며, 이것은 여러 가지로 해석될 수 있는 다의적 용어이다. 즉 '법령의 위임에 의하여(法令留保原則)', '법령에 근거하여(法令根據原則)', 또는 '법령을 위반하지 않는 범위 내에서(法令優位原則)', '법령에 규정하지 않은 분야에 한해서(法令空白原則)' 등의 해석이 가능하다. 우리나라 헌법에서 지방자치를 별도로 보장하고 있는 헌법정신이나 제도적 목적에 비추어 볼 때 이를 넓게 해석하여 운영의

---

6) 독일의 경우 지방자치단체(Gemeinde)의 위상은 헌법 제28조 2항에서 규정하여 보장하고 있으므로 강력한 헌법상의 지위를 가진다. 따라서 지방자치권은 법률적 차원에서 침해할 수 없는 고권으로 인정되고 있다. 여기에는 ① 사무고권, ② 조직고권, ③ 인사고권, ④ 재정고권, ⑤ 계획고권, ⑥ 지역고권, ⑦ 조세고권, ⑧ 입법고권이 있다(한부영·신현기, 2002: 49-52).

탄력성을 확보하는 것이 바람직할 것이다.

그러나 주민의 권리 의무에 관한 사항은 우리나라 지방자치법에서 '법령의 위임'에 의해서만 조례 제정이 가능하도록 한 것은 주민의 신체적 자유와 재산권 보호라는 측면에서 타당한 입법이라 하겠다. 그러나 주민복지 향상을 위해 추가되는 비용은 당해 주민이 부담해야 한다는 원칙을 고려한다면 이 단서 조항은 항상 타당하다고 볼 수 없다. 우리의 민주주의와 지방자치 수준이 성숙한 단계에 도달하게 되면, 이 단서 조항은 수정되어도 무방할 것이다. 왜냐하면 시민의식이 깨어 있는 사회에서는 정당한 이유 없이 무거운 부담을 지울 수 없기 때문이다. 비록 권리 의무에 관한 사항이 조례에 위임되더라도 주민소환제도(recall)나 정책실명제(real-name policy)가 제도화되어 있다면 그것은 크게 문제되지 않을 것이다.

조례 제정의 범위는 의회의 입법적 활동의 범위로서 자치사무에 한정되는 것이 원칙이다. 자치사무는 고유사무와 단체위임사무를 포괄한다. 후자의 단체위임사무는 비록 형식상 국가의 사무에 속하지만 그 처리 절차가 고유사무와 동일하기 때문에 넓은 의미에서 자치사무로 간주되는 것이다. 따라서 조례 제정의 범위는 지방적 특색을 가진 순수한 고유사무와 지방적 이해와 국가적 이해가 동시에 존재하는 단체위임사무에 한정되는 것이다.

지방자치단체장이 정립하는 규칙은 단체장의 사무집행과 관련되고 있다. 우리나라 지방자치법 제16조는 "지방자치단체장은 법령 또는 조례가 위임한 범위 안에서 그 권한에 속하는 사무에 관하여 규칙을 제정할 수 있다"라고 규정하고 있다. 즉 지방자치단체장은 법령과 조례가 정해 준 범위 내에서 자기에게 부여된 고유한 집행 권한을 효율적으로 수행하기 위해 필요한 절차나 내용을 규정하기 위해 규칙을 제정하는 것이다.

이때 문제로 제기되는 것은 조례와 규칙 간의 우열에 관한 것이다. 조례와 규칙은 상호 규정해야 할 목적과 대상이 다르기 때문에 일반적 논의 차원에서는 우열이 존재할 수 없고, 다만 구체적 내용에서 서로 충돌하는 경우는 당연히 조례가 우선하는 것이다. 또한 타의 고유한 영역을 침범하여 자치입법권을 행사하는 경우는 원천 무효가 된다.

2) 자치행정권

자치행정권(autonomous administrational power)을 세분화할 경우 ① 자치조직권, ② 자치재정권, ③ 자치운영권으로 나눌 수 있다. 자치조직권(自治組織權)은 지방자치단체의 업무 수행에 필요한 조직을 설치할 수 있는 권한으로서 지방자치법이나 자치헌장에서 그 범위가 정해진다. 우리나라의 경우 '지방자치단체의 행정기구 및 정원 등에 관한 규정'(대통령령)에서 자세히 규정하고 있다. 광역자치단체의 경우 조직기구의 범위는 <표 2-1>에서 보는 바와 같다.

이에 의하면 인구가 많은 서울시가 가장 조직 수가 많은 것으로 나타나고 있다. 지방자치가 본격적으로 실시되기 이전, 행정부서의 명칭까지 지정했던 과거와는 달리 이제 지방정부는 동 규정이 정해 주는 조직 수의 범위 내에서 자치조례로 조직기구를 자율적으로 구성할 수 있게 되었다. 그리고 기초자치단체의 경우는 역시 대통령령규정 별표 4에서 정하는 범위 내에서 시·도지사의 승인을 얻어 조례가 정하는 바에 따라 행정기구를 설치할 수 있게 되어 있다(지방자치법 제112조). 또한 지방자치단체는 조례로 정하는 바에 따라 자치구가 아닌 구와 읍·면·동에 그 소관 행정사무를 분장하기 위하여 필요한 행정기구를 둘 수 있다(동법 제20조).

〈표 2-1〉 광역자치단체 행정기구 설치 기준(규정 제9조 제1항 관련)

구 분		실·국·본부
서울특별시		14개 이내
광역시	인구 300만 이상~500만 미만	12개 이내
	인구 200만 이상~300만 미만	11개 이내
	인구 200만 미만	10개 이내
도	경기도	18개 이내
	인구 300만 이상~400만 미만	11개 이내
	인구 200만 이상~300만 미만	10개 이내
	인구 100만이상~200만 미만	9개 이내

자치재정권(自治財政權)은 자원 조달에 관한 세입자치권과 자원 지출에 관한 세출자치권의 두 측면이 핵심적 내용을 이룬다. 세입자치권이라 함은 지방세와 세외수입, 지방채 발행 등에 관련된 지방자치단체의 자율성을 의미하고, 세출자치권이라 함은 지출예산의 편성과 집행 등에 관련된 자율성을 의미한다. 자율은 사전적 의미에서 볼 때 스스로를 다스린다는 뜻이며, 여기에는 자기결정, 자기집행, 자기책임의 요소가 함축되어 있다.

자치운영권(自治運營權)은 지방자치단체의 여러 기능과 사업을 조직화하여 추진할 수 있는 권한으로서 그 대상사무는 지방자치법 제9조(자치사무의 범위)에서 상세히 규정하고 있다. 이러한 자치사무의 효율적인 운영을 위해 자치조례와 자치규칙이 규정되는 것이며, 이에 근거하여 구체적 집행이 이루어진다.

3) 자치사법권

자치사법권(自治司法權)은 관할구역 안에서 발생되는 일정 수준 이하의 민·형사 및 행정적 사건에 대해 재판을 하는 기능으로서 주로 영미계 국가들이 인정하고 있다. 지방정부가 입법권과 행정권 외에 사법권까지 가진다는 것은 외형적으로 볼 때 지방정부가 완전한 통치 주체로 기능하고 있다고 보이기에 충분하다. 그러나 내용적으로 보면 지방자치단체가 행사하고 있는 그 권한은 중앙정부의 필요에 의해 매우 제한적으로 부여한 권한인 만큼 온전한 통치 권력의 주체로 볼 수 없다. 따라서 영미계 국가들의 지방정부가 행사하는 사법권은 독립국가의 성립과 위상에 필요한 구성 요소로서의 사법권이 아니라는 점에 유의할 필요가 있다.

그러나 주정부의 사법권은 지방자치단체가 가지고 있는 사법권과는 성격이 다르다. 즉 주정부는 연방이 탄생되기 이전에 이미 국가로서 존립했고, 또한 주정부들의 합의에 의해 연방정부가 탄생된 것이므로 그 합의가 파기되면 다시 원점으로 돌아갈 수 있는 여건에 놓여 있다는 점에서 생사의 운명이 전적으로 중앙정부의 의사에 달려 있는 지방정부의 사법권과는 성격이 근본적으로 다르다.

3 지방자치권의 수권법률 형태

1) 단일 법률에 의한 수권

지방자치권의 수권 형태는 단일 법률 체계인 지방자치법에 의해 수권되는 것이 일반적이다. 지방자치법에 의한 수권 방식은 프랑스, 일본, 한국 등 대륙법계 국가에서 많이 발견된다. 한국과 일본은 지방자치법을 통해 수권되고 있으며, 프랑스에서는 지방자치법에 해당하는 '코뮌·데파르트망·레종의 권리와 자유에 관한 법률'에 의해 지방자치권의 대강이 규정된다. 지방자치권이 부여되는 원천적 근거는 물론 헌법이다. 그러나 이것은 제도의 존립을 가능케 하는 단순한 근거 규정일 뿐이며, 지방자치의 모든 것을 상세하게 규정하는 것은 지방자치법이기 때문에 지방자치법이 자치권 수권의 실질적 근거 법률이 된다.

2) 자치헌장에 의한 수권

자치헌장에 의한 수권 방식은 미국과 영국 등이 활용하고 있지만 미국이 전형적이다. 미국의 주정부(州政府)는 주헌법에 근거하여 각 지방자치단체에 다양한 자치헌장(Local Government Charter)을 부여하고 있다. 그 제정 절차상의 특징에 따라 ① 일반헌장제도, ② 분류헌장제도, ③ 선택헌장제도, ④ 특별헌장제도, ⑤ 자치헌장제도로 분류할 수 있다(Zimmerman, 1995: 245-249; 한원택, 2000: 200-203).

일반헌장제도(General Charter)는 주정부가 동일한 내용의 헌장을 만들어 모든 지방자치단체에게 동일한 내용으로 시행되는 제도이다.

분류헌장제도(Classified Charter)는 주(州) 내에 있는 모든 지방자치단체를 지역의 특성과 규모를 고려하여 몇 가지 유형으로 분류하고, 이에 맞게 헌장을 만들어 각각 부여하는 제도이다.

선택헌장제도(Optional Charter)는 주정부가 미리 몇 가지 형태의 헌장을 마련해 놓고 지방자치단체로 하여금 선택케 하는 제도이다.

특별헌장제도(Special Charter)는 지방자치단체의 특성과 능력에 맞도록 주정부가 특별히 제정하여 하향적으로 부여하는 제도이다.

자치헌장제도(Home rule Charter)는 지방자치권의 내용을 당해 지방자치단체가 스스로 정해서 주정부의 승인을 받는 상향적이고 민주적 방식의 헌장제도이다.

3) 절충 방식에 의한 수권

영국의 경우는 지방자치법과 자치헌장 두 제도에 의해 지방자치단체가 운영되고 있다. 지방자치법(Local Government Act)은 중앙정부의 의회에서 정립하는 법률로서 자방자치에 대한 기본 골격만을 규정하고 있으며, 지방자치헌장(constitution of local government)은 지방자치단체 스스로 정립하는 자율적 헌장으로서 자치권의 내용을 좀 더 상세하게 규정하고 있다. 그 일부 규정은 상위법에 의해 의무적으로 반영되며, 나머지 규정은 지역 사정을 감안하여 지방의회가 결정한다.[7] 이러한 의미에서 본다면 영국은 지방자치법과 자치헌장의 두 규범에 의해 지방정부의 권능이 주어지는 절충적 수권 방식을 취하고 있다고 할 수 있다.

그러나 영국은 이러한 수권 방식 외에도 지방법(local act)에 의해 많은 권능이 부여되고 있다. 지방법은 지방정부가 수행하고자 하는 사무에 대해 자율적으로 법안을 만들어 국회에 제출하고, 여기에서 승인을 얻어 제정되는 법률을 말한다.

---

7) 영국의 잉글랜드지방 하틀풀 버러 의회의 자치헌장 제1장 원문의 일부를 소개하면 다음과 같다: Since May 2002, Hartlepool Borough Council has agreed and maintained a new constitution which sets out how the Council operates, how decisions are made and the procedures which are followed to ensure that these are efficient, transparent and accountable to local people. Some of these processes are required by the law, while others are a matter for the Council to choose. The Constitution has been developed in accordance with the Local Government Act 2000. This Act, along with its sister acts, the Local Government Act 1972 and the Local Government and Finance Act 1989, are the key statutory references for the provisions of this Constitution.

제 6 절 지방자치의 현대적 경향

1 주민자치와 단체자치의 접근

현대 지방자치에서 볼 수 있는 특징적 현상의 하나는 주민자치와 단체자치가 서로 접근하고 있다는 사실이다. 이것은 지방자치가 극단적인 두 이념모형에 의존하기보다 중도적인 혼합모형으로 운영하는 것이 더 높은 효율성을 확보할 수 있다는 여러 국가들의 경험적 판단에 따른 것으로 이해된다.

주민자치의 모국이라 할 수 있는 영국은 주민자치의 전통적 정부 형태를 지금까지 유지해 왔으나 최근에 이르러 단체자치의 요소를 많이 받아들이고 있는 것으로 나타나고 있다. 런던광역시의 경우 최근 정부 형태를 기관통합형에서 기관분립형으로 전환했으며, 웨일스와 스코틀랜드, 북아일랜드 지방은 최근 지역 전체가 하나의 지역정부로 인정받게 되어 행정계층은 더욱 복잡한 구조를 가지게 되었다.[8] 그러나 상급정부의 위임사무가 구조적으로 존재하지 않기 때문에 행정계층의 수는 거의 문제가 되지 않는다. 위에서 언급한 바와 같이 영국이 그 동안 오랫동안 고수해 왔던 기관통합형

8) 전산자료(http://www.oultwood.com)에 의하면, 잉글랜드지방은 지역 범위를 기준으로 리전(Region)-카운티(County)-디스트릭트(District)-타운(Town, Parish) 등 4개의 지역계층이 존재하지만, 농촌지역의 경우 법적 자치계층은 카운티와 디스트릭트의 2개 계층만 존재한다. 그러나 최근 지역에 따라 카운티와 디스트릭트를 통합한 유니터리(통합단층제) 형태를 취하는 자치단체가 점차 확대되고 있다. 웨일스지방은 웨일스정부(Welsh Assembly)-유니터리(Unitary)-타운(Town, Community) 등 3개의 지역계층이 존재하나 법적 자치계층은 유니터리 하나뿐이다. 또한 스코틀랜드지방은 스코틀랜드정부(Scottish Government)-유니터리(Unitary)-커뮤니티(Community) 등 3개의 지역계층이 존재하지만 법적 자치계층은 유니터리 하나뿐이다. 그리고 북아일랜드지방은 북아이랜드정부(Northern Ireland Assembly)-디스트릭트(District) 등 2개의 지역계층이 존재하지만 법적 자치계층은 디스트릭트 하나뿐이다.

정부 형태를 주민의 선택에 의해 기관분립형 정부 형태도 선택할 수 있도록 지방자치법에서 허용한 것은 단체자치로의 접근을 말해 주는 하나의 증좌가 된다.

단체자치의 종주국이었던 프랑스도 1982년 'Commune, Departement, Région의 권리와 자유에 관한 법률'의 제정을 계기로 나폴레옹 시대부터 지금까지 오랫동안 유지되어 온 단체자치모형을 주민자치모형에 가깝도록 설계하여 현재 운영 중에 있다. 또한 제2차 세계대전을 계기로 식민국가와 패전국들이 미국의 영향권 아래 들어감으로써 이들 국가들은 중앙집권적 정치 체제에 영·미적인 요소를 많이 가미하게 되었다. 우리나라에서도 단체자치 모형에서 다소 수정된 지방자치 모형을 운영하고 있는데, 독립세 제도와 예시적 열거 방식의 사무배분 제도를 채택한 것은 바로 주민자치 요소를 가미한 사례이다.

2 신중앙집권과 신지방분권

20세기 이후 국제사회에서 발견되는 또 하나의 특징은 신중앙집권과 신지방분권 현상이다. 신중앙집권(new centralization)이라 함은 중앙집권의 새로운 형태로서 행정적 차원의 중앙집권을 말한다. 그러므로 과거의 중앙집권(절대왕정)은 국민의 자유와 권리에 관련된 정치적 집권이었으나 현대의 신중앙분권(new decentralization)은 사무의 능률화를 향한 행정적 분권이다. 이와 같은 맥락에서 볼 때 자유주의 시대의 지방분권은 권리 의무에 관련된 정치적 분권이며, 현대 사회의 신지방분권은 능률화에 관련된 행정적 분권에 해당한다. 이처럼 행정적 집권과 행정적 분권이 시대와 공간을 달리하면서 교차되고 있는 것이 오늘날 현대 사회의 모습이다. 즉 어떤 국가는 신중앙집권화의 길을 걷고 있는가 하면 어떤 국가는 신지방분권화의 길을 걷는 것이 현대 사회의 특징으로 나타난다.

야경국가나 경찰국가의 소극적 역할에 머물러 있던 자유주의 국가는 20세기에 접어들면서 일대 전환기를 맞이한다. 즉 평등 이념을 실현하기 위해 대부분의 국가는 전 국민을 대상으로 한 복지 프로그램의 실천에 많은 관심과 노력을 기울이게 됨으로써 행정국가의 길을 걷게 되었다. 이러한 과정에서 국가의 기능은 점차 확대 강화되어 결국 20세기 후반에 접어들어 행정권의 과도한 비대화를 초래함으로써 행정국가의 병리 현상을 본격적으로 노출하게 되었다.

이러한 행정권의 비정상적 비대화는 경직적인 관료제를 탄생시키면서 모든 분야에 경쟁력을 저하시키는 원인이 되었다. 즉 사회복지비의 과대한 지출은 투자의 규모를 축소하여 경제 성장을 약화시키는 한편, 생산원가를 크게 상승시켜 수출을 감소시켰다. 이러한 와중에 발생된 1970년대의 두 차례에 걸친 오일쇼크는 허약한 경제구조와 재정구조를 가진 복지국가를 강타하여 새로운 국가의 진로를 모색케 하는 원인이 되었다. 즉 영국과 미국을 중심으로 한 자본주의 복지국가는 시장경제 원리를 국가 발전의 중요한 동력으로 삼는 신자유주의의 정책 노선을 지향하면서 대대적인 공공 부문의 감축을 단행했다.

이처럼 국민복지의 향상을 위해 비대화된 중앙정부의 기능을 민간 분야나 지방정부에 이전하는 과정을 우리는 신지방분권이라 부른다. 우리나라도 현재 이러한 과정을 밟고 있다고 볼 수 있다. 그러나 우리나라는 복지국가의 병리 현상 때문에 신지방분권이 요청되는 것이 아니라 공업입국 및 수출입국의 목표를 달성하기 위해 지속적으로 추진해온 경제 개발 과정에서 야기된 행정권의 비대화 및 비효율을 시정하기 위해 신지방분권이 요청된다는 점에서 이들 국가와는 차이가 있다.

3 지방자치의 위기

지방자치의 위기라 함은 오늘날의 지방자치제도가 정치조직 원리의 하나로 도입되어 운영되던 과거의 모습과는 크게 변질되어 있다는 의미이다. 지방자치의 위기적 요인으로 들 수 있는 것은 ① 지방자치의 역사적 기반의 쇠퇴, ② 지방자치의 정신적 기반의 상실, ③ 지방재정의 중앙 의존, ④

중앙정당의 지방자치 개입 등이다(정세욱, 2000: 227-228).

역사적 기반의 쇠퇴(decline of historical basis)는 지방자치와 민주주의의 관계에서 이미 논의한 바와 같이 자유주의 사회에 타당했던 제도가 현대 사회에서도 그대로 타당할 수 없다는 입장에서 제기된 위기론이다. 지방자치와 민주주의의 관계 부정론자들은 지방자치제도란 19세기에 한정적으로 타당한 제도이며, 민주화가 이루어진 현대 사회에서는 그 역사적 기반을 크게 상실하고 있다고 주장한다. 특히 극단적 부정론자들은 지방자치의 존재 가치를 완전 부정하고, 이것은 이제 역사적 유물로 남게 되었다고 주장한다.

정신적 기반의 상실(loss of spiritual basis)은 애향심을 토대로 한 주민들의 참여와 봉사정신이 자치 과정에서 점차 고갈되어 가고 있음을 말해준다. 지방자치의 본래 모습은 소규모 커뮤니티를 중심으로 이루어진 것이어서 구성원 대부분은 서로 면식을 갖고 접촉하는 친밀한 관계일 뿐만 아니라 강한 애향심의 토대 위에서 상호 협력을 통해 지방자치가 이루어진 것이다. 그러나 현대 사회에서는 교통통신의 발달로 생활무대가 점차 확대되면서 행정구역이 광역화되고, 인구의 빈번한 이동으로 지역사회에 이질적인 요소가 많이 증대되어 과거와 같은 애향심과 협력에 기초한 지방자치가 잘 이루어지지 못하고 있는 데에 문제점이 존재한다. 이와 같은 여건 위에서 추진되는 지방자치는 주로 공직 관계자만이 참여하는 형식적 지방자치로 흐를 가능성이 많다는 점에서 위기적 요인으로 인식되는 것이다.

지방재정의 중앙의존(dependent of central government)은 지방정부의 빈약한 재정에 기인되는 것으로서 중앙정부의 지원재정을 확보하는 과정에서 지방정부의 자율성이 제약되는 경우를 말한다. 중앙정부가 지방정부에 대해 지원하는 재정적 정책 수단은 많이 존재지만 그 중에서도 보조금이 중요한 위치를 점하고 있다. 물론 아무런 조건 없이 주어지는 형평자금으로서의 지방재정교부금이 매우 중요한 재원에 속하지만 이것은 배분 공식에 의해 자동적으로 주어지는 재원이므로 경쟁의 대상은 되지 못한다. 그러나 보조금은 중앙정부의 의도에 따라 대상기관을 임의로 선정할 수 있는 재원이기 때문에 분배 과정에서 치열한 경쟁을 유발하게 되므로 지방정부는 이를 통해 중앙정부에 예속화될 가능성이 높다.

중앙정당의 개입(intervention of central party)은 지방자치의 전국화 현상을 의미한다. 지방의원이나 단체장이 전국적인 정당의 신분을 가지고 있다 하더라도 지방정부 사무의 대부분이 정치적 문제라기보다 생활상의 문제이기 때문에 중앙정당으로부터 지침을 받아 처리해야 할 일은 거의 없다. 그러나 특정 지역의 정치적 지지 확보라는 이유로 당리당략의 차원에서 지방정부의 예산배분에 중앙당이 관여한다면 이때는 지역문제들이 전국적인 정치문제로 발전하게 된다. 이처럼 지방에 관련된 문제이지만 중앙정당이 정략적 차원에서 지방정부에 개입하게 되면 지방자치의 왜곡을 초래하게 된다.

제 3 장 지방사무와 행정환경

제 1 절 지방행정의 존재 양식

1 지방행정의 범위

자치적 분권을 통해 이루어지는 지방행정은 수행되는 장소, 주체, 이해관계의 귀속 등을 기준으로 세 가지 범주로 개념화할 수 있다. 즉 광의, 협의, 최협의의 지방행정 개념이다.

광의(廣義)의 지방행정은 장소를 기준으로 한 개념으로서 지방자치단체의 구역 내에서 이루어지는 모든 행정을 지방행정으로 본다. 즉 지역행정사무가 중앙정부에 의해 수행하든 지방정부에 의해 수행하든 그 주체를 묻지 않고, 오직 지방정부의 관할구역 내에서만 행정이 이루어지면 모두 지방행정으로 간주한다. 예를 들면, 지방철도청, 지방체신청, 지방국세청, 지방항만청, 지방경찰청, 지방검찰청 등 중앙정부의 특별지방행정기관(local agency of central government)들은 동일한 행정구역 내에서 지방자치단체와 독립적으로 사무를 수행하고 있기 때문에 업무 협조도 거의 이루어지지 않고 있다. 그럼에도 불구하고 동일한 지방행정구역 내에 존재한다는 이유로 지방행정의 범주에 포함되는 것이다.

협의(俠義)의 지방행정은 행정사무의 처리 주체를 기준으로 한 개념으로서 지방자치단체가 수행하는 모든 행정을 지방행정으로 보는 것이다. 따라서 사무가 배분된 본래의 소속기관을 불문하고 실제 사무를 처리하는 기관을 기준으로 정립한 개념이기 때문에 중앙정부의 특별지방행정기관에 의한 관치사무는 당연히 배제된다. 그러나 중앙정부의 관치사무라 하더라도 지방정부에 위임 처리되는 사무는 그 시행 주체가 지방정부이므로 당연히 협의의 지방행정에 포함된다.

최협의(最俠義)의 지방행정은 이해관계의 귀속을 기준으로 한 개념으로서 지방적인 이해관계가 지배적인 사무를 지방행정으로 보는 것이다. 즉 지방 고유사무만을 지방행정의 대상으로 삼는 것이다. 따라서 국가적 이해관계가 지배적인 국가사무는 당연히 지방행정의 대상에서 제외된다. 그러나 단체위임사무는 비록 국가사무이기는 하지만 지방적 이해가 많이 걸려 있을 뿐만 아니라 그 처리 절차가 고유사무와 동일하이기 때문에 국가사무라 하더라도 최협의의 지방행정 개념에 포함시킬 수도 있으나 여기에서는 국가위임사무를 모두 배제시킨 순순한 고유사무만을 최협의의 지방행정으로 본다.

이상에서 논의한 바와 같이 지방행정의 개념을 세 가지 범주로 정립했으나 한국의 지방자치 연구나 실무에 유의미한 것은 협의의 지방행정 개념이라 할 수 있다. 그것은 광의의 지방행정이 중앙정부의 특별지방행정기관의 지방행정에 포함시켜 지방행정의 고유한 영역을 모호하게 만드는 문제점이 있으며, 또한 최협의의 개념은 지방정부에 의해 실제 수행되는 국가위임사무를 배제함으로써 지방자치행정의 실체를 정확히 파악할 수 없는 한계를 지니기 때문이다.

2 지방행정의 존재 양식

지방행정이 처리되는 존재 양식은 여러 기준에 의해 분류할 수 있다 그러나 여기에서는 자치행정과 관치행정을 하나의 축으로 삼고, 행정 주체인

〈표 3-1〉 지방행정 존재 양식

구 분	자치행정(고유+위임)	관치행정(직접+특별)
지방자치단체	자치행정 일원형	자치우위 이원형
중앙정부	관치우위 이원형	관치행정 일원형

지방자치단체와 중앙정부를 또 하나의 축으로 삼아 네 개의 이념 유형으로 분류한다. 즉 ① 자치행정 일원형, ② 관치행정 일원형, ③ 자치우위 이원형, ④ 관치우위 이원형이다(표 3-1).

자치행정 일원형(自治行政一元型)은 지방자치단체의 관할구역 내에 중앙정부의 특별지방행정기관을 거의 두지 않고, 지방자치단체가 지방행정을 일원적으로 처리하는 유형이다. 이 유형은 지방자치가 일찍부터 발달한 주민자치 유형의 선진 민주주의 국가들에서 주로 발견되는 경우로서 고유사무가 지배적이다. 이 경우 중앙정부의 지방정부에 대한 위임사무는 적은 편이며, 위임사무라 하더라도 이것은 수직적 관계가 아니라 수평적 관계에서 이루어지는 업무의 협조로 보아야 할 것이다.

관치행정 일원형(官治行政 一元型)은 지역 단위에서 행해지는 지방행정이 모두 관치행정으로 나타나 지방자치가 사실상 실시되지 아니함을 의미한다. 현대 국가에서 나타나는 관치행정의 전형적 형태는 아프리카 지역이나 일부 사회주의 국가에서 발견할 수 있다. 역사적으로 볼 때 우리나라도 관치행정이 오랫동안 지배해 온 국가에 속한다. 그러나 1948년 건국 이후 지방자치를 실시함으로써 지방자치의 시대가 비로소 열리게 되었다.

자치우위 이원형(自治優位 二元型)은 관할구역 내에서 자방자치단체와 중앙행정기관이 동시에 지방행정 사무를 수행하되 지방자치단체의 역할이 상대적으로 더 높은 비중을 차지하는 경우로서 현재의 일본과 우리나라의 지방자치가 여기에 근접해 있다고 볼 수 있다. 이 경우 지방정부 고유사무의 비중이 높거나 또는 중앙정부의 위임사무가 다수 존재하더라도 매우 제도화된 모습을 보여 준다.

관치우위 이원형(官治優位 二元型)은 관할구역 내에서 지방자치단체와 중앙행정기관이 동시에 지방행정 사무를 수행하되 중앙정부기관의 역할이 더 높은 비중을 차지하는 경우이다. 이것은 지방자치가 법제상으로는 존재하지만 민주주의의 명분을 위한 하나의 장식용에 불과한 것으로서 과거 권위주의가 지배했던 남미 국가들이나 우리나라 군부통치 하의 지방자치가 여기에 포함될 수 있다. 이 경우 지방행정은 중앙정부의 직접 처리가 지배적이며, 비록 지방정부가 수행하는 중앙정부의 위임사무가 존재하더라도 그것은 중앙정부의 직접 처리와 다름이 없을 정도로 특별한 제도적 장치를 통해 매우 수직적 관계에서 지방행정이 처리된다.

제 2 절 지방행정의 이념과 특성

1 지방행정의 이념

1) 목적가치: 공익

(1) 공익의 의의

지방행정의 이념은 지방행정이 지향하고자 하는 방향, 최고 가치, 지도정신을 의미한다. 이것은 고정된 것이 아니라 시대와 국가에 따라 변화한다. 여기에는 목적가치와 수단가치가 존재하는데, 공익(public interest)이 바로 지방행정이 추구할 목적가치에 해당하는 것이다. 공익은 공공의 이익으로서 매우 추상적 개념이기 때문에 보는 시각에 따라 여러 의미로 해석되는 다의적 개념이다. 여기에는 인류의 보편적 가치는 물론이고 특수한 가치마저도 함께 공존하는 광범위한 개념을 형성하고 있다. 따라서 공익의 개념을 좀 더 명확하게 이해하기 위해서는 이를 구성하는 구성 요소들을 파악하는 것이 필요하다. 공익은 불특정 다수인의 이익으로 정의하는 경우도 있고, 또는 개인이나 집단의 대립적 특수이익이나 사익을 초월한 사회 전체에 공유된 가치로서의 공동이익으로 정의할 수 있다. 문제는 사회 전체의 이익이 어떤 것이 있는지를 밝혀야 할 것이다.

공익에 관한 학설은 다양하게 제시되지만[1] 대표적인 것은 규범설과 과정설이다. 규범설(normative theory)은 공익이란 실재하는 무형의 가치로서 누구나 합의할 수 있는 인간의 의식 속에 자리 잡고 있는 정당성의 요소라고 할 수 있다. 자유, 평등, 정의, 공리 등 보편적 가치가 여기에 해당한다. 과정설(process theory)은 개인적 사익이 서로 충돌하여 갈등을 빚는 과정에서 합의된 일정 부분의 공통적 이익을 공익으로 보는 견해로서 이것은 공익을 사익의 조화 과정에서 나온 결과물로 보는 것이다. 그리고 양자를 혼합한 절충설이 있다. 절충설(eclectic theory)은 규범설과 과정설을 절충한 것으로서 사익을 초월한 공익의 존재를 인정하면서도 사익과 분리된 공익의 존재를 부정한다. 이것은 공익이라고 하는 것이 어떠한 형태로든 사익과 관련되어 있다고 보고 있기 때문에 어떤 것을 사익으로 보고, 어떤 것을 공익으로 볼 것인지 그 구별이 쉽지 않는 것이 한계점으로 지적된다.

(2) 공익의 구성 요소

공익의 구성 요소는 ① 보편적 가치, ② 공동체의 이익, ③ 다수인의 이익, ④ 약자의 이익, ⑤ 미래의 이익, ⑥ 공공재의 확대 등을 들 수 있다(백완기, 1983: 144-154). 보편적 가치는 우리 인류가 추구하는 공통의 가치로서 자유(freedom), 평등(equality), 정의(justice), 공리주의(utilitarianism) 등이 여기에 해당한다. 이 중에서도 특히 행정이 중시하는 보편적 가치는 공리와 정의이다. 공리(功利)는 벤담(Jeremy Bentham) 등이 주장한 이론으로서 최대 다수가 최대 행복을 누릴 때 공익이 되고, 정의(正義)는 롤스(John Rawls) 등이 주장한 이론에 근거하며, 특히 약자에게 더 많은 혜택을 부여할 때 공익이 실현된다는 것이다.

공동체의 존립은 특정한 집단에 국한된 것이 아니라 사회 전체의 이익과 관련되는 것이므로 공익이 될 수 있다. 공동체를 유지시키기 위해 질서 유

---

1) 백완기는 공익에 관한 대표적 학설로서 규범설, 과정설, 합의설, 공동체이익설, 공공재설 등을 들고 있으며(백왁기, 1981: 243-269), 김규정은 규범설, 공유가치설, 정의설, 집단이익설, 정체효용의 극대화설, 절차설 등을 제시하고 있다(김규정, 2000: 144-146).

지와 자원 확보의 기능이 요구되는데, 질서 유지를 위한 법률의 제정과 공정한 집행, 공동체의 유지를 위한 구성원들의 물적 부담 등이 공익과 관련되고 있다. 즉 공동체의 유지 및 발전을 위해 요구되는 활동 모두가 공익의 구성 요소가 되는 것이다.

다수인의 이익과 약자의 이익이 공익을 구성한다. 국가는 소수인의 이익보다는 국민 전체의 이익을 위해 기능할 때 공익이 실현되고 정당성이 확보된다. 그러나 이것은 다수인의 이익이 최대화되는 과정에서 소수자의 이익이 희생될 가능성이 높으므로 모두가 만족하거나 불만이 없는 상태를 실현하는 데 한계가 존재한다. 따라서 소수 또는 약자의 이익을 보호하기 위해 새로운 가치 기준이 요구되었는데, 이것이 바로 롤스의 정의론이 지향하는 약자의 이익에 대한 보호이다. 이것은 더불어 사는 정의 사회의 구현을 위한 중요 정책 기준으로 작용한다.

미래의 이익도 공익을 구성한다. 단기적 입장에서는 손해를 가져온다 하더라도 장기적으로 이익을 가져온다면 그것은 중요한 공익의 한 부분을 형성한다. 따라서 행정관료는 정책결정을 내릴 때 단기적 시각과 장기적 시각을 함께 고려하여 더 큰 이익이 실현될 수 있는 방향에서 정책결정을 내려야 할 것이다.

그리고 공공재의 확대를 공익으로 볼 수 있다. 공공재는 국가가 생산하는 재화이다. 이것은 국민의 세금으로 조달된 재정자원을 사용하여 생산한 재화이므로 세금에 대한 반대급부의 성격을 가진다. 그러나 세금은 일반적으로 사회적 약자가 적게 부담하고, 강자가 많이 부담하는 경향이 있으므로 공공재를 확대할 경우 사회적 약자에게 더 많은 혜택이 돌아갈 가능성이 많다. 즉 지금까지 시장에서 대가를 지불하고 구매하던 것을 정부로부터 저렴한 비용 내지 무상으로 공급받을 수 있기 때문에 일반 서민은 공공재의 확대를 통해 많은 혜택을 받게 됨으로써 공익이 증진되는 것이다.

2) 수단가치: 능률성과 개별성 등

지방행정이 지향하는 최고의 행정 이념인 공익을 실현하기 위해서는 하위의 행정 이념인 수단적 가치들이 요구된다. 수단적 가치로서의 행정 이념은 합법성, 능률성, 민주성, 효과성, 사회적 형평, 합리성, 투명성, 대응성, 개별성 등을 들 수 있다.

합법성(legitimacy)은 시대적으로 가장 먼저 강조된 행정 이념이다. 즉 법에 의한 지배를 통해 국민의 자유를 최대한 보장하고자 했던 19세기 사회에서 중시하던 행정 이념으로서 행정의 자의적 법 집행을 방지하는 데 유용한 이념이다. 법에 의한 행정은 강력한 공권력을 가진 행정부라 할지라도 국민적 합의에 의해 만들어진 법률에 모두 기속되어야 하기 때문에 민주주의의 확립에 많은 공적을 남겼다. 그러나 20세기 초 행정국가의 등장과 더불어 합법성의 이념은 점차 약화되면서 상대적으로 능률성의 이념이 더 중요한 비중을 차지하기 시작했다.

능률성(efficiency) 이념은 정부 기능이 확대 강화될 경우 업무의 신속한 처리를 위해 자연스럽게 요청되는 행정 이념이라 할 수 있다. 지방정부 기능은 20세기 행정국가의 등장과 더불어 주민복지의 증대를 위해 지방정부가 많은 영역에 개입하는 과정에서 지방정부의 기능을 확대했다. 이것은 결국 획일 행정으로 흐르게 하여 개인적 이익을 무시하거나 침해하는 사례를 자주 발생시킨다. 능률성의 개념은 투입에 대한 산출의 비율을 말한다. 즉 투입이 일정할 경우 산출이 증대되거나 산출이 일정할 때 투입이 적게 되는 경우 능률성은 확보되는 것이다. 이러한 능률성의 개념에는 기계적 능률과 사회적 능률로 구분할 수 있다. 전자는 주로 단기적 시각에서 요구되는 금전적·대차대조표적·경제적 능률을 의미하고, 후자는 주로 장기적 시각에서 요구되는 비금전적·민주적·인간적 능률을 의미한다. 정책을 결정할 때 어느 것을 기준으로 하느냐는 결정자의 의도에 달려 있지만 대체적으로 사회적 상황이 이를 좌우한다. 안정된 사회에서는 장기적 능률성이 더 중요한 기준으로 요구될 것이며, 불안정한 사회일 경우는 미래가 보장되지 못하므로 단기적 능률성이 선호되는 경향이 있다. 또한 업무의 성격에 따라 경제적 능률이 요구되거나 민주적 능률이 요구될 수도 있다.

민주성(democracy) 이념은 능률성 이념이 가지는 한계와 1930년대 나타난 인간관계론적 조직관리에 영향을 받아 강조된 행정 이념이다. 능률성은 조직 목표의 달성에 치중하는 과업 지향적 조직관리이므로 인간관계적 측면이 경시되어 조직의 응집력을 떨어뜨릴 가능성이 높다. 그러나 조직활동은 집단적 활동을 그 본질로 하기 때문에 항상 인간적 유대와 결속력이 업무 성취의 중요한 결정 요소로 작용한다. 따라서 민주성은 참여의 확대와 절차적 합리성을 중시한다. 민주성은 대외적 민주성과 대내적 민주성으로 구분할 수 있다. 전자는 조직 외부에 존재하는 이해관계자들을 정책결정과정에 많이 참여시키거나 국민적 여론을 국정에 많이 반영하는 것을 말한다. 후자는 조직의 하층부에 있는 구성원들의 의견을 더 많이 반영하거나 조직 내 인간화를 도모하는 것을 의미한다. 민주성은 인간관계 지향적 조직관리이므로 조직의 응집력을 강화하여 조직 목표를 달성하는 데 기여할 수 있는 수단적 가치로 고려할 수 있으나 군대조직 같은 곳에서는 민주성보다는 능률성을 더 중요한 가치로 고려한다.

효과성(effectiveness) 이념은 민주성 이념이 가지는 한계와 1960년대 나타난 발전행정론의 영향을 받아 조직이 달성하려는 목표에 역점을 두는 행정 이념이다. 즉 효과성 이념은 목표달성도를 의미하는 것으로서 정해진 목표에 어느 정도 도달했느냐를 중요한 평가 기준으로 삼는다. 이러한 의미에서 본다면 효과성은 능률성에 의해 달성될 수도 있고, 능률성과 무관하게 달성될 수도 있다. 전자의 경우는 능률성과 목표달성도는 동일한 방향을 갖게 되지만 후자의 경우는 그러하지 아니하다. 특히 후자의 경우는 목표 달성만을 중시하고 투입을 경시함으로써 자원 낭비를 가져올 가능성이 많다. 따라서 이러한 효과성 이념이 가지는 한계를 극복하기 위해 능률성과 효과성을 결합시킨 효율성(생산성) 개념이 행정의 바람직한 이념으로 정립되어 널리 애용되고 있는 실정이다.

사회적 형평성(social equity) 이념은 기존의 행정학의 반성 위에서 출발된 신행정학이 지향하는 중심적 행정 이념이다. 신행정학은 기존의 행정이론에 대한 불만을 품은 소장 학자들, 특히 1967년 미노브루크(Minnowbrook) 회의에 참여했던 젊은 학자들을 중심으로 주장된 이론으로서 사회적 형평, 참여의 확대, 고객지향성 등을 주요 내용으로 구성하고 있다(Marini, 1971: 1-16). 학문이 존재하는 궁극적 목적은 당면한 사회적 문제를 해결할 수 있는 처방전을 제시하는 것이지만 당시 미국의 정치학이나 행정학은 월남전의 충격, 소수민족 문제의 확산, 신구 세대의 갈등 등 격동기의 미국 사회를 제대로 관리할 수 있는 능력을 상실함에 따라 젊은 소장 학자들이 이에 불만을 느껴 행정학의 새로운 패러다임을 모색한 것이 바로 신행정학이며, 그 중심적 이념은 사회적 형평성이다. 사회적 형평성은 롤스의 『정의론』과 맥을 같이하고 있으며, 사회적 약자를 기준으로 정책결정을 내릴 때, 즉 사회적 약자에게 더 많은 혜택을 부여하는 방향에서 정책결정을 내릴 때 사회적 갈등은 최소화될 수 있다는 것이다.

합리성(rationality) 이념은 이치에 합당하게 행정을 처리한다는 의미를 가지지만 매우 추상적 개념이다. 따라서 이를 구체화하기 위해 사이먼(Simon, 1976: 130-131)은 합리성에 대해 절차적 합리성과 내용적 합리성으로 구분하고 있으며. 디싱(Diesing, 1962)은 정책적 합리성, 경제적 합리성, 사회적 합리성, 법적 합리성, 기술적 합리성을 제시하고 있다.[2] 이상에서 제시된 다양한 합리성을 큰 범주로 정리하면 정치적 합리성과 경제적 합리성으로 요약할 수 있다. 정치적 합리성은 조직집단 간의 갈등이 최소화되거나 완전히 해소될 때 확보되고, 경제적 합리성은 최소의 비용으로 최대의 효과를 올릴 때 확보되는 것이다. 또한 정치적 합리성은 일반적으로 정치 분야에 관여하고 있는 자들이 중시하는 이념이며, 경제적 합리성은 일반적으로 행정부에 관여하고 있는 사람들이 중시하는 이념이다. 이러한 정치적 합리성과 경제적 합리성은 현대 사회에서 정책결정을 위한 양대 가치 기준으로 많이 활용된다.

또한 투명성(transparency)과 대응성(respondence)을 지방행정의 이념으로 제시할 수 있다. 행정의 투명성은 공직사회의 부정과 부패를 해소하고 민주사회로의 이행을 촉진하는 요소로서 사회가 발전할수록 정치행정과정에의 참여가 확대되고 행정통제가 강화되면서 투명한 행정이 이루어지

2) 정책적 합리성은 정책결정 구조의 합리화를 의미하는 것으로서 여기에는 정책결정 참여자, 정책결정 절차, 정책결정 자료의 합리화를 포함한다. 경제적 합리성은 최소의 비용으로 최대의 효과를 확보하는 것이며, 사회적 합리성은 사회적 갈등의 해소를 의미하고, 법적 합리성은 권리 의무 관계를 명확히 하는 것을 말한다. 그리고 기술적 합리성은 목적과 수단의 연계가 잘 이루어진 상태를 의미한다.

는 경향이 있다. 어떠한 경우이든 투명성이 보장될 때 국민들은 국가를 신뢰하고 국정 운영에 적극적으로 협조하게 된다. 행정의 대응성은 국민의 요구에 대한 정부의 반응을 의미하며, 여기에는 자연환경 등 물리적 환경 변화에 대한 대응과 국민들의 복지 수요에 대한 대응이 그 중심을 이룬다. 행정이 환경 변화를 예측하고 이에 효율적으로 대응하지 못할 경우 국민들에게 많은 불편과 사회적 비용을 발생시키게 되는 것이다.

이상에서 논의한 행정 이념들은 국가나 지방정부 모두 공통으로 요구되는 행정 이념이라 할 수 있다. 그러나 지방정부에 특유한 행정 이념이 있다고 한다면 그것은 개별성(individuality)과 다원성(plurality)을 들 수 있다. 지방자치는 중앙정부의 획일 행정에 대한 폐해를 막기 위해 도입된 제도적 장치의 하나이므로 지역 특성과 지역주민의 행정 수요를 충분히 고려하여 행정을 펼치는 것은 당연하다. 이것은 전국적 기준이 아니라 지역적 기준에 의한 개별 행정을 의미한다. 이 밖에도 한원택(2000: 79-88)은 지방행정의 이념으로 자율성, 책임성, 균질성, 현지성, 경영성을 들고 있다. 그러나 이것은 위에서 논의한 행정 이념을 다른 측면에서 바라본 것으로 이해된다.

2 지방행정의 특성

1) 지역행정과 자치행정

지방자치단체의 지방행정에서 나타나는 특징적 현상은 여러 가지가 있다. 그러나 무엇보다 중요한 것은 지역에 기초한 지역행정과 자치행정이다. 지방자치는 원래 주권을 가진 국가의 국토를 분할하여 중앙정부로부터 상대적으로 독립한 지방정부를 설치하고 자치권을 부여하여 지역 특성에 맞는 행정을 추진하는 점에서 국가행정과 구별된다. 국가행정도 세계적 차원에서 보면 자치정부에 해당하지만 세계정부가 아직 건설되지 않은 상태이기 때문에 국가행정은 주권국가의 수권에 의해 중앙정부와 상대적 독립성을 유지하면서 자치행정을 추진하는 지방자치단체와 그 성격이 같다고 할 수 없다.

이러한 점에서 본다면 지방자치는 자치권을 부여받은 지방자치단체가 일정한 지역을 기초로 지역사무를 처리하고, 특히 주민을 위한, 주민에 의한, 주민의 행정이 현장에서 이루어지고 있다는 점에서 그 특징이 있다.

2) 생활행정과 현지행정

지방자치는 생활행정이면서 현지행정에 해당한다. 생활행정은 주민밀착행정을 의미하는 것으로서 주민의 경제생활 및 사회문제에 밀접히 관련된 사무를 중점적으로 처리한다는 의미이다. 중앙행정은 국가 전체의 소득 향상과 사회·문화적 복지의 증진, 국토의 균형적 발전을 위한 정책에 힘을 쓰는 반면, 지방행정은 지역 주민의 소득 향상과 생활상의 편의를 위한 정책개발과 집행에 진력한다는 의미에서 지방행정의 특징을 발견한다. 또한 지방자치는 현지행정에 관심을 가진다. 중앙정부의 행정은 주로 ① 외교, 국방 등 국가 존립에 필요한 사무, ② 물가정책, 금융정책 등 전국적으로 통일적 처리를 요하는 사무, ③ 농업·축·수산물 및 양곡의 수급 조절과 수출입 등 전국적 규모의 사무, ④ 국가종합경제개발계획, 국가하천, 국유림, 국토종합개발계획 등 전국적 규모 또는 이와 비슷한 규모의 사무, ⑤ 근로 기준, 측량 단위 등 전국적으로 기준의 통일 및 조정을 요하는 사무 등을 담당한다. 그러나 지방행정은 사무집행을 위한 원칙과 기준을 마련하는 중앙행정과는 달리 주민과 직접 대면하면서 사무가 추진되는 것이 특징이다.

3) 참여행정과 대화행정

지방자치는 주민들의 참여와 대화를 통한 행정이 특징이다. 여기에서의 주민참여는 지역 주민의 직접적 참여 외에도 대표를 통한 행정참여를 포함한다. 그러나 대표를 통한 행정참여는 중앙정부에서도 같은 원리로 운영되므로 양자의 차별이 존재하지 않지만 직접민주제에서는 중앙정부와 많은 차이를 보여 준다. 중앙정부의 직접민주제는 헌법 개정과 같은 국기(國基)의 변경에 해당하는 중요 정책 사안에 대해 직접민주제(국민투표)가 실시되는 것이 일반적이지만 그 밖에는 제도적 장치가 없거나 있다 하더라도 매우 드물게 사용된다. 그러나 지방자치에서는 주민소환, 주민발안, 주민감사청구, 주민소송 등 직접민주제가 용이하게 활용되고 있다. 이것은 자치구역의 지역적 한계로 책임 소재가 명확히 드러날 뿐만 아니라 책임을 묻는 투표행위도 쉽게 이루어질 수 있기 때문이다.

대화행정은 지리적 공간 범위의 협소로 행정책임자나 실무자가 자주 현장을 방문하여 대화를 통해 주민들의 의견을 수렴할 수 있고, 또한 주민들의 직접 방문을 통해 민원을 청취할 수 있는 장점이 있다. 물론 정보기술의 발달로 인터넷을 통해 지역 주민의 의견을 파악할 수 있게 되었지만, 문제의 본질을 정확히 파악하고 그 해결을 도모하는 데는 주민들과의 직접 대화가 무엇보다 중요하다.

4) 개별행정과 종합행정

지방자치행정은 지역의 특성과 주민들의 행정 수요에 맞는 행정을 펼칠 수 있는 장점이 있기 때문에 개별적이고 다원적 행정이 가능하다. 즉 지방자치는 중앙정부의 획일 행정에 대한 한계의 극복에도 중요한 목적이 있으므로 자치구역 내에 존재하는 다양한 행정 수요를 개별적으로 적절히 행정과정에 반영함으로써 자칫 침해되기 쉬운 주민들의 권익 보호에 크게 이바지할 수 있다.

또한 지방자치행정은 개별적 행정에 치중하면서도 행정 대상에 대해 종합적 처방이 가능한 위치에 있다. 예컨대 한 가정의 경우 국방부는 군에 입대할 장정이 몇 명인가에 관심이 있을 것이고, 교육부는 취학 아동에, 국세청은 미납 세금이 얼마나 있는가에 각기 관심을 가지게 될 것이다. 이 경우 한 가정의 정보에 대한 종합적 파악이 잘 이루어지지 않을 뿐만 아니라 그러할 필요도 없다. 그러나 지방정부는 주민대표기관의 책임 아래 한 가정에 대한 정보를 모두 파악하여 입체적 행정 서비스를 제공할 수 있는 장점이 있다.

제 3 절 지방행정사무의 종류

1 사무의 배분 방식

1) 포괄적 배분 방식

행정사무의 포괄적 배분은 중앙정부가 지방자치단체의 수행 사무를 부여할 때 그 범위와 내용을 구체적으로 지정하지 않고 추상적으로 부여하는 것을 말한다. 즉 "지방자치단체는 그 지방의 공공사무와 법령에 의하여 그 단체에 소속된 사무를 처리한다."라고 규정할 때의 지방의 공공사무가 여기에 해당한다.

지방의 공공사무(public affaires of local district)라 함은 개인적 이해보다는 지역사회 공동의 이해관계가 많이 걸려 있는 사무를 말한다. 그러나 지역사회 공동의 이해관계라는 것이 보는 시각에 따라 다양하게 해석되는 다의적 개념이므로 국가 업무와 지방자치단체의 업무를 분명하게 구분할 수 있는 기준이 되지 못할 뿐만 아니라 지방자치단체와 사회공익단체 간의 이해관계를 구분하는 기준으로서도 미흡하다. 이러한 추상적인 배분 방식은 결국 중앙정부와 지방정부의 경계를 모호하게 하여 행정의 중복으로 인한 비능률을 초래할 뿐만 아니라 중앙집권화를 촉진하는 요인으로 작용한다. 즉 지방정부가 행하고 있는 사무 분야를 중앙정부가 입법화하여 관리주체를 중앙행정기관으로 규정할 경우 그 사업 분야는 중앙정부의 관할 사무로 전환하게 됨으로써 지방정부는 자치사무의 범위가 점차 축소되는 결과를 초래한다.

2) 개별적 배분 방식

행정사무의 개별적 배분은 중앙정부가 지방자치단체의 자치사무를 부여할 때, 특정 지방자치단체의 능력 수준에 맞게 부여하는 방식이다. 지방자치단체는 광역과 기초로 나뉘고, 또 동일 수준에 있는 단체라 하더라도 그 규모와 능력에서는 많은 차이가 나기 때문에 행정 및 재정 능력을 감안하여 자치사무를 부여하는 것이 타당할 것이다. 이러한 개별적 수권 방식은 민주주의가 발달한, 특히 주민자치제도의 전통이 깊은 영미계 국가들에서 많이 발견된다. 이러한 개별적 수권 방식은 지방자치단체의 행・재정적 능력에 맞는 수권이라는 점에서 합리적 방식이 될 수 있다. 그러나 자치사무의 확대 변경을 위해서는 입법적 절차를 요구한다는 점에서 포괄적 수권 방식에 비해 탄력성이 떨어진다.

3) 열거 방식

행정사무 배분 방식의 하나로 열거 방식이 있다. 이것은 다시 제한적 열거 방식과 예시적 열거 방식으로 나뉜다. 제한적 열거 방식(restricted enumeration)은 국가가 지방정부에 사무를 배분할 때 대상 사무를 구체적으로 일일이 지정하여 배분하는 경우를 말한다. 사무를 구체적으로 지정하여 배분한다는 의미에서는 개별적 수권 방식과 유사한 내용을 가진다. 그러나 개별적 수권은 분야별로 법률을 제정하여 여러 법률을 통해 수권되는 것이지만 제한적 열거 방식에 의한 사무배분은 하나의 법률을 통해 제한적으로 지정하여 수권하는 것이기 때문에 수권 절차와 형식의 면에서 양자는 구별된다.

예시적 열거 방식(exemplified enumeration)은 포괄적인 수권과 개별적인 수권이 가지는 한계를 극복한 절충적 방식으로서 현재 한국의 사무배분이 여기에 해당한다. 포괄적인 수권 방식은 '지방의 공공적 사무'와 같이 매우 추상적 내용으로 사무를 배분함으로써 중앙정부와 지방정부 간, 그리고 상급지방정부와 하급지방정부 간 사무의 배분이 자의적 선택에 맡겨져 업무의 중복을 초래할 가능성이 높을 뿐만 아니라 상급정부의 입법 조치로 행정사무의 중앙집권화가 초래될 우려가 있다. 반대로 개별적 수권은 법률로 정해 준 사무를 제외하고는 어떠한 사무도 수행할 수 없으므로 탄력적 운영에 한계가 있다. 따라서 국가와 지방정부 간 사무 구분을 명확히 함과 아울러 탄력성도 함께 가지는 예시적 열거 방식이 여러 면에서 합리성을 갖는다고 하겠다. 예시적 열거 방식에 의해 배분된 행정사무는 하나의 예시에 불과하므로 예시된 사항 외에도 지방사무로 판단될 경우 지방정부는 이에 추가하여 사무를 수행할 수 있음은 물론이다.

4) 사무목록 방식

사무목록 방식은 일정한 조건이 갖추어질 경우 자동적으로 사무 범위가 확대되는 제도로서 나이지리아(Nigeria) 방식이라고도 한다. 예컨대, 인구 5만이 될 경우, 10만이 될 경우, 20만이 될 경우, 50만이 될 경우, 100만이 될 경우 등 여러 단계를 설정하고 그에 상응한 사무목록을 만들어 그 조건을 충족할 경우 자동적으로 정해진 사무를 부여하는 것이다. 이것은 별도의 법률 행위를 요하는 것이 아니라 조건 충족의 사실을 신고하고 중앙정부가 이를 확인함으로써 지방정부의 권능이 추가적으로 부여된다는 점에서 매우 간편한 사무배분 방식이다.

그러나 지방자치단체의 행·재정적 능력을 나타내는 변수들의 선택과 이에 근거한 능력의 등급화 및 그에 상응한 사무목록을 만드는 것은 쉬운 일이 아니다. 그러나 이것이 만들어진다 하더라도 그 수준에 도달한 자치단체가 과연 자신의 능력에 타당한 사무 수준이 될 수 있는가에 대해서는 여전히 의문으로 남는다. 그리고 사무목록에 없는 특정한 사무가 추가적으로 요청될 경우 이의 확대를 위한 방법이 없으므로 사무배분의 경직성(stiffness of public affaires allotment)을 노출하게 된다. 따라서 대부분의 국가는 이러한 방식보다 위에서 논의한 방법들을 일반적으로 활용하고 있는 실정이다.

2 행정사무의 종류와 구별 기준

1) 지방행정사무의 종류

지방자치단체가 수행해야 할 사무의 종류는 고유사무(固有事務)와 위임사무(委任事務)로 크게 나뉘고, 위임사무는 다시 단체위임사무와 기관위임사무로 나뉜다. 따라서 지방행정사무는 결국 ① 고유사무, ② 단체위임사무, ③ 기관위임사무로 구분된다.

고유사무는 지방자치단체가 당연히 수행해야 할 지방적 사무로서 국가가 수행하는 사무와는 성격이 다르다. 국가사무는 전국적 이해(national interests)가 걸려 있는 사무라고 한다면 지방사무는 국가가 처리하기에 부적합한 지역적 이해(local interests)가 많이 걸려 있는 사무로서 모든 지방자치단체에 보편적으로 존재하는 사무이다. 즉 상수도, 하수도, 쓰레기 청소, 묘지 및 화장, 지방도로 및 하천 정비 등 주민 생활과 직결된 사무들이 여기에 해당한다.

위임사무는 사무관장의 주체가 국가이기 때문에 그 책임은 국가에 귀속되므로 사무의 수행 과정에서 국가의 통제를 많이 받게 되는 것이 특징이다. 이 중에서 기관위임사무는 전적으로 국가적 이해가 걸려 있는 사무로서 자치단체장에게만 위임된다. 이처럼 단체장에게만 한정되어 위임되는 이유는 지방자치단체장이 지방장관이면서 중앙행정기관의 지위를 동시에 지니도록 제도화되어 있기 때문이다. 이러한 결과 기관위임사무에 대해서는 지방의회의 개입이 허용되지 않는다.

단체위임사무는 대체로 국가적 이해와 지방적 이해가 동시에 존재하는 사무로서 지방자치단체의 명의로 위임되기 때문에 자연히 지방의회의 개입을 허용하게 된다. 즉 단체자치사무는 지방의회의 참여가 허용되므로 그 처리 과정은 고유사무의 처리 과정과 동일하다. 이러한 이유 때문에 고유사무와 단체위임사무를 합하여 자치사무라 부르기도 한다.

2) 지방행정 사무의 구별 기준

지방정부가 수행해야 할 사무는 위에서 논의한 바와 같이 고유사무, 단체위임사무, 기관위임사무가 있다. 이들 세 가지 사무는 누가 보더라도 일의적으로 명확하게 잘 구별된다면 문제는 없겠지만 이의 구별이 쉽지 않기 때문에 실무자에게 어려움이 있다. 사무 구분을 위한 일반적 기준은 이해관계의 범위나 법률 조문의 표현 방식에 많이 의존한다.

첫째, 이해관계 범위(利害關係 範圍)의 기준이다. 이것은 국가사무와 지방사무를 구별하고 기관위임사무와 단체위임사무를 구별하는 가장 보편적인 기준이다. 국가적 이해관계라 함은 사업의 영향 효과가 지방자치단체의 지역적 범위를 초월하여 전국에 걸쳐 나타나거나 전국적 기준에 관련되고 있으며, 지방적 이해관계는 사업의 효과가 지역적 범위에 한정되어 나타나거나 지역적 기준에 관련되고 있다. 따라서 국가적 이해가 전적으로 걸려 있는 사무는 기관위임사무로, 지방적 이해와 국가적 이해가 동시에 걸려 있는 사무는 단체위임사무로, 순수한 지방적 이해관계만이 존재하는 사무는 고유사무로 구분하는 것이다.

그러나 이러한 기준도 이론적으로는 타당성이 있지만 이것을 실제에 적용하는 데는 많은 한계가 있다. 이해관계의 기준이라 하더라도 국가적 이해와 지방적 이해가 구체적으로 어떤 내용을 담고 있는지에 대해 아직 합의가 이루어진 것이 없으며, 또한 현대 사회에서는 과학기술 및 교통통신의 발달로 지방적 이해와 국가적 이해가 혼재되어 그 구분이 모호한 경우가 많다. 오늘날 특정 지역에 한정된 지방적 이해라 할지라도 국가적 이해와 관련되어 있지 않는 지방적 사업은 없으며, 국가적 이해의 사업이라도 지방적 이해가 존재하지 않는 사업이 없다고 본다면 이러한 이해관계를 중심으로 한 사무의 구분은 그 의미를 크게 상실하게 된다.

둘째, 법률 조문 표현 방식(法律條文 表現方式)의 기준이다. 이해관계를 기준으로 자치사무를 구분하더라도 그 한계가 모호하여 사무의 구분이 어려울 경우 법률에 나타난 표현 방식을 기준으로 사무를 구분할 수 있다. 여기에서 논의하는 법률의 표현 방식은 지방자치법에서 제시한 사무의 내용이 아니라 각종 개별 법령에 나타난 법률 조항의 표현을 의미한다. 일반 개별 법률이 규정하는 사무의 경우 국가사무와 지방사무의 구별이 쉽지 않다. 그러므로 법률 조문의 전후 문맥과 내용을 살펴서 사무를 구분할 수밖에 없다. 예컨대, 노인복지 사무의 경우 국가가 행해야 할 사무가 있는가 하면 지방자치단체가 행해야 할 사무가 동시에 존재한다. 이것은 일차적으로 지방자치법에서 규정하는 지방사무의 범위에 의해 당연히 지방사무 여부가 판단되지만 여기에 나타난 지방사무라 하더라도 다른 법률에서 달리 규정하고 있는 경우 그 구별이 어려우므로 관련 법률 규정의 전후 맥락과 표현 방식을 잘 살펴야 한다.

고유사무의 법률적 표현은 대체로 “지방자치단체는 ○○○을 행한다.” 또는 “시·군·구청장과 시·도지사는 ○○○을 행한다.” 등으로 표현되어 있는 경우가 많다. 후자의 경우처럼 시장, 군수, 구청장 등 자치단체장을 지칭하고 있는 경우는 기관위임으로 오해하기 쉬우나 이것은 입법상의 표현에 관한 문제이기 때문에 특별한 다른 조건이 없는 한 고유사무이다.

기관위임사무는 개별법의 서두 부분에 책임 주체가 보건복지부 장관 등 중앙부서장으로 분명하게 명시되어 있으며, 법률의 말미 부분에 위임규정을 별도로 두고 있는 경우가 일반적이다. 이 경우 법률의 표현 방식은 “시·군·구청장은 ○○○을 행한다.” 또는 “시·도지사는 ○○○을 행한다.” 등으로 나타난다. 이처럼 시장, 군수, 구청장 등 자치단체장을 지칭하면서 특정 법률의 책임 주체를 명시하고 위임규정을 별도로 두고 있다면 기관위임사무일 가능성이 높다.

단체위임사무는 법률의 책임 주체는 중앙정부이지만 지방적 이해관계가 많은 사무이기 때문에 원천적으로 지방사무에 속한다. 즉 형식 논리에 의하면 국가사무이지만 실질 논리에 의하면 지방사무인 것이다. 이 경우 법률적 표현 방식은 “지방자치단체와 국가는 ○○○을 행한다.” 또는 “시·군·구청장과 시·도지사, 국가는 ○○○을 행한다.” 등 사업 주체를 병렬적으로 표기하는 것이 일반적이다. 이것은 마치 공동사무인 것처럼 보인다. 기관위임사무는 행정상 편의에 따라 명령에 근거하여 위임될 수 있지만 단체위임사무의 경우는 반드시 법에 근거하여 위임되어야 한다.

3) 지방행정사무 구별의 실익

위와 같은 자치사무의 구분은 이론적 입장에서 구분된 것이 아니라 순순히 역사적 발전 과정에서 요청된 실무적 필요에 의해 구분된 것이다. 이론적 입장에서 구분이 불가한 이유는 자치사무는 본래 지방자치 이전에는 모두 국가사무에 속했으며, 지방자치가 실시됨으로써 비로소 자치사무가 형성되었기 때문이다. 그뿐만 아니라 이해관계론의 입장에서 볼 때도 현대 사회의 지방사무는 국가적 이해관계에 밀접히 관련되지 않은 사무가 없기 때문에 이를 기준으로 구분하는 것은 충분한 논거를 제공하지 못하고 있다. 따라서 지방자치사무의 구분은 ① 경부 부담, ② 지방의회의 개입, ③ 중앙통제 등 실무적 필요에 의해 이루어졌으며, 특히 중앙집권적 정치행정 체제를 가진 단체자치모형의 국가에서 주로 형성된 것이다.

경비 부담(expenses burden)은 자치재정권이 지방단체별로 분리되어 있는 상황 하에서는 매우 민감한 문제이다. 고유사무는 지방자치단체의 전속적 사무이기 때문에 지방정부가 모두 부담하고, 위임사무는 위임자가 부담하는 것이 원칙이다. 기관위임사무의 경우 이것은 순수한 국가사무이기 때문에 국가가 부담해야 하며, 단체위임사무는 국가적 이해와 지방적 이해가 동시에 걸려 있는 사무이므로 이해관계의 정도에 따라 국가와 지방정부가 비례하여 분담하는 것이 원칙이다.

지방의회의 관여(intervention of local council)는 지방자치단체 운영과 직결된 문제로서 역시 민감한 문제이다. 기관위임사무의 감사에 대해 지방의회가 실시하겠다는 주장이 최근에 강하게 제기된 것도 이러한 민감성을 반영하는 것이다. 고유사무는 지방의회가 당연히 개입해야 하지만 위임사무의 경우에는 의회 개입의 정도에 대한 논란이 많다. 단체위임사무는 비록 법령상 국가사무로 귀속되어 있지만 실질적으로는 지방적 이해가 많은 사무이며, 또한 그 처리 과정도 자치사무와 동일하기 때문에 지방의회의 관여는 당연히 이루어져야 한다. 그러나 기관위임사무에 대해서는 지방의회의 관여가 배제되어야 한다는 것이 일반적 견해이다. 왜냐하면 원천적으로 국가사무이며, 그 처리 비용도 국가가 전담하고 있기 때문이다.

이러한 점에서 본다면 기관위임사무는 물론이고 국가보조금 사업 등은 국가 경비가 지출되기 때문에 중앙정부의 감시와 감독은 반드시 필요한 절차로 보인다. 그러나 지방의회는 지방자치단체가 수행하는 사무를 감시하고 감독하여 행정 능률과 주민 복지를 증진하기 위해 존재하는 것이므로 국가사무와 지방사무를 차별화하여 기능을 수행하지 아니한다는 입장에서 본다면, 지방의회의 지위 향상과 활성화를 위한 방안의 하나로 기관위임사무에 대한 지방의회의 관여를 허용하는 것도 필요한 것으로 보인다. 결론적으로 여기에는 정해진 해답이 존재하지 않으며, 오직 특정 국가의 역사적 전통과 사회적 상황에 따라 탄력적으로 운영해야 할 문제로 파악된다.

중앙통제(control of central government)는 사무의 종류에 따라 각기 통제의 강도가 다르게 나타난다. 고유사무는 지방자치단체의 자율적 사무이기 때문에 행정 과정에 중앙통제가 원칙적으로 배제된다. 다만 법률의 위반 사항이 있을 경우 중앙정부는 감독자의 위치에서 행정적 수단 내지 사법적 수단을 동원하여 통제할 수 있다. 단체위임사무는 원천적으로 중앙정부의 사무이고, 경비를 지방정부와 공동으로 분담하고 있다면, 이에 대한 국가의 개입은 정당한 것으로 볼 수 있다. 그러나 단체위임사무는 지방적 이해가 많이 걸려 있고, 일부 경비를 지방정부가 부담하고 있을 뿐만 아니라 고유사무와 동일한 절차에 의해 업무가 추진된다는 점에서 지방정부가 감독을 담당하는 것이 오히려 더 효율적이라 생각된다. 그러나 기관위임사무는 국가의 전속적 사무이고 중앙정부가 경비를 전담하고 있기 때문에 중앙정부의 행정적 개입은 타당한 것으로 보인다.

제 4 절 지방행정의 환경

1 거시적 환경 변수

1) 세계화

과학 문명의 발달은 공간의 시간적 거리를 크게 단축시키고 있다. 교통통신의 비약적 발전은 세계를 지구촌의 이웃마을로 인식하게 할 뿐만 아니라 국제 교류를 촉진하여 과거 국경이 갖는 의미를 점차 약화시키고 있다. 또한 소련을 비롯한 동구권의 해체는 자본주의 경제 체제로의 편입을 촉진하여 자유민주주의 진영을 더욱 확대하는 결과를 초래했다. 특히 고속정보화 사회의 도래는 수많은 정보를 확보하고, 각 국가들의 네티즌(netizen)과

의사를 교환할 수 있는 여건을 조성함으로써 세계는 더욱 간격을 좁혀 가고 있다.

이러한 상황에서 종전에 가지고 있던 정치·경제·사회·문화 부문의 제도와 관행은 점차 새로운 모습으로 변화되고 있다. 그러나 이러한 세계화(globalization)가 바로 국가의 소멸로 이어지는 것으로 보기 힘들다. 그것은 세계화의 현란한 구호에도 불구하고 국제사회(international society)의 행동 주역은 여전히 국가일 뿐이기 때문이다. 이러한 세계화의 상황에서 요구되는 행정 과제는 첫째, 폐쇄적 국민국가의 내부에서 수용되는 행정이 아니라 국제사회 내지는 최소한 초국가적 차원에서 수용될 수 있는 선진 행정 체제로의 전환이 필요하다. 둘째, 과거의 정부 주도 방식에서 탈피하여 세계화에 따라 활동이 강화되고 있는 지방정부, 다국적 기업 등의 비국가적 실체와 협력을 지향하는 행정 변화가 요구된다. 그러나 아직 세계화는 완성 단계에 있는 것이 아니라 형성되어 가는 과정에 있기 때문에 세계화의 추세 속에서 국가 생존을 위한 국익을 확보하는 것은 매우 중요하면서도 어려운 행정 과제가 아닐 수 없다.

2) 무한경쟁

세계는 이제 국제화의 수준을 넘어 세계화로 진행되고 있지만 세계정부가 수립될 정도의 여건은 아니기 때문에 국가들 간의 경쟁은 피할 수 없다. 즉 단일 세계국가가 성립되기까지 각 국가들은 치열한 경쟁 상태에 놓이게 된다. 국가경쟁력(competitive power)은 문제의 환경에 적절히 대처하여 다른 국가에 비해 상대적으로 높은 성과를 확보할 수 있는 능력을 의미한다. 이것은 공공 부문에만 요구되는 것이 아니라 민간 부문에도 동시에 요청되므로 관민 공동으로 정치, 경제, 사회, 문화 등 모든 영역에 걸쳐 경쟁력을 키워 나가지 않으면 안 된다. 더욱이 세계화의 급속한 진전은 전 지구촌을 하나의 수요시장으로 형성하기 때문에 타의 추종을 불허하는 경쟁력 하나만 가지고도 국력을 크게 신장할 수 있는 상황이다.

이러한 무한경쟁 시대(era of unlimited competition)에 경쟁력 제고를 위한 방안은 여러 가지가 있으나 무엇보다 교육제도의 변화가 있어야 할 것이다. 창의력을 개발할 수 있는 교육제도, 학부모의 학교선택권, 수요자 중심의 교과목 운영, 지능 우수자의 영재교육 기회 확대 등이 그것이다. 결론적으로 세계화의 추세 속에 국제경쟁력의 제고가 매우 절실히 요구되는 상황에서 이제 평준화의 교육 방향을 수정하여 경쟁적인 교육 체제(competitive education system)로 나아가야 할 때가 왔다고 보인다.

그러나 여기에서 유념할 것은 국가경쟁력 제고의 명분으로 재정적 능력을 가진 사람들의 자녀들만이 입학할 수 있는 특수학교로 만들어서는 안되며, 우수한 능력을 가진 학생이라면 누구나 부담 없이 입학하여 교육을 받을 수 있는 공공 영재교육 제도도 함께 구축할 때 정책의 정당성을 갖는다. 국가 교육정책에서 가장 중요한 것은 학습을 하려고 하는 자에게는 항상 배움의 길이 실질적으로 열려 있어야 하며, 공직 취업의 경우에서도 달리 진출할 수 있는 대안적 통로를 항상 만들어 놓을 때 진정한 정의 사회가 구현되는 것이다.

3) 정보화

컴퓨터를 이용한 정보처리 기술과 통신기술의 발달로 인해 정보의 생산과 활용이 용이해지고 있다. 이러한 정보의 생산과 이용이 더욱 확장되는 현상을 정보화라고 말하며, 이것이 상당 수준에 이른 사회를 정보사회(information society)라고 말한다. 우리나라도 1990년대 이후 컴퓨터와 통신기기의 급속한 보급으로 이미 정보사회로 진입되어 있다. 산업사회에서는 노하우(know how)가 중요했지만 정보사회에서는 노웨어(know where)가 더욱 중요하다. 홍수같이 쏟아지는 수많은 정보를 자신의 의도에 따라 적절히 선별해 내는 기술, 즉 어디에 자기가 원하는 정보가 있는지를 알고 있는 것이 정보사회에서는 사람의 능력으로 인정되는 것이다. 정보화가 국정 운영에 미치는 영향은 사무자동화 및 이를 통한 시간과 자원의 절약, 행정 과정에서의 시민 참여 증대, 행정 서비스 전달의 신속·정확 등의 장점이 있지만 정보의 유통 과정에서 개인 정보의 침해 우려, 정보 조작 위험, 인간 소외 등의 부정적 현상도 없지 않다.

이러한 정보사회에 대응하기 위한 행정 과제는 첫째, 전자정부(electronic

government)의 구현이다. 전자정부는 대부분의 업무 처리가 행정 전산망을 통해 이루어지도록 하는 것으로서 여기에는 정보화 기술의 육성 및 지원, 정보관리 체제의 구축, 정보교육, 정보의 확충 등을 통해 정보사회의 기반을 구축하는 것이다. 전자정부는 행정부 내외의 조직과 연계되는 전 국가적 전산화를 의미하는 것이므로 단순한 행정의 전산화와는 구별된다(박동서, 1997). 둘째, 개방적 행정 체제로 변환되어야 한다. 이를 위해서는 정부가 먼저 행정정보를 공개하는 것이 중요하고, 국민의 요구가 정보매체를 통해 행정 과정에 투입되는 것이 제도화되어야 한다. 셋째, 정보의 비대칭성 시정과 정보의 통제 및 안전 확보이다(이기동, 2001: 95). 정보화는 자칫 정보의 독점에 따른 권력 집중과 통제사회의 출현, 정보 격차에 따른 사회적 불평등의 확대가 우려되므로 이의 해소를 위한 노력이 함께 기울여져야 한다. 결국 정보화는 능률의 측면을 중시하고 있지만 개인 정보의 보호라는 민주적 측면도 동시에 중시되므로 균형 있는 행정 대응이 요망된다.

4) 민주화

민주화(democratization)는 민주사회로 나아가는 과정적 의미를 지니고 있으므로 민주화의 현실적 수준은 국가별로 다양하다. 선진국보다는 특히 후진국에서 중요한 의미를 지닌다. 영국이나 미국 등 민주주의의 선진 국가들은 이미 민주사회를 달성한 국가들이므로 민주화가 가지는 정책적 의미는 그렇게 크지 않을 수도 있으나 후진국은 민주주의가 미완의 상태에 있기 때문에 정책적 의미가 매우 높다. 무엇보다 민주화는 행정 수요를 근본적으로 변화시킨다. 개인의 기본권과 인간의 존엄성 보장이라는 명분 아래 종종 무시되었던 개인의 자유와 권리에 대한 요구가 더욱 확대될 것이고, 이에 따라 정책결정은 소수의 권력집단에 의한 배타적 결정으로부터 다양한 개인 및 사회집단의 참여를 허용하는 좀 더 민주적 형태로 발전되지 않을 수 없다. 또한 제도적으로는 좀 더 민주화된 입법 체계, 행정부의 지나친 독주를 견제하는 권력분립 체계의 확립이 요망된다. 그러나 민주화는 개인의 기본권만 지나치게 강조한 나머지 자유와 권리에 따르는 의무를 상대적으로 소홀히 하여 사회 전체의 공익을 저해할 우려가 있고, 자유와 평등의 이념적 갈등, 지역이기주의(regional self-centeredness) 등이 나타날 가능성이 높다.

이러한 민주화에 따른 사회 변화에 대응하기 위한 행정 과제는 첫째, 권위주의를 탈피하는 것이다. 권위주의(authoritarianism)는 정부 주도형 국가발전전략에서 일반적으로 나타나는 것이지만 민간 분야가 국가 발전을 주도해 나가는 사회적 상황에서 권위주의적 관행을 버리고 민주적 정치행정의 관행을 정립해야 한다. 둘째, 민주화 과정에서 나타나는 다양한 사회적 갈등을 조정할 수 있는 행정 능력(administrative capability)을 강화해야 한다(박동서, 1997). 그러나 그러한 조정이 권위주의로 이루어져서는 안되며 협상과 타협을 통한 민주적 조정이 바람직하다. 협상과 타협은 정치적 과정이므로 쌍방의 견해가 충분히 반영될 수 있기 때문에 적절한 수준에서의 합의가 도출될 수 있다. 그러나 정부의 권위주의적 개입으로 특정집단이 일방적 손실을 보거나 이익이 발생되는 경우도 없지 않으므로 정부는 중립적 지위에서 갈등자의 이익을 조정하는 역할이 중요하다.

5) 지방화

지방화는 지방분권화와 유사한 개념이지만 이보다 넓은 의미로 해석해야 한다. 지방분권화(decentralization)는 중앙정부의 권능을 지방자치단체에 이양하는 정치적 분권을 의미하지만 지방화(localization)는 이러한 제도적 바탕 위에서 지역 주민들의 정치·경제·사회·문화적 복지가 실질적으로 지방정부의 주도 하에 실현되는 정치 및 행정적 과정이라 할 수 있다. 즉 지방정부에 많은 권능이 부여되고 이를 기초로 지방정부가 지역 발전의 주체적 역량을 발휘하여 주민이 더 나은 삶을 향유할 수 있도록 공공 서비스를 확충해 나가는 과정이라 할 수 있으므로 지방분권화는 지방화의 필요조건에 해당하는 것으로 이해된다.

지방자치의 역사가 일천한 한국의 경우 지방화의 의미는 매우 크다 하겠다. 우리나라가 근대국가로 출발된 후 오랜 기간 동안 중앙집권적인 정치행정 체제를 유지해 옴에 따라 지방정부의 관심사는 뒷전으로 밀려났고 중앙정부의 정책이 우선적으로 추진되는 국토 개발 위주의 국가 발전이 시도되었다. 이것은 결국 지방의 불균형적 지역 발전(uneven regional development)을 낳았고 지역 주민의 삶의 질을 향상시키지 못한 결과를 초래했다. 그러나 1991년 지방의회가 재구성됨으로써 그 동안 중앙정부에 집중된 권능과 재정이 재조정되면서 지방자치의 시대를 본격적으로 열어갈 수 있는 기회를 얻게 되었다. 더욱이 1995년 단체장을 민선함으로써 우리는 한 단계 높은 지방자치의 시대를 열어가고 있지만 풀어야 할 과제 또한 많다.

이러한 사실을 감안할 때 지방화에 따른 행정의 대응은 첫째, 행정의 효율성을 해치지 않는 범위 내에서 분권과 참여의 확대를 도모해야 할 것이다. 지방자치는 국가 권력의 지역적 분권에 해당하므로 민주주의를 실현할 수 있는 제도적 장치일 뿐만 아니라 중앙정부의 과도한 행정적 부담을 지방정부가 분담함으로써 능률을 제고하는 행정적 목적도 존재한다. 그러나 이러한 행정 능률의 제고가 분권과 주민참여를 제한하는 일이 발생되어서는 안 될 것이다.[3] 둘째, 지방정부는 주민참여를 확대함과 동시 폭넓은 의견을 수렴하여 이해관계의 본질을 정확히 파악하고 중립적인 지위에서 이해관계를 조정하는 일이 중요하다. 지방화가 자칫 지역이기주의로 흘러 자신들의 이익에만 집착할 때 오히려 혼란을 초래할 수 있으므로 이를 조정하고 통제할 수 있는 정책 수단과 정치력이 필요하다.

2 미시적 환경 변수

1) 도시화

(1) 도시화의 개념

지방행정에 영향을 미치는 중요한 변수로 도시화(urbanization)를 들 수 있다. 도시화의 개념은 이를 바라보는 시각에 따라 각기 다양하게 정의될 수 있다. 사회학의 입장에서는 산업화에 따른 취업 기회의 증대와 소득의

3) 우리나라는 아직 민주주의가 완전히 뿌리내리지 못하고 있으므로 분권과 참여가 좀 더 확대될 필요가 있다.

발생 등으로 인구가 특정 지역에 집중됨으로써 핵가족화의 현상과 이익집단의 형성이 촉진되는 과정으로 보고 있으며, 인구학의 입장에서는 취업이나 소득 증대를 이유로 사람들이 도시 또는 밀도 높은 정주지역으로 옮겨가는 과정이라 보고 있다(Palen, 1981: 9). 전자의 경우는 인구 이동 또는 인구의 집중으로 일어나는 사회조직의 변화에 관심을 가지고 정의한 것이며, 후자는 농촌지역과 도시지역의 인구 변화 비율에 주목하고 있다.

경제학의 입장에서는 도시화란 생산·소비·유통 등 각 기능을 담당한 노동자들이 공업화를 원동력으로 한 경제 발전에 참여함으로써 특정 지역에 인구가 집중되는 과정이라 보고 있으며(Reissman, 1970: 154-155), 이것은 경제 발전 단계(stages of economic growth)에 따른 지역 경제구조의 변화에 주목하고 있다. 그리고 지역개발론의 입장에서는 농어촌 등의 지역이 산업 발전에 따라 도시적인 모습으로 변해 갈 뿐만 아니라 도시적인 요소들이 점차 증대되어 가는 과정이라 보고 있다(송재구, 1978: 14).

이상에서 논의한 입장들을 모두 고려할 때 도시화란 "근대산업이 발달함에 따라 농어촌지역이 도시적인 지역으로 변질되어 가거나 도시적 요소가 점차 증대되어 가는 과정"으로 정의할 수 있다.

(2) 도시화의 촉진 요인

도시화를 촉진하는 요인은 여러 가지가 있지만 이를 분류하면 흡인 요인, 압출 요인, 정책 요인으로 요약할 수 있다(Breese, 1966: 80-81; 한원택, 2000: 96-99). 흡인 요인(吸引要因)은 도시가 가지는 매력 때문에 도시지역으로의 인구집중이 일어나는 현상을 말한다. 여기에는 첫째, 취업 기회 확대의 매력이 존재한다. 도시지역은 많은 인구를 포용하고 있기 때문에 일자리가 많이 생겨나는 경향이 있다. 그것은 인구의 증대가 생활에 필요한 기본 수요를 많이 창출하며, 특히 산업이 입지할 경우는 전후방 연관 산업(interrelated industry)이 새로이 등장하기 때문에 경제 성장의 파급 효과와 더불어 일자리가 많이 창출된다. 둘째, 교육 기회의 확대이다. 교육은 일정한 교육 수요가 존재할 때 근대적 시설을 갖춘 교육공간과 유능한 교육인력이 확보된다. 도시는 이러한 여건을 충분히 가지고 있기 때문에 양질의 교육을 향한 도시로의 인구 이동이 자연스럽게 일어나는 것이다. 셋째, 문화적 생활이 가능하다. 인구가 밀집된 도시에서는 기본 수요 충족을 위한 공간이 많으며, 그 중에서도 여가를 선용하는 문화시설이 농촌지역에 비해 상대적으로 많이 존재한다.

압출 요인(壓出要因)은 농촌지역의 인구를 밀어내는 요인으로서 도시화의 매력에 반대되는 요인이다. 즉 특정 지역의 인구를 밀어내는 근본적 이유는 빈곤이라 할 수 있는데, 전통적 농업을 유지해 온 국가들은 대부분 비슷한 빈곤을 경험하고 있다고 보아야 할 것이다. 농업도 기계화 내지 첨단기술을 응용한 재배 농법을 사용하지 않는다면 항상 빈곤에서 벗어나기 어렵다. 한국의 농촌도 산업화되기 이전에는 좁은 경작 공간에 많은 인력을 포용함으로써 빈곤 상태를 면치 못했지만 산업화의 진전에 따라 이농향도(離農向都) 현상으로 농촌 인구가 줄어들면서 1인당 농업 생산도 상대적으로 높아졌다(김학로, 1997: 61-64). 그러나 우루과이 라운드(Uruguay Round)의 타결로 이제 농산물은 모두 관세화의 길을 걷게 됨으로써 경쟁력이 미약한 한국의 농촌은 앞으로 첨단기술의 활용이 이루어지지 않을 경우 대외 경쟁력을 잃어 생존의 기회마저 상실할 것으로 보인다. 특히 우리나라 농촌지역은 미곡 생산의 회피에 따른 이농 현상으로 말미암아 인구의 과소화 현상이 나타나고 있을 뿐만 아니라 대부분 노령 인구로 구성되어 있어 젊은이들의 이도향농(移都向農) 현상이 일어나지 않는 한 미래가 매우 불투명할 것으로 보인다.

정책 요인(政策要因)은 국가정책에 의해 도시화가 촉진되는 경우를 말한다. 도시화의 촉진 요인은 위에서 논의한 흡인 요인과 압출 요인 외에도 국가의 정책으로 인한 인구의 도시집중을 초래할 수도 있다. 우리나라의 도시화는 경제 개발과 관련하여 촉진된 것이 대부분이다. 즉 자연발생적으로 이루어진 것이 아니라 공업입국(establishment of industrial state)을 지향하는 경제 발전 과정에서 급속하게 이루어진 도시화에 해당되므로 정책적 요인이 무엇보다 중요한 요인으로 작용했다. 그러나 현실적으로 진행되는 도시화는 어느 한 가지의 요인만으로 진행되는 것이 아니라 둘 이상의 요소가 동시에 결합하여 복합적으로 진행된다는 사실을 이해해야 한다.

(3) 도시화의 특징

도시화는 선진국과 개발도상국이 서로 다른 방향으로 진전되고 있는 것이 그 특징으로 나타나고 있다. 선진국의 경우는 대체로 산업화가 먼저 일어나고, 뒤에 도시화가 이루어지는 선산업화, 후도시화의 특징을 보이는 반면, 개발도상국은 자연적 조건에 따라 도시가 먼저 형성되고, 뒤에 산업화가 이루어지는 선도시화, 후산업화의 특징을 보여 준다. 또한 도시 계층구조에서도 선진국은 피라미드형의 정상적인 도시 계층구조를 가질 뿐만 아니라 수평적으로도 상호 긴밀한 연계를 가지는 연담도시화가 그 특징으로 나타난다. 그러나 개발도상국의 경우는 피라미드형의 정상적 구조에서 벗어난 기형적이고 불균형적 도시 계층구조를 보여 주고 있으며, 도시 상호간의 교류 관계도 거의 없는 고립적 도시화가 그 특징으로 나타난다(한원택, 1987: 44-53; 김학로, 1997: 64-70). 특히 후자의 고립적 도시화는 식민지 통치가 이루어진 국가에서 흔히 볼 수 있는데, 이것은 자연자원의 수탈과 깊이 관련되어 있다.

한국의 도시화는 개발도상국이 가지는 일반적 특징을 모두 가지면서 특히 반농촌형(半農村型) 도시화와 급속한 도시화의 특징을 동시에 가진다. 우리나라는 대도시를 중심으로 한 불균형 국가 발전전략을 통해 국가경제를 발전시킨 결과 대도시와 중소도시, 그리고 도시와 농촌 간의 경제·사회적 격차 현상이 크게 나타났다. 즉 인력이 풍부한 대도시 지역에 산업체들을 입지시킨 결과 대도시는 인구와 산업체 등 여러 지표들이 크게 성장할 수 있었지만, 중소도시와 농촌은 별다른 성장을 하지 못했으며, 특히 중소도시는 농촌지역을 배후로 한 반농촌형 도시로 남아 있게 되었다. 따라서 종주도시(宗主都市) 등 대도시는 크게 비대하는 반면, 중소도시들은 정체 상태에 머물게 됨으로써 허약한 하부구조를 가진 기형적 도시 계층구조를 가지게 되었고, 이것은 결국 지역 내 이질성의 증대, 대도시의 외연적 확장, 행정구역과 생활권의 불일치, 산업 성장 속도보다 인구 성장 속도가 높아 비공식 경제 부문에 종사하는 사람들의 증대 및 불량 주거지를 형성하는 가도시화(假都市化)의 문제가 집중적으로 나타나게 되었다.

(4) 첨단도시화 전략

첨단적 도시를 만들기 위한 전략적 접근으로 다양한 방안들이 제시될 수 있지만 전통적으로 많이 활용해 온 것은 테크노폴리스 전략, 텔레토피아 전략, 인텔리전트 시티 전략을 들 수 있다.

테크노폴리스(technopolis)란 고도기술 집적 도시를 나타내는 말로서 일본 통산성에 의해 제안된 구상이다. 이것은 기존 도시 근교에 반도체 산업이나 컴퓨터, 복합 로봇산업으로 대표되는 첨단기술 산업지역, 대학, 연구기관, 국제회의장을 갖춘 학술지역, 그리고 풍부한 문화시설과 의료정보 시스템 등을 갖춘 문화지역을 동시에 보유하는 인구 약 4만 명에서 5만 명의 종합도시를 건설하는 계획으로서, 공업 발전이 뒤떨어진 지방에 산업 기능·연구 기능 및 쾌적한 주거환경 등을 거의 완벽하게 갖춘 소도시를 조성하여 고급 두뇌들이 쾌적한 환경 속에서 첨단과학 연구에 전념할 수 있게 하여, 이들의 연구 성과를 자체 지역 내의 기업체에서 산업화함으로써 산업구조의 고도화와 지방도시의 균형적 발전을 도모하는 데서 비롯된다(황명찬, 1989: 253-266).

미국에도 비슷한 개념의 하이테크 파크(hightech park)라는 연구소·대학·기업의 복합단지가 있고, 영국·프랑스 등에도 미래형 첨단산업단지가 조성되어 있다. 특히 미국에는 반도체산업의 메카로 일컬어지는 실리콘 밸리를 비롯하여 33개 주에 60여 개소의 하이테크 파크가 조성되어 있다. 한국에서는 대전의 대덕연구단지를 거점으로 하여 구미·창원·울산 등 6개 공업단지 주변에 연구도시 건설을 추진하고 있다. 캘리포니아 주의 실리콘 밸리(Silicon Valley), 매사추세츠 주 보스턴 시 근교의 루트 128(Route 128)과 같은 테크노폴리스가 기술 개발을 통해 부와 직업을 창출해 왔다(Smilor, Gibson, & Kozmetsky eds., 1988; 윤정섭, 2002).

텔레토피아(teletopia)는 telephone과 utopia의 합성어로 전화를 고도의 통신 수단으로 이용하는 정보 이용형 사회를 일컫는 말이다. 전화·비디오·팩스 시스템, 케이블 TV, ISDN(종합정보통신망), VAN(부가가치통신망), 통신위성 등과 같은 뉴미디어를 서로 연결해 시간과 공간의 제약을 극복하고 정보통신 기술의 발전이 인간의 생활에 편리성과 유익함을 준다는 미래의 사회를 언급할 때 자주 이용되는 말이다. 텔레토피아는 일본의 우정성에서 1986년 시범도시를 지정하여 각종 뉴미디어를 도입 보급함으로써 고도 정보사회로의 이행을 원활히 하려고 한 구상이다. 여러 가지 뉴미디어의 활동 분야와 방법에 따라 몇 가지 유형의 텔레토피아가 결정되는데, 여기에는 커뮤니티 타운형, 도시문제 대책형, 선진농업형, 관광레크리에이션형, 국제교류형, 연구학원형, 복지의료형, 전통지역산업형 등이 있다. 그러나 이의 결정은 지방정부의 자율적인 결정에 위임한다(황명찬, 1989: 270).

현재 우리는 통신이 없는 삶을 생각할 수 없을 정도로 통신은 이미 우리의 일상생활과 밀접한 관계를 맺고 있다. 통신의 발전은 경제, 사회, 문화의 모든 측면에서 인간의 의식구조, 생활양식과 활동 형태에 지대한 영향을 미친다. 이러한 변화에는 저급 정보의 범람, 개인 사생활 보호의 어려움 등 일부 부정적인 면도 있으나, 인간의 삶을 윤택하게 하고 생산성을 극대화하며 자원과 에너지 소비를 줄일 수 있다는 긍정적인 측면이 더욱 클 것이다. 이러한 사회를 지향하는 2000년대 정보통신 시스템은 다음과 같은 특징과 생활 변화를 보여 줄 것으로 예측된다(김재균 외, 1993).

인텔리전트 시티(intelligent city)는 기술의 눈부신 발전에 따라 도시의 정보화 및 정보시설 활용에 대한 요구가 증대됨에 따라 고안된 도시로서 일찍이 일본에서 추진한 바 있다. 일본 건설성은 1986년부터 인텔리전트 시티 구상을 제시하여 기존 도시의 새로운 개발을 통해 정보도시 건설을 지향했다. 즉 일본은 이 구상의 실현을 위해 구체적으로 도시를 지정하여 정보화 시책을 추진하고 모델 사업적 성격을 갖는 인텔리전트 시티 정비 추진정책을 실시했다. 이러한 시책에 의해 인텔리전트 시티로 지정된 도시는 건설성의 승인을 받아 정비계획을 추진하게 되었다(황명찬, 1989: 272). 인텔리전트 시티는 고도 정보사회에 대응한 새로운 두뇌도시라고도 한다. 광섬유와 컴퓨터를 사용한 정보처리, 전기통신 등의 각종 기술에 의해 기반 정비를 갖춘 도시, 즉 정보로 무장한 도시의 조성을 가리킨다. 구체적으로는 공원이나 하수도의 유지관리에 고도정보 시스템을 도입하고 인텔리전트 빌딩이나 고도 정보센터를 정비하며 고속도로망·하수도관 등에 광케이블 네트워크를 설치한다는 것 등이다(윤정섭 외, 2002).

2) 지역개발

(1) 지역개발의 개념

지역개발의 개념은 지역이란 개념과 개발의 개념이 합성된 것이다. 여기에서 지역은 펄로프(Harvey S. Perloff)의 경우 "어떤 공통적 또는 상호 보완적 특성을 가졌거나 광범위한 지역간 활동의 흐름으로 묶인 지리적 연속성을 가진 공간 범위의 무리"라고 정의했으며(Perloff et al., 1960: 4), 하이소(Robert B. Highshaw)는 "지역이란 토질과 기후, 토지의 외형적 특질 등과 같은 자연적·지리적 조건에 기초하여 사람들이 사회·경제적 활동을 수행할 때의 경계 있는 터전"이라고 정의하고 있다(Highsaw & Dyer, 1965: 12). 따라서 지역은 지리적인 개념인 동시에 사회문화적 개념을 포괄하는 개념으로 이해된다. 그리고 개발의 의미는 기존의 상태를 더 나은 상태로 만들기 위해 가해지는 인위적인 노력으로서 경제적 효율성(efficiency), 공정성(equality), 환경보전(environmental integrity), 삶의 질(quality of life)을 제고하고 촉진하는 것으로 볼 수 있다.

따라서 지역개발의 의미는 한 사회에 존재하는 창조적 가능성을 제고하여 그 사회 전체의 양적·질적 증대를 가져오게 함으로써 사회 체계의 구조적 변화를 유도하는 것으로 정의한다(지역개발학과 교수협의회 편, 1987: 25). 이것을 일반적 의미로 이해할 때 지역개발은 주민의 산업 및 생활활동을 향상하기 위해 전개되는 의도적인 변화라고 말할 수 있다. 이러한 지역개발의 개념 범위는 경제적 개발에 중점을 둔 좁은 의미의 개념과 경제·사회·문화적 개발에 중점을 둔 광의의 개념으로 구분할 수 있다. 그러나 광의의 개념이 여러 면에서 유용하리라 생각된다. 그것은 경제적 발전에 관련된 하부구조(산업기반시설)와 시민 생활의 편의를 위한 하부구조(생활기반시설)를 모두 포괄하기 때문에 종합적 정책 구상이 가능하며, 이를 통해 삶의 질을 한층 높일 수 있기 때문이다.

그리고 지리적 병리 현상의 의미를 지닌 지역의 문제는 낙후지역(backward region), 침체지역(depressed industrial region), 과밀지역(congested region) 등으로 분류되는데, 그 중심적 내용은 소득 격차, 실업률 차이, 인구의 과소 및 과밀로 나타난다.

(2) 지역개발의 목표와 방향

지역개발의 목표는 사회·경제적 특성, 당면한 지역문제의 성격, 주민의 욕구, 국가 발전 단계에 따라 그 내용과 성격이 달라진다. 즉 국가마다 지역개발의 목표가 다르고, 동일 국가 내에서도 시대에 따라 그 내용이 다르게 나타난다. 그러나 발전 단계가 비슷하고 당면한 지역문제의 성격이 유사한 경우 공통적으로 나타나는 지역개발의 목표는 ① 실업의 해소, ② 지역 간 소득 격차 완화, ③ 인구와 산업의 균형 배치를 통한 공간구조 개선, ④ 지역 간 복지 수준의 균등화를 들 수 있다. 일반적으로 산업화 초기에는 공업화 및 공간경제의 통합과 국내시장의 확대가 중요한 목표가 되며, 공업화가 어느 정도 이루어진 중진국의 수준에서는 지역 간 인구 및 산업의 분극적 분포와 이로 인한 지역 간 소득 격차를 완화하는 지역 균형발전이 중요한 목표가 된다.

위에서 논의한 목표의 달성을 위해 지역개발의 방향은 적어도 지역 특성과 주민의 의사가 반영되는 지역개발, 환경 친화적 지역개발, 경제 성장과 사회개발이 조화되는 지역개발, 공공과 민간이 역할 분담을 통한 지역개발, 광역적 수요에 대처하는 지역개발, 세계화에 대처하는 지역개발로 나아가야 할 것이다(부만근, 2005: 287-293). 이 중에서도 한국적 현실을 감안할 때 환경 친화적 지역개발, 경제 성장과 사회개발이 조화되는 지역개발, 세계화에 대비하는 지역개발이 향후 한국 사회의 발전과 관련하여 더욱 중요한 의미를 지닌다.

(3) 지역개발의 촉진 요인

지역개발을 촉진하는 요인으로서 중요하다고 생각되는 것은 과학기술의 발달, 지역문제의 존재, 주민복지 욕구의 증대 등을 들 수 있다. 과학기술(science and technology)의 발달은 주민들의 요구를 충족시킬 수 있는 기술적 수준으로서 사회 발전의 가장 핵심적 요체이다. 지역 주민들의 지역개발에 대한 요구가 아무리 강하다 하더라도 과학기술이 발달하지 못하거나 이러한 기술을 도입할 수 있는 물적 자원이 뒷받침되지 못한다면 결코 사회 발전을 이루어낼 수 없다.

지역문제(regional problem)의 존재는 저소득과 실업문제, 과밀 및 과소의 문제를 의미하며, 이것이 바로 지역 발전의 촉진 요인으로 작용한다는 것이다. 저소득 문제와 실업문제는 산업구조가 취약할 때 나타나는 현상이기 때문에 소득 향상을 위한 조건의 확보에 정책적 초점이 주어져야 한다. 따라서 정부는 공업 생산을 위한 공단을 조성하거나 행·재정적 지원을 강화해야 한다. 과밀·과소의 문제는 특정 지역이 다른 지역에 비해 생활 여건이 우수하거나 열등하기 때문에 일어나는 현상이다. 전자는 특정 지역이 가지는 매력 때문에 인구가 집중됨으로써 일어나는 사회적 문제이며, 후자는 취업 기회, 문화·복지시설 등 경제사회적 여건의 불비로 인해 지역의 매력이 떨어짐으로써 일어나는 사회적 문제라는 점에서 그 발생 원인이 다르다. 과밀의 문제는 생활기반시설의 확충으로 대응하고, 과소의 문제는 산업기반시설의 확충으로 대응하는 것이 바람직하다.

주민 복지(residents welfare) 욕구의 증대는 삶의 질 향상에 대한 지역 주민의 요구로서 이의 증대가 지역개발로 나타난다는 것이다. 소득이 증대될 경우 사람들은 좀 더 쾌적하고 문화적인 생활을 위한 조건들을 지방정부에 요구하게 된다. 머슬로(Abraham H. Maslow)의 욕구이론에 의하면 가장 저급한 욕구에서 고급의 욕구로 발전하는 것이 인간의 본능으로 보고 있다. 즉 인간의 욕구는 ① 생존의 욕구, ② 안전의 욕구, ③ 사회적 욕구, ④ 명예의 욕구, ⑤ 자아실현의 욕구 순으로 점차 고급화되는 경향이 있기 때문에 소득의 증대로 인한 지역 주민의 생활 향상은 결국 지방정부의 서비스에 대한 기대를 증폭시켜 지역개발로 이어지게 한다는 것이다.

(4) 지역개발의 전략

특정 지역을 개발하기 위해서는 다양한 방법과 수단들이 존재한다. 그러나 이보다 더 중요한 것은 개발의 기본 철학에 해당하는 지역개발의 전략이다. 여기에는 성장거점전략과 지역생활권전략, 기본수요전략이 있다. 성장거점이론(growth pole theory)은 지역의 발전을 위해 지역 전체에 영향을 미칠 수 있는 중심지가 필요하다는 중심지이론에 근거한 것으로 프랑스의 경제학자 페루(F. Perroux)가 1955년 발전시킨 지역개발이론의 하나이다. 그에 의하면 성장은 모든 곳에서 동시에 일어나지 않고, 도시의 특정 부분에서 다양한 강도로 나타나기 때문에 가장 성장 잠재력이 높은 중심지역 또는 선도산업을 집중 개발함으로써 그 파급 효과에 의해 주변 지역을 개발하는 것이 효율적이라는 이론이다. 이러한 성장거점이론은 1956년 그의 동료인 부드비유(Jacques Boudeville)에 의해 지리적 공간 개념의 성장 중심지이론 또는 성장거점이론으로 발전되었으며, 그 후 허쉬만(Hirschman, 1958), 프리드먼(Friedman, 1966) 등의 학자들에 의해 더욱 공고한 이론으로 발전되었다(김용웅, 2003: 193-202; 지역계획연구회, 1988: 17-19). 성장거점이론은 경제 성장의 총량적 효율성을 강조하는 불균형 발전 이론으로서 성장극을 가장 중요한 개념으로 삼고 있다. 여기에서 성장극이란 선도산업 내지 중심도시라는 의미이다.

성장거점전략은 낙후된 지역을 개발하기 위해 성장 잠재력이 높은 한두 개의 성장거점을 설정하여 집중 투자하고, 먼저 성장거점의 성장을 유도한 다음, 그 영향력을 주변 지역으로 확산하여 낙후지역을 발전시키는 전략을 의미한다. 이 전략은 선도산업(先導産業), 극화효과(極化效果), 집적경제(集積經濟), 파급효과(波及效果)의 개념을 중시한다.

선도산업(propulsive industry)이란 다른 산업을 지배하는 주력산업 내지 중심산업을 말한다. 이것은 그 지역의 성장을 촉진시키는 성장추진력을 가지고 있으며, 대량 생산을 통해 다른 산업에 대한 경제적 지배력과 영향력이 강할 뿐만 아니라 수요에 대한 소득탄력성이 높아 다른 산업에 비해 성장 속도가 빠르다. 또한 다른 경제 부문이나 산업간 연계성도 높아 수요 창출 효과가 크다. 극화효과(polarization effects) 또는 분극효과는 이러한 선도산업의 성장추진력이 주변의 다른 산업들을 집중시키는 현상을 말한다. 집적경제란 극화효과로 인해 발생된 경제적 이익, 예컨대 경영과 기술 혁신, 외부경제 및 규모의 경제로 인한 비용의 절감 등이 여기에 해당한다. 그리고 파급효과(spread effects)는 거점도시가 성장하게 되면 그 영향이 다양한 경로를 통해 주변 지역으로 파급된다는 것을 의미한다.

성장거점전략(growth pole strategy)은 1970년대를 전후하여 개발도상국가에서 경제 성장을 계속 추진하면서 낙후지역 문제를 해결하기 위한 지역 개발의 정책 수단으로 채택되었으나 아직까지도 명확한 결론과 지식을 갖고 있지 못하다. 성장거점전략에 의한 발전은 어느 시점에 도달하면 그 성장 효과가 주변 지역으로 파급되어야 하는데, 중심도시와 주변 지역 간의 차이, 즉 산업기반, 서비스 기능 및 시장 형성, 투자 유치 가능성 등에서 차이가 존재하여 주변 지역의 산업들이 중심도시로 계속 유입되는 극화 현상이 지속됨으로써 결국 중심도시와 주변 지역의 격차가 오히려 더 확대되는 경우도 없지 않다. 이러한 현상을 스웨덴의 경제학자 뮈르달(Gunnar Myrdal)은 역류효과(backwash effects)라고 불렀다(김용웅, 2003: 198).

이러한 성장거점전략이 성공하기 위해서는 적어도 다음과 같은 조건들이 충족되어야 할 것이다. 즉 ① 지방분권적 정치행정 체제, ② 중심지와 주변 간의 양호한 도로망 구축, ③ 산업입지 유도정책, ④ 농촌 우선정책, ⑤ 농어촌 유통센터의 설치, ⑥ 장기적 국토균형발전계획의 추진 등이 이루어져야 한다(황명찬, 1989: 252-254).

지역생활권전략(regional life zone strategy)이란 지역의 발전을 위해 구분해 놓은 하나의 공간 단위로서 도시와 농촌을 포함한 지리적 권역을 개발 단위로 하여 도시와 농촌의 기능을 연계함으로써 주민들에게 필요한 기본 욕구를 충족시킨다는 개발철학을 담고 있다. 따라서 지역생활권전략은 도농 통합의 공간계획적 접근이며, 또한 기본수요이론에 근거한 개발철학을 담고 있는 지역개발전략이다(Friedman & Douglass, 1978: 163-192). 즉 이것은 도시와 배후 농촌지역이 서로 공생 관계를 갖도록 기능을 통합하여 개발하는 도농 통합의 지역 발전과 균형적 지역 발전을 동시에 추구하기 때문에 상향식 개발 방식과 하향식 개발 방식을 혼합한 중간 형태의 지역개발전략에 해당한다고 볼 수 있다(지역계획연구회 편역, 1988: 52).

기본수요전략(basic needs strategy)은 빈곤층에게 인간다운 생활을 하는 데에 기본적으로 필요한 최소한의 물품(식품, 주택 등)이나 서비스(교육, 보건, 위생, 교통 등) 등의 기본 욕구를 충족시켜 주어야 한다는 발전전략이다. 기본 수요는 1976년 국제노동기구(ILO)가 주최한 세계 고용에 관한 회의에서 처음으로 사용한 개념으로서 품위 있는 인간 생활에 필수적인 최소 욕구를 말한다. 여기에는 물질적 수요뿐만 아니라 교육, 보건과 같은 공공적이고 공동체적인 서비스까지를 포함할 뿐만 아니라 인간의 권리, 참정, 자율 등 윤리적 가치도 최소한으로 보장해 주는, 실업 · 빈곤 · 소득 격차가 없는 국토개발 또는 지역개발을 의미한다(박우서, 2001: 133).

이것은 외부에 대한 의존도와 역류효과를 감소시키기 위해 내발적인 자주적 개발을 지향하며, 기본 수요의 충족을 통해 지역간 불균형을 감소시키는 전략이다. 이러한 기본수요전략의 공간적 접근은 지방도시를 중심으로 한 소단위 지역이 가장 바람직하다. 그 이유는 지방도시가 농촌에 기술, 교육, 사회적 서비스를 효과적으로 제공할 뿐만 아니라 농산물의 저장, 수송, 가공 장소를 제공하고, 농촌지역은 도시지역에서 필요로 하는 농산물을 제공함으로써 상호 보완적 관계를 유지할 수 있기 때문이다. 기본수요전략은 근본적으로 경제 성장을 중시하는 성장 지향의 전략과 대립되는 것이 아니라 상호 보완적인 관계를 가진 대안이다. 다만 빈곤층에 초점을 두다 보니 대도시보다는 지방 중소도시에, 그리고 도시보다는 농촌 등 빈곤층이 두터운 낙후지역의 성장에 더 많은 관심을 가지고 있을 뿐이다.

제 4 장 중앙정부와 지방정부의 관계

제 1 절 정부관계의 이론적 시각

1 영국과 미국의 사례

1) 로즈의 견해

중앙정부로부터 일정한 권능을 부여받아 자치사무를 수행하는 과정에서 형성되는 중앙정부와 지방정부의 관계는 여러 사람들에 의해 다양한 시각으로 설명되고 있다. 로즈(R. A. W. Rhodes)는 영국과 같은 단원제 국가를 전제로 중앙정부와 지방정부 간의 관계를 설명하면서 기존의 전통적 시각을 하나의 이념모형으로 보고, 여기에 중간적 성격의 모형을 하나 더 추가하여 대리자모형(agent model), 동반자모형(partnership model), 상호의존모형(interdependent model)으로 제시했다(Rhodes, 1983: 14, 87). 여기에서 전통적 모형이라 함은 대리자모형과 동반자모형을 의미한다. 그러나 전통적 모형은 중앙과 지방 관계를 설명할 때 극단적 입장을 취하고 있기 때문에 중앙정부와 지방정부의 관계를 충분히 설명할 수 없는 한계를 가지고 있으므로 로즈는 이러한 한계를 극복하기 위해 상호의존모형을 제시했다.

여기에서 대리자모형(agent model)이라 함은 지방정부의 위상이 중앙정부의 대리자 수준으로 규정되는 것이다. 대리자의 지위는 본래 의사결정권을 가지지 못하며, 단순한 집행 기능만을 수행하는 지위에 머물게 된다. 만약 대리인이 의사결정권을 가진다 하더라도 위임자가 부여한 권한 범위 내에서만 행위를 할 수 있으므로 대리자는 자신을 선출해 준 모집단의 의사와는 관계없이 자유로이 행동할 수 있는 대표자의 개념과는 다른 의미를 지닌다. 즉 대리자모형은 지방정부의 지위가 중앙정부의 대리인에 불과할 정도로 중앙정부에 크게 종속되어 있기 때문에 수직적인 상하 기관의 관계를 가지며, 재정적 자율성도 크게 제약을 받는다. 특히 중앙정부는 업무 집행과 관련하여 지방정부에 수시로 명령·지시하고, 보고를 받는 강력한 통제자로 군림하는 모형이다. 이것은 1991년 지방의회가 재구성되기 이전의 우리나라 지방자치와 매우 유사한 모습을 보여 준다.

동반자모형(partnership model)은 중앙정부와 지방정부 모두가 각기 고유한 권능을 가진 주체이므로 누구에게도 간섭받지 않고, 독자적으로 사무를 처리하는 것을 원칙으로 하는 모형이다. 이 경우 지방정부는 중앙정부로부터 위임되는 사무를 원칙적으로 가지지 않기 때문에 중앙정부로부터 명령과 지시를 받아야 할 이유가 없다. 그러나 지방정부는 국가 전체의 질서 속에서 작동하는 하나의 하위 체제에 해당되므로 하위 체제로서 받아야 할 일반적 통제는 수용되어야 한다. 또한 중앙정부와의 협력 사업이 존재하더라도 대등한 위치에서 사무가 처리되는 수평적 정부 관계가 그 특징으로 나타난다. 이러한 동반자모형은 주민자치의 전통이 깊은 국가에서 주로 찾아볼 수 있다.

상호의존모형(interdependent model)은 중앙정부와 지방정부가 상호 필요에 의해 자원을 주고받는 관계이다. 중앙정부와 지방정부의 관계에 대해 로즈는 제도적 측면이나 재정적 측면에 치중하여 파악하는 것은 중앙-지방정부 관계를 정확히 파악할 수 없으며, 다양한 차원에서 접근할 때 좀 더 생생하게 그 관계를 파악할 수 있다고 주장한다. 즉 중앙정부와 지방정부 간의 관계는 어느 한쪽의 일방적인 영향 관계만 존재하는 것이 아니라 두 주체가 여러 차원에서 상호 영향을 주고받는 관계이므로 상호의존모형을 하나의 유형으로 제시했다.

그는 지금까지의 중앙과 지방의 관계에 대한 연구는 중앙정부에 대한 재정적 의존과 중앙통제, 지방자치가 모두 신화와 우화에 의해 지배되어 왔으므로, 이제 이를 끝내야 할 시기가 왔다고 주장하면서 다음과 같은 연구방향을 제시했다. 즉 중앙과 지방정부 간의 관계를 설명하면서 그 동안 포착하지 못한 영역으로 ①, 정부간 관계이론의 확장, ② 지방재량의 다양성, ③ 정치적 요소의 영향, ④ 관계의 다양성, ⑤ 전문가의 역할 등을 들고 있으며(Rhodes, 1983: 28-33), 이러한 다양한 영역에서 중앙정부와 지방정부간 역학 관계를 결정하는 힘의 원천으로 작용하는 자원은 ① 법적·제도적 자원, ② 계층제적 자원, ③ 재정적 자원, ④ 정치적 자원, ⑤ 정보자원 등을 들고 있다(Rhodes, 1983: 100-101).

여기에서 법적·제도적 자원은 지방정부에 제도적으로 보장된 권한이며, 계층제적 자원은 다른 자원과는 달리 유일하게 중앙정부에만 귀속된 자원으로서 지방정부에 권한을 부여하거나 철회할 수 있는 입법적 권한을 의미한다. 재정적 자원은 자주재원과 의존재원의 상대적 비중과 총규모를 의미하며, 정치적 자원은 중앙정부나 지방정부의 정책결정에 상호 영향을 미치는 힘을 말한다. 그리고 정보자원은 주로 중앙정부와 지방정부의 공무원집단이 가지는 전문 능력을 의미한다.

그는 조직과 조직 사이에 존재하는 여러 관계적 맥락과 자원을 먼저 탐색하고 이를 중앙정부와 지방정부의 관계 분석에 활용했다. 이러한 다차원적 상호작용의 분석틀(framework for analysis of interactions)을 가지고 연구한 로즈의 정부 관계에 대해서 엘코크(Howard Elcock)는 교환모형(exchange model)으로 부르고 있으며, 로즈의 이러한 정부 관계 분석은 전통적 연구자들이 생각하는 것보다 훨씬 많은 양의 독립성과 대등한 지위를 누리고 있다는 사실을 밝힌 것에 그 가치를 발견한다고 주장한다(Elcock, 1982: 7).

상호의존모형은 중앙정부와 지방정부의 관계를 제도적 측면이 아니라 기능적이고 현상적 측면에서 바라본 유형으로서 자원의 종류와 성격에 따라 중앙정부와 지방정부 관계는 다양한 상호 의존 관계가 형성될 수 있음을 말해 준다. 즉 지방정부는 재정적 지원을 비롯한 여러 자원을 중앙정부에 많이 의존하지만, 중앙정부 역시 현장의 정보 수집이나 국가정책의 지역적 집행을 위해 정보 수집이나 정책집행의 능력이 우월한 지방정부에 의존하지 않을 수 없는 상황을 지적하고 있다. 결론적으로 로즈의 상호의존 모형은 중앙정부와 지방정부의 협력적 사무 처리를 전제로 하지만 그 추진 과정에서 발생하는 정부간 관계의 설명에 더 역점을 두는 이론이다. 이것은 어느 한쪽의 일방적인 영향 관계만 존재하는 것이 아니라 자원의 종류에 따라 지방정부가 중앙정부에 의존하거나 반대로 중앙정부가 지방정부에 의존할 수도 있음을 설명하고 있다. 그러나 총체적으로 볼 때 쌍방적 의존 관계가 지배적임을 강조한다.

2) 라이트의 견해

라이트(D. S. Wright)는 미국 사회의 연방제적 특성 위에서 형성된 다양한 정부 관계를 정리하여 포괄모형, 분리모형, 중첩모형으로 분류했다(Wright, 1978: 19-29).

포괄모형(inclusive authority model)은 주정부가 연방정부에 포획되고, 지방정부는 주정부에 포획되는 유형이다. 이러한 모형에서의 정부 관계는 수직적 지배 관계가 그 특징으로 나타난다. 따라서 중앙정부에 대한 지방정부의 위상은 매우 종속적이어서 연방정부는 주정부와 지방정부를 마치 연방정부의 단순한 집행기관으로 인식한다. 지방정부의 이러한 미약한 자주성과 수직적인 계층 관계에 대해 흔히 피켓울타리 연방주의(Picket fence federalism), 대나무울타리 연방주의(Bamboo fence federalism), 마블카스텔라 연방주의(Marble-cake federalism) 등으로 표현한다(이달곤, 2005: 345-346; 김순은 외, 2008: 395). 이러한 용어들은 결국 연방정부·주정부·지방정부가 여러 분야별로 상하 수직적 관계에 있음을 나타낸다. 즉 수직 사각형의 팻말, 수직 마디의 대나무, 수직 카스텔라 케이크가 상징하는 것은 정부 간의 긴밀한 종속 관계를 의미하며, 울타리가 상징하는 것은 그러한 종속 관계가 여러 업무 분야에 걸쳐서 이루어지고 있다는 것을 의미한다.

분리모형(separate authority model)은 연방-주정부 관계를 각기 주권을 가진 존재이므로 분리모형으로, 그리고 주정부-지방정부 관계는 주정부의 절대적 우위를 판결한 딜런의 법칙((Dillon's rule)[1]을 반영하여 종속모형으로 보아 양자를 결합한 것이다.[2] 주정부-지방정부 관계는 역사적·제도적 맥락에서 볼 때 연방과 주정부의 관계만큼 독립적이지 못하지만 지방정부가 주정부의 창조물이기 때문에 그 정부 관계를 모두 종속적 관계로 보는 데는 무리가 있다. 지방정부의 성립 근거를 전래설에서 찾는다 하더라도 모든 나라의 정부 관계를 종속적 관계로 규정하지 아니하는 것과 마찬가지로 라이트가 상정한 주정부-지방정부의 종속적 관계에 대해 형식 논리가 아니라 실제의 운영 내용을 고려하면 이것은 분리모형에 해당할 것이다. 결론적으로 라이트의 분리모형은 연방과 주정부의 대등 관계에 초점을 맞춘 모형이지만 주정부-지방정부 관계에서도 분리모형이 적용된다고 보아도 무방할 것이다.

분리모형은 본래 수평적 관계에 기초한 협력적 사무 처리가 정부 관계의 특징으로 나타난다. 이것은 지방정부가 독립적 지위에서 고유한 기능을 수행하므로 다른 주체로부터 전혀 간섭을 받을 필요가 없다. 그러나 국가 목표에 관련된 공동사업이나 호혜적 공동사업이 요구될 때 정부간 상호 협력

---

1) 딜런의 법칙은 ① 지방정부의 일반법적 권한은 존재하지 않는다. ② 지방정부는 주정부의 창조물로서 자유재량에 따라 창조하고 폐지할 수 있다. ③ 지방정부는 명시적으로 허용된 권한만을 행사할 수 있다. ④ 지방정부는 주정부의 의지에 좌우되는 임차인에 불과하다(Wright, 1978: 21).

2) 라이트의 분리모형(조정모형)을 그림으로 나타내면 아래와 같다. 그는 1978년 초판에서 분리모형(separate authority model)이라 표현했지만 1988년 제3판에서 동일한 내용을 두고 조정모형(coordinate authority model)으로 표현을 변경했다(Wright, 1988: 40-43). 분리모형은 각 정부의 독립성을 존중하고, 정부간 의사 불일치의 조정이 일반적 현상이므로 대등모형, 조정모형, 자치모형으로 부르기도 한다.

분리모형

은 당연하고 바람직한 것이다. 분리모형 하에서는 협력사업의 수가 많지 않으며, 상급정부가 하급정부에 사무를 위탁 처리하더라도 그것은 수직적 관계가 아니라 수평적 관계에서 행한 임의적 협력으로 보아야 할 것이다. 이러한 분리모형은 로즈가 이념모형으로 제시한 동반자모형과 거의 동일한 내용을 가진다.

중첩모형(overlapping authority model)은 포괄모형과 분리모형의 중간적 형태로서 연방·주정부·지방정부가 시간의 흐름과 더불어 상호간의 협력사업이 증가함에 따라 각 레벨의 정부는 상호간 독자성과 자율성을 존중하면서도 필요한 경우 서로 협상(bargaining)을 한다는 모형이다. 이것은 연방정부가 수립한 정책을 주정부나 지방정부가 집행할 경우 상호간에 긴밀한 협력과 의존이 필요하다는 것을 의미한다. 이러한 라이트의 중첩모형은 상급정부와 하급정부 간 협력사무의 영역이 미리 정해지거나 관례적으로 빈번히 협력 처리되는 것이 전제된다. 따라서 상급정부와 하급정부 상호간에는 보조금사업 등 공동으로 추진해야 할 사업 영역이 많이 존재하게 되며, 이러한 사업에서 상급정부와 하급정부의 기능 중첩이 이루어진다고 설명한다. 이러한 중첩모형은 민주사회의 발전 과정에서 민간 부문의 역량 증대와 지방정부의 위상 제고로 인해 일부 국가사무가 지방사무 또는 민간사무로 변질되는 과정에서 주로 나타나는 정부 관계 유형으로서 로즈가 제시한 상호의존모형과 유사한 내용을 가진다.

이상에서 논의한 로즈의 관계모형과 라이트의 관계모형을 토대로 다른 시각의 정부 관계 모형을 제시하면 [그림 4-1]에서 보는 바와 같이 ① 종속모형(dependent), ② 독립모형(independent), ③ 상호의존모형interdependent)으로 정리할 수 있다.[3] 여기에서 A는 기초자치단체, B는 광역자치단체(주정부), C는 중앙정부(연방정부)를 의미한다.

여기에서 제시한 이념모형의 특징은 종속모형(從屬模型)의 경우 포괄·종속적 정부 관계, 계층제적 권위, 기관위임사무 중심 기능, 완전 종족적 재

3) 정부 관계의 일반적 모형에 대해 최창호(2003: 775)는 종속모형, 독립모형, 상호의존모형으로 부르고 있으며, 오재일(1993: 390-397)은 관치모형, 자치모형, 상호의존모형으로 부른다.

[그림 4-1] 정부간 관계의 유형

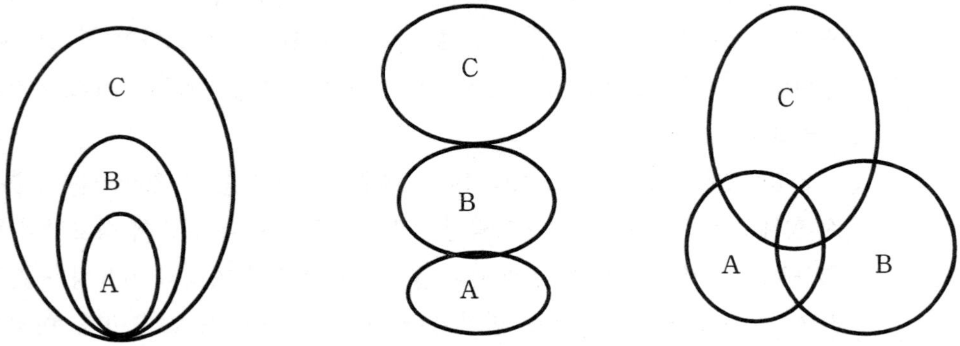

정, 완전 종속적 인사의 특징을 가지며, 독립모형(獨立模型)은 분리·독립적 정부 관계, 독립적 권위, 고유사무 중심 기능, 완전 분리 재정, 완전 분리 인사의 특징을 가진다. 그리고 상호의존모형(相互依存模型)은 상호 의존적 정부 관계, 협상적 권위, 고유사무의 비중이 높은 위임사무와의 혼합, 상호 의존적 재정과 상호 의존적 인사가 그 특징으로 나타난다.

2 일본의 사례

1) 무라마쓰 미치오(村松岐夫)의 견해

무라마쓰는 일본 사회의 특유한 환경에 기초하여 성립된 중앙정부와 지방정부의 관계를 연구했다. 그는 중앙정부와 지방정부 간 관계를 수직적 행정통제모형과 수평적 정치경쟁모형의 입장에서 설명하고 있다. 이것은 다양하고 복잡한 정부 관계를 두 개의 모형으로 단순화시켜 설명함에 따른 한계가 있지만 민주화된 사회일수록 정부간 관계에서 정치적 요인이 크게 작용하고 있다는 관점은 상당한 설명력을 가진다. 무라마쓰는 보조금 사업을 획득하기 위해 지방정부 간에 치열한 경쟁이 일어나고, 민선에 의한 선거직 공직자들은 정치적 입지를 강화하기 위해 지역 발전을 위한 정책 경쟁이 가열화된다는 사실을 중시하여 수평적 정치경쟁모형을 제시했다(村松岐夫, 1988: 37-48).

이러한 정치적 경쟁모형을 선명하게 설명하기 위해 그는 정치적 경쟁모형의 상대편에 수직적 행정통제모형(垂直的 行政統制模型)을 설정했다. 이것은 중앙정부의 지방정부에 대한 강력한 통제를 전제로 한 모형으로서 권위주의 정치 체제에서 흔히 볼 수 있는 중앙과 지방의 관계이다. 즉 지방정부는 법적·제도적 측면에서 중앙정부의 강력한 통제장치에 의해 지배되고 있으므로 지방정부는 중앙정부의 종속적 지위에서 벗어날 수 없다. 이러한 행정통제모형은 로즈의 대리자모형, 라이트의 포괄모형과 유사한 면을 보여 준다.

수평적 정치경쟁모형(水平的 政治競争模型)은 전통적인 수직적 정부 관계가 일본 사회의 발전과 더불어 점차 수평적 관계로 발전해 나가는 점에 착안하여 제시한 모형으로서 근본적으로 로즈의 상호의존모형과 라이트의 중첩모형과 맥을 같이한다. 이것은 법적·제도적 측면보다 정치적 측면을 더욱 중시하는 입장에 있다. 무라마쓰는 보조금을 둘러싸고 일어나는 지방자치단체의 치열한 보조금 확보 경쟁은 중앙집권적인 정치행정 체제보다 다원화된 민주사회에서 더욱 강하게 나타날 뿐만 아니라 정책 경쟁도 역시 산업화되고 민주화된 현대 사회에서 더욱 치열하게 일어난다고 주장한다.

중앙과 지방 관계는 법적·제도적 요인에 의해 설명되는 것도 있지만 이러한 요인에 의해 설명될 수 없는 것도 많다. 즉 중앙과 지방 관계는 각각 정치적 가치와 행정적 가치가 존재하며, 사회가 발달할수록 밑으로부터 솟아오르는 압력활동이나 경쟁 등 정치적 관계에 의해 중앙정부와 지방정부 간의 관계가 규정되는 경우가 확대된다고 주장한다. 예컨대, 보조금사업과 관련하여 상대적으로 불리한 조건에 있는 지방자치단체가 정치력을 발휘하여 최종적으로 보조금을 확보하게 되는 경우는 법적·제도적 차원에서 결코 설명할 수 없는 부분이다. 따라서 무라마쓰는 민주주의와 산업이 고도로 발달된 성숙한 사회일수록 이러한 현상은 두드러지게 나타나며, 특히 지역개발과 환경, 복지 등의 사업 영역에서 지방정부 간 정책경쟁이 크게 확대되고 있다고 주장한다.

그러나 이러한 자방정부 간의 정치 경쟁은 현대 산업사회의 지방자치 전개 과정에서 흔히 볼 수 있는 특징적 현상의 하나이지만 정치 경쟁의 요소를 설명의 중심부에 놓고 중앙과 지방 관계를 설명하는 것은 중앙정부와 지방정부의 관계를 너무 단순화하거나 정치 편향적으로 설명하는 결과를 초래한다는 비판이 있다. 따라서 일본 사회를 토대로 행정통제모형과 정치경쟁모형을 정립한 무라마쓰의 정부관계모형은 재량의 영역이 크게 확대된 동반자모형과 같은 이념 모형에 대해 충분한 설명이 없는 점에서 많은 이론적 한계를 가진다.

2) 아마카와 아키라카(天川晃)의 견해

아마카와는 일본 사회의 정부간 관계를 설명하기 위해 정치적 요인과 행정적 요인을 함께 사용한 것이 특징이다. 정치적 시각에서는 의사결정을 중심으로 한 집권형(執權型)과 분권형(分權型)으로 구분하고, 행정적 시각에서는 기능의 수행을 중심으로 융합형(融合型)과 분리형(分離型)으로 구분하여 모두 네 개의 관계모형을 정립했다(표 4-1). 즉 중앙과 지방 관계모형은 ① 집권·융합형, ② 집권·분리형, ③ 분권·융합형, ④ 분권·분리형으로 정립했다(天川晃, 1983: 120). 여기에서 집권은 지방정부의 자율성이 낮은 경우이며, 분권은 지방정부의 자율성이 높은 경우를 말한다. 그리고 융합이라 함은 지방정부 관할구역 내에 존재하는 대부분의 중앙정부 사무를 지방정부가 고유사무와 함께 종합적으로 처리하는 경우이며, 분리는 지방정부 관할구역 내에 존재하는 소관 행정사무를 중앙과 지방이 대부

〈표 4-1〉 중앙정부와 지방정부의 관계모형

구 분	집 권	분 권
융 합	집권적 융합형	분권적 융합형
분 리	집권적 분리형	분권적 분리형

분 각기 분리하여 처리하는 경우이다.

아마카와는 이 두 개의 축을 이용하여 일본의 지방자치제도를 규정했는데, 메이지(明治) 이후의 집권·융합형(執權·融合型)은 전후 개혁을 거치면서 분권·융합형(分權·融合型)으로 재편되었다고 한다. 집권·분권이란 정치적 의미에서는 커다란 전환은 있었지만 분리·융합이라는 행정적 의미에서는 전전(戰前)으로부터의 기본적 성격이 전후 개혁을 거치면서도 지속되고 있다고 지적한다(오재일, 1993: 388).

집권적 융합형(執權的 融合型)은 중앙집권적 정치행정 체제와 지방정부의 지역 내 국가사무의 통합적 사무처리가 결합된 것이다. 이것은 중앙집권적 국가에서 지방자치 도입 초기에 주로 형성되는 정부관계모형으로서 근본적으로 지방정부의 자치권이 매우 협소하다. 따라서 지방정부의 고유사무는 적고, 중앙정부의 위임사무가 많은 유형으로서 일본의 전전(戰前) 정부 관계나 우리나라의 지방자치 재개 이전의 정부 관계에 가까운 모형이라 하겠다.

집권적 분리형(執權的 分離型)은 중앙집권적 정치행정 체제와 지방사무에 대한 국가 및 지방정부의 분리 처리가 결합한 것이다. 이것은 중앙정부 주도의 강력한 리더십이 발휘되기 때문에 대부분의 행정사무를 국가가 수행하고, 지방정부는 미미한 수준의 고유사무를 수행하게 된다. 이것은 지방자치제도 도입 초기에 볼 수 있는 정부관계모형으로서 중앙정부가 지방정부의 행정 능력을 신뢰하지 못하여 매우 한정된 범위 내에서 자치 기능을 시험적으로 부여하거나 지방자치 실시로 인한 중앙정부의 권한 약화 방지를 위해 일선기관을 증설하는 경우에 성립되는 정부 관계라 할 수 있다.[4] 그러나 이 모형은 이론적으로는 가능하지만 현실적으로 잘 성립되기 어려운 모형이라 하겠다.

분권적 융합형(分權的 融合型)은 지방분권적 정치행정 체제와 지방정부의 통합적 사무처리가 결합한 형태이다. 이것은 지방정부의 자율성이 매우

---

4) 일본의 경우 관선 단체장이 민선 단체장으로 바뀔 때 중앙정부는 일선 지방행정기관을 대거 설치했는데, 이것이 바로 집권·분리모형에 해당한다고 아마카와는 주장한다.

높은 상태에서 지역 내 국가사무도 지방정부가 대부분 수임 처리하게 됨으로써 지방정부의 역할이 매우 높게 나타난다. 이것은 중앙집권적 전통이 깊은 국가들이 민주화 과정을 거치면서 분권적 국가로 발전한 경우에 주로 나타나는 정부관계모형으로서 일본의 전후 정부 관계가 이러한 모형에 해당한다고 아마카와는 분석하고 있다.

분권적 분리형(分權的 分離型)은 지방분권적 정치 체제와 지역사무의 국가와 지방정부 분리 사무 처리가 결합한 형태이다. 이것은 자방정부의 자치권이 광범위하게 인정되고, 지역 내 행정사무를 국가와 지방정부가 각기 분리하여 수행하는 경우로서 민주주의가 매우 발달한 지방분권적 국가들에서 주로 발견할 수 있는 정부관계모형이다. 이러한 정부관계모형은 일본의 역사에서는 발견할 수 없지만 1949년 샤우프(Shoup)조사단의 권고 기조가 이러한 모형에 가깝다고 주장한다.

이상에서 논의한 아마카와의 모형은 기본 모형을 도출하는 방식에서는 다소 차이가 있지만 중앙정부와 지방정부 관계를 설명하는 중심적 내용에서는 로즈의 모형 및 라이트의 모형과 별다른 차이가 없다. 따라서 이와 같은 아마카와의 모형을 한국 사회에 적용하여 미래의 바람직한 진로를 모색해 보는 것도 의미가 있을 것이다.

현재 우리나라 정부관계모형은 중앙집권적 정치 체제와 지방정부의 지역사무 통합 처리가 서로 결합된 집권·융합모형과 특별지방행정기관이 지역사무를 관장하는 집권·분리모형이 혼재하고 있지만 기관위임사무가 지배적이므로 전자의 모형에 더 가깝다. 따라서 향후의 진로는 집권·분리모형, 분권·융합모형, 분권·분리모형 중에서 찾아야 할 것이다. 그러나 집권·분리모형은 지방자치 도입 초기에 가능한 모형이지만 현실적으로 성립되기 어려운 모형이라고 한다면 분권·분리모형과 분권·융합모형이 미래의 이상적 모형이 될 수 있다. 그러나 분권·분리모형은 민주주의가 극히 발달한 서구 사회 국가들이 쉽게 접근할 수 있는 모형에 해당하므로 우리나라 정치행정 풍토에 친화적인 발전모형은 분권적 융합모형이라 할 수 있다. 따라서 이를 전제로 할 경우 우리는 다음과 같은 분권화의 노력이 요구된다.

자치입법권에서는 현재 '법령의 범위 안'에서 조례를 제정하도록 되어 있어 지방정부의 기능이 더 이상 확대될 여지가 없으므로 '법령에 위배되지 않는 범위 안에서'로 수정하는 것이 바람직할 것이다. 그렇지 않으면 '법령의 범위 안'의 의미를 좀 더 탄력적으로 해석하는 관례를 만들어 나가야 할 것이다.

자치조직권에서는 기초자치단체장이 행정기관을 설치할 경우 '시·도지사'의 승인을 얻어 조례가 정하는 바에 따라 설치할 수 있도록 되어 있으므로 하급단체의 자율성이 제약되고 있다. 그러므로 대통령령이 정하는 범위 내에서 상급자치단체장의 승인이 없어도 '조례'가 정하는 바에 따라 설치하도록 하고, 하급행정기관의 행정조직도 지방의회의 승인을 얻어 지방자치단체장의 규칙으로 정할 수 있도록 하는 것이 전통적 모형을 수정하는 하나의 길이 될 것이다.

자치재정권에서는 과세자 주권과 지방세원의 확충이 요망된다. 특히 지방소득세나 지방소비세를 공동세원으로 하여 세입의 신장성을 확대하는 한편, 지방세 조례주의를 확대해야 할 것이다. 현재 탄력세율에 한하여 지방세조례주의를 적용하고 있으나 세목 분야에도 확대 적용이 요구된다. 현재 일본에서 운영하고 있는 법정 외 세목은 그 수가 점차 줄어들고 있지만 지방정부의 자율성 신장이라는 점에서 볼 때 그 의미는 결코 적지 않을 것이다.[5]

자치운영권은 지방자치법 시행령에서 정한 지방정부 사무 범위에 관련된 문제이다. 우리나라는 현재 지방사무의 종류를 기관위임사무, 단체위임사무, 고유사무로 분류하고 있다. 그러나 일본은 기관위임사무와 단체위임사무를 없애고, 자치단체 사무를 법정수탁사무와 자치사무로 이원화함으로써 중앙정부에 대한 지방정정부의 자율성이 크게 신장되었다. 이러한 사실은 향후 우리나라 지방분권화에 많은 참고가 될 것이다.

---

5) 현행 일본 지방세법 제4-5조는 법정 외 세목을 설정할 수 있도록 허용하고 있다. 광역자치단체의 경우 자치성 장관의 허가를, 기초자치단체의 경우는 광역자치단체장의 허가를 받게 되어 있고, 허가 요건은 ① 국세나 다른 지방세의 과세표준과 중복되지 않을 것, ② 지방단체 간 물품의 흐름에 지장을 초래하지 않을 것, ③ 국가의 경제 시책에 명확히 부적당하지 아니할 것 등이다.

3 정치사회적 시각: 던리비의 견해

중앙정부와 지방정부의 관계에 대해 던리비(Patrick Dunleavy)는 정치·사회학적 시각에서 설명하고 있다. 특히 그는 엘리트이론, 다원주의이론, 신다원주의이론, 마르크시즘이론의 시각에서 정부 관계를 설명한다(Dunleavy, 1982: 116-131). 정부 관계는 다양한 시각에서 설명될 수 있지만 각 이론이 가지는 관점마다 특정한 정부관계모형들이 존재하는 것이 아니라 정부 관계는 다양한 차원과 시각에서 조명할 때 좀 더 충분한 설명이 가능하다는 점을 시사한다. 이러한 의미에서 본다면 다양한 차원과 자원의 관계 속에서 정부간 관계를 규정하고자 노력했던 로즈의 시각과 유사한 모습을 보여 준다.

엘리트이론(elite theory)의 시각에서 본 중앙과 지방 관계는 의사결정 주체가 누구이며, 중앙정부의 엘리트와 지방정부의 엘리트가 어떻게 충원되고, 양자의 응집력은 어느 정도인가가 중심적 내용을 이룬다. 엘리트의 개념은 매우 다의적이다. 정치학적 입장에서 본다면 국가 운영의 실권을 장악한 능력 있는 소수의 정치집단으로 규정할 것이며, 사회학적 시각에서는 각 사회 분야에서 최고의 능력을 발휘하는 인물이라 규정할 것이다. 어떠한 시각에서 보더라도 엘리트는 지식과 능력을 보유하고 있을 뿐만 아니라 책임과 사명이라는 정신적·도덕적 의무감을 동시에 무장하고 있는 인물이라 하겠다(김현조, 2004: 97).

그러나 오늘날 산업사회가 고도로 발달한 현대 사회를 중심으로 개념화한다면 "어떠한 조건이나 상황에 의해 한 사회의 고위 신분이나 고위 직위를 점유하여 정책결정에 지배적 영향을 미치는 한 집단의 구성원"이라고 정의할 수 있다. 엘리트들은 응집력이 있고 통합력이 있는 자의식적인 집단을 형성하며, 그들의 지배력을 유지하기 위해 개인적 자질, 성원의 수, 그들의 조직, 정치적 기술을 충분히 이용하여 사회의 다른 집단보다 그들의 위치를 더욱 강화시키려는 속성을 가지고 있다.

이러한 엘리트에 의해 지배되는 사회구조는 일반적으로 최고 엘리트를 정점으로 하는 피라미드 구조를 가진다. 따라서 엘리트이론의 시각에서 나타나는 중앙정부와 지방정부 관계는 사회가 하나로 통합된 거대한 피라미드 구조를 지니기 때문에 중앙과 지방의 정부 관계 역시 매우 강한 응집력과 결속력을 가지게 된다. 이러한 결과 중앙정부는 지방정부의 엘리트로 충원될 수 있는 통로를 마련하고 있으며, 이들 두 엘리트 집단은 상호 밀착하여 다양한 자원과 협력을 주고받는 관계이므로 지방정부는 중앙정부에 예속화될 가능성이 높다.

다원주의이론(pluralism theory)의 시각에서 본 중앙과 지방 관계는 역시 의사결정 주체가 누구이며, 중앙정부와 지방정부의 응집력이 어느 정도인가가 중심적 내용이 된다. 다원주의(pluralism)는 어떠한 단일 집단도 권력을 독점할 만큼 강력하지 못하다는 것을 전제하고 있다. 정치는 경쟁적 이익집단의 각축장이며, 권력은 다양한 원천과 중심부를 가지기 때문에 수많은 경쟁적 이익집단들 사이에 분산됨으로써 사회는 민주적으로 운영된다고 보는 사상을 말한다. 달(Robert Dahl)은 권력은 많은 중심을 가진다고 주장하면서 다두정치(polyarchy)의 가능성과 그 가치를 인정했다(Dahl, 1961). 이러한 다원주의자들은 갈등의 존재를 인정하지만 그것은 사회 체제 내에서 해소된다고 믿는다. 그 이유는 이익집단들이 상이한 쟁점들을 분명하게 표출하고, 정책결정 과정에서 그들 나름의 참여 방식을 찾아내어 다른 집단들과 협상함으로써 결국 해소할 수 있다고 믿기 때문이다.

다원주의는 개인이 가지는 탁월한 능력을 인정하지 않는다. 만약 인정한다 하더라도 특정 분야에 제한적으로 인정할 뿐이다. 그것은 한 분야의 능력은 다른 분야에서 크게 효력을 발휘하지 못하기 때문이다. 즉 다원주의 이론은 특정한 주체의 우월적 지배를 허용하지 않으며, 다수인의 합의에 의한 결정과 타협과 조정을 통한 문제 해결을 선호한다. 이러한 다원주의 이론의 시각에서 나타나는 중앙과 지방 관계는 의사결정의 주체가 직능별로 지역적으로 분산되어 전국적 응집력은 크게 떨어진다고 보고 있기 때문에 중앙정부와 지방정부의 응집력 역시 크게 약화된다. 따라서 지방정부는 중앙정부로부터 독립적 지위와 높은 자율성을 가지는 이상적 지방자치를 실시할 수 있는 여건을 확보한다.

신다원주의(neo-pluralism)의 시각에서 본 중앙과 지방 관계는 엘리트이론과 다원주의의 시각에서 본 정부 관계와 다른 측면을 보여 준다. 신다원주의는 다원주의의 변형으로서 엘리트이론과 다원주의의 중간형에 속한다고 하겠다. 이것은 전문가들의 존재를 중시하는 견해로서 중앙정부와 지방정부의 관계는 전문가들의 역학 관계에 의해 규정된다고 보고 있다. 이들 전문가들은 엘리트이론이 중시하는 정치 엘리트와 다르고 또한 다원주의에서 중시하는 일반 대중과 다른 존재이다. 전문가들은 직능 분야에서 여론을 형성하고 의사결정을 주도하는 존재이며, 사회를 사실상 이끌어가는 주체 세력으로 볼 수 있다.

전문가들이 사회 발전의 주도 세력으로 등장하기 위해서는 어느 정도 분화된 사회를 전제로 한다. 즉 산업사회가 상당 수준 진전되고 민주사회가 어느 정도 성숙된 경우에 비로소 이들의 역할이 존중받을 수 있기 때문에 발전된 사회를 전제로 하는 것이다. 양적으로 증대되고 질적으로 복잡한 현대 사회에서 전문가들은 자신의 직업 영역에서 어느 정도 계층적 위계구조를 형성하게 되는데, 이것은 중앙정부와 지방정부의 관계에도 영향을 미쳐 중앙과 지방의 관계는 전문가집단을 중심으로 의사결정이 이루어지고, 양자 간에는 상당한 응집력을 발휘하게 된다. 이러한 점에서 본다면 신다원주의이론은 엘리트이론의 수정 이론에 가깝다고 하겠다.

마르크시즘(Marxism) 시각에서 본 중앙과 지방 관계는 그들의 본질적 관점이라 할 수 있는 경제결정론 시각에서 중앙과 지방 관계를 규정하는 것이다. 즉 자본가집단의 사회적 위계구조가 중앙정부와 지방정부 관계에 투영되는 것이다. 국가 사회를 이끌어가는 주체는 자본가 계급으로 보고 있지만 이들이 어떠한 응집력을 가지고 있는가가 정부 관계의 중심적 내용이다. 마르크시즘적 시각에 의하면 근로자는 원래 자본가로부터 억압받고 생활고에 시달리는 현실적인 인간으로서 열악한 자신들의 지위를 향상시키기 위해 상호 연대할 줄 아는 역사적 존재로 파악하고 있다. 그러나 자본가들의 응집력에 대해서는 마르크시즘은 특별한 언급이 없다.

그러나 일반적 시각에서 볼 때 이들은 사회적 차원에서 응집력이 크다고 볼 수 없으며, 특히 중앙정부와 지방정부 관계에서는 자본가의 직접 참여가 배제되므로 간접적 영향을 미칠 수 있을 뿐이다. 이처럼 자본가의 직접 참여가 배제되는 상황에서 조명되는 중앙과 지방정부 관계는 근본적으로 큰 의미가 없다고 할 것이다. 그러나 통치 엘리트와 독점자본이 강하게 유착된 국가독점자본(國家獨占資本) 단계에서는 자본가의 의사가 국가의 의사로 나타나기 때문에 어느 정도 그 의미를 찾을 수 있다. 그러나 국가독점자본 단계가 실제 도래되기 어려울 뿐만 아니라 이러한 사회가 도래한다 하더라도 자본가는 응집력이 미약하므로 중앙정부와 지방정부 관계는 대체로 느슨한 모습을 보여 주게 될 것이다. 결론적으로 종합적 입장에서 볼 때 마르크시즘적 시각은 현대 사회의 정부 관계 분석에 별다른 도움을 줄 수 없는 이론이라 하겠다.

제 2 절 한국의 중앙 · 지방관계

1 건국 이전

1) 고려 시대

우리나라 역사상 지방자치와 관련된 자치적인 요소를 발견할 수 있는 것은 고려 시대 이후부터라고 할 수 있다. 고려는 통일신라 이후 분열된 후삼국 시대를 종식시키고 더 넓은 지역을 토대로 건국한 진정한 민족 통일의 국가이다. 이 시대에 존재했던 자치적 요소를 찾는다면 사심관제도(事審官制度)와 향직단체(鄕職團體)를 들 수 있다(김보현 · 김용래, 1982: 133-136). 여러 소국가들을 복속시켜 통일국가를 이룩할 경우에 기존 세력의 저항을 무마하기 위해 위무정책을 쓰는 것은 일반적이다. 11세기 영국의 노르만(Norman) 왕조가 7개의 소국가들을 멸망시키고 통일국가를 형성할 때 기존의 세력들에 대해 봉건적 특권을 부여한 것과 마찬가지로, 고려를

건국한 왕건은 신라의 경순왕을 위무하고 지방을 통제하기 위해 사심관으로 임명하여 경주를 관장할 수 있는 특권을 부여했다. 이처럼 건국공신에 대해 특정 지역을 관장할 수 있도록 권한을 부여한 사심관제도는 지역에 기반을 둔 우리나라 최초의 지방자치적 요소로 볼 수 있다. 이것은 행정적 목적이 아니라 정치적 목적으로 운영한 점에 그 특색이 있다.[6)]

행정적 목적으로 운영된 자치적 요소는 향직단체를 들 수 있다. 통일신라 시대 후반기에 이르러 왕권의 약화와 더불어 지역을 기반으로 한 토호세력이 많이 등장했다. 이들은 사병(私兵)을 거느린 거대 집단으로서 징세나 부역 등 행정 업무의 원활한 수행을 위해 도움을 받을 수 있는 존재이기 때문에 국왕은 이들에 대해 관직(호장, 호정)을 부여하여 특정 지역을 다스리게 했다. 그러므로 이들은 지역을 근거로 오랫동안 뿌리내려 살면서 중앙으로부터 관직을 부여받아 일정한 행정권을 행사한다는 점에서 국왕의 칙령에 의해 수시로 지방을 이동하며 근무하는 지방장관과는 다르다. 이러한 토호 세력에게 일정한 범위의 행정권을 행사할 수 있도록 제도화한 향직단체제도는 지역에 기초한 행정권의 위임이라는 점에서 자치적 색채를 강하게 띠고 있다.

그러나 사심관제도와 향직단체제도는 절대왕권의 강화와 더불어 유명무실한 제도로 발전하게 되는데, 이때의 중앙과 지방 관계는 지방이 중앙정부에 완전히 포획되어 그 존재의 의미를 상실한다. 즉 왕권의 강화는 중앙정부에 대적할 만한 지방 세력을 약화시켜 중앙과 지방 관계를 상명하복의 체제로 편성하게 된다.

2) 조선 시대

조선 시대의 지방자치적 요소는 ① 향청제도, ② 향약제도, ③ 향회제도,

---

6) 사심관은 중앙에 있으면서 고향의 일에 관여하던 벼슬아치이다. 각 지방의 호족 세력을 억제하고 중앙집권을 이루기 위해 설치한 것으로서 부호장 이하의 향직을 임명할 수 있었고, 그 지방의 일에 관여하도록 했다. 최초 이 제도의 실시는 각 지방에 지방관을 아직 파견하지 못하고 있던 형편에서 공신들의 세력을 이용하여 지방을 통제하려는 한 방법이었다. 그러나 사심관제도는 의종·명종 이후에 중앙 권력이 약해지자 고려 말 충숙왕 5년(1318)에 완전 폐지되었다(백과사전).

④ 면·리·동 조직을 들 수 있다(장동희, 1988: 191-194; 한국지방자치학회, 1999: 40-52,).

향청제도(鄕廳制度)는 고려 시대에 운영되던 사심관제도의 조선 시대적 재부활이라 할 수 있다. 건국 초기에는 국가의 단합을 위해 건국공신에게 특권적 권한을 부여하지만 왕권의 강화와 더불어 이들의 특권적 지위는 점점 약화되는 것이 일반적이다. 고려 시대의 사심관제도 역시 건국 초기에는 상당한 특권을 가지고 있었으나 왕권의 강화와 더불어 점차 유명무실한 존재로 전락하여 결국 고려조 1318년(충숙왕 5년)에 공식 폐지되었다. 그 이후 호족들은 폐지된 사심관제도를 스스로 유향청, 유향소, 향청, 향소, 향당이라 부르면서 비공식적으로 유지되어 오다가 조선 시대에 들어와서 다시 공식기구로 수정 부활된 것이 향청제도이다. 향청의 장을 좌수라 불렀고, 이것은 민선 명예직의 민정대표기관으로서 주민과 행정기관의 교량적 역할을 담당했다. 특히 좌수는 지방수령을 보좌하고, 풍속을 직립하며, 향리의 규찰을 하는 일을 담당했다.

향약제도(鄕約制度)는 중국의 송나라 때 여씨(呂氏) 가문에서 시행하던 상부상조의 향약제도를 중종 때 조광조가 처음으로 우리나라에 도입한 제도로서 여기에는 4개의 덕목이 존재한다. 즉 덕업상권(德業相勸), 과실상규(過失相規), 예속상교(禮俗相交), 환난상휼(患難相恤이다. 이러한 덕목은 지역 단위별로 조직화되어 실시됨으로써 주민 상호간 상부상조의 사회 풍토를 조성했다. 이처럼 지역적 차원에서 특정한 덕목을 실천하는 향약제도는 우리나라 지방자치와 관련된 유의미한 제도로 평가된다.

향회제도(鄕會制度)는 쇄국정책으로 폐쇄되었던 조선의 문호를 개방하여 개화된 사회로의 제도개혁을 본격화한 갑오개혁(1894) 이후에 새로이 도입된 제도이다. 이것은 1895년 개혁파 정권이 공포한 향회조규에 의해 설치된 서구적 민주제도로서 지방조직의 규모에 따라 군회(郡會), 면회(面會), 리회(里會)로 계층화하여 각각 의장과 집행부의 장을 두었다. 군회에는 의장과 군수를, 면회에는 의장과 집강을, 리회에는 의장과 존위를 두었다(한국지방자치학회, 2000: 50-51). 이것은 한국의 역사상 가장 민주적인 방법으로 지역 단위에 기초하여 조직화된 자치조직이므로 향회제도를 우리나라 근대 지방자치의 효시로 보고 있다. 그러나 이러한 제도도 1905년 한일합방으로 결국 폐지되고 말았다.

면(面)・리(里)・동(洞) 조직은 행정의 말단 조직이기 때문에 자치적으로 운영되는 경우가 많다. 특히 조선 시대의 경우 중앙행정의 말단조직이 군이었기 때문에 그 이하는 자치적으로 운영될 수밖에 없었다. 면・리・동 조직은 현재 공식적 말단 행정조직으로 편성되어 있지만 조선 시대에는 비공식적 자치조직으로 운영되었기 때문에 이것 또한 지방자치와 관련하여 자치적인 요소를 강하게 지니고 있다.

조선 시대의 중앙과 지방의 관계는 절대왕정 체제가 갖는 전형적인 수직적 주종 관계이다. 절대군주 한 사람에게 모든 권력이 집중되고 국민은 오직 군주를 위해 동원되는 군주 주권의 정치 체제였다. 당시 지방을 다스리는 지방장관이 있었지만 군주의 분신과 같은 존재였기 때문에 지방은 존재하되 자치권은 존재하지 않았다. 결론적으로 향청제도, 향약제도, 향회제도, 면・리・동 조직 등은 절대왕정의 기본 구조 내에서 작동하는 하나의 조그마한 민주적 제도에 불과했다.

3) 일제 시대

일제 시대에 나타난 우리나라 지방자치 관련 제도들은 부제(府制), 도제(道制,) 읍(邑)・면제(面制)를 들 수 있다. 일본은 한반도를 침략하여 강점한 국가이기 때문에 한국의 민주주의 발전을 위해 이러한 제도를 도입하지는 않았다. 이러한 유화적인 자치제도의 도입은 식민 통치의 억압적인 지배에서 발생되는 국민적 저항을 극복하고, 외형적으로는 적어도 한민족 스스로의 자치에 의해 국가가 운영되어가고 있다는 인상을 갖게 하여 우리 민족을 효율적으로 다스리기 위한 통치 수단으로 도입한 것이다.

이러한 지방자치제도는 일본 본토에서 먼저 시행하던 것으로서 한반도에 이를 적용하기 위해 총독부령으로 지방자치조규(地方自治條規)를 공포하고 1914년 처음으로 부(府)제를 실시했다. 따라서 부의 명칭을 가진 지역은 법인격을 획득하여 권리 의무의 주체로서 일정한 범위 내에서 자치를 할 수 있게 된 것이다. 이러한 부제의 실시와 더불어 경비의 절감과 중앙통제의 강화를 목적으로 군과 면의 수를 대폭 감축하는 방향의 지방제도 개편을 단행했는데, 이때 개편된 군과 면의 구역이 거의 그대로 오늘에 이어지고 있는 실정이다.

그 이후 면제(1917), 지정면제(1920), 읍·면제(1931), 도제(1933)를 순차적으로 실시하여 지방자치의 대상 영역을 확대했다.[7] 이러한 일제의 지방자치는 행정부와 의회를 분리하는 기관분립형을 취했으나 행정부의 장이 의장을 겸직하는 기능 통합의 형태를 취함으로써 오늘날 프랑스의 기초자치단체인 코뮌(commune)의 기관 구성과 동일한 모습을 보였다. 그러나 집행부의 장이 의안발의권을 독점했을 뿐만 아니라 의회의 의결에 대해 재의를 요구하거나 필요한 경우 상급관청의 지휘를 받아 즉각 의결을 취소할 수 있는 막강한 지위에 있었으므로 진정한 의미의 지방자치는 아니었다(장동희, 1988: 460-494; 한국지방자치학회, 1999: 52-57).

일제 시대의 중앙과 지방 관계는 형식적으로는 적어도 중앙정부와 지방정부라는 정부간 관계를 유지했다. 그러나 식민 통치 하에서 이루어지는 지방자치는 내실 없는 유명무실한 제도로 운영될 수밖에 없으므로 중앙과 지방 관계는 절대왕정에서 보여 준 것보다 더 예속적인 관계로 나타났다.

4) 미군정 시대

미군정의 등장은 제2차 세계대전에서 연합군이 승리함으로써 한반도에 수립한 과도기 정부이다. 제2차 세계대전의 발생은 제1차 세계대전 이후 확립된 평화 체제(국제연맹)의 한계에서 비롯된다. 즉 제2차 세계대전은 국제연합의 안전보장이사회(UN Security Council)와 같은 무력 도발을 억제할 수 있는 강력한 통제 장치를 갖지 못한 국제연맹의 약점을 이용하여 독일·이탈리아·일본 등이 제국주의의 야욕을 충족시키기 위해 일으킨 전쟁이다. 그러나 일본이 연합군에 의해 패망함으로써 일제의 압제 기간 동안

7) 면제는 면이 법인격을 획득하여 자치단체로 승격되는 것이며, 지정면제는 일반 면과 차별화하여 운영하기 위해 도시적 모습을 갖춘 지역을 자치단체화한 것이다. 읍·면제는 지정면을 읍으로 승격시키고 나머지는 면으로 자치단체화한 것이며, 도제는 도를 법인화하여 자치단체화한 것이다.

한반도에서 시행해 왔던 중요한 제도들은 거의 종말을 맞게 된다. 따라서 도제 및 부제 등의 지방자치도 당연히 폐지되었다.

미군정기의 우리나라 지방자치는 구상만이 있었을 뿐, 시행은 되지 못한 서류상의 지방자치라 말할 수 있다. 그것은 2년 11개월 동안의 짧은 기간에 지방자치제도를 계획하여 시행한다는 것은 근본적으로 불가능한 것이기 때문이다. 미군정 시절 특기할 만한 자치제도의 내용은 1946년 제주도를 전라남도에서 분리하여 독립적인 행정 단위로 만들었고, 경성부를 경기도에서 분리하여 서울특별시로 승격한 것과 교육구제도를 설계한 것 등이다(장동희, 1988: 512). 그러나 교육자치제도의 계획은 결국 무산되고, 미군정의 고문관이 교육 분야를 계속 장악했다.

결론적으로 미군정 시대는 신생국을 탄생시키는 과도정부였지만 모든 권한이 미군정기관에 집중되어 있었으므로 이 시기의 중앙과 지방 관계는 매우 중앙집권적인 절대주의 정치행정 체제와 비슷한 모습을 보여 주었다.

2 건국 이후

1) 제1공화국

근대 국가로서의 면모를 갖춘 대한민국은 1948년 8월 15일 건국하여 이승만을 초대 대통령으로 하여 출범했다. 이때 제정된 우리나라 헌법은 미국의 민주적 제도를 과감히 수용한 역사상 가장 민주적인 헌법이었다. 그러나 위정자들의 정치적 야욕 때문에 지금까지 당초의 헌법(constitution)은 여러 차례 변경되고 지방자치법(local government act)도 빈번히 변경되어 왔다.

1949년 7월 4일 법률 제32호로 제정된 우리나라 지방자치법의 주요 내용을 요약하면, ① 지방자치단체의 종류는 서울특별시와 도, 시·읍·면을 두었으며, 서울특별시는 단층제로, 도는 2층제로 했다. ② 정부 형태는 의결기관과 집행부를 분립하는 기관분립형을 취했다. ③ 단체장은 광역의 경우 임명제, 기초의 경우 의회 간선제를 택했다. ④ 지방정부에 대한 국가위임사무를 인정함으로써 단체장은 지방장관인 동시에 국가기관의 이중적 지위를 가졌다. ⑤ 재정제도는 독립세제도(호별세, 가옥세, 차량세 등)와 부가세제도(국세세부가세 등)를 병용했다. ⑥, 지방자치단체는 그 지방의 공공사무와 법령에 의해 그 단체에 소속된 사무를 처리한다고 규정하여 지방자치단체 사무의 구체적 명시가 없는 포괄적 사무배분 방식을 채택했다. ⑦ 특별지방자치단체로서 교육구제도를 도입했다. 이상의 제도들은 프랑스의 단체자치 이념 모형을 그대로 반영한 것이다.

지방자치법은 1949년 제정되었지만 현실적으로 지방자치가 이루어진 것은 1952년의 일이다. 여기에서 우리나라 지방자치 출범의 역사적 비밀을 포착할 수 있으며, 또한 그 이후 전개된 일련의 지방자치법 개정에서 한국 지방자치의 잘못된 운영 과정을 충분히 엿볼 수 있다. 지방자치법의 제정 이후 즉시 지방자치를 실시하지 못한 것은 국방과 치안 확보 등 신생국으로서 갖추어야 할 제반 조건의 확보가 더욱 시급한 요구였기 때문에 여기에 국력을 집중한 나머지 지방자치의 연기는 어쩌면 당연한 일이었다. 그러나 1952년 지방의회의 구성은 동족상잔의 6·25 전쟁이 진행 중인 시기라는 점에서 많은 의혹과 문제점을 남긴다.

1952년 8월 15일은 제2대 대통령의 임기가 시작되는 날이기 때문에 그 이전에 이승만은 대통령 재당선을 위한 준비 작업이 필요했다. 초대 대통령 이승만은 당시의 간선제 헌법에 의해 한민당 소속 의원의 전폭적인 지지를 받고 당선되었다. 한민당의 이러한 전폭적 지지는 이승만에 대한 한민당의 계산된 기대가 있었기 때문이다. 즉 이승만을 지지하여 대통령으로 당선시킬 경우 한민당은 자당 출신의 각료(cabinet)들을 대거 입각시켜 정치적 주도권(political leadership)을 행사할 수 있다고 믿었으나 이승만은 다른 사람들로 거의 충원함으로써 한민당의 정치적 요구는 묵살되었다. 이러한 결과 한민당과 이승만 대통령은 처음부터 갈등을 빚기 시작했고, 날이 갈수록 그 대립은 심화되어 갔다.

이러한 상황에 처한 이승만은 원내에서 대통령으로 재당선될 수 없다고 판단하고 원외에서 당선될 수 있는 길을 모색하게 된 것이 바로 직선제 개헌의 추진이었다. 이러한 직선제의 개헌은 지지 세력이 있어야만 가능하기 때문에 먼저 1951년 12월에 자유당을 창당하고, 이에 기초하여 자당 출신의 지방의원을 확보할 필요가 있었으므로 6·25 전쟁의 와중에서 지방의회 구성을 위한 지방선거가 1952년 4월(기초의원)과 5월(광역의원)에 각각 실시된 것이다. 지방선거를 통해 자당 소속의 지방의원을 대거 확보한 이승만은 직선제 개헌을 위한 여론 조성을 위해 지방의원(local councilor)을 동원하여 국회의원을 압박했다. 즉 개헌을 반대하는 국회의원은 물러가라는 관제 시위가 연일 이어졌다. 그러나 국회에 상정된 자유당의 개헌안은 반대 세력에 의해 그 동안 수차례 무산되었지만 결국 경찰(police)이 동원된 삼엄한 분위기 속에서 1952년 7월 4일 피난지 수도 부산에서 공산당의 연루 혐의를 이유로 야당 국회의원을 감금한 상태에서 비정상적 방법으로 직선제 개헌안이 통과되었다. 이러한 개정 헌법에 의해 실시된 대통령선거에서 이승만은 재당선되어 제2대 대통령의 임기를 시작할 수 있었다(손봉숙, 1985: 24-32).

제1공화국의 이승만 정권은 정치 권력을 쟁취하기 위해 이러한 직선제 헌법 개정 외에도 지방자치법을 여러 차례 개정했다. 그 중에서 특기할 만한 것은 건국 당시 간선제였던 기초자치단체장의 선임이 자유당에게 불리하자 유리한 입지를 점하기 위해 제3대 대통령선거가 있는 해인 1956년 2월에 지방자치법을 직선제로 바꾸었으며, 이러한 직선제가 시간의 경과와 더불어 자유당에 불리해지자 1958년 12월 다시 임명제로 지방자치법을 개정했다. 그러나 이러한 당리당략 차원의 헌법 및 지방자치법의 개정과 함께 초래된 부정선거(unfair elections) 및 공직사회의 부패(corruption)는 결국 1960년 4·19 의거를 야기하여 제1공화국의 종말을 가져오게 하는 원인으로 작용했다.

제1공화국 시절의 중앙정부와 지방정부 관계는 민주적인 헌법을 기초로 전개된 것이므로 지방정부는 어느 정도 중앙정부로부터 독립성을 가지고 운영될 수 있는 여건을 가졌다고 볼 수 있다. 그러나 역사적 전개 과정에서 민주주의를 전혀 경험하지 못한 우리 민족은 민주제도가 가지는 장점을 제대로 살리지 못해 결국 독재로 흐르는 불운을 안게 되었다. 즉 오래 지속된 절대왕정 체제와 민족 말살을 획책한 일본의 강압적인 식민 통치 하에서 살아온 우리 민족은 교육을 받을 수 있는 기회를 대부분 갖지 못해 낮은 수준의 정치의식을 가지게 되었으며, 이러한 여건 위에서 전개된 자유당 정권의 독재정치는 결국 지방정부를 중앙정부에 예속화하는 결과를 초래하여 종속모형에 가까운 정부 관계를 유지한 것으로 분석된다.

2) 제2공화국

제2공화국은 1960년 6월 15일 공포된 신헌법에 의해 출범한 정치 체제로서 자유당 정권의 강압적인 독재정치와 공직사회의 부정부패, 부정선거 등이 원인이 되어 일어난 시민혁명에 의해 자유당 정권의 대안으로 등장한 것이다. 자유당 정권이 초래한 권위주의와 부정부패의 일소가 민주당 정권의 1차적 목적이었으며, 특히 진정한 민주주의의 확립이 무엇보다 중요한 국정 과제였다. 왜냐하면 야당이었던 민주당은 자유당 정권 하에서 정치적으로 쓰라린 고통과 압제를 경험했기 때문이다. 이러한 결과 민주당 정권은 완전한 민주주의를 실현하기 위해 선진국에서 운영하고 있는 다양한 민주적 제도들을 도입했다. 우선 국가 운영의 기본 골격이라 할 수 있는 헌법을 전면적으로 개정하면서 권력구조는 의원내각제(parliamentary government), 의회는 양원제(bicameral system)를 채택했다. 또한 지방자치에서는 임명제로 운영하던 광역 및 기초자치단체장의 선임을 모두 직선제로 바꿈으로써 국가 전체는 진정한 민주적 정치 체제를 확보하게 되었다.

그러나 이러한 노력에도 불구하고 민주당 정권은 신·구파의 내부 갈등과 정치적 무능(political incompetence)을 노출함으로써 결국 1961년 5월 16일 군사혁명정부의 등장과 함께 그 종말을 보게 되었다. 따라서 제2공화국의 중앙과 지방 관계는 가장 이상적인 민주제도를 도입하여 시행했으므로 독립모형에 가까운 정부 관계라 평가할 수 있다. 그러나 그 운영에서는 1년을 넘기지 못한 짧은 역사로 끝났기 때문에 평가 대상으로 삼기에는 너무도 부족하다.

3) 제3·4·5공화국

제3공화국은 1961년 5·16군사혁명을 통해 성립된 정치 제제이다. 무력에 의해 헌정 질서를 중단시킨 혁명정부는 정통성의 결여가 무엇보다 큰 약점으로 등장했으므로 혁명정부는 이를 해소하기 위해 내각제 요소가 가미된 대통령제 헌법으로 변경하고, 대선과 총선을 통해 정권을 장악하면서 경제 발전을 제1의 국정 목표로 삼았다. 경제 성장(economic growth)과 경제 발전((economic development)은 우리 민족이 해결해야 할 민족적 과제이며, 혁명정부의 대의를 실현할 수 있는 지름길이었으므로 제3공화국은 이의 구현을 위해 국민적 역량을 집중시킨 결과 세계사에서도 유례가 드문 연평균 약 9%(1962~81)에 상당하는 고도의 경제 성장을 이룩할 수 있었다(김현조, 1993: 82).

제3공화국이 행한 지방자치 관련 주요 정책으로서는 1961년 5월 군사혁명위원회 포고 제4호를 통해 단행한 지방의회의 해산과, 이에 기초하여 성립된 '지방자치에 관한 임시조치법'의 제정이다. 후자의 특별법은 기존의 지방자치법(1949)의 일부 조항을 제약하는 법률로서 주요 내용은 기초자치단체를 시·읍·면에서 군으로 변경했고, 지방의회를 대신하는 의사결정기관으로서 차상급 행정기관의 장을 지정했다. 즉 시·군 의회는 도지사, 시·도의회는 내무부 장관, 서울특별시장은 국무총리의 승인으로 대체했으며, 제2공화국 시절에 직선제로 운영하던 단체장의 선임을 모두 임명제로 전환시켰을 뿐만 아니라 특별지방자치단체인 교육구제도를 폐지하고, 서울특별시·부산직할시·도에 교육위원회를, 시·군에는 교육장을 두어 집행기관화함으로써 교육 사무를 지방자치단체에 흡수했다.

제4공화국은 3선 개헌까지 추진하면서 집권한 박정희 대통령이 권력을 더 연장하기 위해 1972년 12월 새로이 개정된 유신헌법에 의해 탄생된 정부로서[8] 국력의 조직화를 개헌의 중요한 이유를 들었다. 박정희 대통령은 향후의 정권을 안정적으로 획득하기 위해 지역별로 주민 직선에 의해 선출

8) 1972년 10월 17일 박정희는 비상계엄의 선포, 국회 해산, 정당 및 정치활동의 금지, 헌법의 일부 효력정지와 비상국무회의에 의한 대행, 조국의 평화 통일을 지향하는 새 헌법개정안의 공고 등을 내용으로 하는 대통령 특별선언을 발표했다. 11월 21에 유신헌법에 대한 국민투표가 실시되고, 24일에는 헌법 개정이 확정되었다. 12월 27일에는 박정희가 대통령에 취임하는 한편 유신헌법을 공포함으로써 유신 체제가 수립되었다.

되는 대통령 선거인단을 통일주체국민회의로 헌법기관화하고, 여기에서 대통령을 선거하는 한편, 국회의원 1/3을 대통령이 직접 지명하여 충원하는 독재적 요소를 많이 담은 제4공화국의 유신헌법을 국민투표로 개정하게 된다. 이러한 박대통령의 유신헌법은 장기적인 집권 야욕과 남북의 대치 상황, 그리고 인도차이나 반도 일부 국가들(베트남, 라오스)의 공산주의 도미노 현상에 대한 우려 등이 함께 어우러져 만들어진 것으로서 국력의 조직화에 중요한 목적이 있었다.

국력의 조직화는 국론 분열을 가져올 수 있는 의사결정 구조와 집행 체계를 거부한다. 즉 일사분란하고 신속한 의사결정과 집행이 이루어질 때 능률이 최대한 달성될 수 있다고 보아 중앙정부에 권력이 집중되는, 특히 대통령에게 권력이 집중되는 통치구조를 구축하게 된 것이다. 이러한 결과 유신헌법 부칙 제10조는 지방의회는 남북 통일이 될 때까지 지방의회를 구성하지 아니한다고 규정하여 지방자치의 가능성을 완전히 봉쇄했다. 이러한 발상은 권력 유지를 위한 절박한 필요에서 나온 것이지만 지방자치를 국력을 약화시키는 제도적 장치로 잘못 이해한 군부 세력의 시각에서 비롯되는 것이다.

제5공화국은 박대통령의 서거와 함께 등장한 신군부에 의해 1980년 10월 개정된 헌법에 따라 탄생된 정부이므로 유신정권과 유사한 성격을 가지고 있다. 5공화국의 권력구조는 역시 유신 체제와 마찬가지로 대통령은 지역별 주민 직선으로 선출된 대통령 선거인단[9]에 의해 선출되는 7년 단임의 간선제였다. 특히 지방자치 부문에서는 제5공화국 헌법 부칙 제10조에서 지방의회는 자방자치단체의 재정자립도를 감안하여 구성하되, 그 구성 시기는 법률로써 정한다고 규정하여 지방의회 구성의 가능성을 열어놓았지만 정부는 7년의 재임 기간 중 어느 한 자치단체도 지방의회를 구성하지 아니했다.

이상에서 논의한 제3·4·5공화국의 정치 체제와 관련한 중앙과 지방 관계를 조명해 볼 때 정권별로 다소의 차이는 있지만 대체로 기존의 지방자

9) 선거인단은 이후 평화통일자문위원회로 전환되면서 제5공화국의 정치적 배경 세력으로 작용했다.

치법은 작동되었으나 임시조치법(특별법)에 의해 지방의회가 해산된 상태에서 이루어진 파행적 지방자치였으므로 정부 관계는 지방정부가 중앙정부에 완전히 포획되는 전형적인 종속모형에 속한다고 할 수 있다.

4) 제6공화국

제6공화국은 제4공화국 유신헌법의 연장선상에서 존재한 제5공화국을 청산하고 1987년 10월 개정된 새 헌법에 의해 탄생된 정치 체제이다. 당시 노태우는 제5공화국의 헌법에 의해 대통령으로 당선되었지만 1987년 6·10 민중항쟁 등 민주화의 거센 파도에 밀려 6·29 민주화 선언을 하게 되었고, 여기에서 그는 새로운 헌법에 의한 대통령 선거를 다시 치르겠다는 것을 천명하게 된다. 따라서 민주사회의 요구를 담은 제6공화국의 헌법이 초안되고, 이를 국민투표로 확정함으로써 제6공화국이 탄생된다.

이 헌법은 역시 내각제 요소를 가미한 절충형 대통령제의 권력구조를 그대로 유지했으나 전면적으로 민주적인 장치를 많이 내포하게 되었다. 그리고 지방자치에서는 '지방자치법'과 '지방자치에 관한 임시조치법'을 통합하여 1988년 4월에 현재의 지방자치법으로 전면 개정했다. 이 법률은 정치권의 합의 부재로 지방의회 구성을 보지 못하다가 1991년 4월(기초)과 6월(광역)에 비로소 지방선거를 통해 지방의회를 구성함에 따라 약 30년 만에 지방의회가 부활되면서 본격적인 지방자치의 시대가 열리게 되었다.

제6공화국 출범 당시 지방자치제도의 특징적 내용은 광역자치단체로서 특별시·직할시·도를 두고, 기초자치단체로서 시·군·자치구를 두어 도시와 농촌 모두 2층 구조로 편성했으며, 사무배분은 예시적 열거 방식을 채택하여 지방자치단체의 사무 내용을 더욱 구체화했다. 그러나 지방자치단체장은 그 이후에도 임명제로 운영되었다. 그러나 자치단체장도 새로운 선거법이 개정되고, 1995년 주민 직선을 통해 선출함으로써 우리는 의원과 단체장을 모두 민선으로 선발하는 완전한 민주적 지방자치제도를 갖게 된 것이다. 그 이후 김영삼, 김대중, 노무현, 이명박 대통령으로 이어지면서 헌정의 연속이 이루어지고 있으며, 지방자치법도 기본 구조는 그대로 유지되고 있다. 특히 노무현 정부는 지방분권과 지역 균형발전을 중요한 국정 과제로 삼았으므로 자치사무와 자치재정 등의 부문에서 상당한 분권화가 추진되었다.

제6공화국 시대의 중앙과 지방 관계는 그동안 민주화 과정을 통해 중앙정부의 권능이 지방정부에 점진적으로 이전된 결과 과거 정권과는 다른 정부 관계를 유지하고 있다. 즉 종속모형과 독립모형의 중간 형태인 상호의존모형으로 접근해 가고 있다고 볼 수 있다.

제 3 절 중앙정부의 지방정부 통제

1 중앙통제의 의의

중앙통제란 지방자치단체에 대한 중앙정부의 통제를 의미한다. 중앙정부가 지방정부에 대해 통제를 가하는 근본적 이유는 지방정부가 국가로부터 완전히 독립된 존재가 아니라 중앙정부로부터 상대적으로 독립한 국가 전체 네트워크 속에서 작동하는 하나의 부분에 속하기 때문이다. 지방자치권의 근거 학설로 고유권설, 전래권설, 제도적 보장설 등이 있지만 현대 사회에서는 지방정부를 국가 이후에 성립된 존재로 보고 있기 때문에 전래권설이나 제도적 보장설의 입장이 타당하며, 이러한 입장에서 본다면 지방정부는 중앙정부의 당연한 통제 대상이 된다. 그러나 지방정부에 대한 통제의 정당성이 중앙정부에 존재하더라도 지방자치단체는 일정한 사무에 대해 독자적으로 처리할 수 있는 자치권을 가지고 있으므로 중앙통제에는 그 한계가 따른다.

중앙통제를 중앙정부의 관여로 이해한다면 이러한 관여를 강화시키는 촉진 요인은 여러 면에서 찾을 수 있다. 여기에는 ① 지방정부 전문기술의 부족, ② 지방사무의 전국적 이해관계 증대, ③ 행정규제의 증대 등을 들 수 있다. 지방정부 전문기술의 부족은 행정 기능의 복잡화에 따른 것으로서 중앙정부의 풍부한 기술과 전문지식을 지방정부에 지원함으로써 일어나는 국가 개입을 말하며, 지방사무의 전국적 이해관계 증대는 과학기술 및 교통통신의 발달에 의한 공간구조의 단축에서 비롯되는 것이다. 또한 행정규제의 증대는 역시 교통통신의 발달과 과학기술의 발달로 말미암아 주민의 활동무대와 경제 규모가 크게 확대됨으로써 바람직하지 못한 반사회적 행위들이 많이 발생됨에 따라 이를 규제하기 위한 국가 개입의 증대를 말한다. 그러나 이러한 중앙통제도 지방자치의 본질을 훼손할 정도로 과도하게 이루어진다면 중앙통제의 본질적 한계를 넘어선 통제가 되므로 중앙통제의 기본 방향은 권력적·지시적 통제가 아니라 비권력적·지도적 통제가 되어야 할 것이다.

2 중앙통제의 방식

중앙통제의 방식은 ① 법률의 형식으로 행사되는 입법적 통제, ② 법률의 해석을 통해 행사되는 사법적 통제, ③ 법률의 집행을 위해 행사되는 행정적 통제로 구분되지만 통제의 탄력성, 능률성, 효과성의 측면에서 본다면 행정적 통제가 그 중심적 수단이 될 수 있다.

입법적 통제(legislative control)는 국회에서 정한 법률을 통해 지방정부의 활동을 통제하는 것으로서 여기에는 하나의 법률로 통합된 지방자치법이나 자치헌장, 그리고 자치 관련 개별 법률을 통한 통제가 있지만 지방자치에 관한 기본 법률인 지방자치법이나 헌장을 통해 통제하는 것이 보편적이다. 미국은 주정부에서 부여한 자치헌장(charter)을 통해 주로 통제하고 있고, 프랑스·독일·일본·한국 등은 의회에서 정한 지방자치법을 통해 통제하고 있으며, 영국은 지방자치의 공통적 사항을 국회 차원에서 규정한 지방자치법(local government act) 외에 자치단체가 신청하고 의회가 승인하는 지역 특성을 반영한 다양한 지방법(local act), 그리고 자체적으로 정립한 헌장(constitution)이 별도로 존재하는 것이 특징이다. 이러한 입법적 통제는 행위의 법적 근거와 구체적 내용을 규정함으로써 지방정부의 활동을 원천적으로 통제하는 데 의의가 있으나 환경 변화에 신속히 대응하지 못하는 한계를 가지고 있다.

사법적 통제(judicial control)는 사법부에 의해 이루어지는 지방정부에 대한 중앙정부의 통제로서 법률의 제정이나 집행 과정에서 초래되는 위법·부당한 사실의 발생이 먼저 전제된다. 즉 지방정부의 조례 제정 행위의 합법성과 정당성, 그리고 법령 및 조례의 집행 과정에서 발생되는 절차 및 내용의 합법성과 정당성이 사법적 대상이 된다. 예컨대, 지방정부가 법률을 위반한 조례를 제정하거나 공청회 등 법적 의무 사항을 생략하고 사업을 추진하여 이해당사자 또는 감독기관의 제소로 사법적 판단이 이루어지는 경우가 여기에 해당한다. 이러한 사법적 통제는 수속 및 절차가 복잡할 뿐만 아니라 과중한 경비 부담을 주며, 구제 기간이 장시간 소요되고, 지방정부의 적극적 행정행위를 유도하는 것이 아니라 단순히 행위의 효력을 무효화하거나 취소·정지하는 등의 사후적이고 소극적인 행위를 할 수밖에 없는 한계를 가진다.

행정적 통제(administrative control)는 중앙정부의 행정통제로서 다양한 통제 수단을 동원할 뿐만 아니라 적극적이고 탄력적인 대응이 가능하다는 점에서 중앙정부의 관심을 끌고 있다. 행정 전반에 관한 일반적 통제 수단으로서는 ① 보고, ② 조언, ③ 감사, ④ 승인·취소·정지, ⑤ 이행명령과 대집행, ⑥ 법규명령 등이 있다.

보고는 자치단체의 운영 과정에서 일어나는 여러 가지 활동에 대한 의무적 신고 사항으로서 예산 및 결산의 보고, 조례 및 규칙 제정의 보고 등이 대표적이며, 조언은 행정 각부의 행위로서 소관 사무에 대해 전문적이고 기술적 지식과 정보를 제공하면서 지방정부를 조정·통제한다. 감사는 주무부 장관인 행정안전부 장관에 의한 서류·장부 및 출납 사항의 검사, 그리고 감사원에 의한 회계검사 및 직무감찰이 대표적이다. 승인·취소·정지는 지방정부의 법적 행위에 대해 중앙정부가 효력을 부여하는 것, 부여된 효력을 소급 박탈하는 것, 장래를 향해 무효화하는 것을 말한다.[10] 이행

10) 승인은 최종 결정자의 결정을 말하며, 동의는 최종 결정자의 결정이 있기 이전에 이루

명령과 대집행은 중앙정부가 지방정부에 위임한 사항을 지방정부가 태만히 할 경우 중앙정부는 이행명령을 발동하고, 이것이 이행되지 못할 경우 중앙정부가 대집행하는 경우이다. 법규명령은 법률에 근거한 행정상 명령으로서 법률적 효력을 가진 대통령령 등이 여기에 해당한다.

3 우리나라 중앙통제의 발전 방향

1) 우리나라의 중앙통제

중앙정부는 지방정부의 바람직한 운영을 확보하기 위해 입법적(立法的), 사법적(司法的), 행정적(行政的) 통제를 가할 수 있다.

지방정부에 대한 중앙정부의 입법적 통제(legislative control)는 역사적으로 매우 강하게 나타났다. 그동안 지방자치단체의 자율성을 강하게 제약한 것은 지방자치법에 관한 임시조치법이었으며, 이것은 1961년에 제정되어 1988년까지 약 30년 가까이 지방정부를 통제하는 중앙정부의 강력한 통제 수단으로 작용해 왔다. 그리고 중앙정부의 현행 지방자치법을 통한 입법적 통제는 지방정부 조례 제정의 권한을 '법령의 범위 안'으로 규정함으로써 지방정부의 권능을 많이 제약하는 요인이 되고 있으며, 그 밖에 지방세법 등 자치 관련 법률의 규정이 지방정부의 지위를 약화시키는 방향으로 규정되어 있는가 하면, 기타 법률의 제정을 통해 여러 분야의 사무를 중앙정부의 사무로 설정한 후 기관위임사무로 많이 활용하고 있는 점에서 지방정부에 대한 중앙정부의 입법적 통제가 매우 강한 편이라 할 수 있다.

중앙정부의 사법적 통제(judicial control)는 지방자치단체의 위법 부당한 조례의 제정 등에 관련되고 있다. 제정된 조례에 문제가 있을 경우 지방자

어지는 다른 견제 기관에 의한 협조적 결정을 의미한다. 무효는 중요한 효력 요건을 결여하여 처음부터 효력이 존재하지 않은 것이며, 취소는 일단 효력이 발생되었다가 행정행위의 중대한 하자로 인해 소급하여 그 효력이 없어지는 것이고, 정지는 효력이 발생되었으나 행정행위의 중대한 하자로 말미암아 일정 시점에서 장래를 향해 효력이 없어지는 것을 말한다.

치단체장은 이에 대해 재의를 요구할 수 있으며, 의회가 이것을 원안대로 재의결할 경우 단체장은 불복이 있을 시 사법적 수단에 호소할 수 있게 규정하고 있다. 그러나 단체장이 이를 수용하고 사법적 절차를 이행하지 않을 경우, 국가는 그 사안이 위법 부당하다고 판단될 때 대법원에 제소할 수 있도록 함으로써 지방정부에 대한 중앙정부의 사법적 통제도 비교적 강하게 나타나고 있다.

중앙정부의 행정적 통제(administrative control)는 우리나라 현행 지방자치법에 잘 나타나고 있다. 지방자치법에 규정된 지방정부에 대한 중앙통제 수단은 지방자치단체 사무에 대한 지도 및 지원(법 제166조), 국가위임사무의 처리에 대한 지도 감독(법 제167조), 국가위임사무의 직무 태만에 대한 직무이행명령(법 제170조) 및 대집행, 자치단체의 위법·부당한 명령·처분의 시정 및 취소·정지(법 제169조), 법령 위반의 자치사무에 대한 감사(법 제171조), 지방의회 의결의 재의 요구(172조), 지방자치단체조합의 지도·감독(법 제163조), 지방자치단체조합의 규약 변경 및 해산(법 제164조) 등이다. 그 밖에도 분야별로는 지방정부 인사 기준의 설정 및 지방공무원 모집시험의 직접 관장, 국가공무원의 지방정부 배치 등 인사에 관한 중앙통제, 그리고 지방정부에 대한 보조금의 지급이나 기채의 승인 및 예산과정의 개입 등을 통한 재정에 관한 중앙통제가 있다. 특히 법적 근거가 없는 보고제도, 예규 및 통첩 등이 아직도 활용되는 점에서 우리나라는 행정적 통제가 비교적 강한 국가에 속한다고 할 수 있다.

2) 중앙통제의 발전 방향

(1) 기본 방향: 비권력적 통제

지방정부에 대한 중앙통제는 지방자치제도를 인정하고 있는 이상 그 내재적 한계를 넘어서서는 안 된다. 지방자치는 국민의 자유와 권리 신장을 위한 민주주의 실현을 위해 도입된 제도이므로 이를 실현할 수 있는 최소한의 수준, 즉 지방 주민의 창의력과 자치의식을 말살시키지 않는 범위 내에서 이루어져야 하는 내재적 한계(inherent limitations)를 지니고 있다. 그러나 권위주의 정부에서는 그러한 내재적 한계를 초월한 권력적 중앙통제가 이루어지는 경우를 자주 목도한다. 이 경우 지방자치는 형식적으로 운영되고, 지방정부는 중앙정부의 강력한 통제를 받는 종속적 지위에 머물게 되어 민주성과 자율성을 크게 상실하게 된다. 따라서 지방정부에 대한 중앙통제는 비권력적 통제(non-power control)가 기본 방향이 되어야 한다. 즉 지방정부의 민주성과 자율성을 존중하면서 국가 전체의 능률도 동시에 확보하는 파트너십(partnership) 관계를 중심으로 한 중앙통제가 기본 방향이 되어야 한다.

그러나 우리나라는 민주주의에 대한 경험이 없는 역사적 기반과 건국 이후 연이어 등장된 권위주의 정부로 말미암아 비권력적 통제보다는 권력적 통제가 중심이었다. 이러한 결과 입법적 통제에서는 지방자치법의 핵심적 내용이 정권을 장악한 집권자들의 정치적 편의에 의해 자주 개정되었는가 하면, 정치적 변혁에 따른 신헌법을 제정하면서 헌법 부칙에 지방의회의 구성을 남북 통일 이후 또는 재정자립도가 높은 지역을 대상으로 순차적으로 구성한다는 것 등을 규정하여 지방자치를 원천적으로 봉쇄한 적이 있다.

그러나 1988년 제6공화국의 탄생과 더불어 전면적으로 개정된 현행 지방자치법은 이러한 문제들을 많이 해결하고 있다. 중앙정부에서 행하던 권능들을 지방정부로 대거 이양했으며, 지방자치의 중요한 내용이라 할 수 있는 단체장의 선임을 1995년에 민선으로 변경함으로써 지방정부의 자율성은 크게 향상되었다. 그러나 아직도 지방정부는 권능과 재정면에서 중앙정부의 통제를 많이 받고 있는 실정이므로 점진적으로 완화해 나가야 할 것이다. 특히 기관위임사무의 축소 등 자치사무의 확대를 위한 제도적 개선이 크게 요구된다.

(2) 바람직한 방향

① 전국적 계획을 위한 협력주의

전국의 국토는 체계적이고 균형적으로 발전되어야 한다. 따라서 중앙정부는 전국적 국토계획은 물론이고 전염병 예방, 실업 대책, 생활 보호 등에 대해 전국적이고 종합적인 정책을 수립하여 시행하고 있다. 이 경우 중앙정부는 지방의 실정을 잘 파악하지 못해 합리적인 계획 수립을 그르칠 우려가 있으므로 지방정부의 참여와 정보 제공을 통해 이러한 문제점을 해결하는 것이 필요하다. 즉 전국적 계획(national plan)에 대한 지방의 참여는 중앙정부가 지방의 실태를 정확히 파악하여 계획의 합리성을 높일 뿐만 아니라 중앙정부와 지방정부가 상호 협력하는 민주적 정부 관계와 행정 풍토를 조성하는 데 이바지할 수 있다. 이것은 결국 지방의 의사를 존중하는 지방자치 본래의 목적에도 부합되는 중앙정부의 바람직한 행태라 할 수 있다.

② 행정 수준 향상을 위한 지도주의

일반적으로 지방정부는 중앙정부에 비해 전문성이 떨어지는 경향이 있다. 그것은 중앙정부가 방대한 사무량을 가질 뿐만 아니라 질적으로도 복잡한 문제를 많이 다룸으로써 자연적으로 사무 영역의 전문화가 이루어지고 그 처리 기술도 고도화되기 때문이다. 즉 중앙정부는 지방정부로서는 생각하기 어려운 전문적인 많은 지식과 기술, 정보 등을 가지고 있으며, 자료를 처리·해석하는 우수한 기능적인 전문가집단을 확보하고 있기 때문에 지방정부에 도움이 될 수 있는 여건에 놓여 있다. 이러한 지식과 기술을 가진 중앙정부가 지방정부를 예속화하기 위한 통제 수단으로 활용하는 것이 아니라 지방정부의 행정 수준(administrative level) 제고를 위한 행정지도의 수단으로 활용한다면 지방정부 행정 체제의 능력 제고를 통해 지역 주민의 복지 향상에 크게 이바지할 수 있다.

③ 국민적 최저 수준을 보장하는 평등주의

국민은 어느 지역에 거주하든 최저 수준의 행정 서비스를 받을 권리를 가지기 때문에 국가는 최소한의 표준적 서비스를 설정하고 이를 충족시켜야 할 의무를 지니게 된다. 그러나 지역 주민의 입장에서는 지방정부의 행·재정적 능력 차이 때문에 서비스의 수혜에서 상당한 차이가 날 수 있다. 만약 전국적 최저 수준(national minimum) 내지 평균 수준에도 미치지 못하는 지역이 있다면 중앙정부는 행·재정적 지원을 통해 전국적 균형화를 도모하지 않으면 안 된다. 여기에 지방정부에 대한 중앙정부의 행정 개입이 이루어지는 것이며, 이것은 다른 측면에서 보면 중앙통제로 나타나는 것이다. 이때의 중앙정부 개입은 국민적 최저 수준을 확보하기 위해 지방정부의 미비점을 보완하는 평등주의(principle of equality)에 입각한 것이어야 한다.

④ 역할 중심의 지역정향 다원주의

지역의 차별성은 여러 측면에서 나타난다. 자연적·지리적 차이, 문화적 차이, 경제·사회적 차이 등이 그것이다. 그러나 여기에서 특히 주목되는 것은 이러한 영역의 요소들과 밀접히 관련되면서 작동하는 지방정부의 역할상의 다양성이다. 지역정향 다원주의(region-driven pluralism)란 각 지역의 특유한 전통, 문화, 예술, 산업구조, 생활양식 등이 존중되면서 그 가치들이 유감없이 발휘되는 상태라 말할 수 있다. 이러한 상황에서는 해당 지역 주민들은 지방의 여러 가치들에 대해 높은 자긍심을 느끼게 되고, 지역 발전의 주체를 당해 지역사회에 거주하는 주민, 정치인, 행정인. 지식인들의 복합체로 인식하면서 지방정부에 적극 참여하고 협조하는 사회 풍토가 조성되는 것이다(김학로, 1997: 116). 또한 지방자치가 보편화되면 국가공무원과 지방공무원에 대한 기존의 차별적 신분 의식은 사라지고 오직 역할상의 차이만 인식될 뿐이다.

제 4 절 국가의 지도·감독과 분쟁 조정

1 국가의 지도·감독 관계

1) 지방자치단체 사무에 대한 지도·지원

중앙행정기관의 장이나 시·도지사는 지방자치단체의 사무에 관해 조언 또는 권고하거나 지도할 수 있으며, 이를 위해 필요하면 지방자치단체에 자료의 제출을 요구할 수 있다. 또한 국가나 시·도는 지방자치단체가 그 지방자치단체의 사무를 처리하는 데에 필요하다고 인정하면 재정 지원이나 기술 지원을 할 수 있다(지방자치법 제166조).

2) 국가위임사무 또는 시·도 사무 처리의 지도·감독

지방자치단체나 그 장이 위임받아 처리하는 국가사무에 관해 시·도에서는 주무부 장관의, 시·군 및 자치구에서는 1차로 시·도지사의, 2차로 주무부 장관의 지도·감독을 받는다. 시·군 및 자치구나 그 장이 위임받아 처리하는 시·도의 사무에 관하여는 시··도지사의 지도·감독을 받는다(법 제167조).

3) 위법·부당한 명령과 처분의 시정

지방자치단체의 사무에 관한 그 장의 명령이나 처분이 법령에 위반되거나 현저히 부당하여 공익을 해친다고 인정되면 시·도에 대하여는 주무부 장관이, 시·군 및 자치구에 대하여는 시·도지사가 기간을 정하여 서면으로 시정할 것을 명하고, 그 기간에 이행하지 아니하면 이를 취소하거나 정지할 수 있다. 이 경우 자치사무에 관한 명령이나 처분에 대하여는 법령을 위반하는 것에 한한다. 그러나 지방자치단체의 장은 자치사무에 관한 명령이나 처분의 취소 또는 정지에 대하여 이의가 있으면 그 취소처분 또는 정지처분을 통보받은 날부터 15일 이내에 대법원에 소(訴)를 제기할 수 있다(법 제169조).

4) 지방자치단체의 장에 대한 직무이행명령

지방자치단체의 장이 법령의 규정에 따라 그 의무에 속하는 국가위임사무나 시·도위임사무의 관리와 집행을 명백히 게을리하고 있다고 인정되면 시·도에 대하여는 주무부 장관이, 시·군 및 자치구에 대하여는 시·도지사가 기간을 정하여 서면으로 이행할 사항을 명령할 수 있다. 주무부 장관이나 시·도지사는 해당 지방자치단체의 장이 지정된 기간에 이행명령을 이행하지 아니하면 그 지방자치단체의 비용 부담으로 대집행하거나 행정상·재정상 필요한 조치를 할 수 있다. 이 경우 행정대집행에 관하여는 '행정대집행법'을 준용한다. 지방자치단체의 장은 이행명령에 이의가 있으면 이행명령서를 접수한 날부터 15일 이내에 대법원에 소를 제기할 수 있다. 이 경우 지방자치단체의 장은 이행명령의 집행을 정지하게 하는 집행정지 결정을 신청할 수 있다(법 제170조).

5) 지방자치단체의 자치사무에 대한 감사

행정안전부 장관이나 시·도지사는 지방자치단체의 자치사무에 관해 보고를 받거나 서류·장부 또는 회계를 감사할 수 있다. 이 경우 감사는 법령 위반 사항에 대하여만 실시한다(법 제171조).

6) 지방의회 의결의 재의와 제소

지방의회의 의결이 법령에 위반되거나 공익을 현저히 해친다고 판단되면 시·도에 대하여는 주무부 장관이, 시·군 및 자치구에 대하여는 시·도지사가 재의를 요구하게 할 수 있고, 재의 요구를 받은 지방자치단체의 장은 의결 사항을 이송받은 날부터 20일 이내에 지방의회에 이유를 붙여 재의를 요구해야 한다. 이러한 요구에 대해 재의의 결과 재적 의원 과반수의 출석과 출석 의원 3분의 2 이상의 찬성으로 전과 같은 의결을 하면 그 의결 사항은 확정된다. 지방자치단체의 장은 재의결된 사항이 법령에 위반된다고 판단되면 재의결된 날부터 20일 이내에 대법원에 소를 제기할 수 있다. 이 경우 필요하다고 인정되면 그 의결의 집행을 정지하게 하는 집행정지 결정을 신청할 수 있다.

한편, 주무부 장관이나 시·도지사는 재의결된 사항이 법령에 위반된다고 판단됨에도 불구하고 해당 지방자치단체의 장이 소(訴)를 제기하지 아니하면 그 지방자치단체의 장에게 제소를 지시하거나 직접 제소 및 집행정지 결정을 신청할 수 있다. 지방의회의 의결이 법령에 위반된다고 판단되어 주무부 장관이나 시·도지사로부터 재의 요구 지시를 받은 지방자치단체장이 재의를 요구하지 아니하는 경우에는 주무부 장관이나 시·도지사는 일정 기간이 지난 날부터 7일 이내에 대법원에 직접 제소 및 집행정지 결정을 신청할 수 있다(법 제172조).

2 국가와 지방정부 간 분쟁 조정

중앙행정기관장과 지방자치단체장이 사무를 처리할 때 의견을 달리하는 경우 이를 협의·조정하기 위한 수단은 아래와 같다.

첫째, 국무총리 소속의 행정협의조정위원회가 있다. 이러한 행정협의조정위원회의 구성과 운영 등에 관하여 필요한 사항은 대통령령으로 정한다(법 제168조).

둘째, 행정소송의 방법이 있다. 행정소송법 제4조에 의거하여 행정기관은 감독청의 행정행위에 하자가 있을 경우 무효 확인의 소송이나 취소·정지의 소송을 제기할 수 있다. 이 경우 대법원은 우리나라 최고의 사법기관으로서 행정 사항에 대한 최종심을 관장한다. 그러나 중앙정부와 지방정부 상호간 권한 분쟁을 내용으로 하는 행정소송으로서의 기관소송은 헌법재판소의 심판을 받도록 되어 있다.

셋째, 헌법재판소에 심판을 청구할 수 있다. 헌법 제111조 1항 및 헌법재판소법 제2조 4호는 국가와 지방자치단체 간의 권한쟁의는 헌법재판소 심판 사항으로 규정하고 있다. 즉 중앙정부와 광역시·도 간의 권한 분쟁, 중앙정부와 기초자치단체 간의 권한 분쟁에 대해 헌법재판소는 심판을 행할 수 있다.

제 5 장 지방자치단체의 기관 구성

제 1 절 지방자치단체의 의의

1 지방자치단체의 개념

지방자치단체는 지방분권에 의해 탄생된 정치적 결사 단체이므로 지방자치의 개념과 동일한 구성 요소로 정의된다. 따라서 지방자치단체란 일정한 지역을 자치구역으로 설정하고, 그 안에 있는 모든 주민들에 의해 선출된 기관을 통해 국가로부터 상대적으로 독립하여 지방적 사무를 자주적으로 처리하는 법인격을 가진 단체라고 정의할 수 있다. 이것은 장소로서의 관할구역, 인적 요소로서의 주민, 법제적 요소로서의 자치권을 가장 핵심적 구성 요소로 본다. 따라서 지방자치단체는 구역(district), 주민(residents), 자치권(autonomy)이 그 성립의 토대가 되는 것이다. 이러한 지방자치단체는 지방공공단체, 지방자치체, 자치단체, 지방단체 등으로 다양하게 불리고 있다.

구역은 국가의 영토와 같은 관할구역으로서 지방자치단체의 지배권이 미치는 지리적 범위를 가리킨다. 이러한 지역적 범위가 설정되면 자동적으로 특정 지방자치단체의 인적 범위도 설정되는 것이다. 주민은 지방자치단체의 임무 수행에 필요한 공무원으로서의 구성원이 아니라 지방자치단체의 성립에 필요한 구성원이라는 점에서 다른 직능조직과 다르다. 그리고 자치권은 국가의 주권과 같은 의미를 가지는 실체로서 자치단체가 일정한 구역 내 자치사무를 자신의 책임 하에 처리할 수 있는 권한을 말한다. 자치권에는 자치입법권, 자치행정권, 자치사법권이 있다. 그 중에서 특히 자치법권은 모든 국가들이 지방정부에 보편적으로 인정하는 것이 아니라 영미 계통의 일부 국가들만이 한정적으로 인정하고 있다.

2 지방자치단체의 특성

1) 법 인

지방자치단체는 법인의 지위를 가지고 있다. 사회활동 과정에서 자신의 권리를 주장하고 동시에 의무를 부담하는 주체가 있다면, 그것은 자연인(person)과 법인(corporation)뿐이다. 자연인은 생명을 가진 존재로서 다양한 범주의 행위를 할 수 있지만, 법인은 생명을 가지고 있지 아니하기 때문에 이와 관련된 특정 분야의 사실 행위에는 한계가 있다. 그러나 법률행위에 관련하는 한 자연인과 법인은 모두 법적 효력을 발생하기 때문에 동등한 행위 주체로서 활동하게 된다. 따라서 법인은 비록 생명이 없다 하더라도 법률이 인정하는 의제된 사람으로서 다양한 권리(right)를 행사하고, 의무(duty)를 이행하는 행위 주체로서의 지위를 인정받고 있다. 여기에서 권리·의무의 주체라고 하는 것은 자기 책임 하에 이루어지는 모든 결정과 집행의 법적 효력이 귀속되는 주체를 의미한다. 결론적으로 지방자치단체는 법인격을 가진 주체라는 점에서 법인격이 없는 각종 행정조직이나 특별지방행정기관과 구별되고, 권리·의무의 주체라는 점에서 자연인과 동일하지만 생명을 가지지 못하기 때문에 이와 관련된 활동에서 자연인과 구별된다.

2) 공법인

지방자치단체는 법인 중에서도 공법인에 해당한다. 법인에는 사법인(private corporation)과 공법인(public corporation)으로 나뉘는데, 전자는 시민 상호간의 수평적 관계를 규정하는 민법이나 상법에 의해 설립된 법인을 말하고, 후자는 정부와 시민 간의 수직적 공공 관계를 규정하는 각종 공법에 근거하여 설립된 법인(공사, 공단 등)을 의미한다. 그러나 여기에서 유념해야 할 것은 공법인이라고 해서 모든 활동이 항상 공익을 추구하고, 수직적 공공 관계가 형성되는 것이 아니라는 점이다. 즉 지방자치단체가 공법인이라 할지라도 경제활동에서는 사법인과 동등한 지위에서 계약을 체결하는 수평적 관계가 많이 존재한다. 예컨대, 경영수익사업과 같은 사업은 주민과 수직적 공공 관계가 형성되지 않을 뿐만 아니라 재정자원의 조달에 목적을 둔 사경제적 활동이므로 주민들이 일반적으로 생각하는 서비스 중심의 공익활동이라 말하기 힘들다.

그러나 전반적으로 볼 때 지방자치단체는 지역 주민을 포괄적으로 지배하는 주체이기 때문에 공법인에 해당하며, 공법인 중에서도 사익활동보다 공익활동이 지배적 비중을 차지하므로 공익법인(public interest corporation)에 해당한다. 일반적으로 공법인은 존립 목적, 기능 범위, 설립과 해산 등 중요 내용들이 법령에 의해 엄격히 규정되지만 사법인은 활동의 구체적 내용이 정관에서 규정되는 것이 특징적이다.

3) 지역단체

지방자치단체는 지역단체의 특성을 지닌다. 지역단체(regional entity)라 함은 지역적 기반이 지방자치단체 존립의 필수적 구성 요소가 된다는 의미이다. 법인이라 할지라도 지역이 필수적인 구성 요소가 되지 않는 영조물 법인이 있다. 예컨대 조합원의 결합에 기초하는 농지개량조합 등의 공공조합, 그리고 공공 목적의 달성을 위해 존립하고 있는 인적·물적 종합시설인 주택공사, 토지개발공사, 도로공사 등이 여기에 해당된다. 이것은 전국 또는 일부 지역에 기반을 두고 존립하고 있지만 그 지역 기반이란 단순한 관리 운용상의 필요에 의한 것이지 법인 설립에 필요한 구성 요소가 아니다.

따라서 조합이나 공사 등은 지역적 범위가 성립의 구성 요소가 되지 않기 때문에 지역 주민에 대해 포괄적 배타적 권리를 행사할 수 없으며, 또한 조합 운영의 필요에 따라 조합원뿐만 아니라 다른 지역에 있는 이해관계인에게도 다양한 서비스를 광범위하게 허용할 수 있다. 그러나 지방자치단체는 지역 구성원에 대해 서비스를 제공하는 것에 존립의 1차적 목적이 있기 때문에 지역 내에 있는 모든 활동 주체들에게 포괄적 지배가 이루어진다.

4) 통치단체

지방자치단체는 통치단체로서의 특성을 가진다. 통치단체(governing body)는 정치 권력을 행사하고, 포괄적 지배권을 배타적으로 행사하는 특성을 가지기 때문에 국가가 통치단체의 전형에 속한다. 그러나 지방정부도 국가와 유사한 정치 권력을 행사하고, 포괄적 지배권을 가지기 때문에 통치단체에 속한다고 할 수 있다.

여기에서 정치 권력(political power)이라 함은 통치자의 이념과 의도대로 법률을 제정하고, 정책을 주도해 나갈 수 있는 힘(power)을 의미한다. 이러한 정치 권력으로서의 통치권은 본질적으로 중앙정부의 영역에 속하지만 지방자치단체도 조례를 제정하고 지역정책을 주도해 나가는 권능을 가지기 때문에 국가와 동일한 맥락의 정치 권력으로 이해할 수 있다.

포괄적 지배권이라 함은 지방자치단체의 관할구역 내에 있는 모든 주민에 대해 자치권을 두루 행사할 수 있는 권한을 말하며, 배타적 지배권은 국가 또는 외부의 어떠한 단체로부터 간섭이나 통제를 받지 아니하고 자주적으로 자치권을 행사할 수 있는 권한을 의미한다. 이상의 논의를 종합해 볼 때 자방자치단체는 국가에 비해 통치단체로서의 지위가 상대적으로 미약하지만 통치단체적인 지위를 인정하기에 충분한 요소들을 많이 갖추고 있다고 볼 수 있다.

3 자치단체의 종류

1) 보통지방자치단체

(1) 광역자치단체

지방자치단체는 보통지방자치단체와 특별지방자치단체로 나뉘고, 보통지방자치단체는 당해 자치구역 내에서 사무를 종합적으로 처리하는 광역자치단체와 기초단체로 다시 나뉜다. 광역자치단체는 본래 넓은 지역을 기초로 성립된 자치단체이기 때문에 소규모 지역을 기초로 성립된 하위 지방자치단체를 다수 포용하게 된다.

광역지방자치단체가 행하는 사무는 일반적으로 ① 2개 이상의 기초자치단체를 초월하는 광역적 사무, ② 기초자치단체가 수행하기 곤란한 보완적 사무, ③ 국가와 기초자치단체 간의 연락사무와 기초자치단체 간 조정사무, ④ 상급정부로서 당연히 행하는 지휘・감독사무 등이 고유한 사무 영역으로 인정되고 있다.[1] 우리나라는 지금까지 2층의 자치계층 구조를 유지해 왔기에 하나의 광역계층만이 존재해 왔다. 광역자치단체로서는 현재 특별시・광역시・도가 운영되고 있으며, 특히 1988년 지방자치법의 개정으로 인구 백만이 넘는 대도시가 될 경우 모두 광역자치단체의 지위를 획득할 수 있게 되었다.

영국은 지역에 따라 지역계층이 다양하다 (http://www.oultwood.com) 잉글랜드 지방은 리전(Region)-카운티(County)-디스트릭트(District)-패리시(Parish, Town) 등 4개의 지역계층이 존재하지만 농촌지역에 한해 법적

1) 우리나라의 현행 지방자치법(제10조)은 광역자치단체의 기능으로 ① 행정 처리 결과가 2개 이상의 시국 및 자치구에 미치는 광역적 사무, ② 시・도 단위로 동일한 기준에 따라 처리되어야 할 성질의 사무, ③ 지역적 특성을 살리면서 시・도 단위로 통일성을 유지할 필요가 있는 사무, ④ 국가와 시・군 및 자치구 간의 연락・조정 등의 사무, 시・군 및 자치구가 독자적으로 처리하기에 부적당한 사무, ⑤ 2개 이상의 시・군 및 자치구가 공동으로 설치하는 것이 적당하다고 인정되는 규모의 시설이 및 관리에 관한 사무 등을 규정하고 있다.

자치계층은 카운티와 디스트릭트 2개뿐이다. 그러나 농촌지역도 카운티와 디스트릭트를 통폐합한 단층제 정부를 운영하는 지역이 점차 늘어나고 있다.[2] 웨일스 지방은 웨일스정부(Welsh Assembly government)-유니터리(Unitary)-커뮤니티(Community, Town) 등 3개의 지역계층이 존재하지만, 법적 자치계층은 유니터리 하나뿐이다. 스코틀랜드 지방은 스코틀랜드정부(Scottish Government)-유니터리(Unitary)-커뮤니티(Community, Town)의 3개 지역계층이 존재하지만 법적 자치계층은 유니터리 하나뿐이다. 북아일랜드 지방은 북아일랜드정부(Northern Ireland Assembly government)-디스트릭트(District)의 2개 지역계층이 존재하지만 법적 자치계층은 디스트릭트 하나뿐이다. 여기에서 특히 주목되는 것은 주(州)정부 수준의 각 지역정부 의회이다. 지방정부 의회는 일반적으로 카운슬(council)의 명칭을 가지고 있는데 반해, 지역정부 의회는 국회 수준의 명칭(parliament, Assembly)을 사용하고 있으므로 자치단체라고 부르기 곤란하지만 규모면에서 우리나라 도와 유사한 수준이므로 사실상 자치단체로 보아도 무방할 것이다.

프랑스는 1982년 '코뮌(Commune), 데파르트망(Departement), 레종(Région)의 권리와 자유에 관한 법률'의 제정을 계기로 나폴레옹 시대부터 지금까지 계속되어 온 단체자치모형을 주민자치모형에 가깝게 설계하여 현재 운영 중에 있다. 프랑스는 현재 3개의 자치계층을 가지고 있기 때문에 2개의 광역계층을 두고 있다. 프랑스는 전통적으로 데파르트망(departement)이 광역자치단체로 존립해 왔으나 1982년 지방자치제도를 전면적으로 개편하면서 행정계층인 레종(région)을 상급 지방정부로 개편함으로써

2) 잉글랜드 지역은 웨일스 등 여타 지역정부와 같이 단일의 지역정부가 존재하지 않고 남동지역정부, 남서지역정부 등 지역정부가 별도로 존재했다. 그러나 최근 중앙정부의 지역조직 개편의 일환으로 남동지역정부는 2009년 3월 31일 자로 해체되면서 남동지역개발청(중앙기관)과 통합되어 단일의 남동지역협력위원회(South East England Partnership Board)로 개편되었으며, 남서지역정부는 2009년 5월 8일자로 새로이 탄생한 남서지방정부(South West council)의 산하기관인 남서지역전략가위원회(South West Strategic Leaders' Board)로 축소 개편되었다. 그러나 중앙기관인 남서지역개발청은 남동지역개발청과는 달리 그대로 존속되고 있다 (www.oultwood.com).

현재 레종이 최상위의 광역지방자치단체로 운영되고 있다.

미국은 주(州)정부마다 상이한 지방자치제도를 운영하기 때문에 매우 복잡한 구조를 가지고 있다. 그러나 계층구조에서는 거의 유사한 면을 보여준다. 미국의 자치계층은 주정부 아래에 카운티(County)-뮤니시팰리티(Municipality: city, town, village)의 2층 구조로 되어 있으며, 카운티가 광역지방자치단체로 존립한다. 미국의 카운티는 지방의회를 운영하고 있으므로 사실상 자치단체로서의 조건을 갖추고 있었지만, 법인격을 갖지 못해 준자치단체로 인정되어 왔다.

그러나 최근 카운티의 자치헌장(county home rule charter)을 공식 인정해 주는 주정부가 점차 늘어나고 있어 법인격을 가진 카운티 정부가 확대될 전망이다. 카운티 의회는 주정부에 따라 보드(Board), 카운슬(Council), 코트(Court)의 명칭이 사용되고 있으나 보드의 명칭을 많이 사용하고 있기 때문에 정부 형태도 위원회형이 일반적이다.[3]

카운티 의회는 모두 선거직으로 선출되며, 3~40명의 구성원(전국 평균 6명)을 가진다. 카운티가 주로 수행하는 사업은 쓰레기매립장, 도서관, 공항, 노인 및 장애인시설, 법원과 교도소의 운영, 그리고 선거 및 보건 업무의 지원, 출생·사망·결혼 신고 등을 다룬다. 선거를 통해 선임되는 선거직 공직자는 ① 카운티의 장(County executive), ② 서기(clerk), 회계감사관(auditor), 문서기록관(recorder), ③ 재무관(treasurer), ④ 평가관(assessor), ⑤ 검사장(prosecuting attorney), ⑥ 보안관(sheriff), 검시관(coroner), 교육장(superintendent) 등이다(김웅기, 2001: 413-436).

일본의 자치계층은 도(都)·도(道)·부(府)·현(縣)-시(市)·정(町)·촌(村)으로서 전통적으로 2층제를 유지해 오고 있다. 따라서 도(都)·도(道)·부(府)·현(縣)이 광역자치단체로 존립한다. 이처럼 자치단체의 명칭이 다양한 것은 지역적 특성이 다르거나 행정적 이유로 달리 취급할 필요가

3) 카운티의 정부 형태는 위원회형, 의회-임명행정관형, 의회-민선행정관형으로 분류되며, 의회-임명행정관형은 의회가 임명하는 의회-매니저형, 의회가 선출하는 의회-최고행정관형, 의회가 임명하는 의회-최고행정보좌관형이 있다. 이 중에서 최고행정관이나 최고행정보좌관형은 직원에 대한 인사권이 없는 점에서 의회-매니저형과 다르다.

있기 때문이다. 광역지방자치단체의 경우 도시지역은 대체로 지역적 특성을 기준으로 도(都)와 부(府)로 구분하고 있으며, 농촌지역은 도(道)와 현(縣)으로 구분한다.

(2) 기초자치단체

기초자치단체는 주민의 일상생활에 관련된 서비스를 제공하는 것을 그 기본적 기능으로 한다는 점에서 주민의 일상생활과 가장 관련이 깊은 자치단체이다, 지방자치단체란 원래 주민이 오랫동안 일상적으로 접촉하면서 생활해 나가는 가운데 공통적인 경험을 가지게 되고, 이러한 경험을 공유해 나가는 동안에 공동 의식을 키워 주민 사이의 문제를 공동적으로 처리·해결해 나가는 데서 성립된 것이다. 지방자치를 서민민주주의(grass roots democracy)라고 부르는 것도 그 때문이다. 이렇게 볼 때에 주민을 대표하고 그 주민에게 책임을 지며 주민을 위해 최대한으로 서비스를 제공하고자 구성되는 지방자치단체는 소규모인 것이 이상적이며, 이러한 요청에 가장 잘 부합되는 것이 기초자치단체이다. 따라서 기초자치단체는 지방자치의 원형에 속하므로 이를 잘 육성·발전시켜야 한다.4)

우리나라의 기초자치단체는 1991년 지방의회가 부활되기 이전에는 시(市)·군(郡)만이 존립했으나 현재는 시(市)·군(郡)·자치구(區)가 존립한다. 최근 대도시 행정구가 자치구로 변모된 것은 세계 광역도시들의 2층제 자치구조의 추세에 근거한다.

영국에서는 디스트릭트(district)가 기초자치단체로 존립하고 있으며, 통합단층제인 유니터리(unitary)도 존재한다. 그러나 여기에서 특히 주목되는 것은 법적 인정은 받지 못하고 있지만 영국의 동네 공동체(parish, community, town)가 사실상 의회(council)를 가지고 있기 때문에 이것을 자치단체로 본다면 영국은 지역정부를 포함할 경우 자치계층이 최소한 3층이 된

---

4) 기초자치단체 중에서도 대도시의 자치구는 지역적 특성 때문에 사무의 범위가 축소되거나 폐지되어야 한다는 주장이 있는가 하면, 대도시 자치구라 하더라도 보통자치단체로서의 정상적 기능이 가능하도록 사무를 더 배분하고 존립시켜야 한다는 주장이 맞서고 있다. 이것은 결국 특정 국가의 사회적 상황에 따라 결정될 문제로서 민주성을 강조할 경우 이의 존치가, 능률성을 강조할 경우 이의 폐지가 예상된다.

다는 사실이다.

프랑스에서는 전통적으로 코뮌(commune)이 기초자치단체로 존립하고 있으며, 대체로 5,000~10,000명의 인구를 가지고 있다. 미국은 기초자치단체로서 시티(city), 타운(town), 타운십(township), 빌리지(village) 등의 명칭을 가진 지방단체들이 주정부의 선택에 의해 기초자치단체로 운용되고 있다. 일본은 시(市)·정(町)·촌(村)을 기초자치단체로 운용하고 있는데, 이것은 도시화의 정도 등 지역적 특성을 고려하여 지역 단위를 유형화하고 제도화한 것이다.

2) 특별지방자치단체

특별지방자치단체는 특정한 목적이나 행정사무를 수행하기 위해 자치행정의 정책적 관점에서 설치된 지방자치단체이다. 보통자치단체를 통해 당해 사무를 능히 수행할 수 있음에도 불구하고 별도의 자치단체를 설치하여 운영하는 것은 사무의 독립과 전문화를 통해 더 나은 행정 서비스를 제공할 수 있다고 믿기 때문이다.

특별지방자치단체는 국가에 따라 다양하게 나타나고 있다. 영국의 경우는 공동위원회, 특별지방자치단체(ad hoc authority) 등이 있으며, 프랑스에서는 공통적 사무를 수행하기 위한 코뮌조합, 주택서비스·화재 예방 등의 사무를 관장하는 도시특별구 등이 존재한다. 독일에서는 광역적 사무를 수행하기 위해 게마인데(Gemeinde)조합이 있으며, 미국은 교육구(school districts)와 특별구(special district)로 나뉘는데, 후자의 경우는 위생구(sanitary districts), 소방구(fire protection districts), 상수구(water supply districts) 등 다양한 영역에 걸쳐 운영된다. 일본에서는 일본 지방자치법 제3편에서 특별구, 지방공공단체조합, 재산구, 지역개발사업단 등을 특별지방자치단체로 규정하고 있다.

이상에서 살펴본 각국의 특별지방자치단체를 유형화하면 사무의 내용을 기준으로 행정사무단체와 경영사무단체로 구분할 수 있다. 전자는 사무조합이나 지방자치단체조합이 여기에 해당되며, 후자는 상수도구, 병원구, 공원구 등이 여기에 해당한다. 그리고 성립 절차를 기준으로 특수사무단체와 광역사무단체로 구분할 수 있다. 전자는 처음부터 특정한 목적을 수행하기 위해 설정되는 학교구, 소방구, 상수도구 등이 여기에 해당되며, 후자는 여러 목적을 수행하기 위해 사후적으로 설립되는 자차단체조합이나 도시공동체 등이 여기에 해당한다.

특별지방자치단체들은 법인격을 가지는 경우와 그러하지 못한 경우가 있다. 후자의 경우는 독립적 기능을 수행하면서도 법인격을 가지지 못하기 때문에 소송의 당사자 능력, 재산 취득 능력, 과세권 등을 행사할 수 없는 한계를 가진다. 이러한 점에서 본다면 우리나라 교육자치제도가 이에 유사한 모습을 보여 준다. 한국의 교육자치제도는 자치조직으로 작동하고 있지만 독립적 기능이 완전히 보장되어 있지 않으며, 또한 법인격을 가지지 못해 엄격한 의미에서 특별지방자치단체에 해당되지 않는다.

따라서 우리나라의 특별지방자치단체로서는 지방자치단체조합이 있다. 이것은 법인격을 가지고 특정한 분야의 사무를 독자적으로 처리하기 때문에 사실상 특별지방자치단체로 운용되고 있다. 그러나 형식적 논리에 의하면 조합은 특별지방자치단체라 말하기 곤란하다. 왜냐하면 우리나라 지방 지방자치법 제2조(지방자치단체의 종류) 3항은 특정한 목적을 수행하기 위해 필요한 경우에 별도의 특별지방자치단체를 설치할 수 있다고 규정하고, 제4항에서 특별지방자치단체의 설치·운영에 관해 필요한 사항은 대통령으로 정한다로 규정하고 있지만 대통령의 시행령에서는 아무런 언급이 없기 때문이다.

그러나 지방자치단체조합이 유일하게 특별지방자치단체로 인정받고 있다. 현재 서울특별시·인천광역시·경기도가 설립한 김포쓰레기매립장운영조합이 유일하게 존재하므로 조합 운영의 사례는 매우 희소한 편이다. 그러나 일본과 같은 경우는 특별지방자치단체의 종류를 지방자치법에 명시하면서 설치 방법에 대해 자세히 다루고 있는 것이 특징적이다.

제 2 절 지방자치단체 기관 구성

1 기관통합형

지방정부의 기관통합형 기관 구성은 의원내각제적 조직구조로서 권력의 통합적 운영에 그 본질이 있다. 즉 지방자치단체의 의결 기능과 집행 기능을 단일기관에 귀속시키는 형태를 말한다. 이 구조에서는 의원 중 다수를 점한 정당이 행정집행의 책임을 지며, 의회 내 각 위원회가 행정 부문별 집행기관의 역할을 수행한다. 대표적인 예로는 영국의 의회형과 미국의 위원회형을 들 수 있다.

1) 영국의 의회형

지방정부의 기관 구성 형태는 국가에 따라 다양하게 나타나고 있다. 기관통합형이란 지방정부 조직에서 권력통합주의에 입각하여 지방자치단체의 의결 기능과 집행 기능을 단일의 기관에 집중시키는 유형을 말한다. 따라서 지방의회가 주민의 대표기관으로서 주민 의사를 반영한 정책의 결정과 집행을 모두 담당하며, 주민에게 책임을 진다. 이것은 자치제도의 모국이라 할 수 있는 영국의 전통적인 의회형(parliamentary form)이 대표적이며, 미국의 일부 주에서도 이러한 통합형을 운영하고 있다. 또한 최근에 지방제도의 개혁으로 자치사무에 대한 정책결정과 집행을 모두 의회가 담당하게 된 프랑스의 의회-의장형(council-presidential system)이 기관통합형에 해당한다.

이러한 영국의 전통적인 의회형은 영국의 역사적 발전과 밀접히 관련되어 있다. 1688년 일어났던 명예혁명은 국왕이 해외로 망명함으로써 무혈혁명을 통한 의회의 승리로 끝났고, 왕권을 인수한 의회가 행정 기능을 자신이 직접 수행할 수 없어 의회를 대신하여 행정을 담당할 집행기관을 스스

[그림 5-1] 영국의 전통적 의회형

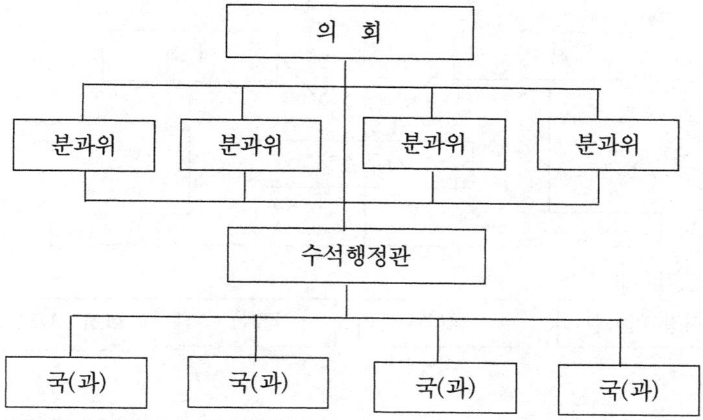

로 구성하게 된 것이 바로 의원내각제(parliamentary government)의 출발점이다. 이러한 의원내각제의 연장선상에서 확립된 지방제도가 기관통합형 정부 형태로 나타나게 되었다.

영국의 의회형은 주민을 대표하는 지방의회가 최고의사결정기관으로 존립했으며, 그 산하에 다수의 분과위원회가 존재했다. 지방의원들은 각자 분과위원회에 참여하고 의사결정은 합의제로 운영했다. 특히 의원으로 구성되는 위원회의 직할 하부조직으로 집행기관을 가지고 있는 것이 특징인데, 이를 간단히 나타내면 [그림 5-1]과 같다(안영훈, 2006: 62).

그러나 근년에 개정된 지방자치법(Local Government Act 2000, Chapter 22)은 잉글랜드와 웨일스 지방에 한해 적용되는 법률로서 주민들이 선택할 수 있는 지방정부 형태를 다양화했다. 즉 집행부의 구성을 시장-내각형(mayor-cabinet form), 리더-내각형(leader-cabinet form), 시장-지배인형(mayor-council manager form) 중 하나를 선택하도록 규정했다. 시장-내각형은 시장 이외에 의원 중에서 시장이 임명하는 2인 이상의 의원이 집행부를 구성하고, 리더-내각형은 의회가 선출한 리더 이외에 리더가 임명하거나 또는 의회가 선임하는 2인 이상의 의원으로 집행부를 구성하

[그림 5-2] 런던 광역정부의 집행부 구조

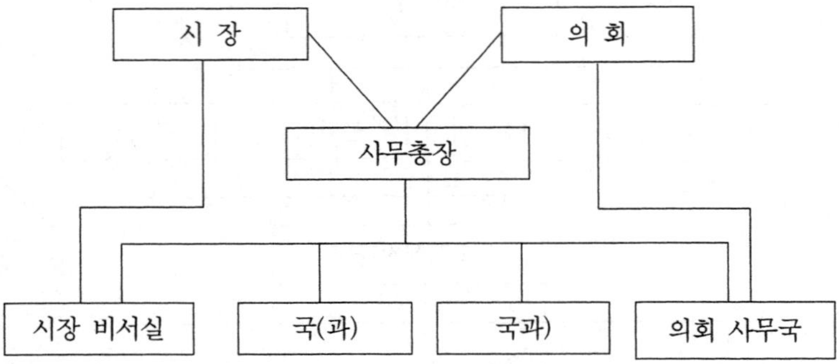

며, 시장-지배인형은 시장 이외에 의회에서 임명하는 행정관리관 1명으로 집행부를 구성한다.

런던 광역정부(Greater London Authority)의 경우 정부 형태는 시장-내각형에 속하며, 의회는 1인 2투표제에 의해 선임되는 25명의 의원을 두고 있다. 그 중에서 14명은 지역구 의원이며, 11명은 정당 비례대표제 의원이다(런던광역시 홈페이지). 영국의 이러한 지방정부 기관 구성의 변화는 기관통합형에서 기관분립형으로 접근하고 있음을 보여 준다. 그리고 여기에서 특히 주목되는 것은 런던광역정부의 경우 과거 의회를 전적으로 지원하는 의회사무국이 현재는 의회의 지시뿐만 아니라 시장을 보좌하는 사무총장의 지휘 감독을 받도록 설계한 것이 특징이다(그림 5-2).

시장-내각형은 기관분립형에 속하며, 리더-내각형은 의회에서 선임된 리더가 직접 임명하거나 의회의 선임을 통해 집행부 내각을 구성하기 때문에 이것은 근본적으로 기관통합형의 정부 형태에 속한다. 시장-지배인형은 의회가 매니저를 직접 임명하기 때문에 기관통합형에 가깝지만 역시 시장을 별도로 두고 있어 절충형에 가까운 형태라 볼 수 있다. 이러한 점에서 본다면 영국은 전통적으로 유지해 온 기관통합형 정부 형태에서 기관분립형 정부 형태로 크게 수정하고 있음을 알 수 있다.

2) 미국의 위원회형

미국의 광역정부에서 보편적으로 실시하고 있는 위원회형 정부 형태는 펜실베이니아에서 최초로 시작하여 미국 전역으로 급속히 확산되었다. 이것은 가장 전통적인 정부 형태로서 카운티 정부의 70% 이상이 이 제도를 채택하고 있다(안영훈, 2006: 49). 위원회형 정부 형태는 영국의 의회형과 유사한 모습을 보이지만 의결기관의 규모에서 다르다. 미국의 위원회형(commission form)은 주민에 의해 직선되는 복수의 위원들이 위원회에서 공공정책을 의결하고 시행하는 지방정부의 유형을 말한다. 보통 3~5명으로 구성된 위원 중에서 1명이 의장(president) 겸 시장(mayor)으로 지명되나 그 실질적인 권한은 크지 않고, 다른 위원들은 시정부의 행정부서를 지휘 감독한다.

이처럼 소수의 위원으로 구성되기 때문에 분과위원회를 구성할 수 없어 각 위원 개인별로 소관 사무를 관장하게 되고 소관 사무는 독임제 형식으로 집행된다. 그러나 소관 분야별로 집행 책임은 분리되지만 중요한 의사결정은 공동의 합의에 의존하기 때문에 결국 지방정부 운영 책임은 전체 위원회에 귀속된다. 의회는 보통 감독위원회(board of supervisor), 카운티 위원회(board of county commissioners)의 명칭을 가지며, 위원은 소선거구(by district), 또는 대선거구(at large) 방식에 의해 선출된다. 의회 의원

[그림 5-3] 미국의 위원회형

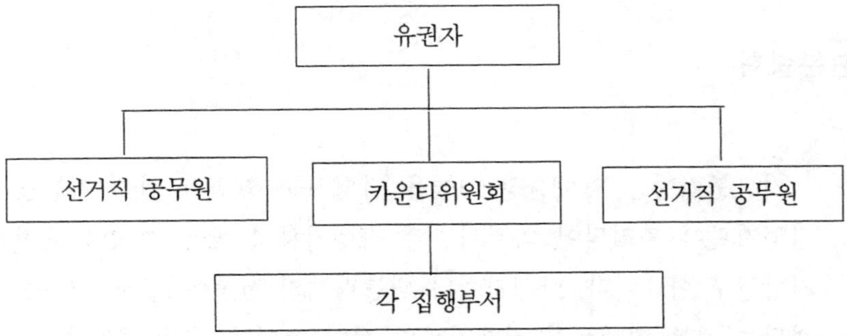

외에 카운티 서기(clerk), 감사(auditor), 재무관(treasurer), 재산평가관(assessor), 검사(prosecuting attorney), 보안관(sheriff), 검시관(coroner) 등을 주민이 직선하여 행정을 담당케 한다. 이러한 미국의 위원회형은 의원의 수가 적은 자치단체에서 운영하기 편리한 정부 형태로서 이의 기관 구성은 [그림 5-3]에서 보는 바와 같다.

3) 기관통합형의 장단점

기관통합형의 장점은 지방행정의 모든 권한과 책임이 주민의 대표기관인 의회에 집중되어 있어 이론상 민주정치(democracy)와 책임행정(responsible administration)을 구현하는 데 적합하다. 즉 의결기관과 집행기관은 주민에 의해 선출된 다수의 의원으로 구성됨으로써 자치행정을 주민의 의사에 따라 좀 더 공정하고 신중하게 운영할 수 있을 뿐만 아니라 의결기관과 집행기관 사이에 갈등과 대립이 생길 여지가 없으므로 지방행정의 안전성과 능률성을 도모할 수 있으며, 또한 정책결정과 정책집행의 유기적인 연관성이 유지되므로 정책 효과를 극대화할 수 있는 장점이 있다.

그러나 지방행정을 총괄 조정할 단일의 지도자가 없으므로 행정의 종합성·통일성을 유지하기가 곤란한 단점을 가지고 있다. 그뿐만 아니라 하나의 기관이 정책을 개발하고, 시행하며, 평가하기 때문에 견제와 균형의 원리가 작용될 수 없어 권력 남용의 우려가 있으며, 행정에 대한 전문지식과 경험이 없는 의원이 행정책임자가 됨으로써 전문성이 경시되기 쉽고, 단일의 지도책임자가 없으므로 책임 소재를 명확하게 하기 곤란한 단점이 있다.

2 기관분립형

기관분립형은 의사결정 기능을 담당하는 의회와 집행 기능을 담당하는 집행기관이 분리되어 의결기관과 집행기관이 상호 견제와 균형을 취하는 지방정부 형태이다. 단체자치나 대통령제의 전통이 강한 국가에서 많이 발견되는 정부 형태로서 집행기관의 선임 형태에 따라 직선형, 간선형, 임명형으로 나룰 수 있다. 이러한 기관분립형은 행정의 전문화와 능률화의 요구에 부응할 수 있고, 상호 견제와 균형으로 행정의 전횡과 부패를 방지할 수 있는 장점이 있는 반면, 의회와 집행기관 간에 대립과 마찰이 자주 발생할 수 있고, 행정 과정에 주민의 의사가 충분히 반영될 기회가 상대적으로 미흡하다는 단점을 가지고 있다.

1) 집행기관 직선형

(1) 미국의 시장-의회형

미국의 시장-의회형(mayor-council form of government)은 기관분립형 중에서도 가장 오래된 지방정부 구성 형태로서 아직도 미국 대부분의 시에서 이 유형을 채택하고 있을 뿐만 아니라 단체자치의 전통이 깊은 많은 국가들이 이 제도를 채택하고 있다(그림 5-4). 이러한 시장-의회형은 시장과 의회 간의 역학 관계를 중심으로 ① 강시장-의회형, ② 약시장-의회형, ③ 시장-관리관형으로 구분된다.

약시장-의회형(week mayor-council form)은 집행부의 권한이 의회보다 약한 정부 형태이다. 따라서 단체장은 조례 발의권이나 거부권을 행사할 수 없고, 지방정부의 행정공무원에 대한 임면권도 없으며, 비록 있다 하더라도 의회의 동의를 얻어야 하는 경우가 많으며, 지방예산도 의회가 편성하여 관리하는 경우가 대부분이다. 이러한 정부 형태는 절대주의 시대를 경험했던 시민들이 행정부에 대한 불신으로 말미암아 19세기 자유방임주의 시대에 발전시킨 지방정부 구성 형태의 하나이다.

[그림 5-4] 미국의 시장-의회형

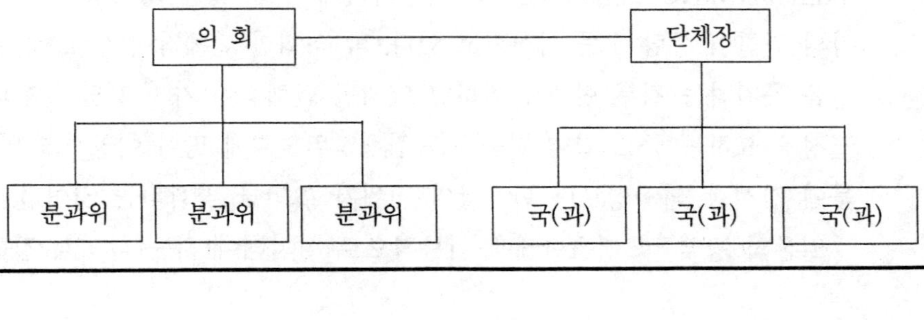

강시장-의회형(strong mayor-council form)은 집행부가 의회보다 우월적인 지위를 가지는 정부 형태이다. 이것은 조례의 개폐를 제안할 수 있는 조례발의권, 지방의회에서 의결된 조례에 대해 문제가 있다고 판단될 경우 재의(再議)를 요구할 수 있는 거부권, 그리고 폭넓은 공무원의 임명권과 사무집행권을 가지는 것이 일반적이다. 이러한 정부 형태는 20세기에 접어들면서 평등 이념의 실현을 위해 행정 기능의 확대 강화가 요청된 시기와 맥을 같이하는 지방정부 구성 형태이다.

시장-관리관형(mayor-manager form)은 강시장-의회제를 변형한 정부 형태이다. 강시장-의회형은 행정부 우위의 기관 구성이기 때문에 단체장의 역할과 기능이 양적으로 방대하다. 특히 대규모 자치단체의 경우 시장은 정치적 기능과 행정적 기능을 동시에 수행해야 할 위치에 있기 때문에 업무의 과도한 부담을 피할 수 없다. 따라서 업무 과부하로 인한 행정의 비효율을 극복하기 위해 이러한 기관 구성을 채택하게 된다. 시장은 당해 지방자치단체의 대표로서 정치적 기능을 주로 수행하며, 행정관리관은 행정전문가로서 지방정부의 조직, 인사, 재정, 운영 등의 실무를 총괄한다. 따라서 행정관리관은 시장이 임면하기 때문에 시장에 대해 실무 책임을 지며, 시장은 행정관리관의 업무 수행에 대해 대외적으로 총괄적 책임을 지는 정부 형태이다.

(2) 일본의 수장-의회형

일본의 광역 및 기초 지방자치단체는 대륙계 법통을 계승하여 기관분립형의 지방정부 형태를 유지하고 있다. 그러나 일본은 수장-의회형의 기관분립형 정부 형태를 취하면서도 독립적 기능을 담당하는 행정위원회(administrative committee)를 다른 나라에 비해 많이 장착함으로써 단체장의 권한이 상당 수준 약화되고 있다. 즉 의회와 단체장이 상호 견제와 균형을 유지하는 정부 형태를 취하고 있지만 단체장이 가지고 있던 합의제적 결정을 요하는 중요 집행 기능을 독립행정위원회에 많이 이양하고 있기 때문에 강시장-의회형보다 단체장의 지위가 그만큼 약화되는 것이다.

일본의 광역 및 기초단체에 의무적으로 설치해야 하는 합의제 집행위원

[그림 5-5] 일본의 수장-의회형

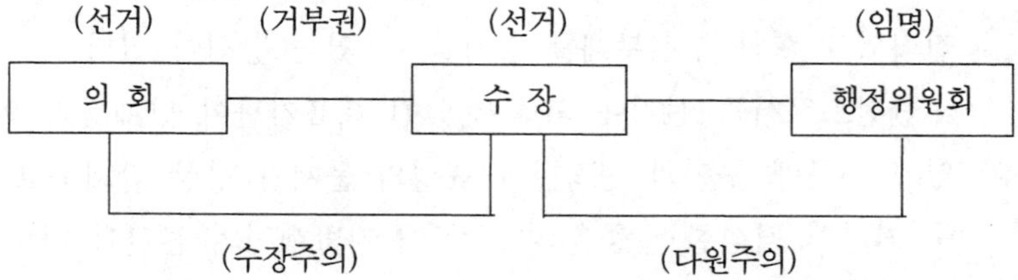

회는 교육위원회(教育委員會), 선거관리위원회(選擧管理委員會), 인사위원회(人事委員會), 감사위원(監査委員) 등이 있다. 특히 광역정부에만 의무적으로 설치해야 할 집행위원회은 공안위원회(公安委員會), 노동위원회(勞働委員會), 수용위원회(收用委員會), 해구어업조정위원회(海區漁業調整委員會), 내수면어장관리위원회(內水面漁場管理委員會) 등이 있으며, 기초단체의 의무적 설치 집행위원회는 농업위원회(農業委員會), 고정자산평가심사위원회(固定資産評価審査委員會) 등이 있다(일본 지방자치법 제180조의 5). 이처럼 일본의 지방정부 기관 구성은 집행부 우위의 수장주의와 집행 기능 분산의 다원주의를 결합한 정부 형태라 할 수 있다(그림 5-5). 그리고 광역정부의 부지사와 기초정부의 부시장·부정장·부촌장의 선임에 지방의회의 동의를 얻도록 하는 것(동법 제162조)은 강시장-의회형의 일본적 변형이라 할 수 있다. 이러한 일본식 수장-의회형은 과거 군국주의와 행정부 우위의 정치행정 체제가 초래한 부정적 결과에 대한 국민들의 반감이 만들어 낸 수장 기능 축소 지향의 정부 구성 형태라고 보아야 할 것이다.

(3) 집행기관 직선형의 장단점

집행기관 직선형은 주민이 직접 선거를 통해 단체장을 선임하므로 민주행정을 실현할 수 있는 기제로 작동하며, 지방행정에 대한 주민통제의 실효성을 확보할 수 있다. 또한 단체장의 직선제(direct election)는 특별한 결격 사유가 없는 한 임기 동안 신분이 보장되므로 주민의 신임을 바탕으로 행정 시책의 강력한 추진을 도모할 수 있을 뿐만 아니라 주민의 진정한 대표로서 정치·행정적 리더십을 발휘할 수 있다. 이러한 집행기관 직선제는 일반적으로 의결기관과 집행기관을 서로 분립시키는 기관분립형 정부 형태를 취하게 되는데, 이 경우 견제와 균형(check and balance)의 원리를 통해 권력의 전횡과 부정부패를 방지할 수 있는 장점이 있다.

단점으로서는 선거에 의해 선임된 대표기관이 단체장과 의회로 나뉘어 있기 때문에 주민의 진정한 대표성의 문제가 항상 잠재하고 있으며, 특히 두 기관이 격심한 갈등을 일으킬 때 지방행정의 혼란과 마비를 초래할 수 있다. 또한 단체장 직선제는 선거에 의해 그 지위가 주어지므로 당선을 위한 득표 노력에 최선을 다하는 과정에서 과도한 금전적 부담이나 정치적 부채를 지게 되어 부정부패에 연루되거나 특혜 시비 및 인사상의 문제를 야기할 수 있다. 이 밖에도 행정 능력이 탁월한 유능한 단체장을 선출하기 힘들다. 즉 선거를 통한 단체장 선임 과정은 정치적 과정(political process)이므로 행정 능력보다는 정당의 배경 위에서 득표공작이나 선전에 능한 사람, 대중적 인기를 가진 사람이 당선될 가능성이 높은 것이 단점으로 지적된다.

2) 집행기관 간선형

집행기관 간선제(indirect election)는 의원 중에서 단체장을 선출하는 기관 구성 방식이다. 이러한 정부 형태는 프랑스의 기초자치단체인 코뮌(commune)에서 운영하고 있는데, 단체장이 의장을 겸직함으로써 정부 운영의 일관성과 행정 책임을 확보할 수 있으며, 또한 정부와 의회 간에 일어날 수 있는 갈등 문제를 대부분 해소할 수 있는 장점을 가진다. 이러한 의미에서 본다면 기관통합형의 운영과 유사한 면을 보여 주고 있으나 의회 산하에 집행조직을 가지는 것이 아니라 단체장 산하에 집행조직을 두는 점에서 기본적으로 기관분립형의 정부 형태이다. 이처럼 조직의 분립 위에 기능을 통합한 것이 바로 집행기관 간선제이며, 이것은 기관분립형과 기관통합형의 각 장점을 살려 구성한 정부 형태의 하나이다 (그림 5-6).[5]

---

5) 독일의 일부 주에서도 이러한 조직분립 기능통합의 정부 형태를 운영하고 있다. 즉 읍·면(Gemeinde)과 군(Kreis)의 장은 각각 면의회, 군의회에서 선출되어 임기 4년의 단체장을 겸하도록 규정하고 있다.

[그림 5-6] 프랑스 코뮌(commune)의 기관 구성

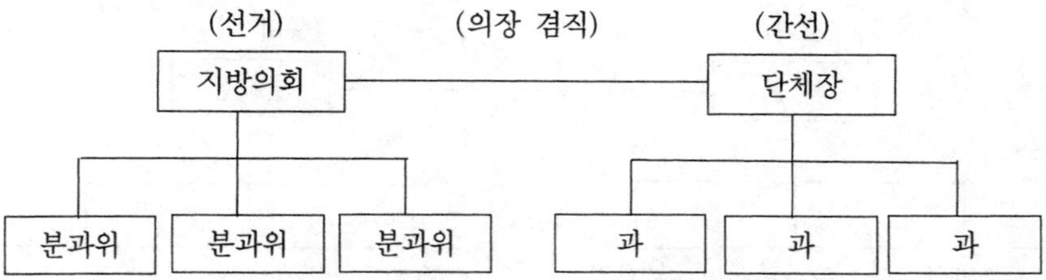

조직의 구성과 원활한 운영을 위해 자주 활용되는 조직 원리 중의 하나는 조직과 기능의 적절한 배합이다. 즉 기관분립(機關分立) 기능통합(機能統合), 또는 기관통합(機關分立) 기능 분리(機能分離)이다. 전자는 각 기관장들로 구성되는 회의체 조직으로서 대통령, 또는 경제부총리 산하에 설치 운영하는 경제장관회의 같은 것이며, 후자는 한 기관장 밑에 기능이 다른 부서를 각기 설치하는 경우로서 기획예산처 산하에 기획 부서와 예산 부서를 병립시키는 것이 여기에 해당한다.

결론적으로 독립적인 여러 조직들을 기초로 심의적 회의체를 상부에 설치 운영하기보다 단일의 기관장 아래서 직접 명령・통제를 받는 병렬적 하위 계선조직이 더욱 강력한 업무 추진력을 확보할 수 있는 것은 당연하다. 그러나 조직 방식은 조직계층의 위치에 따라 각기 효율성이 다르게 나타나기 때문에 획일적으로 조직 방식을 선택할 문제가 아니다. 대체로 상층부일수록 조직분립 기능통합 방식을, 하층부일수록 조직통합 기능분리 방식을 채택하는 경향이 있다.

3) 집행기관 임명형

(1) 중앙정부의 임명형

지방정부 집행기관의 장을 중앙정부가 임명(appointment)하는 방식은 대체로 지방자치의 발전이 미진한 국가에서 흔히 볼 수 있는 제도이다. 즉 대통령이 지방자치단체장을 임명하는 방식은 중앙집권적 정치문화의 전통이 깊은 과거 프랑스나 중남미 일부 국가, 한국 등에서 발견할 수 있다(그

[그림 5-7] 중앙정부의 임명형

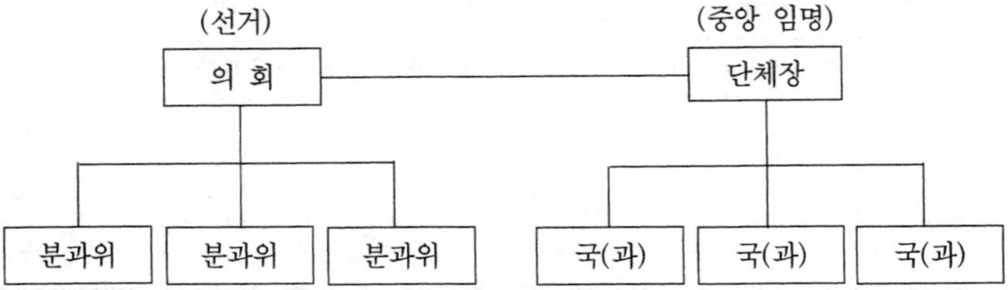

림 5-7). 그러나 이들 국가들도 정치적 환경의 변화로 대부분 단체장을 직선하는 방향으로 전환했기에 중앙정부 임명 방식은 지방자치제도의 발전 과정에서 나타나는 하나의 과도적 현상으로 이해할 수 있다.

단체장의 중앙정부 임명은 정치적 선발 과정에서 나타나는 인적·물적 비용 등 정치적 부채(political debt)를 거의 발생시키지 않으며, 특히 유능한 행정 전문가를 임명할 경우 지방행정의 능률과 질적 수준을 향상시킬 수 있다. 또한 중앙정부와의 원활한 협조를 통해 행정의 통일성과 일관성을 유지할 수 있는 장점도 가지고 있다. 그러나 중앙정부의 단체장 임명은 기관의 자기 선임이라는 지방자치의 기본 정신에 정면으로 배치될 뿐만 아니라 주민 숙원사업 등 지방적 현안 문제를 소홀히 하여 지역 발전이 저해되거나 지방의 특수성을 무시하여 획일 행정을 초래하기 쉬운 단점을 가지고 있다. 이러한 정부 형태는 지방자치가 민의를 반영하기보다 중앙정부의 의도와 지시에 충실히 따르는 관치행정으로 변질될 가능성이 높다.

(2) 의회의 임명형

의회가 집행기관을 임명하는 기관 구성 방식은 중앙정부가 집행기관을 임명하는 방식과 대조적이다. 동일한 임명 방식이라도 중앙집권적 전통이 강한 국가는 중앙정부 임명 방식을 선호하는 반면, 민주주의 전통이 강한 국가에서는 의회 임명 방식을 선호하는 편이다. 미국에서는 20세기 초 과학적 관리론의 영향을 받아 행정개혁이 많이 일어났는데, 그 중 지방정부 차원에서 일어난 행정개혁의 하나가 바로 행정수장의 의회임명형 정부형태

[그림 5-8] 의회의 임명형

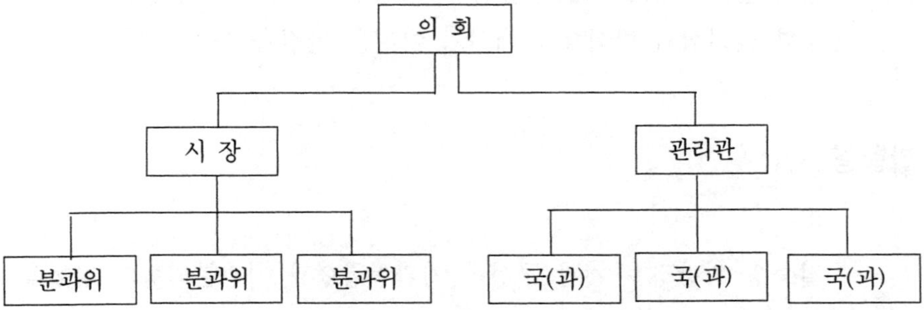

이다.[6] 정치와 행정을 분리하여 정치는 의원들이 담당하고, 행정은 전문 시정관리관에게 맡기는 것이 행정 능률을 최대한 제고할 수 있다고 생각한 것이다.

이것은 기본적으로 기관분립형 정부 형태에 속하기 때문에 의회와 집행부가 대립되는 구조를 취하고 있다. 즉 시장과 행정관리관이 대립 관계에 있다. 이때 시장은 집행기관으로서의 지위가 아니라 각종 위원회를 관장하는 정치적 기능을 담당하는 기관이기 때문에 의장이 시장을 겸직하는 것이 일반적이다. 따라서 시장은 행정적 권한이 전혀 없고, 오직 대민 관계나 회의를 주재하는 정도의 정치적 권한만 행하기 때문에 시장은 의례적 존재에 불과하다. 지방정부 최상위 기관으로서의 의회는 조례의 제정, 예산의 의결 등과 같은 지방정부 의회가 일반적으로 수행하는 권한을 행사한다.

의회임명형은 전문지식과 경험이 풍부한 행정전문가를 선임하여 행정을 담당케 함으로써 행정의 전문성과 능률성을 확보할 수 있다. 특히 정치적 기능은 대부분 시장이 처리하기 때문에 시정관리관은 외부의 정치적 영향 없이 공정한 입장에서 행정 업무를 처리할 수 있는 장점이 있다. 그러나 기관분립형 정부 형태를 취하고 있기 때문에 업무 처리 과정에 의회를 대변

6) 1912년 사우스 캐롤라이나 섬터(Sumter) 시에서 최초로 도입된 이래 미국의 중도시의 과반수 이상이 이 형태를 채택하고 있고, 캐나다의 많은 시, 독일의 일부 기초자치단체에서도 채택하여 운영하고 있다(정세욱, 2000: 491).

하는 시장과 행정을 대변하는 시정관리관 사이에 마찰과 갈등이 발생될 가능성이 높고, 행정부 내부 업무의 처리에서도 집행부 전체를 잘 통합하는 유능한 리더십의 발휘를 기대하기 어려운 단점을 가지고 있다.

3 절충형

절충형 지방정부 기관 구성은 기관통합형과 기관분립형의 장점을 혼합하여 만든 지방정부 구성 형태이다. 이것은 스웨덴, 노르웨이, 덴마크 등 스칸디나비아 반도를 중심으로 한 북구지역에서 주로 많이 활용하고 있는데, 지방의회를 모체로 하면서도 지방자치단체의 의결기관과 집행기관을 분립시키는 방식이다. 즉 의결기관과 집행기관을 상호 대립시키지 않는 점에서 기관통합형의 요소를 가지고 있으며, 의결기관과 집행기관을 분리하고 있는 점에서 기관분립형의 요소를 가지고 있다. 특히 절충형은 집행기관을 합의제로 운영하는 데 제도적 특징이 있으며, 이러한 이유 때문에 참사회형 또는 의회-집행위원회형(council-executive committee form)이라고 부른다. 합의제 집행기관을 구성할 때 의원 중에서 모두 선임한다면 의회와 집행부가 동일체가 되는 기관통합형의 위원회형 정부 형태와 유사한 모습을 보이지만 참사회 위원들은 자신들을 선발한 의회와 독립적 지위에서 활동한다는 점에서 영국의 의회형이나 미국의 위원회형과 구별된다.

절충형 기관 구성의 방법은 크게 두 가지로 대별된다. 하나는 기관분립 기능통합(A형)이고, 다른 하나는 기관통합 기능분리(B형)이다. 전자는 의회와 집행부를 분립하되, 합의제 집행기관을 모두 의원 중에서 선발하여 충원하는 경우이며, 후자는 지방의회 의장이 참사회의 장을 겸직하되, 지방의회가 외부의 전문행정가 1인을 집행관으로 임명하여 의회와 독립된 상태에서 행정을 전담하는 경우이다.[7)]

이러한 기본 방향 아래 합의제 집행기관의 구성 방법은 국가별로 다양하

7) 지방의회가 외부의 행정전문가 1인을 집행기관으로 임명한다는 점에서 절충형은 의회임명형과 유사한 모습을 보여 주지만 제도의 성립 배경과 운영면에서 상이점이 많다.

[그림 5-9] 절충형 기관 구성

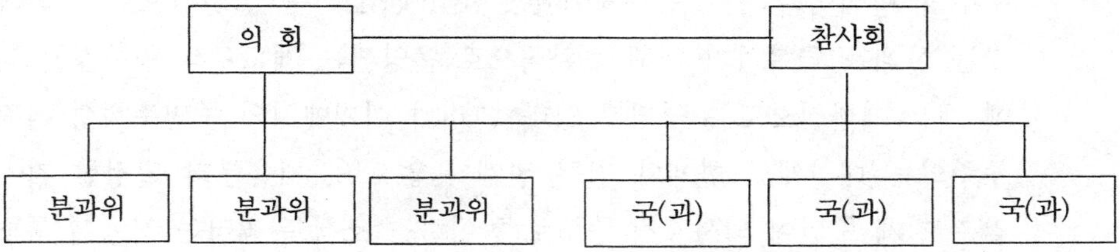

게 나타난다. 즉 합의제 집행기관의 선임은 직선, 간선, 임명 등의 방법 중에서 하나를 사용하는 국가가 있는가 하면 둘 이상을 혼용하는 국가도 있다. 스웨덴의 경우 기초자치단체의 참사회는 모두 의원 출신으로 충당되고, 스위스의 기초자치단체 참사회는 주민 직선과 의회 간선의 방법을 혼용하고 있다. 또한 네덜란드와 벨기에의 시·읍·면은 의회에서 임명한 장로와 중앙정부에서 임명한 시·읍·면장으로 참사회를 구성한다(조창현, 2005: 169-170).

이러한 절충형 정부 형태는 기관분립형과 기관통합형이 가지고 있는 장점을 살려 지방정부 운영의 효율화를 극대화할 수 있을 뿐만 아니라 독임제 행정 과정에서 발생할 수 있는 오류와 독단을 원천적으로 예방할 수 있으며, 의회와 행정부 간의 원활한 업무 협조를 확보할 수 있다는 장점이 있다. 그러나 이것은 합의제 행정기관의 속성에서 비롯되는 책임 한계의 모호성으로 무책임한 정부 운영이 초래될 가능성이 있으며, 또한 신속한 의사결정의 지연으로 사업 추진의 타이밍을 놓칠 수 있는 단점도 있다.

4 주민총회형

지방정부 기관 구성의 방법은 앞에서 논의한 기관통합형, 기관분립형, 절충형 등 세 가지 방법 외에도 일정한 자격을 갖춘 전체 주민이 참여하는 주민총회형(town meeting form)이 있다. 이것은 대의제에 의해 운영되는 간접민주주의 방식이 아니라 주민이 직접 의사결정 과정에 참여하는 직접민주주의 방식이다. 직접민주제(direct democracy)는 일반적으로 대의제가 갖는 한계를 극복하기 위해 보완적으로 운영되는 제도로서 민주정치 과정에 매우 제한적으로 운영되고 있다. 그러나 여기에서의 주민총회형 직접민주주의는 대의제의 한계와 전혀 관계가 없으며, 처음부터 일정한 자격을 갖춘 전제 주민이 의사결정 주체로 참여하는 조직 원리라는 점에서 특별한 의미를 가진다.

주민총회형은 미국의 뉴잉글랜드 지방(코네티컷, 매사추세츠, 로드아일랜드, 버몬트, 뉴햄프셔, 메인 등 북동부 6개 주)에서 많이 발견된다. 유권자들은 매년 정기적으로 개최되는 연례회의(주로 3월)에 참석하여 주민에 의해 선임된 3~9명의 주민위원회(town board)가 상정하는 기본 정책을 결정할 뿐만 아니라 공직자(clerk, treasurer, assessor, constable, school committee) 중 주민위원회에서 임명하지 않는 다른 공직자들을 선출하기도 한다(안영훈, 2006: 48-49).

그러나 최근 타운의 인구가 증가하고 도시화됨에 따라 그 대안으로 대표주민총회(representative town meeting)가 등장하고 있다. 이 경우 유권자들은 100명 이상의 대표자들을 선출하여 그들이 회의에 참가하여 투표권을 행사하도록 위임하고 있으며, 일반 주민들은 토론에만 참석이 가능하다. 그리고 최근 당해 주정부는 주민총회를 현대 사회에 맞게 변형하기 위해 위원회에서 실제 행정을 담당할 새로운 직위(manager)와 새로운 위원회(aviation commission, planning board, civil service commission, library committee, finance committee 등)를 두고 있다(유순현, 2004). 그리고 인구 200명 이하의 적은 주민으로 구성된 영국의 동네 공동체 주민총회인 패리시 미팅(parish meeting), 커뮤니티 미팅(community meeting), 타운 미팅(town meeting) 등도 주민총회의 한 사례로 들 수 있다.

제 6 장 지방자치단체의 조직구조

제 1 절 지방의회

1 지방의회의 의의

지방의회는 주민으로부터 공선된 의원으로 구성되어 지방정부의 의사를 결정하는 합의제 의결기관이며, 그 행정부를 감시하는 주민대표기관이다. 현대 사회에서는 국민이나 주민 전체가 직접 참여하여 정부를 운영하는 것이 현실적으로 불가능하므로 대표자를 선임하여 대행케 한다. 즉 지방의회는 주민을 대표하여 조례안과 예산안을 의결하며, 주요 정책을 심의·결정하는 동시에 행정이 올바르게 수행될 수 있도록 집행기관에 대한 감시·감독권을 행사한다. 따라서 지방의회가 결정한 의사는 바로 주민의 의사로 간주되는 것이며, 지역 주민 전체를 위한 공공의 혜택과 비용을 배분하는 정책결정(policy making) 기관이라는 점에서 지방의회는 지역 주민의 대표자, 수탁자로서의 역할이 요구된다.

지방자치의 기원은 중세의 봉건사회나 절대주의 시대의 특허도시, 특허촌락에서 찾고 있지만 지방자치의 모국이라 할 수 있는 영국의 경우 근대적 지방자치의 시작은 도시지역을 대상으로 하는 1835년의 도시단체법

(Municipal Corporations Act)으로부터 출발된다. 지방자치는 이처럼 비록 제한된 도시지역에 지방의회가 구성되었지만 도시 성장에 따른 제반 문제를 효과적으로 해결할 수 있었고, 혼란했던 도시의 질서를 찾게 됨에 따라 지방민들의 유용한 정치적 도구가 되었다.

그러나 도시지역을 중심으로 한 지방자치가 농촌지역으로 확산되고 유산계급만이 참여하는 제한・차등선거에서 노동자 및 농민, 부녀자들까지도 참여하는 보통・평등・직접・비밀선거로 발전하기까지에는 약 100년 가까운 세월이 더 소요되었다. 즉 20세기 초까지만 하더라도 지방의원의 자격이 재산 정도에 근거를 두고 있었으며, 선거권에 대해서도 납세자에게만 국한된 차등선거였다.[1] 그러나 보통, 평등, 직접, 비밀 선거를 내용으로 하는 1932년의 선거법과 1933년의 지방자치법(Local Government Act)의 제정을 계기로 영국 사회는 현대적 의미의 지방자치를 충분히 전개할 수 있었다.

한국의 지방의회는 1948년 정부 수립과 함께 헌법기관으로 출발하여 오늘에 이르고 있는데, 그 역할은 대표기관, 의결기관의 성격을 갖는다. 여기에서 대표기관이라 함은 근대 정치의 산물로서 일정한 범주의 장소나 신분, 이익의 대리인이 아니라 전 지역・전 주민의 이익을 대표하는 것을 말하며, 의결기관이라 함은 지방자치단체의 의사를 결정하고 지방자치의 운영에 결정적으로 참여하는 권한을 가진 기관을 말한다. 일반적으로 지방의회의 규모가 작을 경우 의원직을 하나의 직업으로 인정하는 반면, 대규모 의회일 경우 의원들은 본업을 가지면서 무보수 명예직으로 운영되는 경향이 있다. 결론적으로 지방자치단체장을 민선으로 뽑지 않더라도 지방자치는 실시될 수 있지만, 주민 직선에 의해 의회를 구성하지 않을 경우 지방자치가 원천적으로 존재할 수 없으므로 지방의회야말로 지방자치의 핵심적 존재라 할 수 있다.

---

1) 영국은 1888년의 지방자치법을 통해 기초자치단체 수준에 2종류의 지방정부를 출범시켰다. 대규모 지역공동체에서는 선거를 통해 대의제 지방의회를 구성했고, 소규모 지역공동체에서는 주민총회를 통해 지역의 공동 관심사를 긴밀하게 풀어나가도록 한 것이다.

2 지방의회의 구성과 지위

1) 지방의회의 구성

우리나라 지방의회는 주민 직선에 의한 지역구 출신 의원과 정당별 득표수에 비례한 비례대표 의원으로 구성된다. 광역자치단체의 경우 시·도의회의원 지역선거구 구역표(공직선거법 별표 2)에 의한 지역구 의원과 이의 10%에 해당하는 비례대표 의원으로 구성된다. 기초자치단체는 당해 시·도별 의원정수(별표 3)의 범위 내에서 선거구획정위원회의 규정에 따른 당해 시·군·구의 의원선거구획정위원회가 인구와 지역대표성을 고려하여 중앙선거관리위원회 규칙이 정하는 기준에 따라 정하고, 비례대표는 지역구 정원의 10%에 해당하는 의원으로 구성한다. 그리고 지방의회 최소 구성인원은 광역자치단체의 경우 지역구 16인이며, 비례대표는 이의 10%에 해당하는 인원 수이지만 3인 미만일 때는 3인으로 한다. 기초자치단체는 지역구 최소 정원 7인이며, 이의 10%에 해당하는 인원 수가 비례대표이다. 비례대표의 경우 단수는 1인으로 간주하도록 규정하고 있다(공직선거법 제22~23조).

우리나라는 지방의원 정수를 지방자치단체의 유형별로 나누어 각각 그 관할구역 안의 지방행정구역을 기준으로 정하고 있다. 즉 특별시·광역시의회와 시·군·구의회의 의원정수를 모두 행정구역에 의한 소선거구제에 기초하여 정하고 있기 때문에 인구가 6천 명인 읍·면·동에서 시·군·구의회 의원 1명을 선출하고, 5만 명 이상인 읍·면·동세서도 1명을 선출하게 되어 있어 선거권의 등가성(等價性) 내지 기초의회 의원의 주민대표성(住民代表性)에 문제를 일으키고 있다. 그뿐만 아니라 의원정수를 결정할 때 각 지방자치단체에게 재량권을 전혀 인정하지 않고 법에 정한 책정 기준을 일률적으로 적용하도록 한 것은 지방자치제도의 의미를 그만큼 퇴색시키고 있다는 지적이 있다. 따라서 앞으로 지방의원의 선거구 획정 및 정원 책정은 동일 유형의 행정구역을 기준으로 의원정수의 균형을 유지하는 것이 필요하다.

2) 지방의회의 지위

(1) 헌법기관으로서 지위

지방의회와 국회는 기본적으로 그 존립 목적과 원리를 같이하고 있으므로 지방의회의 지위도 국회의 지위와 크게 다를 바 없다. 지방의회는 헌법상의 기관이다. 우리나라 헌법은 1948년 7월 17일 제헌 이래 민주주의의 정치적 결단인 지방자치에 대해 하나의 장을 두었으며, 제9차 개헌에 이르기까지 한 번도 폐지된 적이 없이 일관되게 규정되어 왔다는 사실은 지방자치가 민주주의 헌법에 내재하는 본질적 기본 질서로서 헌법 개정의 한계사항임을 분명히 보여 주는 것이다.

(2) 주민대표기관으로서 지위

지방의회는 주민 가운데서 선출한 의원에 의해 구성되고, 자치단체의 의사를 심의 결정하는 주체이므로 주민대표기관의 지위를 가진다. 오늘날 현대 사회에서는 간접민주정치가 불가피한 상황이기 때문에 이러한 간접민주정치에서는 국민 또는 주민의 대표기관인 의회의 존립이 필수적 요건으로 되어 있다. 이때 국회를 국민의 대표기관이라고 한다면 지방의회는 주민의 대표기관(representative organization)이 되는 것이다. 우리나라 헌법은 지방의회를 주민의 대표기관으로 명문화하고 있지 않지만, 지방자치단체에 의회를 두도록 규정하고 있다(헌법 제118조 1항). 또한 지방의회의 조직과 권한, 의원선거, 운영에 관한 사항은 법률로 정하도록 되어 있다(헌법 제118조 2항). 결론적으로 지방의회는 주민의 대표기관이지만 지방자치단체의 대표기관은 아니다. 지방자치단체의 대표기관은 오직 지방자치단체의 장이 되도록 규정하고 있다(지방자치법 제101조).

(3) 의결기관으로서 지위

지방의회는 의결기관(decision making organization)으로서 지위를 갖는다. 지방자치단체는 기관분립주의에 입각하여 의결 기능은 지방의회가 담당하고, 집행 기능은 자치단체의 장이 관장한다. 의결기관으로서 지방의회의 권한은 자문기관으로서의 그것과는 다르다. 자문기관은 어떠한 의사나 정책을 결정할 때 단지 자신의 의견을 제시하는 데 그치지만, 의결기관은 그 의사나 정책을 최종적으로 결정하는 권한을 가진다. 그러므로 법령에 의해 지방의회의 의결 사항으로 정해진 사항은 의회의 의결 없이 이를 집행할 수 없을 뿐 아니라, 집행기관이 의회의 의결을 거치지 아니하고 집행하는 때에는 그 행위는 원천 무효가 된다(지방자치법 제100조).

(4) 입법기관으로서 지위

지방의회의 권한 중 가장 기본적인 권한은 입법에 관한 권한이다. 지방의회는 지방자치단체의 입법권과 집행권의 분립 체제 아래에서 입법권의 행사를 그 기본적인 기능으로 하므로 입법기관(law-making organization)으로서 지위를 갖는다. 지방자치단체 자치법규의 근간인 조례의 제정권이 지방의회의 전속적 권한에 속하기 때문이다. 지방의회는 입법권뿐만 아니라 지방자치단체의 예산, 정책, 주민 부담에 관한 사항 등 광범위한 중요 안건을 심의, 결정하는 권한을 가지고 있지만, 그 가운데서도 입법권의 행사가 의회의 중심 기능이 되고 있다고 보아야 할 것이다. 물론 지방자치단체의 장에게도 규칙의 제정권이 부여되어 있기는 하나, 규칙이란 조례의 위임에 의해 또는 그 시행을 위해, 아니면 자치사무가 아닌 국가사무의 집행을 위해 제정되는 것이므로 지방자치단체의 입법권의 주체는 역시 자주법의 근간인 조례 제정권의 귀속을 기준으로 판단해야 한다.

그러나 오늘날 국회는 물론이고 지방의회도 그 입법 기능이 약화되어 가고 있다. 사회가 발전하여 다원화되고 고도화됨에 따라서 행정도 고도의 지식과 전문성이 요구되고, 입법 역시 이를 뒷받침할 수 있는 전문지식이 요구되나, 비전문가 집단이라 할 의회가 이를 충분히 감당할 수 없는 실정이기 때문에 대부분의 법률안 또는 조례안이 집행부에 의해 입안되고 있어 의회는 이를 통과시키는 절차만을 밟고 있는 모습을 보여 주고 있다. 하지만 의회가 갖는 본질적인 입법 기능에 변화가 있는 것은 아니며, 지방의회의 경우 비록 집행기관에 의해 입안된 조례안이라 할지라도 그 심의 과정을 통해 여론의 소재와 주민의 의사를 확인하고 이를 올바르게 대변해야 할 책임이 있기 때문에 지방의회의 입법 기능(legislative function)은 여전히 중요한 의의를 지닌다.

(5) 감시 및 통제기관으로서 지위

지방의회는 대표기관, 의결기관, 입법기관으로서 지위와 함께 집행기관에 대해 감시기관(supervisory organization)으로서 지위를 가진다. 지방의회와 집행기관인 자치단체의 장은 상호 독립된 지위를 가지지만 상호 견제와 균형의 관계를 유지하도록 규정하고 있다. 이에 따라 주민의 대표기관인 지방의회에 자치단체장이 집행하는 행정사무를 감시하고 비판하는 기능이 부여된다. 이를 위해 지방자치법에서는 집행기관의 행정사무에 관한 감사권과 조사권(지방자치법 제36조), 자치단체의 장에 대한 서류제출 요구권(동법 제35조의 2), 자치단체의 장과 관계 공무원의 출석 요구, 행정사무 처리 상황 보고 및 질문권(동법 제37조)을 규정하고 있다. 이 밖에도 지방의회는 재정과 일반 행정에 관한 심의·의결권을 통해 폭넓은 감시, 비판 기능과 정책통제 기능을 행사한다.

이러한 지위를 가지는 지방의회는 단지 자문에 의해 의견을 진술하거나, 집행작용에 참여하는 것이 아니라 지방의회의 의사가 결정되면 그것이 바로 자치단체의 의사와 행위로 성립되는 것이다.

(6) 정부 형태에 따른 의회의 지위

지방의회와 집행기관의 상호 관계를 어떻게 정립하느냐에 따라 지방정부 기관 구성의 형태와 지방의회의 지위와 권한도 모두 다르게 된다. 예컨대, 기관통합형 기관 구성의 경우 지방의회는 의결권뿐만 아니라 집행권까지도 함께 가짐으로써 지방의회에 모든 권한이 통합된다. 그러나 기관분립형 정부 형태인 경우 지방의회는 의사기관으로서 정책을 의결하고 집행기관을 견제·감시하는 지위와 권한만을 갖게 된다.

따라서 기관통합형(機關統合型) 정부 형태의 경우 지방의회는 명실상부 지방정부 최고의사결정기관의 지위를 가지지만 기관분립형(機關分立型) 정부 형태인 경우 지방의회는 집행기관과의 관계 맥락에서 작동하는 지방정부를 운영하는 두 수레바퀴 중의 하나이기 때문에 지방의회가 지방정부의 최고의사결정기관이라 말하기 힘들다. 그러나 지방의회는 주민 직선에 의해 구성되는 대표기관으로서 주민 의사를 수렴하여 지방정부에 반영하는 의사결정기관일 뿐만 아니라 지방자치단체장의 입법적 권한과 집행적 권한도 모두 지방의회가 의결한 기본 정책의 테두리 안의 세부 집행에 관련한 사항이기 때문에 지방의회는 여전히 지방정부의 최고의사결정기관의 지위를 가지는 것이다.

3 지방의회의 권한

1) 의결권

의결권(voting rights)은 지방의회가 최종적 결정을 내리는 의사결정 권한으로서 의회의 가장 본질적이고 핵심적인 권한에 속한다. 지방의회는 고유사무는 물론이고 단체위임사무까지 관여하는 지방자치단체의 최고 의사결정기관이기 때문에 이론적으로는 지방자치단체의 모든 자치사무의 처리에 지방의회의 의결을 필요로 한다. 그러나 의회가 모든 사무에 대해 의사를 결정하는 것은 현실적으로 불가능하기 때문에 중요한 사항만 다루고, 나머지는 모두 집행부에 위임 처리하고 있다.

지방의회 의결권의 범위에 영향을 미치는 영향 변수(affecting variables)로서는 지방자치 유형, 자치계층구조, 의결권 부여 방식 등을 들 수 있다. 지방자치 유형과 계층구조는 간접적 영향 변수라고 한다면 의결권 부여 방식은 직접적 영향 변수라 하겠다. 지방자치의 유형은 주민자치와 단체자치로 대별된다. 전자는 제도적 특성상 지방정부에 대해 사무가 광범위하게 주어지기 때문에 의결권도 넓게 나타나는 반면, 후자는 집권적 정치 체제의 영향으로 고유사무의 범위가 협소한 대신 위임사무의 범위가 넓게 나타나는 경향이 있으므로 의결권의 범위도 좁게 나타난다.

자치계층구조는 단층제(one tier system)와 중층제(multi-tier system)로 대별된다. 전자는 주민자치모형에서 선호하는 구조이기 때문에 의결권의 범위가 비교적 넓은 편이며, 중층제의 경우는 단체자치모형에서 선호하는 구조이므로 광역 및 기초단체 모두 의결권의 범위가 좁은 편이다. 특히 광역단체의 경우 기초자치단체의 보완적 사무를 주로 다루도록 설계할 경우 사무 범위는 더욱 협소해져 의결권의 범위도 좁게 나타나게 된다.

의결권의 부여 방식은 의결권 범위에 직접적 영향을 미치는 변수이다. 여기에는 제한적 열거 방식(limited enumeration)과 예시적 열거 방식(exemplified enumeration)이 있다. 열거 방식은 중앙정부와 지방정부의 사무배분에 주로 활용되고 있지만 의결권의 범위 결정에도 이것이 이용된다. 즉 의결권의 범위를 결정하는 제한적 열거 방식은 법률에 의결 사항을 하나하나 나열하여 지정하기 때문에 그 범위가 좁게 나타나는 반면, 예시적 열거 방식은 비록 법률상에 의결권이 하나하나 지정되더라도 이것은 지방정부가 의결해야 할 대상의 전부가 아니라 하나의 예시에 불과한 것이므로 필요할 경우 예시 이외의 다른 의결권도 행사할 수 있다는 점에서 의결권의 범위가 비교적 넓은 편이다.

우리나라의 지방의회 의결권은 헌법에서 법률로 정하도록 유보하고, 지방자치법은 지금까지 제한적 열거 방식에 의해 의결권을 부여해 왔다. 따라서 미국의 워싱턴 시(Washington, D. C.) 자치법이나 뉴욕 시의 헌장과 같이 예시주의를 채택한다는 명문의 규정(정세욱, 2000: 530-533)을 두지 아니하기 때문에 우리나라 지방의회의 의결권은 매우 협소한 편에 속한다.

현행 우리나라 지방자치법이 정하는 의결권의 범위는 ① 조례의 제정 및 개폐, ② 예산의 심의 및 확정, ③ 예산의 승인, ④ 법령에 규정된 것을 제외한 사용료, 분담금, 지방세 또는 가입금의 부과와 징수, ⑤ 기금의 설치 운영, ⑥ 대통령령으로 정하는 중요 재산의 취득 및 처분, ⑦ 대통령령을 정하는 공동시설의 설치 관리 및 처분, ⑧ 법령과 조례에 규정된 것을 제외한 예산 외 의무 부담이나 권리의 포기, ⑨ 청원의 수리와 처리, ⑩ 외국 지방자치단체와의 교류 협력에 관한 사항, ⑪ 기타 법령에 의하여 그 권한에 속하는 사항 등을 규정하고 있다(법 제35조 1항). 이 밖에도 지방자치단체는 지방의회에서 의결되어야 할 사항을 따로 조례로 정할 수 있도록 지방자치법이 규정하고 있다. 즉 위에서 제시된 10개 사항 외에 지방자치법의 다른 규정, 다른 법령의 규정에서 정하는 의결 사항과 조례로써 정하는 의결 사항도 의결할 수 있도록 함으로써(지방자치법 제35조 2항)[2] 우리나라는 법령의 명확한 근거 위에서 의결권이 행사되는 제한적 열거 방식에 충실한 입법정책을 유지해 왔다.

그러나 우리나라는 지방자치단체의 책임 체제를 확립하고 사무의 능률화를 위해 지방의회의 권한을 제한 열거하고 있지만, 민주적 운영과 능률적 운영의 조화를 이룩하고, 의결기관인 지방의회의 지위를 존중하기 위해 조례로써 지방자치단체의 사무에 대해 지방의회의 의결을 거치도록 규정한 것은 내용적으로 폭넓은 의결권을 행사할 수 있는 토대를 마련하고 있다(법 제35조 제2항). 결론적으로 우리나라 지방의회 의결권은 형식상으로는 제한적 열거주의를 따르지만 내용적으로는 예시적 열거주의를 지향하고 있는 것으로 보인다.

이러한 의결권이 지방의회에 부여된다 하더라도 그 적용 과정에는 일정한 한계가 있다. 우리나라 헌법 제117조는 법령의 범위 안에서 자치에 관한 규정을 제정할 수 있다고 규정하고 있으며, 이에 근거하여 지방자치법 제22조는 지방자치단체는 법령의 범위 안에서 그 사무에 관해 조례를 제정할 수 있다고 규정하고 있다. 다만, 주민의 권리 제한 또는 의무 부과에 관한 사항이나 벌칙을 정할 때에는 법률의 위임이 있어야 한다. 또한 지방자치법 제24조는 시·군·구의 조례나 규칙은 시·도의 조례나 규칙을 위반해서는 아니 된다고 규정함으로써 법률적 한계를 분명히 하고 있다. 그리고 지방의원들의 지적 능력과 경험 부족으로 인한 불합리한 의사결정, 중앙정부가 제시하는 모범 조례(안)를 지방정부가 준수해야 하는 것 등은 지방의회의 의결권을 사실상 제약하는 한계 요인으로 지적된다.

---

2) 지방자치법의 다른 규정 및 다른 법령에 근거한 의결 사항으로는 지방자치단체의 폐치 분합, 자치단체의 명칭과 구역 변경에 대한 의견 제출, 행정구와 읍·면·동의 명칭과 구역의 변경 또는 폐치 분합, 지방채의 발행, 세입세출예산 외의 채무부담행위, 예비비 지출의 승인, 특별회계의 설치, 지방세 부과·징수·감면(이상은 지방자치법), 도시계획 결정에 대한 의견 제출(도시계획법) 등에 관한 사항이 있다.

2) 행정감시권

지방의회의 의결권이 넓은 의미에서 정책적 기능에 속한다면 행정감시권은 통제적 기능에 속한다. 즉 지방의회는 주민의 대표기관으로서 지방자치단체의 정책을 결정할 뿐만 아니라 그 정책이 주민의 복리 증진을 위해 적합하게 집행되고 있는가를 감시하는 기능을 수행한다. 만약 집행기관이 위법·부당한 처리를 했을 경우 지방의회는 이에 대한 시정 조치를 집행부에 요구한다.

이처럼 지방의회에 많은 감시 권한(supervisory power)을 부여하는 것은 지방자치단체장 또는 집행기관에 대해 지방의회가 우월한 지위에 있기 때문이 아니라, 양 기관이 상호 대등한 관계에서 견제와 균형 관계를 유지하기 위한 것이다. 즉, 지방의회가 집행기관의 독주를 막기 위해 감시통제권을 가지듯이 자치단체의 장은 지방의회의 위법적·월권적 행위에 대해서 거부권, 재의요구권, 선결처분권 등을 행사하여 양 기관이 상호 견제와 균형을 유지하도록 하고 있다. 지방의회에 주어진 감시 통제적 권한으로는 행정사무 감사권과 조사권, 동의권, 서류제출 요구권, 행정사무 처리 상황 보고 및 질문 응답 요구권, 의견제출권 등이 지방자치법에 규정되어 있다.

지방자치단체의 행정사무감사(audit of administrative affairs)는 제1차 정례회의 회기 내에서 행하되, 그 기간은 시·도의 경우는 10일 이내, 시·군 및 자치구의 경우는 7일 이내로 한다(지방자치법시행령 제16조 제1항). 지방의회는 당해 지방자치단체 내의 사무를 감사하고자 할 때는 본회의에서 이를 행하거나 소관 상임위원회별로 또는 특별위원회로 하여금 이를 행한다(법시행령 제17조 제1항). 상임위원회와 특별위원회는 지방자치단체에 대한 감사를 하고자 할 때에는 감사계획서를 작성하여 본회의에 제출하고 승인을 얻어 감사를 행한다(법시행령 제17조의 2 제1항).

행정사무조사(investigation of administrative affairs)는 지방의회가 당해 단체의 의사결정기관으로서 의결권을 비롯하여 광범한 권한을 유효적절하게 행사할 수 있도록 지방의회에 보조적으로 인정한 권한이라고 할 수 있다. 이러한 조사권은 헌법에 규정되어 있는 국회의 국정조사권에 비유할 수 있는 지방의회의 권한이다. 조사권의 대상은 현재 의제로 되어 있는 사항에 관한 조사뿐만 아니라 여론의 초점이 되어 있는 사건의 실상을 명백하게 하기 위한 조사, 지방자치단체의 주요한 사무의 집행 상황과 관련되는 것이 일반적이다. 조사권은 이처럼 지방자치단체의 사무에 관해 광범위하게 행사되고 있지만 구체적인 조사의 취지 목적에 비추어서 일정한 한계가 있다. 즉 지방의회 권한의 행사를 보조하기 위해 설치한 취지에 비추어 보아 지방의회와 특정 의원의 특수한 이해관계를 위해 조사권을 발동하는 것은 그 목적을 일탈하는 위법 또는 부당한 권한의 행사가 된다.

의회의 동의권(consents of council)은 지방자치단체장의 권한 행사 과정에 의회가 개입하는 것으로서 지방정부를 통제하는 수단이 되고 있다. 예컨대, 국가가 사용하는 지방자치단체의 재산 또는 공공시설에 관한 국가의 사용료 부담 면제(지방재정법 제27조), 시·도가 시행하는 토목건설 사업에 대한 시·군의 경비 부담(지방재정법 제25조 제2항), 각 회계 간의 재산 이관 시에 무상 처리(지방재정법 제 31조) 등에 대한 동의가 여기에 해당한다. 동의는 법적 효력을 발생시키기 위한 전제로서의 효력 요건이기 때문에 이러한 절차를 무시한 행위는 원칙적으로 무효이다.

사무보고(report on administrative affairs) 및 서류 제출의 권한은 지방의회가 가지는 감시 기능으로서 지방의회는 집행부가 처리하는 일정 사무에 대해 보고를 받거나 지방의회의 심의 또는 집행 상황의 내용 파악을 위해 일정한 서류를 의회에 제출받을 수 있는 권한을 말한다. 단체장의 사무보고 사항은 단체장의 선결처분, 의회가 요구한 사항, 청원 처리, 기타 중요한 사건이 여기에 해당하며, 서류 제출 사항은 예산에 관한 설명서, 결산과 함께 제출하는 서류, 재정적 지원을 하고 있는 공익법인의 사업설명서 등이다.

행정사무 처리 상황 보고(report on treats of administrative affairs) 및 질문 응답 요구의 권한은 지방자치단체의 장이나 관계 공무원으로 하여금 지방의회나 그 위원회에 출석케 하여 행정사무의 처리 상황을 보고하거나 의견을 진술하고 질문에 응답을 요구할 수 있는 권한을 말한다. 즉 지방자치단체장이나 관계 공무원은 지방의회나 그 위원회가 요구하면 출석·답변해야 할 의무가 있으며, 만약 특별한 이유가 있으면 지방자치단체장은 관계 공무원에게 출석·답변하게 할 수 있다. 이러한 출석·답변을 위한 관계 공무원의 범위는 조례로 규정하도록 하고 있다.

의견제출권(opinion presentations)은 집행부의 사무 집행에 대해 의회의 입장에서 의견을 제출하는 것으로서 단체장의 행정행위에 통제를 가할 수 있는 장치가 된다. 지방자치단체는 특정한 중요 사항에 대해 지방의회로부터 의견을 듣도록 되어 있다. 즉 지방자치단체의 명칭과 구역을 변경하거나 지방자치단체의 폐치 분합 시에 관계 지방자치단체의 의회 의견을 반드시 듣도록 한 것이 여기에 해당한다. 이처럼 당해 지방자치단체 내의 중요 사항에 대해 주민의 대표자인 지방의회로부터 의견을 듣게 하는 것은 주민들의 이해관계가 많은 사항에 대해 조정할 수 있는 기회를 부여하려고 하는 것이다. 지방의회의 의견서는 의결을 거쳐 작성되며, 의장 명의로 단체장에게 이송한다. 의견서의 제출이 있는 경우에 관계 지방자치단체는 그것을 수리할 의무가 있지만 반드시 그 의견에 구속되는 것은 아니다.[3] 지방의회는 이러한 법적 사항 외에도 당해 지방자치단체의 공익 사항과 관련될 때 외부기관에 대해 의견을 제출할 수 있음은 물론이다.

3) 청원수리권

청원(請願)이라 함은 국가 또는 지방공동단체의 소관 사항에 대해 일정한 희망 사항을 진술하는 것으로서 국민의 기본적 권리의 하나이다. 우리나라 헌법 제26조는 모든 국민은 법률이 정하는 바에 의해 국가기관에 문서로 청원할 권리를 가지며, 국가는 청원에 대해 심사할 의무를 진다라고 규정하고 있어 국민의 기본적 권리임을 분명히 하고 있다. 국민의 기본권을 자유권, 수익권, 참정권으로 대별할 때, 청원권은 국가 또는 지방공공단체의 공무에 직접 참여하는 권리가 아니므로 참정권에는 해당하지 않으나

3) 지방의회는 실제 운영에서는 의견서인 것을 결의의 형태로 의결할 수도 있는데, 이 경우 양자 모두 의회의 의사 표명인 점에서 실질적인 차이가 없다. 다만 의견서는 지방자치법에 법적 근거를 두고 있는데 대해 결의는 일반적으로 지방의회의 의사 표명에 지나지 않는다.

어느 누구도 자유로이 청원할 수 있다는 점에서 자유권적 성질을 가지며, 또한 사안에 따라서는 공공기관에 대해 일정한 수익을 청구할 수 있는 점에서 수익권적 성질을 동시에 지닌다.

우리나라 청원법 제4조는 ① 피해의 구제, ② 공무원의 비위의 시정 또는 공무원에 대한 징계나 처벌의 요구, ③ 법률·명령·규칙의 제정 및 개정 또는 폐지, ④ 공공의 제도 또는 시설의 운영, ⑤ 기타 공공기관의 권한에 속하는 사항에 한해 청원할 수 있게 청원 사항을 제한하고 있다. 따라서 이러한 사항이 아닌 사항은 단순한 진정에 불과하고,[4] 반면에 진정서라 이름 붙였더라도 그 내용이 청원 사항이면 그 진정은 청원으로 취급해야 한다.

진정(陳情)은 공공기관에 대해 특정한 공무와 관련된 이해관계자가 그 실정을 호소하여 당국의 적절한 설치를 요구한다는 점에서 청원과 동일하나 국민기본권의 하나로 헌법에 규정되어 있지 않으며, 특히 권리의 행사를 강력히 보장하는 법률의 제정을 통한 보호마저도 받지 못하고 있는 점에서 청원과는 다르다. 특히 구두 또는 비공식적 방법에 의해서도 제출 가능하므로 진정은 법률행위보다 사실행위에 더 가깝다고 하겠다(大出峻郎, 1978: 525-537).

우리나라 청원에 관한 일반법인 청원법에서 진정이란 용어는 발견되지 않으며, 다만 국회나 지방의회의 회의규정에서 발견될 뿐이다. 국회나 지방의회의 회의규정에서 진정의 처리 절차를 규정하고 있다면 이에 따라 진정은 처리되겠지만, 이러한 규정을 가지고 있지 않는 공공기관에 대한 진정은 적어도 법적으로는 그 처리의 의무가 발생하지 않는다. 그리고 청원의 수리권은 의장이 행사하고, 진정의 수리권은 사무처장이 가진다는 점에서 양자의 차이가 존재한다(김현조, 1991: 7-8).

청원은 반드시 문서에 의하지 않으면 안 된다(청원법 제6조). 이것은 형

---

4) 진정은 공공기관에 대해 특정한 공무와 관련된 이익관계자가 그 실정을 호소하여 당국의 적절한 조치를 요구한다는 점에서 청원과 동일하나 국민기본권의 하나로 헌법에 규정되어 있지 않으며, 특히 권리의 행사를 강력히 보장하는 법률의 제정을 통한 보호마저도 받지 못하고 있는 점에서 청원과는 다르다. 특히, 구두 또는 비공식적 방법에 의해서도 제출 가능하므로 진정은 법률행위보다는 사실행위에 지나지 않는다고 하겠다.

식적 요건의 하나로서 청원의 취지, 제출 연월일, 청원자의 주소 및 성명(법인의 경우는 명칭 및 대표자)을 기재하고 서명·날인해야 한다. 서명(署名)이라 함은 본인의 이름을 자필로 쓰는 것이며, 날인(捺印)은 인장을 찍는 것을 말한다. 이는 책임의 소재를 명확히 하기 위한 것이므로 청원자의 신분이 확인되는 한 기명·날인 또는 기명·무인해도 무방하다 할 것이다. 기명(記名)은 타인 또는 인쇄에 의한 이름의 기재를 말하며, 무인(拇印)은 엄지손가락에 의한 인장을 말한다. 따라서 이상의 요건을 충족하지 못한 가두 서명에 의한 청원이나 복사본은 법적으로 무효이다.

지방자치법에 의한 의회에의 청원은 청원법에 의한 행정기관에의 청원과는 달리 반드시 의원의 소개 행위가 필요하다(국회청원심사규칙 제3조, 지방자치법 제66조). 의원의 소개(紹介)는 무책임한 청원의 제출을 규제하여 공정을 기하고자 하는 데 그 목적이 있으며, 청원 자체를 특별히 제한하고자 한 것은 아니다. 의원이 소개 행위를 함에 있어서 인원 수는 특별히 한정할 필요가 없다. 만약 국회나 지방의회의 청원처리 규청에 소개 의원을 2인 이상 요구하고 있다면 그것은 제도의 취지에 반한다 하겠다.

청원의 수리는 의회가 개회 중이거나 폐회 중에 있다 하더라도 모두 가능하다. 따라서 소정의 양식이 정비되어 있는 한 의장에게 제출된 청원은 수리되지 않으면 안 된다. 여기에서 수리라 함은 의회가 청원의 내용을 이해하고 의회 심의를 전제로 접수하는 것을 의미한다. 청원이 회기의 최종일에 제출된 경우는 비록 그 청원이 수리되었다 하더라도 위원회에 회부하여 심의를 종료시키는 것이 사실상 곤란하므로 차기의 회의에 이월하여 처리하는 것이 대부분이므로 회기 중 제출된 청원은 미리 청원의 제출 기간을 규정해 두는 것이 좋다.

청원서가 의회에 제출되면 처리 절차에 따라 처리되지만 청원 내용의 채택 기준은 첫째, 당해 지방자치단체의 권한에 속하는 사항일 것, 둘째, 청원 내용이 실현가능성이 있을 것 등이다. 그러나 위의 두 가지 조건의 충족 여부는 개개의 사항에 대해 구체적으로 판단하지 않으면 안 된다. 특히 여기에서 주목되는 것은 둘째의 경우로서 내용이 타당하다고 해서 어떠한 청원이라도 모두 채택 가능한 것은 아니며, 실현가능성이 반드시 존재해야 한다. 실현가능성이라 함은 청원의 내용이 법령상 또는 행·재정적으로 실현가능한 것을 한다. 따라서 법령에 위배되는 사항, 공익상 허용되지 않는 사항, 행·재정적 지원 불가능한 사항, 그리고 당해 지방자치단체의 계획 등을 고려할 때 가까운 장래에 실현되기 곤란한 것은 당연히 채택 대상에서 제외된다. 실현가능성의 시기에서는 해당 연도 또는 익년도와 같이 극히 가까운 시기로 한정하여 해석하는 것이 통설이다.

4) 자율권

지방의회는 그 조직과 운영에서 자율권을 갖는다. 의회의 내부 문제에 관한 한 국가의 관여가 배제되고 집행기관인 자치단체장의 관여가 허용되지 아니한다. 의회의 자율권은 의회주의 사상에 뿌리를 두고 있고, 권력분립의 원칙이 이를 뒷받침하고 있으며, 이는 또한 의회가 입법 활동과 예산심의 활동, 그리고 감시·비판 기능을 효과적으로 수행하는 데 필요한 불가결의 요건이기도 한 것이다. 우리나라 지방자치법에 규정된 의회의 자율권은 내부조직권(內部組織權), 의사자율권(議事自律權), 의원신분심사권(議員身分審査權) 등으로 대별된다. 내부조직권은 의장단의 구성, 위원회의 설치, 사무조직의 설치 등을 포함한다. 의장단의 구성은 우리나라의 경우 지방자치가 시행된 이래 지금까지 의원 중에서 호선하는 방법을 선택해 왔다. 현행 지방자치법은 시·도의 경우 의장 1명과 부의장 2명을, 시·군·구의 경우 의장과 부의장 각 1명을 무기명투표로 선거하도록 하고 있다(법 제48조). 그리고 의장단에 대한 의원의 불신임결의권도 넓은 의미의 내부조직권에 포함된다. 위원회의 구성은 지방의회 조례로 정하도록 되어 있으며, 종류는 상임위원회와 특별위원회를 두도록 정하고 있다. 현재 우리나라는 상임위원회를 시·도의회와 의원정수 13인 이상인 시·군·구의회에만 설치할 수 있도록 제한하고 있다. 앞으로 필요하다고 인정될 때에는 위원회의 종류를 조례에 포괄 위임하기보다 지방의회의 의원정수, 지방자치단체의 인구 규모와 특성에 따라 설치할 수 있는 위원회의 종류를 적절하게 예시해 줌으로써 유사한 규모의 지방자치단체 간에 위원회의 종류가 어느 정도 균형을 유지하도록 함이 바람직할 것이다. 특별위원회의 구성에서는 윤리

특별위원회를 둘 수 있도록 규정하고 있고(법 제57조), 나머지 특별위원회의 구성에 대해서는 의회의 의결로써 설치할 수 있다(시행령 제56조). 사무조직의 설치는 역시 조례로 정한다. 시·도의회의 경우 사무처를 둘 수 있으며 사무처에는 사무처장과 직원을 둔다. 시·군·구의회의 경우 사무국 또는 사무과를 둘 수 있으며, 여기에는 사무국장 또는 사무과장과 직원을 둘 수 있다. 또한 지방의회에 두는 사무직원의 정수는 조례로 정하며(법 제91조), 지방의회 의장의 추천에 따라 지방자치단체의 장이 임명한다. 다만, 지방자치단체의 장은 사무직원 중 별정직·기능직·계약직 공무원에 대한 임용권은 지방의회 사무처장·사무국장·사무과장에게 위임해야 한다.

의사자율권은 회의규칙의 제정, 개회·폐회의 자주적 결정, 회의 공개의 정지 등이 관련된다. 회의규칙은 내부 운영에 관련된 절차 규정으로서 지방의회가 자율적으로 제정한다. 개회·휴회·폐회·회기 등은 지방의회가 의결로 정하며, 연간 총 회의 일수와 정례회 및 임시회의 회기는 당해 지방자치단체의 조례로 정한다. 그리고 지방의회의 회의는 원칙적으로 공개한다. 다만, 의원 3명 이상이 발의하고 출석 의원 3분의 2 이상이 찬성한 경우 또는 의장이 사회의 안녕 질서 유지를 위하여 필요하다고 인정하는 경우에는 공개하지 아니할 수 있다(법 제65조).

의원신분심사권은 의원 사직의 허가, 의원 자격의 심사 및 결의, 의원의 징계 등이 관련된다. 의원의 사직은 법률적 요건의 충족에 따라 당연히 자격이 상실되는 퇴직과는[5] 달리 의원의 개인적 사정으로 자격 상실을 자청한 경우인데, 의회는 이를 심의하여 허가할 수 있다. 의원 자격의 심사라 함은 다른 의원의 자격에 대해 이의가 있어 재적 의원 4분의 1 이상의 연서로 의장에게 자격심사를 청구하는 것을 말한다. 자격 상실의 의결은 재적 의원 3분의 2 이상의 찬성이 있어야 한다. 의원의 징계는 법률 위반이나 부당한 처신 등으로 지방의원의 품위를 손상시켰을 때 가해지는 제재로서

5) 지방의원의 퇴직 사유는 ① 의원이 겸할 수 없는 직에 취임할 때, ② 피선거권이 없게 될 때, ③ 징계에 따라 제명될 때 등이다(지방자치법 제78조).

여기에는 ① 공개회의에서의 경고, ② 공개회의에서의 사과, ③ 30일 이내의 출석 정지, ④ 제명 등이 있다. 제명에는 재적 의원 3분의 2 이상의 찬성이 있어야 한다.

4 지방의원의 지위 · 역할 · 자질

1) 지방의원의 지위

지방의원의 지위는 명예직과 유급직의 문제, 그리고 겸직 여부, 정당 관계 등의 문제에 관련되어 있다. 대체로 대의회제를 채택하는 경우는 지방의회 의원을 명예직으로 하고 있는데 반해 소의회제를 채택하는 경우는 유급직으로 하는 경향이 있다. 우리나라는 과거 지방의회 의원의 지위를 명예직으로 하되 ① 의정 자료의 수집, 연구와 이를 위한 보조 활동의 소요경비를 보전하기 위해 월정액으로 지급되는 의정활동비, ② 본회의 또는 위원회의 의결이나 의장의 명에 의한 공무 여행을 할 때의 여비, ③ 회기 중의 활동을 지원하기 위해 회기수당을 지급하도록 했다. 그러나 2006년에 개정된 지방자치법은 기초와 광역 모두 명예직에서 유급직으로 전환됨으로써 의원의 지위가 종전보다 한층 강화되었다.

그러나 유급직에 반대하는 의견도 적지 않다. 지역의 발전과 공공복리 증진을 위해 봉사한다는 것 자체가 주민의 도덕적 책무이고, 무보수로 봉사함으로써 주민들로부터 존경을 받을 뿐만 아니라 사무 그 자체가 봉급을 받아야 할 만큼 양적으로 많거나 질적으로 고도의 전문지식을 요하는 것이 아니기 때문에 명예직으로 함이 타당하다고 주장하는 사람이 있다. 그러나 지방의원의 유급직은 유능한 젊은 인재의 지방의회 진출을 촉진하여 전국적 정치인을 양성할 수 있으며, 의원들로 하여금 직무 수행에 전념하게 할 수 있고, 부정부패나 이권 개입을 방지하여 주민대표로서의 품의를 유지할 수 있다는 주장이 맞서고 있다. 그러나 우리나라는 최근 후자의 입장을 수용했다.

그리고 지방의원에 대해 겸직을 허용할 것인가, 금지할 것인가의 문제는 역시 의회의 규모에 관련된다. 대의회제의 경우 지방의원의 수가 많기 때문에 재정적 부담 등의 문제로 명예직으로 운용하면서 겸직을 널리 허용하는 경향이 있으며, 소의회제의 경우는 지방의원을 전임의 유급직으로 운영하기 때문에 당해 지방정부로부터 상당한 보수가 주어지므로 국가 및 공공단체의 다른 상근 유급직원을 겸할 수 없도록 금지하는 경향이 있다. 지방의원의 겸직 허용 범위를 넓게 하면 본업을 가진 유능한 인재들이 지방의회에 진출할 수 있는 기회가 확대되지만 본업의 수행에 따른 시간적 제약으로 주민의 복지 증진을 위한 공무 수행에 전념할 수 없는 단점을 가지고 있다. 반대로 지방의원의 겸직 범위를 축소 및 금지할 경우 의정활동에 전념할 수 있는 여건이 조성되어 주민을 위한 공익 증진에 주력할 수 있는 장점은 있으나 전문성과 정치력을 가진 유능한 인재의 진입을 제약하는 한계가 있다.

1949년 제정된 우리나라 지방자치법에 의하면 지방의회 의원은 국회의원과 다른 지방의회 의원, 당해 자치단체의 유급직원을 겸할 수 없도록 규정했으나, 1956년 2월의 2차 개정 시에는 이를 더욱 강화하여 국가 또는 모든 지방자치단체의 유급직원을 겸할 수 없도록 확대했다. 또한 1960년 11월 개정된 지방자치법은 지방의회 의원으로 하여금 ① 국가, 지방자치단체 및 공공단체의 유급직원을 겸할 수 없고, ② 당해 자치단체 및 공공단체, 영리시설(재산)의 양도인 또는 관리인이 될 수 없으며, ③ 국회의원 또는 다른 지방의회 의원의 후보자가 되려면 그 의원직을 사임하도록 했다. 특히 의원의 생활 안정과 전문성 제고를 위해 2006년 지방자치법의 개정을 통해 지방의원의 신분을 유급직으로 전환함으로써 겸직 금지의 범위는 더욱 확대되었다.[6] 즉 2009년 4월 지방자치법의 일부 개정으로 동법 제35조

6) 현행 지방자치법 제35조에 규정된 지방의원의 겸직 금지 대상은 ① 국회의원 및 다른 지방의회의 의원, ② 헌법재판소 재판관, 각급 선거관리위원회 위원, ③ 국가공무원법 제2조에 규정된 국가공무원과 지방공무원법 제2조에 규정된 지방공무원, ④ 공공기관 운영에 관한 법률 제4조에 규정된 임직원, ⑤ 지방공기업법 제2조에 규정된 지방공사와 지방공단의 임직원, ⑥ 농업협동조합·수산업협동조합·산림조합·엽연초생산협동조합·신용협동조합, 새마을금고의 임직원과 이들 조합의 중앙회장이나 연합회장, ⑦ 정당

1항의 8호 및 9호가 추가되었다.

2) 지방의원의 역할

(1) 정책적 역할

지방의원이 주민의 대표기관으로서 해야 할 역할 중의 하나는 정책적 역할(policy role)이다. 이것은 지방정부가 확보해야 할 바람직한 상태를 실현하기 위해 정책을 입안하고 심의 결정하는 기능으로서 여기에는 주민이 지방정부에 바라는 사항이 무엇인지 민의를 파악하는 일, 이를 정책의제로 전환시키는 일, 정책을 최종적으로 탄생시키는 의결 과정에 참여하는 일이 포함된다. 이 중에서 가장 중요한 것은 주민들의 절실한 정책적 요구가 무엇인지를 찾아내어 정책의제(policy agenda)로 전환하는 것이다. 그러기 위해서는 지방의원은 모든 지방자치 과정에 항상 문제 의식을 가지고 관심 있게 사물을 바라보고 주민의 편에서 사고하는 자세와 제기된 문제의 해결 방안을 제시할 수 있는 전문지식(expert knowledge)의 함양에 진력하지 않으면 안 된다. 따라서 지방의원은 정책을 건의하고 조례를 정립하는 정책개발자 또는 정책제안자의 역할을 수행하는 것이다.

지방의원의 정책적 역할을 논의할 때 주의를 요하는 것은 주민 선호와의 합치(合致) 문제이다. 여기에서의 합치는 지역 주민의 정책 선호와 의원의 공식적 활동 사이에 긍정적 상호 관계가 존재함을 의미한다. 의원은 지역구민의 의견에 반응을 보일 수도 있고 또 그렇게 함으로써 주민의 요구와 일치되는 태도나 행동을 증명해 보일 수도 있다. 그러나 선거구민의 요구에 따라 행동하더라도 진실로 주민의 요구가 선거구민에게 최상의 이익이 되지 않을 수도 있으며, 이와 반대로 지방의원이 행정기관이나 관료집단과 같은 선거구민이 아닌 집단이나 이익단체의 입장을 위해 정책을 결정하더라도 이러한 행동이 결과적으로 출신지역에 이익이 되는 것 경우도 있다.

따라서 지방의원은 선거구민의 소망과 관계없이 선거구민에게 최상의

법 제22조에 따라 정당의 당원이 될 수 없는 교원, ⑧ 다른 법령에 따라 공무원의 신분을 가지는 자, ⑨ 그 밖의 다른 법률에서 겸임할 수 없도록 정한 직 등이다.

이익이 된다고 그 자신이 생각하는 바에 따라 행동해야 하는가, 아니면 자신의 개인적 견해와는 관계없이 지역구의 표출된 소망만을 따라야 하는가의 문제로 요약된다. 결론적으로 정책적 역할은 선거구 주민의 의사를 초월하는 지역 전체의 이익을 위해 노력할 때 지방의원의 정책적 역할은 더 높은 가치를 부여받을 수 있을 것이다. 이러한 정책적 대응을 위해 지방의원은 지역구 주민들에게 지역 발전을 위해 무엇이 필요한지 지속적으로 문제를 던지고 이에 대한 의견을 수렴하는 노력이 요청된다.

(2) 봉사적 역할

지역 주민을 위한 지방의원의 또 하나의 대응은 의원들의 공식적 의정활동 외에 개인이나 집단들을 위해 실제로 수행하는 봉사와 관련된다. 봉사적 역할(service role)은 의원이 자신의 선거구민들을 위해 할 수 있는 공식 및 비공식적 편익과 혜택의 제공을 의미한다. 선거구민들이 기대할 수 있는 봉사, 그리고 의원 자신이 마땅히 수행해야 한다고 생각하는 봉사에는 여러 가지가 있지만 그 가운데에는 선거구민의 개인 문제에 관한 서면 문의에 응답해 주거나 또는 회합의 주선, 방문객에게 편의 제공 등의 봉사활동도 포함된다. 지역구민들에게 시사통신문을 보내 주거나, 지방신문에 칼럼을 기고하는 일도 지역구민에게 관심 사항이 되거나 유용한 입법정보를 제공하는 데 이용될 수 있다.

의원은 공식적인 지위와 그에 따른 영향력을 통해 자신의 선거구민들의 개인적 문제를 해결해 줄 수 있는 입장에 있다. 의원은 사회복지 문제, 일자리를 마련해 주는 일 등 관청과 지역구민들 사이에 있을 수 있는 어려운 문제들에 대해 개입하게 된다. 이러한 봉사적 활동은 과거 주변의 몇 사람들에게만 집중되던 것이 지금은 모든 사람에게 일반화되고 있기 때문에 시간의 흐름과 더불어 더욱 강화되는 추세를 보이고 있다.

(3) 배분적 역할

의원은 지역 주민들에게 재정자원을 배분하는 위치에 있다. 자원에 대한 배분적 역할(distributional role)을 할 경우 사업의 결정과 예산의 배정에서 출신지역이 더 유리할 수 있도록 결정에 참여할 수도 있고, 전체 지역의 발전을 고려하여 결정에 참여할 수도 있다. 특히 자신의 지역구를 위해 특정 재정자원을 배분하고자 할 경우 출신지역 주민을 동원하는 방법도 활용할 수 있다. 그러나 지역구 지방의원은 어디까지나 지역 전체의 발전을 위해 어떠한 자원의 배분이 바람직한 것인가를 먼저 생각하고, 그 다음 지역구를 고려해야 할 것이다. 만약 지역구의 자원배분이 다른 지역에의 자원배분과 동일한 효과를 가져올 수 있다면 자신의 지역구 자원 배분에 진력해야 할 것이다. 그러나 특정 의원의 지역구를 위한 무조건적 배분 대응은 지역 발전(regional development)과 지역 화합(regional peace)의 차원에서 많은 문제를 낳게 된다.

(4) 상징적 역할

지방정치에선 의원이 선거구민들부터 지지를 받고 또 이를 확산시키기 위해 일련의 상징적 활동들이 필요하다. 상징적 역할(symbolic role)은 지역 주민들에게 꿈과 희망을 심어 주는 비전의 제시와 같은 효과를 가져온다. 지방의원이 행하는 행위들로부터 지역 주민들은 자신의 미래를 읽어볼 수 있다. 정치인들의 행동은 많은 상징적 의미를 가지기 때문에 의도적으로 상징적 활동을 행하게 되는 경우가 많다. 예컨대, 사랑방 대화를 자주 나누거나 전화의 상담, 경제적으로 타격을 받은 지방을 방문하는 것 등의 이러한 상징적 행동들의 목적은 진실로 주민의 대표자이며, 주민의 요구에 대응할 태세를 갖추고 있다는 인상을 풍기려는 것이다. 신뢰(confidence)와 신임(trust)을 불러일으키는 것이 그렇게 하지 않는 경우보다도 의원으로서 직무 수행을 훨씬 수월하게 할 것이다. 대의정치의 필수 조건으로 정책적 역할을 강조하고 있으나 이들의 많은 것은 상징적 대응이 없이는 실현되기 불가능한 것들이 많다. 따라서 진정한 지역의 이익을 극대화하고 바람직한 발전을 추구하기 위해서는 우선적으로 이러한 상징적 역할이 우선되어야 한다.

3) 지방의원의 자질

이러한 지방의원의 역할에 기초하여 바람직한 의원의 모습을 그려본다면 다음과 같은 것을 제시할 수 있다.

첫째, 도덕적 정당성(moral justification)을 가져야 한다. 의원은 도덕적으로 흠결이 없고 민주적 사고방식과 주민에 대한 투철한 봉사정신을 가진 사람이라야 한다. 민주적 사고방식을 갖는다는 것은 독단적이거나 권위주의적인 사고방식을 갖지 않는다는 뜻이며, 특수 이익에 밀착된 편파적 행동을 하지 않고 공동선을 추구하려는 사고방식을 갖는다는 뜻이다.

둘째, 의정활동의 성실성(faithfulness of council activity)을 가져야 한다. 명예직인 지방의원이 성실한 의정활동을 할 수 있으려면 적어도 건전한 생업 기반 위에서 의정활동에 많은 시간을 할애할 수 있는 양심적인 사람이어야 할 것이며, 유급직이 의정활동의 성실성을 담보하려면 의정에 대한 전문지식과 폭넓은 경험의 바탕 위에 봉사정신이 강한 사람이어야 할 것이다.

셋째, 정치 · 행정에 대한 풍부한 식견(sufficient knowledge)을 가진 사람이어야 한다. 지방의원의 역할은 정치 · 행정 과정에의 주체적 참여이기 때문에 이 분야에 대한 이해와 함께 문제점을 파악하고 대책까지 제시할 수 있는 능력을 보유한 사람이어야 한다.

넷째, 민주적 의사결정(democratic decision making)을 존중하는 사람이어야 한다. 대화와 타협을 통한 문제의 해결 방식을 선호하고, 그 결과에 승복할 줄 아는 민주적 태도가 요망된다.

다섯째, 개혁적 성향(innovative propensity)을 가져야 할 것이다. 개혁은 진보주의자만이 가지는 전유물이 아니라 보수적인 사람도 함께 공유해야 할 대상이다. 보수주의자는 현상에 만족하는 경향이 있지만 현상에 문제가 있다면 보수주의자도 새로운 변화를 추구하지 않으면 안 된다. 그러나 새로운 변화에 도전을 회피하는 현상 유지 성향의 인물은 격동하는 개혁적 상황에 적절히 대응하기 어렵다.

5 내부조직

1) 의장단

지방의회 의장단은 의장과 부의장을 말한다. 의장은 통상 1인이 선임되지만 부의장은 지방정부의 규모에 따라 다수로 선임될 수 있다. 그러나 이 경우라 하더라도 2인을 초과하지 않는 것이 일반적이다. 의장을 선임하는 방법은 지방의회에서 호선하는 방법, 주민 직선으로 선임하는 방법, 주민 직선의 단체장이 의장을 겸임하는 방법 등 세 가지가 있다. 그러나 우리나라는 아직 유권자가 지방의회 의장을 직접 선출하거나 단체장이 겸임하는 방식을 채택한 적이 없으며, 오직 직선으로 선임된 지방의원 중에서 호선하는 방식을 지금까지 유지하고 있다.

우리나라 현행 지방자치법은 의장은 1명, 부의장은 시도의 경우 2명(정무, 행정), 시군구는 1명으로 제한하고 있으며, 의장단의 임기는 2년으로 정하고 있다(법 제42조). 의장단의 임기를 지방의원의 임기와 일치시키면 의장단의 지위가 안정된 가운데 업무의 전문화를 도모할 수 있는 장점은 있지만 의장단에 대한 통제가 그만큼 약화될 가능성이 많다. 반면 의장단의 임기가 짧으면 전문성의 제고에는 한계가 있지만 실적과 능력에 대한 조기평가를 통해 의장단을 조기 교체함으로써 비능률적 부실 운영을 방지하고, 특히 독선과 권력 남용을 방지할 수 있는 장점이 있다. 이러한 비능률적 의회 운영을 조기에 시정하기 위해 우리나라 지방자치법(제49조)은 의장과 부의장이 법령을 위반하거나 정당한 이유 없이 직무를 수행하지 아니할 때는 지방의회는 이들에 대해 불신임을 결의할 수 있도록 규정하고 있다.

2) 위원회

지방의회는 공식적으로 부여된 기능의 수행에 필요한 회의조직을 요구한다. 여기에는 본회의와 위원회가 존재한다. 원칙적으로 의회의 모든 안건은 전체 의원이 참여하는 본회의에서 이를 결정해야 하지만, 의회가 처리해야 할 안건이 양적으로 증대되고 질적으로 복잡다양화됨에 따라 이들 안건 처리의 능률화와 전문화를 위해 소회의 체제인 위원회를 설치 운영하고 있다. 그러나 위원회란 본회의에서 처리해야 할 안건을 위임받아, 예비적·사전적으로 심사하는 하나의 내부조직에 불과한 것이기 때문에 여기에서 심사된 결과는 대외적으로 아무런 효력도 갖지 못하며, 오직 본회의에서 심의 의결될 경우에만 그 효력을 발생한다.

우리나라 지방의회의 경우에도 위원회 중심주의에 입각, 상임위원회(常任委員會)와 특별위원회(特別委員會)를 설치·운영하도록 하고 있으나, 상임위원회의 경우는 모든 광역자치단체가 설치 운영할 수 있지만 기초단체의 경우 의원정수가 13인 이상인 시·군 및 자치구에만 설치할 수 있고, 그 이하의 기초자치단체는 이를 설치할 수 없도록 하고 있다. 상임위원회의 수는 국가에 따라 다양하다. 1개의 분과위원회(分科委員會)를 두는 경우가 있는가 하면, 인구 비례 원칙에 의하되 상한을 두는 경우, 지방의회가 임의로 그 수를 정하는 경우 등이 있지만 대체적으로 규모가 큰 의회는 위원회 수가 많고, 규모가 작은 의회는 그 수가 적은 편이다. 그러나 의원 수가 적음에도 불구하고 많은 분과위원회를 두는 경우는 1인이 여러 위원회에 소속하여 중복 활동할 수밖에 없다. 그리고 상임위원회의 명칭은 담당하는 행정부서의 명칭에 따라 일반적으로 정해지지만 의원의 수가 작은 기초자치단체의 경우는 수개의 부서를 포괄하는 통합된 명칭의 위원회를 설치하게 되는 것이다.

현재 우리나라는 상임위원회를 시·도의회와 의원정수 13인 이상인 시·군·구의회에만 설치할 수 있도록 제한하고 있는데, 앞으로 필요하다고 인정될 때에는 위원회의 종류를 조례에 포괄 위임하기보다 지방의회의 의원정수, 지방자치단체의 인구 규모와 특성에 따라 설치할 수 있는 위원회의 종류를 적절하게 예시해 줌으로써 유사한 규모의 지방자치단체 간에 위원회의 종류가 어느 정도 균형을 유지하도록 함이 바람직할 것이다. 또한 지방의회 의원이 어느 한 상임위원회에만 소속될 필요는 없으며, 필요하다면 다른 위원회에 중복 소속되도록 하는 것도 무방할 것이다. 특히 지방의원의 정수를 줄이고 유급의 전임의원으로 바뀐 여건에서는 더욱 그러하다.

3) 사무기구

지방의회의 원활한 운영을 위해 의회 산하에 사무기구를 둘 수 있다. 우리나라 지방자치법 제90조는 시・도의회는 소관사무의 처리를 위해 조례로 정하는 바에 따라 사무처를 둘 수 있고, 또한 시・군・구의회는 조례로 정하는 바에 따라 사무국(과)을 둘 수 있도록 하고 있다. 지방의회에 두는 사무직원의 정수는 조례로 정하되 지방의회 의장이 추천하여 지방자치단체의 장이 임명한다. 다만, 지방자치단체의 장은 사무직원 중 별정직・기능직・계약직 공무원에 대한 임용권은 지방의회 사무처장・사무국장・사무과장에게 위임하도록 하고 있다(지방자치법 제90~91조).

그러나 과거 우리나라 지방의회는 지방의회의 서무를 처리하기 위해 사무국(과)을 두지 않고 의장이 간사와 서기 약간 명을 임명케 함으로써 지방자치단체의 관계 공무원이 이를 겸임하는 운영 형태를 취했다. 이러한 운영 방식은 예산 절감 효과를 가져올 수 있었는지 모르지만 지방의회의 기능을 관리하는 데에는 여러 가지 문제가 제기되었으므로 1988년 지방자치법의 전면 개정과 함께 이를 시정한 것이다. 즉 사무기구의 설치와 직원의 독립 근무가 이루어진 것이다. 그러나 의회 사무기구 직원에 대한 단체장의 임명은 아직도 유지되고 있어 의회의 독립성과 관련하여 문제로 남아 있다. 이러한 경우 의회 소속 직원들은 단체장의 눈치를 보며 일하는 근무 분위기를 피할 수 없으므로 단체장이 추천하여 지방의회 의장이 임면하거나 별도의 선발 과정을 마련할 수도 있다.

6 지방의회의 운영

1) 지방의회의 소집

지방의회 정기총회의 개최는 국가에 따라 다르게 운영하기 때문에 일률적으로 말할 수 없다. 매년 1회로 운영하는 국가가 있는가 하면, 매분기마다 1회, 매년 10회까지 운영하는 국가도 있다. 그러나 현 우리나라 지방의회 정기총회는 연 2회로 규정하고 있다. 임시총회는 어느 국가를 막론하고 필요시 수시로 개최되므로 그 횟수는 정해져 있지 않다.

우리나라 지방의회 소집은 의장이 한다. 그러나 총선거 후 최초로 소집되는 임시총회의 경우 의장이 선임되기 이전이기 때문에 이의 소집은 지방의회 사무조직의 장(사무처장, 사무국장, 사무과장)이 지방의회 의원 임기개시 일부터 25일 이내에 소집한다. 그 이외의 임시총회는 지방자치단체장 또는 재적 의원 3분의 1 이상의 의원이 요구하면 의장은 15일 이내에 임시총회를 소집해야 한다. 다만, 의장과 부의장이 사고로 임시회를 소집할 수 없으면 의원 중 연장자의 순으로 소집할 수 있다. 임시총회의 소집은 시·도에서는 집회일 7일 전에, 시·군·구에서는 집회일 5일 전에 공고해야 한다. 다만, 긴급할 때에는 그러하지 아니하다.

2) 의회의 회기

지방의회의 회기에 대해서는 대체로 이를 제한하는 국가와 이를 제한하지 않는 국가로 대별된다. 회기를 제한하는 국가는 대체로 의원의 신분을 명예직으로 운영하고, 회기를 제한하지 않는 국가는 유급직을 운영하는 경향이 있다. 즉 명예직은 일정한 월정 보수가 지급되지 않기 때문에 원칙적으로 의원들에게 많은 회의 일수를 요구할 수 없다. 만약 명예직 의원들에게 회의 일수를 많게 할 경우 생업에 열중하지 않아도 될 만큼 경제적 여유가 많은 기업가 출신이나 시간적 여유가 많은 정년퇴직자들이 대거 의회에 진출할 가능성이 높다. 즉 명예직으로서 회의일수를 많게 할 경우 결국 생업에 종사하는 어느 정도 시간적 여유를 가진 경륜과 전문지식을 갖춘 유능한 기업인들의 의회 진입을 막는 결과를 초래하게 될 것이다. 그러므로 의원 신분을 명예직으로 할 것인가 유급직으로 할 것인가, 또는 회의 일수를 많게 할 것인가 적게 할 것인가는 그 사회가 처해 있는 사회적 상황에 따라 결정되어야 할 문제이다.

우리나라는 1949년 지방자치법을 제정할 당시 지방의원은 명예직으로 출발했다. 이것은 무엇보다 우리나라가 일본 식민 통치에서 벗어나 해방을 맞이하고 건국을 한 직후였기 때문에 정부 재정의 부족 문제가 중요한 요인으로 작용한 것으로 보인다. 그러나 회기는 정하지 않았다. 그러나 1956년 임기가 시작된 제2대 지방의회부터는 회기를 90일 이하로 제한했는데, 이것은 1952년 출범한 초대 지방의회의 일부가 명예직인 지방의원들이 조례에 규정된 일비를 더 지급받기 위해 의안 처리를 고의로 지연시키며 회의 일수를 늘리는 일이 자주 발생됨에 따라 이러한 제한 조치를 취하게 되었다.

그러나 2007년 제5대 지방의회부터 의원의 신분이 유급직으로 전환되면서 회기의 제한을 폐지하고 의회 자율로 결정하도록 전환했다. 즉 연간 개최되는 총 회의 일수와 정기 및 임시 의회의 각 회기는 조례로써 의회 자율로 정하고, 각 회의의 개회·휴회·폐회 및 회기는 사정에 따라 의결로써 신속·적절하게 대응할 수 있도록 법률을 개정했다(지방자치법 제47조). 따라서 우리나라 지방의회는 유급직 전환으로 총 회의 일수를 더 확대할 수 있는 여건에 있으므로 이제부터는 회기의 상한선을 설정하기보다 하한선을 설정하는 것이 오히려 바람직할 것이다.

3) 의안의 발의

지방의회에서 심의할 의안의 발의권은 대체로 집행기관과 의원의 쌍방에 인정되는 것이 일반적이다. 의원이 발의할 경우 의안발의(proposal of bill)에 필요한 기준은 국가에 따라 또는 자치단체에 따라 각각 상이하지만 대체로 소의회제를 채택하는 지방의회는 그 발의를 위한 의원 수가 적고, 대의회제를 운영하는 경우는 발의 인원의 수가 많은 편이다. 우리나라는 지방자치단체의 장이나 재적 의원 5분의 1 이상 또는 의원 10명 이상의 연서로 발의가 가능하다. 또한 위원회는 그 직무에 속하는 사항에 관해 의안을 제출할 수 있도록 하고 있다.

이러한 의안 발의와 관련하여 제기되는 문제는 모든 의안 발의에 획일적 기준을 적용하기보다 의안의 중요도에 따라 그 발의 기준을 차별화하는 것이 타당하다는 견해가 있다. 즉 도시기본계획의 의안, 예산상의 조치를 수반하는 의안 등은 그 중요도가 높기 때문에 발의 기준을 일반 의안보다 강화해야 한다는 것이다. 이러한 입법이 가능하려면 적어도 의안에 대한 중요도를 먼저 유형화하고, 이에 따라 적절한 기준을 설정해야 할 것이다.

4) 회의 운영

회의 운영은 의사정족수(議事定足數)와 의결정족수(議決定足數), 가부동수(可否同數) 등에 관련된다. 의사정족수라 함은 회의의 성립에 필요한 의원 수로서 우리의 경우 지방의회는 재적 의원 3분의 1 이상의 출석으로 개의한다. 이러한 의사정족수에 미치지 못할 경우 의장은 회의를 중지하거나 산회를 선포한다. 의결정족수는 의결에 필요한 의원 수로서 우리나라 지방자치법은 특별히 규정된 경우를 제외에는 재적 의원 과반수의 출석과 출석의원 과반수의 찬성으로 의결한다고 규정하고 있다. 그러나 단체장의 재의 요구 등 특별한 경우의 의결정족수는 재적 의원 과반수 출석에 출석의원 2/3 이상의 찬성으로 정하고 있다. 그리고 찬성과 반대가 동일한 가부동수의 경우 이것은 부결된 것으로 본다(지방자치법 제64조).

의사정족수나 의결정족수는 사안과 국가에 따라 다양하게 운영되고 있다. 의사정족수는 재적 의원의 과반수 출석을 요구하는 경우, 재적 의원 3분의 2 이상의 출석을 요구하는 경우도 있으며, 의결정족수는 재적 의원 3분의 2 이상의 찬성을 요구하는 경우, 재적 의원 3분의 2 이상의 출석과 출석 의원 3분의 2 이상의 찬성을 요구하는 경우도 있다.

5) 회의 운영의 원칙

의회 운영의 원칙에는 ① 회기 계속의 원칙, ② 일사부재의 원칙, ③ 회의 공개의 원칙, ④ 관련 의원 제척의 원칙, ⑤ 발언 자유의 원칙 등이 있다.

회기 계속(會期繼續)의 원칙은 지방의회에 제출된 의안이 회기 중에 의결되지 못하는 경우 이를 폐기하지 않고, 다음 의회에서 자동적으로 상정되어 심의 의결 과정을 거치는 원칙을 말한다. 이와 관련해서는 회기 계속의 원칙과 회기 불계속의 원칙이 대립적 견해로서 존재한다. 회기 불계속의 원칙이라 함은 의회는 회기 독립성에 의해 활동 능력을 가지는 것이므로 회기 중에 의결되지 않은 의안은 종료되고 다음 회기에 계속될 수 없다는 것을 말한다. 그러나 실제적 필요에 의해 그 의안을 다음 회기에 다시 처리하려면 의안 심의 전체 과정을 처음부터 새로이 반복해야 하는 번잡함이 있다. 따라서 신속한 의안 처리와 능률적인 의사 진행을 위해 회기 계속의 원칙을 채택하는 것이 입법정책상 타당할 것으로 보인다.

일사부재의(一事不再議) 원칙은 의회에서 의결 또는 부결된 의안에 대해서는 같은 회기 중에 다시 제출할 수 없다는 원칙으로서 일본의 지방자치법과 우리나라 지방자치법이 이를 규정하고 있다. 그러나 일사부재의의 원칙도 이전에 의결된 내용에 사정 변경이 발생하여 이전의 의결이 실정에 맞지 않게 된 때에는 같은 회기 중이라 할지라도 다시 제출할 수 있게 하는 것이 오히려 타당할 것이다.

회의 공개(會議公開)의 원칙은 지방의회의 모든 회의는 원칙적으로 공개한다는 것을 의미한다. 우리나라 지방자치법은 지방의회의 회의는 공개한다. 다만 의원 3인 이상의 발의로 출석 의원 3분의 2 이상의 찬성이 있거나 의장이 사회의 안녕 질서를 위해 필요하다고 인정하는 경우에는 공개하지 아니할 수 있다(지방자치법 제65조)고 규정하고 있다. 이러한 회의 공개의 원칙은 주민대표로서의 활동이라는 점뿐만 아니라 의회에서 토의하는 모든 내용을 주민에게 공개함으로써 주민으로부터 신뢰를 구축할 수 있기 때문이다.

관련 의원 제척(關聯議員除斥)의 원칙은 지방의원 중 특정 사안과 이해관계를 가진 의원은 심의 및 의결 과정에 제외시키는 것을 의미한다. 의정활동은 공익을 전제로 하기 때문에 지방의회의 의장이나 의원은 본인 또는 직계존비속과 직접 이해관계가 있는 안건에 대해 그 의사 과정에 참여할 수 없으며, 의회의 동의가 있을 때 의회에 출석하여 발언할 수 있다.

발언 자유(發言自由)의 원칙은 의원이 회의 중에 발언한 사안에 대해 책임을 지지 않는다는 원칙을 말한다. 현대 사회는 이질화되고 다원화된 사회이므로 각 지방의원의 의견도 다르다. 따라서 지방의원의 자유로운 발언을 보장하는 것이 의회민주주의의 요체라고 할 수 있다. 오늘날 각국의 지방의회는 의원들에게 평등한 발언의 기회를 부여하기 위해 발언 횟수 및 발언 시간을 제한하고 있는데, 이것은 발언의 자유를 제한하는 것이 아니라 참여한 다른 사람에게도 동등한 발언 시간으로 주기 위함이다. 그리고 지방의원은 본회의 또는 위원회 회의장에서 법과 회의규칙에 위배되는 발언, 타인을 모욕하거나 사생활을 침범하는 발언을 해서는 안 된다.

7 지방의회의 쟁점

1) 지방선거와 정당공천제

지방의원의 정당 관여 문제는 지방의원의 지위에 중대한 영향을 미친다. 지방의원은 비정치적인 지방정부 살림살이 문제를 다루기 때문에 정당의 색채를 띨 필요가 없다는 주장이 있는가 하면, 민주주의와의 관계에서 반드시 필요하다는 주장이 맞서고 있다. 모든 제도와 정책은 장단점을 가지고 있기 때문에 잘 운영할 경우 성공 사례를 남기고, 잘못 운영한다면 실패 사례를 남기기 마련이다. 따라서 동일한 제도를 운영하더라도 성공한 국가가 있고 실패한 국가가 존재하는데, 이것은 결국 운영책임자의 능력과 사회문화적인 차이에서 비롯되는 것으로 보인다. 지방선거의 정당공천제도에 대한 일반적 논의보다는 특정 사회를 전제로 하여 구체적으로 논의할 때 좀 더 정확한 해답을 얻을 수 있을 것이다.

민주정치란 정당정치이고 지방자치도 민주정치제도의 하나이므로 지방선거에 정당공천제(public nomination of political party)를 채택해야 한다는 주장에는 이론적으로 아무런 무리가 없다. 정당공천제가 민주적으로 실시되면 정당은 민의(民意)를 수렴하여 정책에 반영하는 중개자 역할을 할 뿐만 아니라 중앙정치와 지방정치를 연계하여 정치의 효율성을 제고하는 한편, 지방자치를 통해 정치 지망생을 훈련시켜 중앙의 정치무대로 진출할 수 있는 통로를 열어 주며, 유권자들이 지지할 후보 선택을 용이하게 해 준다. 이러한 이유 때문에 대다수 선진국에서 지방선거에 정당공천제를 채택하고 있는 것이다. 그러나 이러한 정당공천제의 채택에는 적어도 몇 가지 전제 조건이 요구된다. 즉 ① 정당의 제도화, ② 당원 중심의 정당, ③ 민주적·상향적(bottom-up) 의사결정 구조가 바로 그것이다.

그러나 국가에 따라서는 정당공천제도의 성공적 운영에 요구되는 우호적인 여건을 발견하기 힘들다. 정당의 생성과 소멸이 대통령선거 등을 계기로 반복되면서 정당의 제도화가 잘 이루어지지 않고 있는 상황에서는 책임정치의 구현이 어렵게 되어 있다. 지배구조에서도 선진국에서 흔히 볼 수 있는 당원 중심의 민주적 정당이 아니라 1인 또는 소수의 실세가 지배하는 과두적(寡頭的) 정당, 하향적・비민주적 정당들이 존재하고, 당비를 납부하는 당원이 극소수여서 당원들이 지구당 위원장을 뽑는 것이 아니라 중앙당 총재나 소수의 정당 실세들이 사실상 지명함으로써 지구당이 중앙당에 크게 예속되어 있는 경우 정당의 민주주의에 대한 기여와 책임정치를 논하는 것은 무의미하다.

특히 정당제도가 성숙되지 못한 사회에서는 정당공천제가 갖는 장점보다는 단점들이 더 많이 나타나게 되어 있다. 민주정치가 발달한 미국에서도 시・읍・면(municipalities)의 대부분(3/4)이 정당 공천을 금지하고 있고, 정당공천제를 채택하고 있는 일본에서도 기초단체장과 의회 의원들의 무소속 당선 비율이 높은 것은 기초자치단체의 운영에 정당의 개입이 긍정적 효과보다는 부정적인 효과가 많음을 입증하는 것이다. 기초자치단체는 주민생활과 직결된 일상적 생활행정이 그 전부이기 때문에 정당의 이념이나 정책이 개입될 수 있는 여지가 거의 없다. 기초자치단체장은 소속 정당과는 무관하게 지방행정을 수행할 수 있는 위치에 있고, 정당 공천이 없는 것이 오히려 정당으로부터 경쟁적으로 우호적인 지원을 받을 수 있는 여건이 되기도 한다.

이러한 의미에서 본다면 각 정당들이 민중 속에 뿌리박은 굳건한 정당으로 발전하면서 지방선거와 정당공천제가 양립될 수 있기 위해서는 적어도 정당의 제도화가 이루어져야 하고, 일반 당원들이 소속 정당에 대해 자긍심을 느끼면서 자발적으로 당비를 내고, 높은 지식 수준을 가진 많은 시민들이 당원으로 참여하는 민주적 지배구조와 운영이 이루어질 때 정당공천제의 진정한 의미가 살아날 것으로 보인다.

2) 지방의원의 보수제도

지방의원의 활동에 대한 보수의 문제는 과거부터 오랫동안 논의되어 온 고전적 주제 중의 하나이다. 지방의회 의원의 신분을 명예직(honorary post)으로 하는 것이 타당하다고 주장하는 사람의 논거는 ① 의원이 그가 거주하는 지역사회에서 지역 발전과 주민복지 향상을 위해 무보수로 봉사하는 것은 주민으로서의 신성한 의무이자 명예이다. ② 의정활동 및 직무에 따른 책임과 업무량은 유급직으로 할 만큼 많지도 전문적이지도 않으며, 유급직으로 할 경우에는 지방재정 부담을 과중하게 한다. ③ 유급직을 실시하는 대다수 국가에서는 소의회제를 운영함으로써 주민 참여의 범위를 축소시켜 지방자치의 의미를 퇴색시킨다. ④ 지방의원의 의정활동에 따른 경제적 부담은 업무 외적인 부분이 더 크므로 실비 이상의 보수 지급은 업무 외적인 곳에 지출될 가능성이 많다는 것 등이다.

그러나 유급직(salaried post)을 찬성하는 사람들의 주장은 ① 재력은 없지만 유능한 신진 인사가 의회에 진출하여 의정활동의 전문성을 제고할 수 있다. ② 의원의 안정적인 직업 전환이 가능하여 정상적인 의정활동을 할 수 있다. ③ 의정활동의 상시화가 가능하다. ⑤ 의정활동 강화를 통한 예산 절감액이 유급의 소요 비용을 초과한다. ⑥ 실비로 지급되는 수당이 있을 경우 유급직은 사실상 실비보수제의 양성화에 지나지 않는다고 주장한다.

이처럼 지방의원의 명예직 또는 유급직의 선택은 모두 나름대로 논리적 타당성을 가지고 있기 때문에 어느 것이 낫다고 할 수 없다. 다만 그 사회가 처해 있는 시대적 환경과 국가적 상황을 전제로 할 때 그 해답이 어느 정도 도출될 수 있을 것이다. 지방의원의 신분을 명예직으로 규정한 때는 제2차 세계대전 이전이며, 이때는 지방자치단체의 업무와 기능이 비교적 단순했다. 그러나 그 이후에는 지방자치단체의 업무가 구조적으로 복잡하고 전문화되었을 뿐만 아니라 정보화 사회의 진전과 더불어 그 역할과 책임이 한층 증대되고 강화된 상황에서는 명예직만을 고수하기가 매우 어렵게 되어 있다.

따라서 우리나라는 2003년 7월 18일 지방자치법(제32조)의 개정에 따라 명예직 규정이 삭제됨으로써 지방의원은 유급제로 전환하게 되었다. 그 동안 우리나라 지방의원은 무보수 명예직으로 일을 해 왔지만 지방의회 의정활동이 생업에 종사하고 남는 시간을 활용하는 것이 아니라 생업을 희생하며 업무를 수행하지 않으면 안 될 정도로 업무량이 많고 복잡하기 때문에 유급직으로 전환하는 것 같다. 즉 우리나라 광역지방자치단체는 인구가 100만을 넘고, 심지어 서울의 경우는 1,000만을 넘으며, 교통문제, 환경문제, 그리고 실업문제 등 해결해야 할 문제가 산적해 있고, 수조 원이 넘는 막대한 예산을 명예직으로서 틈틈이 시간을 내어 그 집행을 감독하는 것은 거의 불가능하기 때문에 유급직을 선택한 것이다.

유급직으로 전환할 경우 의원정수의 축소 조정이 고려될 수도 있다. 의원정수의 축소를 주장하는 사람은 명예직으로 할 경우 대의회제(great council system)로 개편하고, 유급직으로 하는 경우 소의회제(small council system)로 개편하는 것이 세계 각국의 일반적 추세라는 점을 강조한다. 반대로 정원의 축소를 반대하는 사람은 의원정수를 감축할 경우 인건비는 줄지만 주민대표성이 떨어진다는 문제점을 지적한다. 지금도 우리나라 지방의회 의원이 대표하는 의원 1인당 주민의 수는 유럽 국가들의 경우보다 너무 많다는 지적이 있기 때문에 의원정수의 축소 반대 의견을 결코 무시할 수 없다. 따라서 의원정수의 감축은 예산에 미치는 긍정적 효과와 주민대표성 약화의 부정적 효과를 동시에 고려하여 신중히 결정할 문제라고 할 수 있다.

3) 지방의원 보좌관제도

지방의원 보좌관의 제도화는 지방의회의 위상을 제고하는 장점이 있지만 한국의 지방재정 상태나 국민의 정서에도 크게 부합되지 않고 있다. 처음부터 명예직으로 출발한 지방의회가 전문성의 제고라는 이유 때문에 의원보좌관제(councilor's assistants system)를 도입하게 된다면 정부의 재정 부담이 가중될 뿐만 아니라 의회의 의정활동을 지원하기 위해 의회사무처(국)가 별도로 운영되고 있는 상황에서 조직과 인력의 중복과 재원 낭비라는 비판을 피할 수 없다.

만약 현재의 의회사무처가 독립성이 결여되어 의정활동의 지원에 문제가 있거나 미흡하다면 의회가 필요로 하는 인력을 독립적으로 선발하거나 아니면 충분한 전문 인력을 보강해야 할 것이다. 그러나 우리나라의 많은 지방의회 의원들은 의원보좌관제도를 도입해야 한다고 주장하지만, 현재 우리나라 지방재정상 의원보좌관제의 도입이나 유급직 전환 중 어느 하나를 선택할 수밖에 없는 상황이라면, 현재 의원들이 유급직으로 전환되어 있는 현실에서 보좌관제의 도입은 당분간 어려울 것으로 보인다. 즉 의원보좌관제도는 국가 경제의 성장 및 발전에 기초하여 지방재정의 건실화가 이루어질 경우 의회사무처의 보강과 함께 논의될 수 있는 과제로 보인다.

8 지방의회의 발전 과제

1) 지역정체성 계발 및 특성화 추진

현대 사회는 세계화, 정보화, 지방화로 요약된다. 즉 날이 갈수록 국가 경계의 의미가 약화되고 있으며, 인터넷의 발달과 보편화는 지구촌 사람들을 가까운 이웃으로 만들고 있을 뿐만 아니라 수많은 정보를 접할 수 있는 환경으로 변모시켰으며, 지방적인 것이 가장 세계적인 것이 될 수 있는 지방화의 시대가 본격적으로 전개되고 있다. 그 중에서도 특히 지방화 시대의 도래는 21세기의 주역이 각급 지역 정부들이 될 것임을 시사해 준다. 따라서 국가의 정체성보다는 지역의 정체성(local identity)이 더 중요한 의미를 지니게 되고, 지역의 정체성이 어떻게 정립되는가에 따라 지구촌의 무한경쟁 체제에 지방정부가 대응하는 수준이 결정된다.

이러한 의미에서 지방의회는 국제적으로 통용될 수 있는 현실적 지역정체성을 계발하고, 미래의 목표와 연계될 수 있는 지속적인 정책 개발과 정책 수행을 독려하여 지역의 경쟁력을 강화해 나가야 한다. 지방자치단체의 바람직한 지역정체성을 정립하기 위한 지방의회의 역할을 제시하면 다음과 같다. 첫째, 세계적으로 특화할 수 있는 전통, 문화·관광, 산업들을 지속적으로 개발하고 발전시켜 지역경제 기반을 확고히 한다. 둘째, 각종 계획 및 개발이 지역의 문화와 지역의 개성을 나타낼 수 있도록 유도하고 결정해야 한다. 셋째, 정책의 집행 과정에서도 국·내외 홍보, 주민의 협조 분위기 조성 및 지역 정서 함양에 적극적으로 기여해야 한다.

이러한 상황을 고려해 볼 때, 21세기 정보사회에서는 의회와 집행기관이 분업적인 형태로 견제와 균형의 원리만을 고집해서는 안 될 것임을 보여준다. 분업의 원리는 산업사회의 지배 원리로서 능률성 추구에 활용되었으나 단절과 대립을 초래했다. 그러나 정보사회에서는 네트워크 사회로서 상호 존중과 협동이 강조되는 사회이다. 이러한 지방 거버넌스(local governance)의 경향은 주요 국가들의 지방자치 개혁에서도 적지 않게 보이므로 우리나라도 이를 위한 지방자치 개혁이 필요함을 시사해 준다.

2) 사이버 의정과 열린 정치의 중개자

많은 국가에서 이미 전자정부 및 전자의회의 기반은 구축되어 있는 상황이다. 사이버 공간(cybernetic space)은 시간과 경비를 절약하면서도 실시간 의견 교환과 정보분석을 가능하게 한다. 사이버 공간에서 홍보용 홈페이지만을 운영하고 있다면, 이는 시간과 재원과 인력의 낭비만 될 뿐이다. 의원 각자는 별도로 자신의 홈페이지에 토론 광장을 개설하여 여론을 수렴하고 조정·조화시키는 역할을 수행해야 한다. 사이버 공간은 익명성이 강하므로 호의적이지 않거나 악의에 의한 참여자도 등장하게 되지만, 좀 더 솔직한 의사 소통과 진정한 주민의 의사를 수렴할 수 있는 가능성이 높다. 따라서 사이버 의정 체계 개발과 운영은 최적의 공공이익에 접근할 가능성이 높고, 정치적 및 행정적 대응성을 높일 수 있게 한다. 또한 사이버 의정 공간은 지역 주민의 민원을 신속히 청취하고 해결 방향을 모색할 수 있는 최선의 장소인 동시에 정책의 집행 상황을 모니터링(monitering)하는 중요한 공간이 될 수 있어 의정의 합리성을 제고할 수 있다. 이러한 측면에서 볼 때 사이버 의정은 선택적이 아니라 필수적인 것으로 보인다.

3) 지역 생태사회의 미래모형 구축 및 실현

지속 가능한 개발을 통해 지속 가능한 생태사회(eco-society)를 유지하는 일은 한 번에 두 마리의 토끼를 잡는 것과 같다. 그러나 생태학자들과 환경론자들은 다양한 방법을 통해 지역의 필요한 발전을 추구하면서도 후손에게 물려 줄 환경적 가치(environmental value)를 훼손하지 않을 수 있다고 주장한다. 중앙집권적이었던 산업사회에서는 환경 관련 업무가 광역단체 또는 중앙정부로 흡수되었으나 지방화 및 정보사회에서는 다시 지방정부의 소관으로 환원하는 경향을 보이고 있다. 따라서 한 번에 두 마리의 토끼를 잡는 책임은 지방정부의 몫이 된 것이다.

여기서 지방의회 의원은 지역사회의 개발 수요를 정확히 판단하고 도시 및 지역계획 등을 심의·의결해야 할 권한과 의무를 지니게 된다. 지역사회의 개발 수요를 측정할 경우 과도한 개발을 방지하고 사회적 형평성과 균형 개발이 이루어질 수 있는 방향을 모색하여 최소의 개발로 주민 만족이 극대화될 수 있는 방법을 찾아내는 것이 중요하다.

한편 지방의회 의원들은 지역사회의 자연환경과 지리적 환경의 가치를 충분히 인식하고 환경 친화적 미래 사회의 모형을 구축하는 것이 바람직하다. 즉 미래 생태사회의 모형에 따라 보존 가치가 높은 것은 그 가치를 최대한 활용할 수 있게 하고, 개발 효과가 극대화될 수 있는 지역은 적극적으로 개발하여 지역 주민의 경제적 복지와 환경·생태적 복지를 동시에 달성할 수 있는 조화로운 정책결정이 될 수 있도록 노력해야 할 것이다.

4) 지역사회의 유연성 확보

정보사회는 불확실성의 사회인 동시에 흐름의 사회(flowing society)로서 통제가 불가능한 사회이다. 즉 정보사회에서는 권력 관계가 불균형적으로 나타나고, 어떠한 권력도 재정의 흐름, 기술의 흐름, 이미지 창출의 흐름 등을 통제하거나 합리적으로 조정하지 못한다. 이러한 흐름의 사회에서는 통합된 정체성을 형성하지 못하고 다양하고 개별적인 정체성이 지배적인 것이 된다. 그리고 개별적이고 다양한 정체성은 정보사회의 온갖 흐름에 의해 끊임없이 변화된다. 그러나 관료제와 같은 거대한 통합조직은 그 경직성으로 인해 정보사회의 변화에 적절히 대응하지 못해 다양한 정체성을 지닌 주민들의 대표기관인 지방의회(council)가 주민의 개별적 정체성과 지방정부의 정체성을 조화하는 역할을 하게 된다. 즉, 지방의회는 다양한 정체성의 욕구와 수요의 변화를 지방의 정치 및 행정 과정에 연결시킴으로써 지구촌 환경에 적응할 수 있는 유연성(flexibility)을 확보하게 된다.

한편 지방의회가 유연성을 확보하기 위한 책임을 다하기 위해서는 끊임없이 변화해 가는 지구촌의 흐름들을 파악하고 지역 주민의 다양한 수요 변화와 결합시켜야 한다. 그러하기 위해서는 지방의회에 대한 기존의 고전적 관념을 타파하는 것이 중요하다. 즉 의회는 주민대표기관으로서 신성한 장소이며 외부로부터 침범될 수 없는 권위를 지니고 있다는 관념에서 벗어나야 한다는 것이다. 또한 의회가 지역사회의 최고의사결정기관임은 인정하되 지방의원만이 독점적으로 사용하는 공간이 되어서는 곤란하다. 경제단체, NGO, 자발적 집단 등 지역 내의 다양한 주체들이 함께 모여 정보와 의견을 교환하고 의사결정자와의 토론을 전개할 수 있는 더욱 개방된 공간으로서 활용되어야만 의회를 통해 지방정부의 유연성이 확보될 수 있다.

5) 의회위기론과 거버넌스에의 대응

경직된 관료제에 의한 행정 서비스의 고비용·비능률은 시민들의 직접 참여를 초래했다. 정보사회의 진전과 더불어 참여 욕구는 정치·행정의 전반적인 영역에까지 미치고 있다. 이렇게 활성화되어 가는 참여 욕구는 정보통신 기술의 발전에 따른 사이버 공간을 통해 더욱 현실화되어 가고 있다. 그리고 다양한 참여 욕구를 지니고 있는 시민계층은 대체적으로 정부활동과 의회활동에 긍정적이지 못하고 비판적인 경향을 지닌다. 게다가 각 분야에서 활동하는 전문가집단을 포함한 시민단체나 NGO는 의정감시·행정감시 활동을 지속적으로 전개하면서 기존 정책에 대한 비판과 정책대안을 제시하기도 하여 공·사 영역이 모호해지는 현상을 목도하게 된다. 따라서 모든 시민은 마음만 먹으면 어느 형태든 지방정부의 활동에 참여하여 자신의 이해관계를 반영할 수 있는 여건이 마련되고 있다.

이러한 시민참여의 상황은 직접민주정치를 가능하게 하며, 한편으로는 의회 무용론(無用論)과 같은 논의가 나타나게 되는 것이다. 또한 지구촌 경제자유화에 따른 국경의 약화, 정부 역할 축소 등의 경향과 더불어 등장된 거버넌스 체제는 기존의 정부와 의회의 위상을 위협하고 있다. 특히, 정보사회의 발전은 정치·행정을 유례 없이 다원화시킴으로써 공공정책의 독점적 결정자로서의 의회 및 독점적 집행자로서의 집행부라는 개념을 변화시키고 있는 것이다. 그러나 이러한 다원화 경향에 거슬러 대응하기에는 공적 구조가 너무나 경직되어 있다. 따라서 지방정부의 유연성을 확보하기 위해서는 지방의회가 먼저 유연한 체제로 전환하는 것이 필요하다.

지방의회도 기존의 폐쇄적이고 경직적인 구조를 탈피하여 의정 거버넌스를 확립하는 것이 중요하다. 지역적으로 중요한 조례 제정·개폐, 주요 정책의 심의·의결 등에는 의원들만의 분석과 판단으로 하는 것이 아니라 의정 과정에 시민단체, 이해관계자, NGO 등의 거버넌스 주체들의 참여를 통해 상호 조정과 통합 기회를 확보하는 것이다. 또한 지역선거구민의 이익을 대변하는 대리인의 역할도 바람직하지 못한 현상이다. 따라서 자율적 참여사회의 의정 거버넌스에서 의원의 역할모형이 새롭게 모색되어야 할 것이다. 즉, 지방의회는 대표자의 권위로서 지역 이익이나 특정 집단의 이익을 대변하고 쟁취하는 것이 아니라 네트워크 사회의 한 연결점(connecting point)으로서 서로의 이익을 존중하고 지켜 주는 역할을 수행하는 조직이고 장소가 되어야 한다.

제 2 절 집행기관

1 집행기관의 의의

지방자치단체의 집행기관은 법령에 의해 전속적 권한에 속한 사무의 집행과 지방의회에서 의결된 사항을 구체적으로 실현하는 것을 그 본질로 한다. 현대 사회는 구조적으로 복잡하고 기능적으로 다양하여 조직구조가 방대할 뿐만 아니라 업무도 전문화되어 있다. 대체로 지방의회는 정치적 과정을 통해 선발된 사람들로 구성되기 때문에 정치행정에 관한 전문성이 다소 떨어질 수 있지만 집행기관은 처음부터 이 분야의 전문 지식을 갖춘 사람들을 중심으로 충원하기 때문에 전문성이 높은 집단이라 할 수 있다.

지방자치단체 집행기관은 순순 지방적 사무라 할 수 있는 고유사무의 처리는 물론이고 중앙정부로부터 위임받은 위임사무까지 처리하는 기관이므로 지방자치단체의 집행기관은 이중적 지위를 갖는다. 즉 고유사무를 처리할 때는 지방자치단체 기관으로서의 지위를 가지며, 위임사무를 처리할 때는 국가기관으로서의 지위를 가지는 것이다. 이러한 이중적 지위는 우리나라가 단체자치 유형의 국가에 속하고 기관분립형의 지방정부 형태를 취하고 있기 때문이다.

그러나 기관통합형 정부 형태에서는 국가 위임사무가 제도적으로 인정되지 않기 때문에 집행부는 오직 지방자치단체 기관으로서의 지위만을 가진다. 이러한 지방 및 국가기관으로서의 지위 외에도 집행기관은 종합행정기관으로서의 지위를 가진다. 중앙정부는 규모가 방대하여 수평적 전문화의 정도가 높아 부서별 독립성이 매우 강한 편이지만 지방자치단체는 비교적 규모가 작아 통합행정이 가능하다. 즉 중앙정부에서는 행정 대상에 대한 정보 파악이 단편적으로 이루어져 종합행정이 곤란하지만 지방정부에서는 이것이 가능하다는 의미이다.

2 집행기관의 조직

1) 지방자치단체장

(1) 지방자치단체장의 지위

우리나라 지방자치단체의 장은 다음과 같은 지위를 가진다. 첫째, 지방자치단체의 대표 지위를 가진다. 지방자치단체는 주민 직선으로 선임되는 대표기관이 지방의회와 자치단체장 두 기관이 있기 때문에 기관분립형 정부구조에서는 어느 기관이 진정으로 주민의 대표인가에 대한 정통성 시비가 항상 발생될 여지를 남겨 두고 있다. 특히 단체장이 당선에 필요한 최소한의 지지를 받고 당선된 경우에 더욱 이러한 논란의 여지를 남긴다. 따라서 지방자치법은 이러한 정통성 시비 문제를 종식시키기 위해 단체장을 지방자치단체의 전체 대표로 규정하고 있다.

둘째, 지방자치단체장은 행정부 수장의 지위를 가진다. 지방자치단체장은 집행에 관한 최고 의사결정기관이므로 단체위임사무를 포함한 자치사무의 집행은 물론이고, 중앙정부에서 위임하는 기관위임사무의 집행까지도 담당하는 최고행정기관이다. 대통령이 국가의 원수임과 동시에 행정부 수반이듯이 자치단체장 또한 대내외적으로 자치단체를 대표하는 지위를 지님과 동시에 자치단체의 집행기관 장으로서의 지위를 지닌다. 이러한 집행기관장으로서의 지위는 지방의회를 견제하고 지방의회와 균형을 이루는 역할을 담당하게 된다.

셋째, 국가의 하급행정기관 지위를 가진다. 지방자치단체장은 고유사무를 처리할 경우 지방자치단체 기관으로서의 지위를 가지지만 중앙정부의 위임사무를 처리할 때는 국가행정기관으로서의 지위를 가진다. 국가위임사무는 단체위임사무와 기관위임사무로 나뉜다. 단체위임사무는 비록 국가사무이지만 국가적 이해와 지방적 이해가 동시에 걸려 있는 사무이므로 지방의회가 고유사무와 동일한 사무 절차에 의해 수행한다. 이러한 현실 때문에 단체위임사무를 수행할 때의 단체장 지위가 문제될 수 있는데, 형식적 논리보다는 실질적 내용을 중심으로 한 지위 규정이 더 타당할 것이다. 따라서 기관위임사무를 처리할 때만 지방자치단체장은 국가기관으로서 지위를 가진다고 보아야 할 것이다.

넷째, 정치지도자의 지위를 가진다. 정당의 공천이 행해지는 경우 단체장은 중앙당과 지구당 또는 독자적인 정치조직의 중요한 보직자가 될 수 있으며, 정당이 관여하지 않는 경우에도 어쩔 수 없이 지방정치 지도자로서 지위를 지니게 된다. 자치단체장이 지니는 정치지도자로서의 지위와 영향력은 자치단체의 크기나 소속 정당 등에 의해 크게 달라질 수 있는데, 서울과 같이 자치단체가 큰 경우 그 정치적 지위와 영향력은 지역사회 차원을 넘어 국가사회와 국제사회에까지 미친다고 할 수 있다.[7]

(2) 자치단체장의 권한

지방자치단체장이 가지는 권한은 대표통할권, 지휘감독권, 사무관리 및 집행권, 사무위임 및 위탁권, 행정기관 설치권, 직원의 인사권, 재정관리권, 행정규칙 제정권, 재의요구권, 선결처분권, 임시회의 소집권, 조례의 공포 및 거부권 등을 들 수 있다. 그러나 이러한 다양한 권한들을 유형화해 보면 ① 대표통할권, ② 관리집행권, ③ 의회견제권으로 요약할 수 있다.

대표통할권(代表通轄權)은 대표권과 통할권을 합한 개념이다. 대표권은 자치단체의 의사를 대외적으로 표시하는 것으로서 자치단체장의 행위가 바로 지방자치단체를 위한 법적 효력이 발생되는 것을 의미한다. 통할권은 내부 업무에 대해 종합적으로 통일을 확보하는 통합적 조정권을 말한다. 즉 지방자치단체장은 당해 지방자치단체의 최고 집행기관으로서 행정 전반의 기본 방향을 설정하고, 행정부에서 처리한 사무에 대해 최종적 책임을 진다(법 제101조).

관리집행권(管理執行權)은 단체장에게 부여된 사무의 구체화에 필요한 권한을 의미하며, 여기에는 ① 사무의 관리집행권, ② 사무의 위임·위탁권, ③ 조직·인사권, ④ 재정관리권, ⑤ 규칙제정권 등을 포함한다.

사무의 관리집행권은 법령에 의해 단체장에게 위임된 사무와 지방자치단체의 고유사무를 관리하고 집행하는 권한을 말한다. 사무의 위임·위탁권은 조례나 규칙으로 정하는 바에 따라 그 권한에 속하는 사무의 일부를 보조기관, 소속행정기관 또는 하급행정기관에 위임하고, 산하 지방자치단체나 공공단체, 그리고 주민의 권리 의무에 직접 관련되지 않는 사무(조사·검사·검정·관리)는 관련 법인이나 단체에게 위탁하는 것을 말한다. 조직 및 인사권은 법령과 조례가 정하는 바에 따라 조직을 설치하고, 여기에

---

7) 외국의 경우 방콕 시장으로 태국 정치사회 전반에 걸쳐 신선한 충격을 주다가 신생 야당의 지도자로 변신한 전 방콕시장 잠롱의 경우와 현직 지사에서 일본의 수상이 된 호소카와, 아칸소 주지사에서 미국의 대통령이 된 클린턴, 1986년 대처 정부에 의해 폐지되기까지 런던대의회의 지도자로서 대처 수상 정부에 적지 않은 고민을 안겨 주다가 대의회가 폐지되자 하원의원으로 변신하여 다시 대처를 위협한 리빙스턴 등의 인물은 지방정부의 대표자 출신으로 정치적 역량을 발휘하여 중앙정치권으로 진출한 대표적 사례이다.

필요한 직원의 임용 · 교육훈련 · 복무 · 징계 등의 권한 행사이며, 재정관리권은 지방자치단체의 물적 자원의 조달과 그 배분 및 관리권을 의미한다. 규칙제정권은 단체장이 자신에게 부여된 직무 수행을 원활히 수행하기 위해 정립하는 자치입법으로서 주로 사무 처리의 절차와 기준에 관련되고 있다.

지휘감독권은 지방자치단체장의 권한 집행을 일상적으로 보좌하는 보조기관의 직원에 대한 지휘감독권, 단체장 산하에 있는 외청적 성격의 소속행정기관, 그리고 하부행정기관에 대한 지휘감독권을 의미한다. 직원에 대한 지휘감독권은 주로 임면, 교육훈련, 복무, 징계 등을 통해 이루어지고 기관에 대한 지휘감독권은 업무의 추진과 관련하여 이루어진다.

(3) 자치단체장의 역할

자치단체장의 역할은 단체장이 가지는 다양한 권능을 토대로 정립할 수 있다. 시각에 따라서는 권한 그 자체가 하나의 역할이 될 수 있지만 여기에서 논의하는 역할이란 다양한 구체적 권한을 유형화한 것이다.

자치단체장에게 요구되는 역할은 첫째, 정부의 비전(visions of government)을 제시하고 이를 달성할 수 있는 구체적 목표를 수립하는 것이다. 비전과 목표는 지방정부가 나아가야 할 기본 방향으로서 지방정부 공직자들에게는 업무 추진을 위한 안내자가 될 수 있으며, 주민들에게는 미래에 대한 꿈과 희망을 심어 줄 수 있을 뿐만 아니라 행정개혁을 추진할 때 저항을 최소화하고 우호적 분위기를 조성해 줄 수 있는 요인으로 작용할 것이다. 이러한 비전과 목표의 설정은 많은 사람들의 참여를 통해 상향적으로 설정되는 것이 바람직하며, 구체적인 것보다 적절한 수준의 추상적인 것이 지지 기반의 확보에 유리하다.

둘째, 내부자원(internal resources))의 최대 동원과 효율적 행정관리이다. 지방정부 내부자원은 크게 인적 자원과 물적 자원으로 나뉜다. 인적 자원의 원천은 지방정부에 소속한 공무원이 중심이 될 수밖에 없다. 유능한 공직자를 선발하고, 교육 · 훈련시키며, 복무 기간 동안 사기를 진작하고, 건전한 공직 분위기를 조성하기 위해 상벌을 엄격히 하는 것은 인적 자원

관리의 중핵이다. 특히 발전 지향적이고 전문 능력을 갖춘 유능한 공직자의 양성이야말로 지방정부의 경쟁력을 제고하는 요체이다. 물적 자원은 지방정부의 업무 추진에 필요한 재정자원을 의미하는데, 여기에는 지방세와 세외수입 등 자주재원과 중앙정부로터 지원받는 의존재원이 있다. 자치단체장의 입장에서는 재정자원의 규모 확대가 무엇보다 중요하며, 특히 자주재원의 확대가 더 중요하다. 그러나 이에 못지않게 중앙정부로부터 보조금 등 의존재원을 많이 지원받는 것도 자치단체장의 능력을 평가하는 중요한 기준이 되고 있으므로 단체장은 외부로부터 지원받는 재원의 확대에도 진력해야 한다. 이러한 인사 및 재무적 측면 외에도 조직과 사업의 합리적 구성과 효율적 운영을 도모해야 한다.

셋째, 외부기관과 원활한 협력 체제(cooperative system)의 구축이다. 지방자치단체장이 주로 상대하는 기관은 중앙정부(中央政府), 의회(議會), 주민단체(住民團體), 언론기관(言論機關)이라 할 수 있다. 중앙정부와의 관계에서는 수직적 분업 관계라는 점에서 볼 때 지방정부는 기획적인 업무보다 집행적인 업무가 더 많고, 특히 단체자치 중심의 국가에서는 위임사무가 존재하기 때문에 재정적 측면에서 중앙정부와 긴밀한 관계에 있으므로 자치단체장은 중앙정부와 협력 관계를 잘 유지해야 한다. 지방의회와의 관계에서는 정부 구성 형태에 따라 상이한 관계가 존재하지만 우리나라와 같이 견제와 균형의 원리에 기초한 기관 분립의 지방정부에서는 의회와의 갈등을 피할 수 없으므로 자치단체장은 양자 관계를 생산적 관계로 발전시킬 수 있는 정치적 리더십의 발휘가 더욱 요청된다. 그리고 주민 및 언론과의 관계에서 자치단체장은 어느 관계보다 정치적으로 매우 민감한 반응을 보이는 부분이다. 그것은 주민이나 언론으로부터 좋은 여론을 받지 못할 경우 재임 기간 동안 단체장의 직무 수행에도 당장 지장이 초래될 가능성이 높고, 더욱이 차기 선거에서 불리한 요인으로 작용하기 때문이다. 따라서 단체장은 좋은 여론을 만드는 데 힘써야 할 것이며, 특히 업무 성과를 통해 좋은 여론을 조성하는 데 진력해야 할 것이다.

이상에서 논의한 외부 기관과의 좋은 관계 유지는 결국 지방 거버넌스의 구축을 위한 토대가 된다. 지방 거버넌스(local governance)는 지방정부,

지역 기업, 지역 주민 3자가 네트워크를 형성하여 지역문제를 풀어가는 정치행정 과정이다. 오늘날 현대 사회는 구조적으로 분화되고 기능적으로 복잡하여 학제적 지식과 전문성을 가지지 않고서는 문제를 제대로 해결할 수 없는 상황이므로 다양한 행동 주체의 결합과 지식의 학제적 통섭(通涉)이 이루어지고 있는 것이다. 그러므로 지방자치단체장은 좋은 정부를 구현하기 위해 지방 거버넌스 차원에서 정치행정력을 발휘하지 않으면 안 된다.

2) 보조기관

(1) 부단체장

일반적으로 보조기관은 본청에 속하는 내부기관으로서 부단체장, 행정기구 및 공무원을 말한다. 우리나라 지방자치법은 부단체장으로서 특별시와 광역시에 부시장, 도에 부지사, 시에 부시장, 군에 부군수, 자치구에 부구청장을 두고 있다. 부단체장의 수는 광역자치단체 2명, 기초자치단체 1명을 두는 것을 원칙으로 하고, 특별한 요인이 존재하는 경우 1명에 한해 추가할 있도록 했다. 따라서 서울특별시와 인구 800만이 넘는 대도시는 부시장 3명을 둘 수 있다(지방자치법 제110조).

2명의 부시장이 있는 경우는 정무 1명, 행정 1명의 부시장을 둘 수 있으며, 이들은 지방자치단체의 장을 보좌하여 사무를 총괄하고, 소속 직원을 지휘·감독한다. 3명의 부시장이 있는 경우는 추가되는 1명의 부시장은 대통령령으로 정하는 바에 따라 정무직 또는 별정직 지방공무원으로 보하고, 특정 지역의 사무를 담당하게 할 수 있다. 부단체장이 단체장의 업무를 대신할 수 있는 경우는 궐위된 경우, 공소 제기된 후 구금 상태에 있는 경우, 금고 이상의 형을 선고받고 그 형이 확정되지 아니한 경우, 의료법에 따른 의료기관에 60일 이상 계속하여 입원한 경우이다.

(2) 행정기구 및 공무원

지방자치단체는 그 사무를 분장하기 위해 필요한 행정기구와 지방공무원을 둔다. 행정기구의 설치와 지방공무원의 정원은 대통령령으로 정하는 기준에 따라 그 지방자치단체의 조례로 정하는데, 이때 행정안전부 장관은 지방자치단체의 행정기구와 지방공무원의 정원이 적정하게 운영되고 다른 지방자치단체와의 균형이 유지되도록 하기 위해 필요한 사항을 권고할 수 있다. 또한 지방자치단체에는 법률로 정하는 바에 따라 국가공무원을 둘 수 있으며, 5급 이상의 국가공무원이나 고위공무원단에 속하는 공무원은 해당 자치단체장의 제청으로 소속 장관을 거쳐 대통령이 임명하고, 6급 이하의 국가공무원은 그 지방자치단체장의 제청으로 소속 장관이 임명한다(동법 제112조).

그러나 여기에서 문제로 제기되는 것은 지방자치단체에 국가공무원을 두는 경우이다. 지방자치단체에 두는 국가공무원의 정원은 지방자치의 유형과 성격에 따라 달리 나타난다. 주민자치 유형의 국가에서는 지방정부가 관장하는 사무가 모두 자치사무에 속하기 때문에 국가공무원의 배치가 불필요하지만 단체자치 유형의 국가에서는 중앙정부의 위임사무가 많기 때문에 지방정부에 국가공무원의 배치가 어느 정도 인정된다. 그러나 그 정원과 배치 수준은 국가별로 각기 다르다. 우리나라는 과거 지방정부에 많은 국가공무원이 배치되어 왔지만 1991년 지방자치의 부활을 계기로 크게 감소했다. 현행 '지방자치단체에 두는 국가공무원의 정원에 관한 법률'은 광역정부에 한하여 행정부단체장, 일반직 고위공무원단 1명, 연구지도 공무원 3명(농촌지역), 소방공무원 1~3명의 정원을 두고 있다.

3) 소속행정기관

(1) 직속기관

지방자치단체는 그 소관 사무의 범위 안에서 필요하면 대통령령이나 대통령령으로 정하는 바에 따라 지방자치단체의 조례로 자치경찰기관(自治警察機關), 소방기관(消防機關), 교육훈련기관(敎育訓練機關), 보건진료기관(保健診療機關), 시험연구기관(試驗硏究機關) 및 중소기업지도기관(中小企業指導機關) 등 직속기관을 설치할 수 있다. 여기에서 특히 주목되는 것은 경찰기관과 소방기관이다. 우리나라의 경우 두 기관 모두 과거 국가 소속이었지만 현재에는 지방정부 소속의 기관으로 전환되고 있다. 제주도가 특별자치도로 지정됨에 따라 제주도에 한해 경찰기관이 지방정부 소속으로 전환되었고, 소방기관은 이미 지방정부 소속으로 전환되었지만 책임자를 포함하여 1~3명의 고위직에 한해 국가공무원으로 보하고 있다.

(2) **사업소**

지방자치단체는 특정 업무를 효율적으로 수행하기 위해 필요하면 대통령령으로 정하는 바에 따라 그 지방자치단체의 조례로 사업소를 설치할 수 있다. 여기에서 사업소라 함은 지방자치단체의 사무 중 기업적 성격의 공기업 사무로서 직영공기업의 경우가 여기에 해당한다. 이러한 사업소의 설치 조건은 업무의 성격이나 업무량 등으로 보아 별도의 기관에서 업무를 수행하는 것이 효율적일 것, 사업장의 위치상 현장에서 업무를 추진하는 것이 효율적일 것 등이다(동법 시행령 제77조). 또한 일정 기간 후에 사업이 만료되는 경우는 사업소를 한시적으로 설치 운영할 수 있다. 사업소는 대체로 독립채산제로 운영되는데, 건설사업본부, 상수도사업본부 등의 명칭을 가진 조직이 여기에 해당한다.

(3) **출장소**

지방자치단체는 원격지 주민의 편의를 위해 소관 사무를 분장할 필요가 있거나 업무의 종합성과 계속성이 요구되고, 관할구역의 범위가 분명한 경우에 한해 출장소를 설치할 수 있다. 이러한 출장소는 지방자치법이 정하는 바에 따라 그 지방자치단체의 조례로 출장소를 설치할 수 있다. 그러나 행정구를 가진 인구 50만 이상의 인구를 가진 도시, 주민 편의를 위해 하나의 동을 2개의 동으로 분할한 지역, 두 개의 동을 하나의 동으로 통합한 지역에는 출장소를 둘 수 없다.

(4) **합의제 행정기관**

지방자치단체는 그 소관 사무의 일부를 독립하여 수행할 필요가 있으면 법령이나 그 지방자치단체의 조례로 정하는 바에 따라 합의제 행정기관을 설치할 수 있다. 즉 지방자치단체는 고도의 전문지식이나 기술이 요청되는 경우, 중립적이고 공정한 집행이 필요한 경우, 주민 의사의 반영과 이해관계의 조정이 필요한 경우에 합의제 행정기관을 설치할 수 있다(동법 시행령 제79조). 합의제 행정기관으로서는 인사위원회, 소청심사위원회, 선거관리위원회 등이 있다.

(5) 자문기관

지방자치단체는 그 소관 사무의 범위에서 법령이나 지방자치단체의 조례로 정하는 바에 따라 조언·권고·건의·심의·조사 목적의 심의회, 위원회 등 자문기관을 설치·운영할 수 있다. 이러한 자문기관은 해당 지방자치단체의 조례로 정하는 바에 따라 성격과 기능이 유사한 다른 자문기관의 기능을 포함하여 운영할 수 있다(지방자치법 제116조의 2).

4) 하부행정기관

위에서 논의한 소속행정기관은 행정사무의 기능적(functional) 사무분장이라 한다면, 하부행정기관은 행정사무의 지역적(locational) 사무분장이라 할 수 있다. 즉 전자는 주로 단체장과 가까운 거리에서 업무보조가 이루어지나 지역적 분장은 단체장과 비교적 거리가 먼 장소에서 이루어지는 통합행정의 업무 보조라 할 수 있다.

지방자치단체에 설치할 수 있는 하부행정기관은 자치구가 아닌 행정구에 구청장, 읍에 읍장, 면에 면장, 동에 동장을 둔다. 행정구청장은 시장의 지휘·감독을, 그리고 읍장·면장은 시장이나 군수의 지휘·감독을, 동장은 시장이나 자치구청장의 지휘·감독을 받아 소관 국가사무와 지방자치단체의 사무를 맡아 처리하고 소속 직원을 지휘·감독한다. 지방자치단체는 조례로 정하는 바에 따라 행정구와 읍·면·동에 그 소관 행정사무를 분장하기 위해 필요한 행정기구를 둘 수 있다.

5) 교육·과학·체육에 관한 기관

교육·과학 및 체육에 관한 사무는 본래 지방정부가 관장하는 사무에 속한다. 그러나 국가에 따라서는 이러한 사무를 모두 국가사무로 운영하거나 일부만 국가사무로 하는 경우도 있다. 우리나라 지방자치법은 교육·과학 및 체육에 관한 사무를 지방사무로 정하고 있으며, 그 운영에서는 별도의 기관을 둔다고 규정함으로써 교육·과학 및 체육에 관한 사무를 별도로 다루는 교육행정조직(敎育行政組織)의 설치, 또는 교육자치(敎育自治)의 길을 열어놓고 있다. 교육행정조직의 별도 설치의 경우는 과거 교육자치가 실시되기 이전 우리나라의 경우로서 일반 행정과 분리되는 교육위원회를 두고 그 아래에 교육감을 두는 제도이다. 이때의 교육위원회는 의결기관이 아니라 합의제 집행기관이며, 교육감은 교육위원회에서 결정한 사항을 단순히 집행하는 사무장의 지위에 있었다.

교육에 관한 의결기관은 자치교육제(自治敎育制)일 경우 지방의회가 되며, 교육자치제(敎育自治制)일 경우 교육위원회가 되는 것이 원칙이다. 전자의 경우는 지방자치단체가 교육을 담당한다는 의미이므로 교육행정을 일반 행정과 분리하지 않고 하나의 국(局) 단위에서 운영하거나 또는 교육행정을 일반 행정과 분리하여 지방의회가 의결기관이 되고, 교육위원회 또는 교육감이 집행기관이 되는 운영 방식을 택하기도 한다. 그러나 우리나라는 그 동안 교육사무가 지방정부의 사무로 되지 못하고 교육법에 의해 중앙정부의 통제를 받는 관치사무(官治事務)로 운영되었기에 자치교육제와 교육자치제 모두 온전하게 운영된 역사를 발견하기 힘들다.

그러나 근년에 이르러 지방자치의 재개와 함께 지방교육자치에 관한 법률이 제정되고 교육자치가 본격적으로 시행된 시점에서는 교육위원회가 어느 정도 의결기관의 지위를 획득했고, 교육감은 견제와 균형의 원리에 기초한 집행기관으로서 교육위원회를 견제하는 지위를 획득하게 된 것이다. 그러나 의결기관인 교육위원회는 교육에 관련된 모든 사항을 최종 결정하는 완전한 의사결정기관이 아니라 교육 관련 예산안 및 자금 조달에 관한 사항은 지방의회의 최종 결정을 얻어야 하는 입장에 있으므로 불완전한 교육자치제도라 할 수 있다.

교육위원회를 거쳐 지방의회의 의결을 받아야 하는 교육 관련 사항은 ① 조례안, ② 예산안 및 결산, ③ 특별부과금·사용료·수수료분담금 및 가입금의 부과 징수에 관한 사항, ④ 기채안 등이다. 또한 교육위원회 위원장은 주민의 재정적 부담이나 의무 부과에 관한 조례안과 지방자치단체의 일반회계와 관련되는 사항에 대한 의안을 의결을 할 경우 의결하기 전에 미리

시·도지사의 의견을 들어야 한다(지방교육자치에 관한 법률 제11조).

그리고 교육위원회가 최종적으로 결정할 수 있는 교육 관련 주요 사항은 ① 기금의 설치 운영에 관한 사항, ② 대통령령으로 정하는 중요 재산의 취득·처분에 관한 사항, ③ 법령과 조례에 규정된 것을 제외한 예산의 부담이나 권리의 포기에 관한 사항, ④ 청원의 수리와 처리, ⑤ 외국 지방자치단체와의 교류·협력에 관한 사항, 그 밖에 법령과 시·도 조례에 따라 그 권한에 속하는 사항 등을 규정하고 있다.

3 지방의회와 집행부의 관계

1) 의회의 대행정부 관계

지방의회는 주민의 대표기관으로서 정책을 결정할 뿐만 아니라 그 정책이 주민의 복리 증진을 위해 적합하게 집행되고 있는가를 감시한다. 이러한 감시적 역할이 대(對)행정부 관계에서 중심적 내용을 이룬다. 즉 행정사무 감사권과 조사권, 동의권, 서류제출 요구권, 행정사무 처리 상황 보고 및 질문 응답 요구권, 의견제출권 등이 대행정부 관계의 중심이다.

지방자치단체의 행정사무감사는 정기총회의 회기 내에서 행하되, 그 기간은 시·도의 경우는 10일 이내, 시·군 및 자치구의 경우는 7일 이내로 한다(지방자치법 시행령 제16조 제1항). 지방의회는 당해 지방자치단체 내의 사무를 감사하고자 할 때는 본회의에서 이를 행하거나 소관 상임위원회별로 또는 특별위원회로 하여금 이를 행한다(동법 시행령 제17조 제1항). 상임위원회와 특별위원회는 지방자치단체에 대한 감사를 하고자 할 때에는 감사계획서를 작성하여 본회의에 제출하고 승인을 얻어 감사를 행한다(동법 시행령 제17조의 2 제1항).

행정사무조사는 지방의회가 당해 단체의 의사결정기관으로서 의결권을 비롯해 광범한 권한을 유효적절하게 행사할 수 있도록 지방의회에 보조적으로 인정한 권한이라고 할 수 있다. 이러한 조사권은 헌법에 규정되어 있는 국회의 국정조사권에 비유할 수 있는 지방의회의 권한이다. 조사권의 대상은 현재 의제로 되어 있는 사항에 관한 조사뿐만 아니라 여론의 초점이 되어 있는 사건의 실상을 명백하게 하기 위한 조사, 지방자치단체의 주요한 사무의 집행 상황과 관련되는 것이 일반적이다. 조사권은 이처럼 지방자치단체의 사무에 관해 광범위하게 행사되고 있지만 구체적인 조사의 취지 목적에 비추어서 일정한 한계가 있다. 즉 지방의회 권한의 행사를 보조하기 위해 설치한 입법 취지에 비추어볼 때 특정 의원의 특수한 이해관계를 위해 조사권을 발동하는 것은 그 목적을 일탈하는 위법 또는 부당한 권한의 행사가 된다.

의회의 동의권은 지방자치단체장의 권한 행사 과정에 의회가 개입하는 것으로서 지방정부를 통제하는 수단이 되고 있다. 예컨대, 국가가 사용하는 지방자치단체의 재산 또는 공공시설에 관한 국가의 사용료 부담 면제(지방재정법 제27조), 시 · 도가 시행하는 토목 건설사업에 대한 시 · 군의 경비 부담(지방재정법 제25조 제2항), 각 회계 간의 재산 이관의 경우 무상 처리(지방재정법 제31조) 등에 대한 동의가 여기에 해당한다. 동의는 법적 효력을 발생시키기 위한 전제로서 효력 요건이기 때문에 이러한 절차를 무시한 행위는 원칙적으로 무효이다.

사무보고 및 서류제출권은 지방의회가 가지는 감시 기능으로서 지방의회는 집행부가 처리하는 일정 사무에 대해 보고를 받거나 지방의회의 심의 또는 집행 상황의 내용 파악을 위해 일정한 서류를 의회에 제출받을 수 있는 권한을 말한다. 단체장이 의회에 대해 행하는 사무보고 사항은 단체장의 선결처분, 의회가 요구한 사항, 청원 처리, 기타 중요한 사건이며, 서류제출 사항은 예산에 관한 설명서, 결산과 함께 제출하는 서류, 재정적 지원을 하고 있는 공익법인의 사업설명서 등이다.

행정사무 처리 상황 보고와 질문 응답 요구권은 지방자치단체의 장이나 관계 공무원으로 하여금 지방의회나 그 위원회에 출석케 하여 행정사무의 처리 상황을 보고하거나 의견을 진술하고 질문에 응답을 요구할 수 있는 권한을 말한다. 즉 지방자치단체장이나 관계 공무원은 지방의회나 그 위원회가 요구하면 출석 · 답변해야 할 의무가 있으며, 만약 특별한 이유가 있으면 지방자치단체장은 관계 공무원에게 출석 · 답변하게 할 수 있다. 이러한 출석·답변을 위한 관계 공무원의 범위는 조례로 규정토록 하고 있다.

의견제출권은 집행부의 사무 집행에 대해 의회의 입장에서 의견을 제출하는 것으로서 단체장의 행정행위에 통제를 가할 수 있는 장치가 된다. 지방자치단체는 특정한 중요 사항에 대해 지방의회로부터 의견을 듣도록 되어 있다. 즉 지방자치단체의 명칭과 구역을 변경하거나 지방자치단체의 폐치 분합의 경우 관계 지방자치단체의 의회 의견을 반드시 듣도록 한 것이 여기에 해당한다. 이처럼 당해 지방자치단체 내의 중요 사항에 대해 주민의 대표자인 지방의회로부터 의견을 듣게 하는 것은 주민들의 이해관계가 많은 사항에 대해 조정할 수 있는 기회를 부여하려는 데 그 목적이 있다. 지방의회의 의견서는 의결을 거쳐 작성되며, 의장 명의로 단체장에게 이송한다. 의견서의 제출이 있는 경우에 관계 지방자치단체는 그것을 수리할 의무가 있지만 반드시 그 의견에 구속되는 것은 아니다. 지방의회는 이러한 법적 사항 외에도 당해 지방자치단체의 공익 사항과 관련될 때 외부기관에 대해 의견을 제출할 수 있음은 물론이다.

2) 집행부의 대의회 관계

단체장이 의회의 독주를 방지하기 위해 가지는 의회견제권은 ① 임시회 소집요구권, ② 의회출석진술권, ③ 의안발의권, ④ 예산안편성권, ⑤ 조례 공포권 및 거부권, ⑥ 재의요구권, ⑦ 선결처분권 등을 들 수 있다. 이 중에서 특히 단체장의 의회 관련 권한으로 가장 주목되는 것은 재의요구권과 선결처분권이다.

재의요구권(再議要求權)은 의회에서 의결한 사항에 불합리한 점이 있다고 판단되어 단체장이 재의결을 요구하는 권한이다. 만약 이것이 원안대로 재의결되면 단체장은 이를 수용하여 공포하거나 아니면 이를 거부하고 사법적 판단에 호소하는 두 가지 방향의 행동을 취할 수 있다. 그러나 조례의 경우 단체장이 이를 수용하여 공포하는 경우라 하더라도 중앙정부가 위법 부당하다고 판단하여 이를 대법원에 제소한다면 그 효력이 정지될 수밖에 없다.

선결처분권(先決處分權)은 주민의 생명과 재산을 보호해야 할 긴급한 상황을 전제로 행해지는 지방자치단체장의 특별 집행권이다. 즉 시간을 지체하다가는 돌이킬 수 없는 피해가 발생될 것이 예상될 경우 단체장은 먼저 행정처분을 내리고, 사후에 의회의 승인을 받는 제도이다. 이러한 선결처분권의 내용적 상황 조건은 ① 천재지변이나 대형 화재로 인한 피해의 복구 및 구호, ② 중요한 군사안보상의 지원, ③ 급성 전염병에 대한 예방 조치, ④ 그 밖에 긴급하게 조치하지 아니하면 주민의 생명과 재산에 중대한 피해가 발생할 우려가 있는 사항 등이다. 그리고 이러한 선결처분의 시간적 상황 조건은 ① 의회를 소집할 시간적 여유가 없는 경우, ② 의회를 소집하더라도 의원의 참석이 부진하여 회의가 성립되지 못하는 경우, ③ 회의가 성립되더라도 의도적으로 의결을 지연시키는 경우 등이 여기에 해당한다. 그러나 이러한 요건들이 충분히 충족된 것으로 판단하여 단체장이 선결처분을 하더라도 결국 의회의 승인을 얻지 못할 경우 그 처분은 효력을 발생하지 못한다(지방자치법 제109조).

제 7 장 지방자치단체의 계층과 구역

제 1 절 지방정부 계층제도

1 계층제의 의의

지방자치단체는 주민의 사회경제적 생활이 영위되는 일정한 지역을 기초로 성립된 법인격을 부여받은 자치공동체로서 지치권의 행사를 통해 주민의 복지를 증진하고 있다. 이처럼 지방자치단체는 일정한 구역을 토대로 존립하는 행정 주체이므로 하나의 지방자치단체는 하나의 구역만을 갖는 것이 원칙이다. 그러나 현실적으로는 하나의 구역이 여러 구역으로 나뉘고, 여기에 소규모 자치단체가 많이 생성됨으로써 자치단체의 다층적 계층구조를 형성하게 된다. 또한 자치단체의 사무를 효율적으로 수행하기 위한 행정보조계층과 국가사무를 수행하기 위한 국가행정계층이 생성됨으로써 더욱 복잡한 행정계층을 구성하게 된다.

이러한 행정계층은 자치계층보다 더 높은 위치에 존립할 수도 있고, 자치계층 아래에 존재할 수도 있다. 현재 우리나라 행정계층은 자치계층 아래에 읍·면·동을 두고 있다. 이것은 자치사무를 수행할 경우 자치행정계층으로, 국가사무를 수행할 경우 국가행정계층으로 작용한다. 즉 위임된 국가사무를 수행할 경우 자치계층이 바로 행정계층으로 전환되기 때문에 행정계층은 국가적 사무와 지방적 사무를 동시에 수행하는 이중적 성격을 지니게 되는 것이다. 이처럼 국가의 공공사무는 자치계층(自治階層)과 행정계층(行政階層)에 의해 수행되고 있다.

이러한 자치계층과 행정계층은 그 수가 많을 때 행정 능률이 저하되는 경향이 있지만 반드시 그러한 것은 아니다. 지역이 방대하거나 인구가 많을 경우 다층제가 유리할 수도 있으며, 특히 단층제일 경우 지방정부의 위상이 왜소해져 중앙정부의 부당한 간섭과 압력에 대항할 힘과 능력을 갖지 못해 민주주의가 위협받는 상황이 도래될 수도 있기 때문에 자치계층과 행정계층의 수는 역사적 전통과 그 국가가 처해 있는 사회적 상황에 따라 결정될 문제이다. 그러나 특정 국가의 환경적 요인에 의해 결정되는 계층제라 할지라도 그 운영의 역사적 경험에서 우리는 어느 정도 보편적인 모형을 발견할 수 있다.

2 단층제와 중층제의 장단점

1) 단층제의 장단점

단층제의 자치계층을 오랫동안 유지해 온 대표적 국가는 영국이다. 영국은 지방자치의 모국이며, 특히 주민자치(住民自治)의 모국이라는 점에서 남다른 특색을 지니고 있다. 주민자치 유형의 지방자치는 주민과 가까운 거리에서 행정이 이루어지는 주민 밀착형 지방자치이기 때문에 계층구조가 단순한 단층제(one tier system)가 이념모형으로 등장한다. 그러나 영국은 20세 후반에 접어들어 현실적인 필요에 의해 농촌과 도시지역을 막론하고 모두 2층제(two tier system)를 운영한 경험도 함께 가지고 있다. 그러나 현재 특수한 경우를 제외하고, 도시지역은 단층제로 운영되고 있다.

이러한 단층제의 장점으로서는 다음과 같은 것을 들 수 있다. ① 이중행정과 이중감독으로 인한 자원 낭비를 방지할 수 있고, ② 행정이 이원화되지 않아 책임의 소재가 명확하며, ③ 지역의 특수성과 개별성이 존중되며,

④ 주민의 의사나 국가 시책의 전달 시간이 단축되고 정확성을 기할 수 있다는 것이다.

그러나 이러한 단층제의 장점은 국토의 광협, 인구의 대소를 고려하지 않고 단순한 형식 논리에 의해 도출된 것이므로 모든 상황에 획일적으로 적용될 수 있는 것이 아니라 좁은 국토, 소규모 도시지역에 한정적으로 적용할 수 있는 논리라고 할 수 있다. 즉 국토가 넓은 경우 중앙정부는 수많은 지방정부를 상대하게 됨에 따라 통솔 범위에 문제를 야기하고, 인구가 많은 대도시가 단층제가 될 경우 과중한 업무량을 감당할 수 없어 행정 능률을 저하시킬 우려가 있으므로 단층제가 오히려 부적합할 수도 있을 것이다.

이러한 논리에 근거한 단층제의 단점은 ① 국토가 넓고, 인구가 많은 지역은 현실적으로 실행하기 곤란하고, ② 극단적인 지방분권 및 중앙집권으로 흐를 경우 국가의 총체적 능률이 저하될 수 있으며, ③ 수많은 지방정부의 직접 대면은 업무의 번잡과 통솔 범위의 한계를 노출하며, ④ 광역행정의 대응에 부적합한 구조라는 것을 들 수 있다.

위에서 제시한 단점 중에서 특히 주목되는 것은 극단적인 중앙집권화의 진전이다. 즉 지방자치는 본래 민주주의의 발전을 위한 지방분권의 수단으로 출발한 제도이지만 단층제의 운영으로 행·재정적 능력이 미약하여 중앙집권화가 촉진되고, 결과적으로 지방정부가 중앙정부에 대응할 수 없는 무력한 존재로 전락한다면 지방자치의 제도적 의미를 찾을 수 없기 때문에 중앙집권의 역사적 전통이 강한 국가에서 단층제 운영은 신중한 선택이 있어야 할 것이다.

특히 주목되는 것은 단층제 운영의 역사적 전통이 깊은 영국에서 근년에 이르러 지역마다 광역정부를 수립한 것이다. 즉 웨일스 지역에 웨일스정부(Welsh Assembly Government), 스코틀랜드 지역에 스코틀랜드정부(Scottish Government), 북아일랜드 지역에 북아일랜드정부(Northern Ireland Assembly Government)가 의회를 구성함으로써 법적 기준을 적용하더라도 2층제를 실시하고 있기 때문에 이제 영국은 더 이상 단층제 운영 국가라고 말할 수 없다.[1)] 더욱이 영국의 지방자치 논의에서 배제할 수 없는 사실상 준(準)자치단체로 기능하고 있는 동네의회(parish, community)를 합하면 영국은 모두 3층제를 운영하고 있는 셈이다. 이것은 현재 우리나라가 관심을 가지고 있는 단층제로의 자치계층 개편에 대해 많은 시사점을 던져 주고 있다.

2) 중층제의 장단점

중층제(multi-tier system)는 단체자치의 전통이 강한 프랑스에서 오랜 기간 운영해 왔다. 단체자치는 본래 국가 이후에 생성된 자치제도를 전제하므로 중앙정부와 지방정부의 관계에 역점을 둔 법적 성격이 강한 자치모형이다. 따라서 지방정부는 중앙정부로부터 법적 권한을 더 많이 쟁취하는데 관심을 가지며, 지역 주민과의 관계에서도 주민자치에 비해 밀착도가 많이 떨어지는 경향이 있다, 따라서 단체자치는 민주성(democracy)보다는 능률성(efficiency)을 더 중시하게 되며, 계층구조도 중층제를 선호한다.

이러한 중층제의 장점은 ① 광역과 기초 정부가 행정 기능을 분담하여 총체적 능률을 제고할 수 있고, ② 기초단체가 수행하기 곤란한 업무를 보완할 수 있으며, ③ 지역사무를 광역적으로 처리할 수 있고, ④ 국가의 감독 기능을 대신 유지할 수 있으며, ⑤ 민주주의의 원리를 옹호하고 확산할 수 있다는 것이다. 그리고 중층제의 단점은 단층제 장점의 반대로서 ① 이중행정과 이중감독으로 인한 자원 낭비를 초래하고, ② 행정이 이원화되어 책임의 소재가 불명확하며, ③ 획일 행정으로 지역의 특수성과 개별성이 존중되지 않고, ④ 주민 의사와 국가 시책의 전달 과정에 시간의 지연과 내용의 왜곡 현상이 발생된다는 것이다.

여기에서 특히 주목되는 것은 중층제의 장점으로 민주주의의 원리를 확산할 수 있다는 것이다. 만약 광역정부가 존재하지 않는다면 기초자치단체의 능력을 초월하는 사무는 바로 중앙정부로 이관되어 중앙집권화를 강화

1) 1997년 노동당정부의 집권으로 주민투표와 국회의 입법 절차를 거쳐 웨일스와 스코틀랜드는 1999년에, 북아일랜드는 1998년에 각각 지역정부를 수립했다. 그러나 북아일랜드는 2002년 10월 자치적 분권이 중단되고 2007년 5월에 다시 자치정부가 부활되기도 했다(각 지역정부 홈페이지).

할 가능성이 높기 때문에, 광역정부는 중앙집권화를 방지할 수 있는 제도적 장치로 작동하며, 특히 능률성과 민주성을 조화시키는 기능을 수행하는 데에서 그 존립의 가치를 발견한다.

3 계층제의 세계적 동향

현재 각국에서 운영하고 있는 계층구조(tier structure)는 국가마다의 다양한 영향 요인에 의해 만들어진 결과이다. 교통통신과 행정 능력이 미진한 후진국(developing country)의 경우 관리 능력의 미약으로 가급적 관할 구역을 좁게 함으로써 계층구조가 다층제로 발전하고, 반대로 교통통신이 발전되고 행정 능력이 높은 선진국(advanced country)일수록 관할 구역을 넓게 함으로써 계층구조는 축소되는 경향이 있다.

그러나 이것은 어디까지나 일반적 추세일 뿐 모든 국가가 그러한 방향으로 운영되는 것은 아니다. 민주주의를 일찍이 경험한 프랑스와 같은 국가는 장구한 지방자치의 역사를 가지고 있을 뿐만 아니라 산업 발전도 함께 이룩해 낸 선진국이지만 과거 행정계층이던 레종(région)을 자치계층으로 전환함으로써 2층의 자치계층에서 3층의 자치계층으로 확대 전환한 것은 개별 국가의 특수한 사정에 따른 것이다.

사회 발전의 논리에 의하면 시간의 흐름과 더불어 자치계층구조는 궁극적으로 1층으로 접근되는 것이 순리이다. 그러나 사회가 아무리 고도화되더라도 모든 국가가 하나의 자치계층으로 발전되기 어려울 것이다, 그것은 지방자치제도가 가지고 있는 내재적 한계(inherent limitations)가 존재하기 때문이다. 즉 지방자치는 국민의 자유와 권리의 신장이란 정치적 목적을 달성하기 위해 탄생된 제도인 만큼, 행정 능률을 이유로 민주성이 위협받을 정도로 자치계층이 축소될 수 없기 때문이다. 현재 자치계층의 세계적 동향은 2층제로 접근하고 있는 것이 분명한 것 같다. 이러한 관점에서 본다면 계층제의 운영은 앞으로 2층제를 중심으로 증설되거나 축소되는 변형적 운영이 중심을 이룰 것으로 전망된다.

4 한국의 지방계층제도

1) 계층제의 실태

우리나라의 자치계층은 광역자치단체로서 특별시·광역시·도가, 그리고 기초자치단체로서 시·군·자치구가 있으므로 2개의 자치계층이 존재한다. 또한 행정계층은 시·도-시·군·구-읍·면·동의 3계층이 존재한다. 현행 한국의 계층제에 대한 비판론은 한국의 행정계층이 복잡하여 비효율(inefficiency)이 야기되고 있으며, 중앙정부와 주민 간의 의사 전달에 왜곡이 생길 수 있고, 행정의 책임성 확보가 곤란하며 책임 회피의 문제가 있다는 점 등을 지적하고 있다. 특히 우리나라 행정계층은 광역-기초-읍·면·동으로 이어지는 3층 구조를 가지고 있어 국가위임사무를 수행할 경우 행정계층마다 문서 처리에 소요되는 시간을 제외하면 실제로 현장에서 실태를 파악하고 사업을 추진하는 시간은 적으므로 부실한 행정 처리의 원인이 되고 있다는 문제점이 지적된다. 따라서 행정계층의 단축이 하나의 발전 과제로 자주 논의되고 있다.

2) 한국 지방계층제의 개편 방안

(1) 광역자치단체의 폐지

광역자치단체인 특별시(特別市)·광역시(廣域市)·도(道)를 폐지하는 방안은 단층제를 지향하는 것으로서 무엇보다도 현행 지방자치의 2계층제가 안고 있는 광역자치단체와 기초자치단체 간의 문제점, 즉 기능 중복과 이중 감독의 해소, 종적인 의사 전달의 신속화, 인력과 경비 절감, 지역 갈등의 타파, 시·도 상호간의 분쟁과 마찰의 해소 등을 그 장점으로 내세운다.

그러나 광역도시정부의 경우 도시구조는 인위적으로 분리되기 어려운 단일생활권(united life zone)으로 형성되어 있어 광역정부를 폐지할 경우 자치구의 권한과 기능을 확대·강화해야 하며, 그렇게 될 경우 도로·교통

·상하수 등 광역적 도시계획의 집행이 어려워진다. 또한 도를 폐지할 경우 증가되고 있는 광역행정 수요에 대한 적절한 공급이 불가능하며, 시와 군 간의 이해가 대립되는 업무의 일차적 조정 기능이 상실되고, 모든 시·군이 중앙정부와 직접 연결되어야 하므로 새로운 중앙집권화를 초래할 가능성이 높은 단점을 지닌다.

결론적으로 도의 폐지 방안은 우리나라 도의 인구(평균 280만) 규모에 해당하는 프랑스의 레종(région)을 자치계층으로 전환하고, 스코틀랜드(500만), 웨일스(290만), 북아일랜드(168만) 지역을 각각 지역정부로 출범시킨 영국의 최근 사례에 비추어볼 때, 광역자치단체의 폐지는 신중을 기해야 할 것이다(안성호, 2005: 20).

(2) 기초자치단체의 폐지

기초단체의 일반 시(市)를 폐지할 경우 도가 동을 직접 관리해야 하는 문제점을 안게 된다. 시는 좁은 면적에 인구가 밀집되어 있어 하나의 생활권을 형성하고 있기 때문에 동 단위로 분리해서 관리한다는 것은 행정의 비능률을 초래할 뿐만 아니라 주민 편의시설의 적절한 설치·운영을 어렵게 만든다.

군(郡)을 폐지하게 되면, 역시 도가 수많은 읍(邑)·면(面)을 직접 상대해야 하는 문제점이 따른다. 군은 현재 세계에서도 가장 많은 인구(평균 20만)를 포용한 대규모 기초자치단체로 인정되고 있기 때문에 그 규모에 문제를 안고 있는 상황에서 군을 폐지하고 도를 단층 자치단체로 운영한다는 것은 더욱 문제를 확대시키는 요인으로 작용한다는 비판이 있다.

자치구(自治區)의 폐지는 광역정부가 많은 행정 동을 직접 관리해야 하는 번잡과 비능률이 역시 초래되지만, 특별시 및 광역시는 하나의 단일생활권을 형성하고 있기 때문에 전혀 타당성이 없는 것도 아니다. 그러나 우리의 역사적 전통과 사회적 상황을 감안하더라도 적정한 규모의 행정조직은 필요하기 때문에 자치구를 행정구로 전환하여 운영할 수 있다. 이때 민주성의 문제가 제기되지만 시장이 구청장을 임명한다면 별 문제가 없을 것이다. 그러나 국가가 임명할 경우 민선시장에 중앙정부가 임명하는 행정구청장의 조합은 결코 바람직한 모습이 아니다.

(3) 하급행정기관의 폐지

교통통신의 발달로 인한 생활권의 확대로 읍(邑)·면(面)·동(洞)은 이미 단위생활권의 중심지로서의 기능을 상실하고 있으므로 이의 폐지로 인한 혼란과 부작용을 최소화할 수 있다. 또한 읍·면·동이 주로 담당하고 있는 사무가 개별법에서 위임된 가족등록, 주민등록, 병역, 선거 관련 사무임에 비추어 볼 때, 행정사무 처리의 전산화와 민간위탁이 보편화된 현재의 상황에서 읍·면·동의 폐지는 주민에게 그리 많은 불편을 주지 않는 장점이 있다. 더욱이 이원화되어 있는 행정계층과 자치계층을 일원화함으로써 행정력의 낭비를 예방할 수 있는 장점이 있다.

그러나 읍·면·동의 폐지는 주민이 민원 처리를 위해 가까운 거리에서 더 먼 거리에 있는 기초단체로 이동해야 하는 불편을 초래하게 되어 행정에 대한 접근도와 주민 참여의 기회를 감소시킬 수 있다는 문제점을 내포한다. 그러나 오늘날 지역 주민들은 대부분 자동차를 이용하고 있는 실정이므로 공간적 거리는 크게 문제가 되지 않으므로 행정 동의 폐지는 그리 어려운 일이 아닐 것이다.

그러나 이것은 행정 능률의 측면에서 본 것이지 삶의 질 측면에서 고려한 것은 아니다. 오늘날 사회는 교통통신과 정보기술의 발달로 공간적 거리가 단축되고, 사이버 공간이 무한정 펼쳐지지만 이러한 상황일수록 사람들의 대면적인 만남이 이루어지는 동네 공동체의 중요성은 더욱 증대된다. 정보화와 세계화의 거센 파도에 부초처럼 떠밀려 사는 사람들에게는 심리적 안정과 정체성의 닻을 내릴 동네 공동체가 필요하기 때문에 본래 소규모 지역을 기초로 지방자치를 시작한 것이다(안성호, 2005: 22).

세계가 아무리 개방되고 다른 문화가 밀려들어와도 사람들은 자신들의 것이라고 부를 수 있는 그 무엇을 찾고 있으며, 대면적인 만남과 이를 통한 긴밀한 정서적 연대감을 형성하는 작은 장소로서의 공동체를 필요로 하는 것이다. 이러한 입장에서 본다면 읍·면·동을 폐지하거나 위축시킬 것이 아니라 어떠한 형태로든 공동체로서의 장소적 의미를 살려나가야 할 것이다. 현재 영국의 경우 인구 200명 이상의 패리시나 커뮤니티는 소규모 의회를 가지고 있고, 그 이하는 대체로 패리시 총회(parish meeting), 커뮤니티 총회(community meeting), 타운 총회(town meeting)를 구성하여 직접민주제로 운영되고 있다.

(4) 도의 폐지 및 군의 확대 개편

광역자치단체인 도(道)를 폐지하는 대신 기초자치단체인 군(郡)을 확대 개편하는 것은 기존 계층의 한쪽만을 폐지하는 방안보다 합리성과 타당성이 높다 하겠다. 현재 우리나라의 도는 너무 구역이 넓어서 지방자치의 본래 의미를 구현하기 힘들다는 견해가 있다. 지방자치는 본래 면식이 있는 가까운 거리에 있는 사람들이 애향심(local patriotism)에 기초하여 자신들의 문제를 스스로 처리해 나가는 과정이라고 본다면, 도의 폐지는 바람직한 일면이 없지 않다. 그러나 행정 능률에 관련된 광역행정에 대한 수요를 반영할 수 없는 단점을 지니고 있기 때문에 현재의 군을 수개로 통합하여 단일 계층으로 운영하는 방안이 검토되고 있다.

그러나 현재 우리나라의 군은 인구 20만을 가진 기초단체로 존립하고 있기 때문에 이를 확대 개편한다면 너무 규모가 큰 기초자치단체를 가지게 된다. 물론 영국에서도 몇 개의 자치단체를 통합하여 단층의 유니터리 형태로 운영하고 있지만, 대부분 광역의 지역정부를 가지고 있기 때문에 기초자치단체로서의 문제가 줄어든다. 이러한 점에서 본다면 광역자치단체인 도를 더 확대 개편하는 것은 광역행정의 차원에서 용인될 수 있지만, 기초단체인 군을 확대 개편하는 것은 결국 지방자치가 오직 행정 능률을 위해 운영되는 모순에 빠지게 된다.

현행 한국의 자치계층이 다른 나라에 비해 매우 단순화되어 있음에도 불구하고 자치계층의 축소를 주장하는 사람들은 행정비용의 절감 등 경비 절약을 내세운다. 그러나 지방자치의 역사가 한국과는 비교되지 못할 정도로 긴 역사를 가진 선진 외국이 한국보다 더 많은 자치계층을 가지고 있는 것은 그만한 이유가 존재할 것이므로 제도에 대한 깊은 성찰이 있어야 할 것이다.

그리고 도를 폐지한 단층제일 경우 그 규모가 도에 비해 현저하게 작아질 것이며, 그러한 상태에서 중앙정부와 맞대면하게 될 기초지방정부는 중앙정부의 간섭을 막고 자율성을 지켜내기란 무척 어렵게 될 것이다. 지방자치를 통한 지방분권은 권력의 수직적 분권을 통해 중앙정부의 권력 남용을 방지하는 견제 기능이 매우 중요하다는 점을 고려하면 도의 폐지는 오히려 민주주의를 후퇴시키는 요인으로 작용할 수 있다는 주장도 있다.

또한 도의 폐지는 검증된 정치인을 배출하는 순기능을 현저하게 약화시킬 것이다. 시・도지사 출신이 지방정치 과정을 통해 중앙정치인으로 성장 발전하는 것은 매우 자연스러운 일이고, 다른 나라에서도 흔히 볼 수 있는 일이다. 만약 도를 폐지하고 군의 규모를 확대한다 하더라도 그 지방정부의 정치적 비중은 약화되기 때문에 지방정치인이 중앙정치인으로 성장할 가능성은 현격히 줄어들 수 있을 것이다.

3) 한국과 외국의 계층 비교

이상에서 논의된 자치계층의 개편 방안은 광역자치단체를 없애는 방안, 기초자치단체를 없애는 방안, 하급행정기관인 읍・면・동을 폐지하는 방안, 그리고 도를 폐지하고 군을 확대 개편하는 방안 등 여러 가지가 있었다. 결국 우리나라 자치계층의 문제는 외국과 비교하여 진로를 결정해야 할 것이다.

영국의 자치계층은 지역에 따라 차이가 있으나 대부분 2층을 운영하고 있다. 즉 잉글랜드의 도시지역은 1층, 농촌지역은 2층이며, 웨일스・스틀랜드・북아일랜드는 각 지역정부를 포함하여 2층제로 운영하고 있다. 여기에 동네 공동체인 준자치단체(parish council)까지 포함하면 모든 지역이 3층의 구조로 운영되고 있는 셈이다. 그리고 프랑스의 자치계층은 3층이며, 코뮌과 데파르트망 사이에 존재하는 행정계층인 아롱디스망(arrondissment)을 포함하면 4층 구조이다. 독일은 주정부를 포함할 경우 3층이며, 크라이스(kreis)보다 상위에, 주정부보다 하위에 있는 행정계층으로서의 행정관구(regierungsbezirk)를 포함하면 모두 4층을 운영한다. 그리고 일본의 자치계층은 한국의 경우와 마찬가지로 도・도・부・현과 시・정・촌의 2계층으로 되어 있다. 이처럼 지방자치의 선진국에서도 자치계층이 대개 한국과 동일하거나 한국보다 1계층 내지 2계층이 많기 때문에 국제적으로 비교해도 한국은 지방계층제도가 비교적 단순한 국가에 속한다고 볼 수 있다.

제 2 절 지방정부 구역제도

1 자치구역의 의의

1) 구역의 개념

일반적으로 구역이란 일정한 목적을 달성하기 위해 국토 공간을 구분해 놓은 지리상의 한계로서 공공의 기관 또는 단체의 관할권이 미치는 지역적 범위를 말한다(최창호, 2003: 175). 따라서 자치구역은 지방자치단체의 자치권이 일반적으로 미치는 지리적 또는 지역적 범위를 뜻한다(김보현·김용래, 1985: 304). 구역은 지리적 개념인 동시에 정치·경제·사회·문화적 현상을 반영한 법제적 개념이다. 이것은 법적 성격과 기능에 따라 자치구역(autonomous district)과 행정구역(administrative district)으로 나뉘며, 수행되는 기능의 복합성 여부에 따라 일반목적구역(general purpose district)과 특별목적구역(special purpose district)으로 나뉜다. 따라서 구역은 법제적 측면에서 ① 일반목적의 자치구역, ② 특별목적의 자치구역, ③ 일반목적의 행정구역, ④ 특별목적의 행정구역으로 나뉜다(표 7-1). 이와 같은 네 가지 구역 형태 중에서 자주 논의되는 것은 일반목적의 자치구역과 행정구역이다.

일반목적의 자치구역은 지방자치단체의 관할구역을 의미한다. 이것은 적극적으로는 그 구역 내에 주소를 가진 자를 당연히 단체의 구성원으로 하고, 거소·영업소의 설치 등 그 구역과 일정한 장소적 관계를 가진 주민을 그 단체의 권능에 복종시키는 효과를 가져오고, 소극적으로는 그 자치단체

〈표 7-1〉 지방자치단체 구역의 종류

구 분	자치구역	행정구역
일반목적	일반목적 자치구역	일반목적 행정구역
특수목적	특수목적 자치구역	특수목적 행정구역

의 권능을 지역적으로 한정시키는 장소적 한계를 규정하는 효과를 가져온다. 특별목적의 자치구역은 국가가 한정된 특수 목적을 전문적으로 수행하기 위해 설치한 자치구역을 말하며, 여기에는 법인격을 가진 특별지방자치단체가 존재한다.

일반목적의 행정구역은 국가가 다수의 공공사무를 포괄적으로 수행하기 위해 설정된 구역이다. 이것은 설치의 목적과 관할 주체가 일반목적의 자치구역과 서로 다르기 때문에 장소적 범위를 반드시 일치시킬 필요는 없다. 그러나 현실적으로는 일치하는 것이 여러 면에서 유리한 점이 많기 때문에 자치구역과 일치하여 운영하는 국가가 많다. 이 경우 두 구역은 관념적 구별에 지나지 않는다. 특별목적의 행정구역은 중앙정부가 특정 사무를 전문적으로 수행하기 위해 특별지방행정기관을 설치한 경우의 관할구역으로서 예컨대, 지방경찰청, 지방국토관리청, 지방병무청, 지방국세청 등의 관할구역을 의미한다. 이러한 특별목적의 행정기관은 우리나라의 경우 시·도 단위로 운영되고 있기 때문에 대체로 일반목적 자치구역과 일치하는 경우가 많다.

이러한 자치구역과 행정구역은 정치·행정적으로뿐만 아니라 정신·문화·사회·경제적으로 중요한 의의를 지니기 때문에 쉽게 변경할 수 없게 하기 위해 법률로 규정하고 있다.

2) 구역·계층·기능의 관계

지방행정의 과정에서는 구역(district), 계층(tier), 기능(function)의 3자는 서로 독립변수이면서 종속변수로 작용하기 때문에 영향을 주고받는 긴밀한 관계에 있다. 이들의 상관 관계를 살펴보면 아래와 같다.

첫째, 구역과 계층의 관계는 상호 반비례적(inverse proportion) 관계를 유지하고 있다. 구역이 넓으면 계층구조는 단축되고, 반대로 구역이 협소하면 계층구조는 높아지는 경향이 있다. 그러나 지방자치단체가 관할하는 구역 변경의 세계적 추세는 과학기술과 교통통신의 발달에 힘입어 구역의 확대 방향으로 발전해 왔다고 말할 수 있다. 지방자치단체 본래의 의미에서 본다면 자치구역은 규모가 작은 것이 이상적이라고 할 수 있다. 그러나 교통통신의 발달과 주민들의 행정 서비스에 대한 욕구가 구역의 광역화를 촉진한 것으로 분석된다. 특히 현대 사회의 주민들은 지방정부가 제공하는 행정 서비스에 매우 민감한 반응을 보이면서 양질의 서비스를 요구하고 있기 때문에 재정자원의 확보를 위해서도 좀 더 넓은 자치구역이 요청된 것이다. 우리나라의 제3공화국 시절 기초자치단체를 시·읍·면에서 군으로 승격한 것은 이러한 사회적 요구와 변화에 대응하기 위한 하나의 수단이었다고 볼 수 있다.

사회 발전의 논리에 따르면 이러한 구역의 확대는 계층구조의 단축을 가져올 수 있고, 언젠가 오직 하나의 자치계층만을 남게 할 수도 있으며, 종국적으로는 자치계층을 모두 없앨 수도 있을 것이다. 그러나 현실적으로 그렇게 잘 되지 못하는 이유는 지방자치제도에 원천적으로 내재하는 한계가 존재하기 때문이다. 지방자치제도는 국민의 자유와 권리를 신장하기 위해 고안된 제도적 장치인 만큼, 종국에 가더라도 적어도 하나의 자치계층은 남기게 될 것이며, 특히 광역정부가 가지는 능률성과 민주적 요소의 장점들을 감안한다면 기초단체구역의 광역화가 아무리 추진되더라도 광역정부의 존재 가치가 남아 있는 한 이것이 쉽게 폐지되기 어려울 것이다. 우리나라 기초자치단체의 구역이 광역화되어 왔지만 아직도 쉽게 단층제로 전환되지 못하고, 2층제를 그대로 유지하고 있는 것은 지방자치제도에 내재하는 기초단체구역 광역화의 한계가 있기 때문이다.

둘째, 구역과 기능의 관계는 대체로 비례적(proportional) 관계를 유지한다. 구역이 넓으면 행정 기능도 많아지고, 구역이 좁으면 행정 기능이 적어지는 경향이 있다. 구역은 자치단체가 행정 기능을 효율적으로 발휘할 수 있는 적정한 규모로 확정될 것이 요청된다. 그러나 기능별로 구역의 범위를 각기 설정하여 운영하는 것은 불가능에 가깝기 때문에 구역을 먼저 유형화시켜 놓고, 거기에 각 행정 기능을 배분하는 것이 일반적이다. 즉 의료 서비스가 필요로 하는 구역, 학교 교육에 필요한 구역, 민원사무에 적합한 구역, 상하수도 사무에 적합한 구역은 각기 지리적 범위를 달리하기 때문에 업무에 맞추어 구역을 설정할 수 없고, 광역자치단체의 관할구역, 기초자치단체의 관할구역 등을 먼저 정해 놓고 여기에 기능을 적절히 배분하는 방식을 채택하고 있는 것이다.

셋째, 계층과 기능의 관계는 대체로 반비례적 관계를 유지한다. 계층이 낮으면 구역이 넓어져 기능이 확대되고, 계층이 높으면 구역이 협소해져 기능이 적어진다. 이처럼 계층과 기능의 관계는 구역을 매개로 하여 상호 간의 관계가 성립한다. 광역단체와 기초단체에 배분하는 사무의 종류와 내용은 우리나라 지방자치법에서 예시적으로 상세히 규정되어 있다. 광역자치단체에 배분되어야 할 사무의 종류로서는 일반적으로 ① 2개 이상의 기초자치단체에 관련된 광역적 사무, ② 기초자치단체가 실행하기 어려운 고도의 전문지식이나 많은 재정이 요구되는 보완적 사무, ③ 기초자치단체와 중앙정부 사이에서 업무의 중개적 역할이나 기초자치단체 간 분쟁을 조정하는 연락조정 사무, ④ 국가위임사무의 처리와 관련하여 기초자치단체에 대해 보고를 받거나 시정명령 및 이행명령을 내리는 지휘·감독 사무 등이 여기에 해당한다. 그리고 기초자치단체에 배분해야 할 사무는 국가사무와 광역사무를 제외한 모든 사무가 여기에 해당한다.

2 구역 설정의 기준

구역은 자연적 조건 위에서 사람들이 사회경제적 활동을 수행할 때의 경계 있는 터전이다. 이것은 필요에 따라 설정되고, 사회 환경의 변화에 따라 그 개편을 요구받게 된다. 구역 설정의 기준에 대한 연구는 많은 학자들에 의해 논의되어 왔지만 여기에서는 그 대표적 학자들의 견해를 중심으로 논의하고자 한다. 즉 리프먼(V. D. Lipman), 페슬러(James W. Fesler), 밀스포(Arthur C. Milspaugh)의 견해를 기준으로 논의한다(조창현, 2003: 214

-215).

리프먼(Lipman, 1949: 305-331)은 미국·프랑스·소련 등 여러 나라의 구역을 실증적으로 분석하여 얻은 지식을 토대로 세 가지 기준을 제시했다. 즉 ① 수량적 평균, ② 사회·경제적 요소, ③ 중심도시와의 유기적 관계의 평균화이다. 수량적 평균은 동일한 지위와 특성을 가진 지방자치단체가 서로 수량적으로 균형을 맞추어야 한다는 것을 의미한다. 예컨대, 농촌지역에 있는 동급 수준의 지방자치단체라면 인구나 면적, 지역 소득 등에서 균형을 이루어야 하는 것이다. 사회·경제적 요소는 역사적 전통이나 경제적 기반, 인구적 요소 등의 부문에서 동질성이 존재하는 지역 범위로 구역을 설정하는 것이다. 그리고 중심도시와의 유기적 관계의 평균화라 함은 대도시를 둘러싸고 있는 주변 자치단체들이 중심도시로부터 동일한 영향을 받을 수 있도록 구역을 설정한다는 것이다.

페슬러(Fesler, 1949: 51)는 행정구역의 적정화를 위한 기준으로 ① 자연적·지리적 조건, ② 행정의 능률성, ③ 자주재원 조달 능력, ④ 효과적 주민통제 등 네 가지를 제시하고 있다. 여기에서 자연·지리적 조건은 산맥이나 강 등 자연 조건을 경계로 삼아 구역을 설정해야 한다는 것이다. 이것은 자연을 극복하기 어려웠던, 과학기술과 교통통신이 발달하지 못한 농경시대에 타당한 기준이지만 과학이 크게 발달한 현대 사회에서는 자연자원이야말로 삶의 중심지 역할을 담당하기 때문에 새로운 의미로 해석되어야 할 것이다. 행정의 능률성은 기초자치단체나 광역자치단체 모두 가장 능률적으로 행정이 처리될 수 있는 규모로 구역이 설정되어야 함을 의미한다. 자주재원의 조달 능력은 지방세로 지방정부의 소요재정을 충당할 수 있는 적정 규모로 구역을 설정하는 것이다. 현재 우리나라 자치구역은 외국에 비해 매우 넓은 편에 속하므로 이 기준을 잘 충족하고 있는 것으로 보인다. 그러나 실제에서는 이러한 요건을 충족하지 못하고 있는데, 이것은 국세와 지방세의 잘못된 세원 배분에 근본적 문제가 있는 것으로 보인다. 효과적 주민통제는 주민이 접근하기 좋은 규모로 구역을 설정하는 것이다. 이러한 의미에서 본다면 보행으로 접근하는 데 부담을 느끼지 않을 정도의 거리가 좋을 것 같다. 그러나 자동차가 상용화된 현대 사회에서는 이보다 훨씬 먼

거리 지역을 구역으로 설정하는 것이 타당하다.

밀스포(Milspaugh, 1936: 71-78)는 구역 설정의 기준으로 ① 공동사회, ② 능률적인 서비스 행정 단위, ③ 자주적 재원 조달 단위, ④ 편의성 등 네 가지 기준을 제시하고 있다. 밀스포가 제시한 기준들은 페슬러가 제시한 기준과 거의 유사하다. 다만 밀스포의 공동사회와[2] 페슬러의 자연적·지리적 조건에서 차이가 난다. 현대 사회에서의 구역 설정은 자연적·지리적 조건보다 공동사회 요소가 더 구역 설정에 중요한 요소로 고려된다. 즉 자연 조건은 이제 극복할 수 있는 대상이 되었을 뿐만 아니라 인간은 생활공동체를 중심으로 지방자치를 실현해 왔기 때문이다.

이상에서 논의한 구역 설정의 기준 중에서 특징적인 것을 발췌하여 정리한다면 ① 공동사회, ② 수량적 평균, ③ 행정의 능률성, ④ 자주재원의 조달, ⑤ 효과적 주민통제 등으로 요약된다.[3]

3 구역의 개편이론

1) 구역 개편의 환경적 요인과 이론적 시각

(1) 구역 개편의 환경적 요인

지방정부 구역 개편에 영향을 미치는 환경적 요인은 다양하게 존재한다. 그러나 많은 사람들이 공통적으로 지적하고 있는 내용을 요약 정리하면 ① 지역 개발로 인한 생활권의 확대와 행정구역의 불일치, ② 도시화와 행정구역의 유리, ③ 경제적 개발권의 요청, ④ 지방행정의 전문화와 광역권 행정수요의 증대 등을 들 수 있다(김학로, 1997: 184-187).

---

2) 공동사회의 속성은 대체로 지역적 한계(isolation), 심리적 동질성(likeminded relation), 인간적 친밀성(personal acquaintance), 공통이념(common ideas), 정서적 공통성(emotional focus), 경제적 연대성(economic solidarity), 경제적 상호의존성((economic interdependency), 서비스의 상호 교환(interchange of services), 공통적 정치제도(common political institution) 등을 포함한다.

3) 리만스(Leemans, 1970: 173-175)는 구역 설정의 기준으로 ① 공동사회, ② 주민참여, ③ 기능별 관할구역, ④ 행·재정적 능력 등을 제시하고 있다.

어느 국가를 막론하고 대규모 지역 개발이 이루어지면 종래의 자연적 공간구조에 큰 변화가 일어나기 마련이다. 즉 고속도로, 교량, 터널의 건설, 간척사업과 댐 건설, 직강공사 등은 교통의 원활과 토지의 이용을 촉진하여 생활무대를 확장함으로써 기존에 설정된 행정구역의 개편을 강요하게 된다. 또한 도시화는 농촌지역을 인구 밀집의 도시지역으로 변모시켜 새로운 도시를 탄생시키는 한편, 기존의 도시에 인구를 집중시킴에 따라 시역을 외부로 확장하는 구역 변경이 요청된다.

특히 공간구조가 시간적으로 단축된 현대 사회에서는 사회 발전과 함께 광역적 경제 개발(region-wide economic development)에 대한 논의가 자연스럽게 일어난다. 최근 부산, 울산, 경남 지역의 시·도지사들이 한 자리에 모여 광역적 경제 개발에 대한 논의를 활발히 진행하고 있는 것은 이러한 사회적 변화에 대응하는 지방정부 책임자들의 한 단면을 보여 주는 것이다. 이제 우리나라도 전국이 일일 생활권에 들어왔기 때문에 기존의 행정구역을 초월하는 광역적 구역 개편이 점차 증대되고 있는데, 그 대응 방법은 수개의 업무를 광역적으로 담당하는 연합 형태의 상급정부나 전문 분야별로 담당하는 광역적 특별지방자치단체(ad hoc authority)의 설치가 고려될 수 있다. 우리나라의 경우 경제적 개발권을 중심으로 한 구역 개편은 아직 구상 단계에 있지만 영국이나 프랑스 등의 국가들은 광역적 경제 개발과 관련하여 이미 상급정부를 설치 운영하고 있다. 이것은 구역 개편에 대한 과제를 안고 있는 한국의 입장에서 볼 때 매우 시사하는 바가 크다.

그리고 환경보전, 보건위생, 특수교육 등의 기능을 지방정부가 더 많이 담당함에 따라 행정의 전문성도 점차 확대되어 가고 있다. 이러한 정부적 요인과 주민들이 요구하는 광역행정 수요가 맞물리게 되면 구역 개편의 요인으로 작용한다. 현대 지방행정은 전문성의 고도화만큼 광역적 행정 수요가 증대한다고 보아야 할 것이다.

(2) 구역 개편 요인의 이론적 시각

이상에서 논의한 구역 개편의 환경적 요인에 기초한 이론적 시각들은 다음과 같은 것을 들 수 있다.

① 복지국가론적 시각

복지국가론자들은 복지국가의 발전 국면에 따라 새로운 복지 수요의 대응을 위해 지방정부의 구역 개편이 필연적으로 이루어진다고 본다(안용식 외, 2006: 102). 즉 복지 업무를 추진하는 과정에서 중앙정부와 지방정부는 상호 마찰과 갈등이 야기되고, 이의 해소 방안으로 구역의 광역화가 이루어짐으로써 구역 개편이 이루어진다는 것이다. 특히 사회복지 서비스의 공급 과정에 지방정부의 개입 필요성이 많을수록 합병 방식(amalgamation)에 의한 구역 개편이 이루어질 가능성이 높다고 한다(Brans, 1992: 424). 그것은 소규모 지방정부로서는 복지국가에 부합되는 다양한 수준의 사회적 서비스를 제공할 수 없기 때문이다.

② 도시 기능 확대론적 시각

도시 기능 확대론은 도시화에 따른 지방정부의 기능 증대가 구역 개편을 촉진하는 요인으로 작용한다는 것이다. 여기에서 도시정부의 기능 확대는 복지 기능의 확대가 아니라 일반적 서비스의 확대에서 비롯된 것으로 본다. 전후 세계 모든 국가에서 가장 괄목할 만한 성장이 있었다면 그것은 도시정부 서비스의 확대라고 말할 수 있다. 이러한 도시정부의 기능 증대는 도시화에 그 원인이 있으며, 도시화가 극단적으로 이루어질 경우 중심도시는 교외지역을 통합하여 대규모의 연합도시를 형성하게 된다(Sharpe, 1988: 93-95; 안용식 외, 2006: 103). 도시 기능의 확대로 인해 초래되는 구역 개편은 두 가지 목적에서 이루어진다. 하나는 급속한 도시화로 인해 파생되는 교외화의 문제를 적극적으로 수용하기 위해 이루어지는 지리적 사회통합에 목적을 둔 구역 개편이며, 다른 하나는 능률적 서비스의 제공이라는 측면에서 일어나는 규모의 경제에 목적을 둔 구역 개편이 그것이다.

③ 경제론적 시각

구역 개편은 경제론적 시각에서 추진될 수 있다. 즉 중앙정부는 분절된 지역경제를 하나로 통합하여 규모의 경제를 도모할 수 있으며, 또한 국가경제의 긴밀한 하위 체제로 편입하여 정책 효과를 제고하는 수단으로 활용할 수 있다. 본래 국가정책의 효과는 지역경제 단위가 많을수록 개입되는 변수가 많아서 그 효과가 의도대로 발생되지 않는다. 그러나 지역경제 단위가 대규모로 통합되어 그 수가 적을 경우 정책 효과는 잘 나타나기 마련이다. 이러한 이유 때문에 경제 성장과 발전에 큰 책임이 있는 중앙정부가 여기에 지대한 관심을 나타내는 것은 자연스러운 일이다. 그 동안 새로운 정권이 들어설 때마다 국토의 전면적 개편을 여러 번 시도했으나 결국 추진하지 못하고 말았다. 그것은 경제 논리로 풀 수 없는 복잡한 구조를 가지고 있기 때문이다. 그러나 이보다 더 근본적 문제는 구역 개편(안)의 내용적 타당성에 문제가 있기 때문이다. 이러한 의미에서 본다면 향후의 우리나라 구역 개편은 좀 더 합리적이고 신중한 접근이 요구된다.

④ 정치론적 시각

정치론적 시각은 지방정부의 조직 개편이 정치적 이유에서 이루어진다고 본다. 이것은 1994년부터 추진된 우리나라의 도농 통합의 구역 개편에서도 찾아볼 수도 있다. 정치적 구역 개편은 합리 행정을 추구한다는 명분을 통해 정부의 이미지를 제고할 목적으로, 또는 민감한 정치적 문제에 대해 국민의 관심을 비정치적 이슈로 전환하기 위해 구역 개편을 추진하는 경우가 있다.

정치적 이유 때문에 지방정부의 구역 개편이 이루어진 대표적 사례는 과거 런던광역정부(Greater London Council)의 폐지를 들 수 있다. 런던광역정부의 폐지는 중앙정부에 대한 런던광역정부의 정치적 비협조에서 빚어진 갈등의 결과로 보는 것이 일반적이다. 또한 구조주의 정치이론가, 특히 마르크스주의자들은 구역 개편의 이면에 정치적 이익이 내재되어 있는 경우가 많다고 보고 있다. 즉 대규모의 구역 개편은 독점자본의 요구에 대한 국가의 대응이며, 특히 대도시 지방정부의 창설은 독점자본의 요구에서 비롯된 결과로 파악하는 것이다.

독점자본은 투자의 이윤을 확보하기 위해 대규모 재정지출 사업을 일으키는 거대정부의 탄생을 위한 논리의 개발과 압력을 행사할 뿐만 아니라 기존 중심지역의 재정적 한계를 극복하기 위해 교외 자본을 흡수하는 수단으로 구역 개편을 추진한다고 보고 있다. 오코너(James O'Connor)와 같은 진보적 시각에서는 지방정부 구역 개편은 지방정부 차원의 축적과 정당화라는 두 모순적 기능에서 발생되는 갈등을 해소하는 수단이며, 또한 자본주의와 민주주의 사이에서 일어나는 긴장의 해소 수단으로 보고 있는 것이다. 마르크스주의자들은 이러한 구역 개편과 관련한 일련의 정치 과정은 지방의회의 계급 구성도 달라지게 만든다고 주장한다.

2) 구역의 적정규모이론

행정구역의 적정 규모는 다양한 측면에서 논의되어 왔고, 그 결론도 다양하다. 어떤 연구자는 행정구역이 비교적 커야 한다는 주장이 있는가 하면, 어떤 연구자는 행정구역이 작아야 한다는 주장이 있다. 그러나 아직 이에 대한 결론이 없는 상태이므로 여기에서는 적정 규모를 모색하려는 연구경향을 살펴보고자 한다.

(1) 경제적 접근

경제적 접근은 주로 행정 서비스의 생산비용이라는 관점에서 행정구역의 적정 규모를 모색하는 것이다. 이것은 ① 최소비용이론, ② 티부 가설, ③ 조화의 원칙 등에 관련되어 있다(김병국 외, 1998: 12-14).

최소비용이론(theory of least cost)은 독일의 경제학자 베버(A. Weber)가 처음으로 주장한 공장 입지에 관한 이론으로서 다른 조건이 동일하다고 가정했을 때, 수송비의 차이가 결국 공장입지를 결정한다는 내용이다. 그는 생산비를 행정비용으로 보아 구역의 적정 규모를 모색하게 된 것이다. 즉 1인당 행정비용을 최소화 하는 규모가 최적이라는 것이다.[4] 이러한 최소비용이론에 입각한 실증적 연구 결과는 각기 다르게 도출되고 있다. 허쉬(W. Z. Hirsch)는 인구 5~10만을 적정 규모로, 던컨(O. D. Duncan)은 50~100만을, 그리고 클라크(C. Clark)는 10~20만을 최적 규모로 분석했으며(김병국 외, 1998: 12), 또한 하우서(P. Hauser, 1965), 메라((K. Mera, 1978) 등

4) 최소비용이론에는 정부의 1인당 공공 서비스의 비용이 가장 적게 드는 최소비용 접근과 좀 더 포괄적 접근인 도시의 생산과 소비에 따른 총수익과 총비용의 차이인 순편익의 극대화를 최적으로 보는 비용편익 접근의 두 가지가 있다.

의 연구에서 1인당 공공 서비스 지출의 비용은 인구 10만~30만 수준에서 가장 효율적이라는 주장이 많다(최영출, 2005: 244-246).

티부 가설(Tiebout hypothesis)은 특정한 가정 위에서 수립된 행정구역의 적정 규모에 대한 연구이다. 즉 직업으로 인한 주민의 이동은 고려되지 않으며, 서비스가 부실한 지방정부의 주민은 서비스가 양호한 지방정부로 이동하려는 성향이 있으며, 주민들은 지방세와 행정 서비스에 관련된 정보를 충분히 얻을 수 있고, 자신이 선호에 따라 자유로이 지역을 이동할 수 있다는 조건이 충족될 경우, 인구의 유출입이 자동적으로 일어나 결국 모든 지방정부는 최적 규모를 달성하게 된다는 내용이다(Tiebout, 1956; 소병희, 2004: 29-31). 이것은 발로 하는 투표(voting with feet) 이론으로서 널리 알려져 있으나 지나치게 현실성이 결여된 이상적 접근이라는 비판이 제기되고 있다.

조화 원칙(accordance principles)은 지방정부가 공공재를 공급할 때 외부 효과(external effect)가 발생하지 않는 수준에서 구역을 설정해야 한다는 것이다. 만약 공공 서비스가 행정구역을 초월하여 공급될 경우 외부 효과의 발생으로 당해 정부는 예산의 낭비를 초래하기 때문에 외부 효과가 발생하지 않는 수준에서 행정구역을 설정해야 한다. 이러한 조화 원칙은 당연한 논리이지만 공공 서비스의 외부 효과를 정확히 측정하기 어려울 뿐만 아니라 측정된다 하더라도 서비스별로 구역을 설정하여 다양한 계층의 지방정부를 설립해야 하는 문제점을 안고 있다.

(2) 정치·행정적 접근

정치·행정적 접근은 정치 및 행정적 기능을 극대화할 수 있는 차원에서 행정구역의 적정 규모를 모색하는 것이다. 여기에는 민주성, 능률성, 재정적 자주성이 중요한 기준으로 작용한다.

지방정부의 의사결정 과정에 주민들이 참여하는 민주성(democracy)은 지방정부의 주민 대응성에 관련되고, 지방정부의 주민대응성은 주민들의 적극적 참여가 전제되는 것이기 때문에 행정구역의 적정 규모는 주민참여가 잘 이루어지는 소규모 행정구역이 바람직하다고 제시한다(우종덕, 2007:

179-197). 그러나 주민참여는 구역의 광협 문제라기보다 주민참여의 기회를 확대 제공하는 행정기관의 노력이나 주민 의식에 더 많이 관련되어 있으며, 또한 소규모 구역의 범위가 어느 정도인지 명확히 밝혀지지 않은 상태에서 민주성에 의한 구역의 적정 규모를 도출하는 것은 매우 어려운 일이다.

행정의 능률성(efficiency)은 단위당 비용이 최소가 될 수 있는 행정구역을 모색하는 것이다. 이것은 좁은 지역보다 넓은 지역을, 그리고 적은 인구보다 많은 인구를 지향하기 때문에 지방정부의 행정구역이 광역화되는 경향이 있으며, 특히 기초단체 행정구역의 광역화 현상이 일어나기 쉽다. 이러한 능률성 기준도 어느 정도의 지역 범위가 능률성을 확보하는 것인지 밝혀지지 않고 있으므로 이에 의한 적정 구역의 도출도 어렵다. 만약 적정 구역이 도출된다 하더라도 다른 기준에서는 불합리한 행정구역이 될 수 있다.

재정적 자주성(independency)은 지방자치단체가 자주적인 재원을 확보할 수 있는 적정 구역을 모색하는 것이다. 일반적으로 행정구역이 큰 경우가 작은 경우보다 재정적 자주성이 높다. 그것은 행정구역 안에 있는 인구수가 많을수록 유리하기 때문이다. 그러나 어느 정도의 인구 규모가 재정적 자주성을 확보할 수 있는 규모인지 역시 명확히 밝혀진 것이 없으므로 구역의 적정 규모 도출이 어렵다. 만약 있다 하더라도 주민참여나 행정 능률의 기준에서는 불합리한 행정구역이 될 수 있다.

(3) 공간 · 지리적 접근

공간 · 지리적 접근은 중심지이론과 정주체계이론을 토대로 행정구역의 적정 규모를 모색하는 것이다. 중심지이론은 튜넨(Von Thunen)에서 시작되어 뢰쉬(A. Lösch), 베리(B. J. Berry) 등에 의해 발전되어 온 것으로 인간 정주 체계에 대한 설명과 바람직한 공간 조직의 원리로 이용되고 있다(김병국, 1998: 17-18).

중심지이론(中心地理論)은 본래 생산원가와 수송비를 합한 배달 가격이 우위를 점하는 지역이 중심지가 된다는 이론으로서 행정구역 적정 규모의 도출에 이를 활용하는 것이다. 중심지이론은 자연자원 및 인구 수의 균등

분포, 비용의 거리 비례를 가정하여 출발한 이론으로서 다음과 같은 요건이 충족될 때 구역의 최적화가 이루어지는 것으로 주장한다. 첫째, 중심지와 배후지는 통합된 하나의 단위 행정구역이어야 한다. 둘째, 공간적 효율성을 도모하기 위해서는 생산 및 소비가 실질적으로 이루어지는 생활공간이 행정구역의 기본 단위가 되어야 한다. 셋째, 공간상에 중심지와 보완구역들은 일정한 계층성을 가지고 전개되어야 한다는 것이다. 그러나 대상지역이 이러한 조건을 두루 갖추기가 어렵기 때문에 적정 구역의 도출이 역시 어렵다.

정주체계이론(定住體系理論)은 중심지이론에 그 토대를 둔 이론으로서 국토 공간상의 취락과 생활권의 계층구조에서 최적 규모를 모색하는 것이다. 이러한 취락과 생활권의 계층 체계는 생활 질서에 관한 공간적인 틀로서 생활양식의 표현인 동시에 생활 규제 구조의 성격을 지니고 있기 때문에 정주생활권에 일치시키는 행정구역의 설정이 최적이 될 수 있다는 것이다. 그러나 교통통신이 고도로 발달한 현대 사회에서 정주생활권 범위가 크게 확장되고 있는 상항에서 생활권의 범위를 명확하게 확인하기가 매우 어렵고, 또 확인된다 하더라도 그에 따라 구역을 무한히 확장할 수는 없다.

3) 구역 개편의 기준과 방법

(1) 구역 개편의 기준

① 결절성

구역 개편의 결절성(結節性) 기준은 거점성 기준이라고도 한다. 이것은 어느 정도 거리가 있는 이질적인 지역 단위들을 하나로 묶는 구역 변경을 말한다. 즉 멀리 떨어져 있는 두 지역이라 할지라도 생산, 유통, 소비 등의 기능이 밀접하게 관련되어 있는 경우 행정구역을 하나로 묶어 광역적으로 구역을 설정하는 것이 오히려 바람직한 구역 개편이 될 수 있다. 따라서 결절성 구역 개편은 어느 정도의 공간적 거리와 긴밀한 교류 관계의 두 조건의 충족이 요구된다.

이러한 결절성의 사례는 기초자치단체가 광역자치단체로 승격하거나 읍이 시로 승격하여 구역이 확대되거나 또한 도농 통합형 구역 개편으로 구역이 확대되는 경우에 흔히 볼 수 있는 적용 기준이다. 우리나라는 산업사회의 고도화 및 정보사회의 진전과 함께 교통통신이 크게 발달하여 공간구조가 시간적으로 크게 단축됨에 따라 하나의 생활권에 속한 인접 지역들을 흡수·통합하여 기초단체구역을 확대하는 도·농 통합의 구역 개편이 1995년부터 추진되어 오고 있다. 이러한 도·농 통합의 구역 개편은 주민투표를 통해 그 여부를 확정하도록 관계 법률이 규정하고 있다.[5]

② 동질성

구역 개편의 동질성(同質性) 기준은 등질성 기준이라고도 한다. 이것은 위에서 논의한 결절성 기준과 정반대의 논리이다. 즉 행정구역을 개편할 때 같은 성질의 지역을 하나로 묶어 하나의 구역을 설정하는 경우로서 농촌은 농촌지역을 대상으로 구역을 설정하고, 도시지역은 도시지역끼리 한데 묶어 구역을 설정하는 것이다. 이러한 동질성 기준은 일반적으로 지역이 좁을수록 확보하기 쉬우므로 기초자치단체의 구역 개편을 시도할 때 그 적실성을 발견할 수 있으며, 또한 과학기술의 발달이 미진한 사회에서 추진되는 구역 개편에서 더욱 이의 적실성이 높게 나타난다.

③ 의도성

구역 개편의 의도성(意圖性) 기준은 정책성 기준이라고도 한다. 이것은 개발의 잠재력을 가진 지역이나 잠재력이 전혀 없는 지역을 의도적으로 개발하기 위해 특정 지역을 하나의 지리적 공간 단위로 구역을 설정하는 것이다. 이것은 경제적 개발과 행정 능률의 향상이란 목표를 동시에 달성하기 위해 시도되는 구역 개편 방법으로서 특별지방자치단체의 구역 설정,

---

5) 도·농 통합이란 도시와 농촌을 공간적으로 접근시키는 방법으로 양 지역이 갖고 있는 우수 기능을 상호 교환 내지 보완하여 대도시화의 그늘에서 발전이 정체된 지방 중소도시와 그 배후지역을 개발하고 발전시키려는 지역 개발의 접근이론이다. 이는 도시지역과 농촌지역을 별개의 지역으로 보아온 관행에서 벗어나 도시지역과 농촌지역의 역할과 기능의 상호보완적 연계 개발을 통해 국토 차원의 지역 개발 목표를 달성하려는 적극적인 지역 개발 전략이다. 도·농 통합은 행정구역의 확대를 통해 행정의 효율성을 추구하는 데 일차적인 목적이 있으며, 그 이면에는 도시와 농촌의 통합을 통해 도·농 일체적 발전을 도모하겠다는 정책 목표에 그 의의를 찾을 수 있다.

또는 낙후된 인접 지역을 도시정부에 편입시켜 발전을 도모하는 경계 변경도 넓은 의미에서 의도성 기준에 의한 구역 변경에 해당한다. 또한 인천이나 부산, 진해, 광양 등 경제자유구역 설정의 경우도 정책적 의도를 가진 구역 설정이다.

(2) 구역 개편의 방법

① 폐치분합

폐치분합(廢置分合)은 법인격의 변동을 수반하는 구역 개편을 말한다. 여기에는 ① 폐지 및 흡수 통합, ② 신설치, ③ 분할, ④ 합병 등 네 가지 종류가 있다. 폐지 및 흡수 통합은 하나의 지방자치단체를 폐지하고 그 전체 구역을 다른 지방자치단체의 구역에 흡수 통합시키는 것을 말한다(AB-A). 신설치는 지방자치단체 구역의 일부 지역이 분리 독립되어 두 개의 자치단체로 발전하는 경우이다(A-AB). 분할은 하나의 지방자치단체가 폐지되고, 그 구역을 분할하여 여러 개의 지방자치단체를 설치하는 것이고(A-BC), 합병은 둘 이상의 지방자치단체를 폐지하여 그 구역에 새로운 하나의 지방자치단체를 설립하는 경우이다(AB-C). 이러한 폐치분합은 법인격의 변동을 반드시 수반한다는 점에서 단순한 경계 변경과 다르다.

② 경계 변경

경계 변경(境界變更)은 지방자치단체의 존폐와는 관계없이 단지 경계의 변화만을 가져오는 구역 변경을 말한다. 즉 특정 지방자치단체의 구역의 일부를 떼어서 다른 지방자치단체의 구역에 이관시키는 것을 의미한다. 일반적으로 구역 변경이라 할 때에는 경계 변경만을 가리키는 것이 보통이다. 경계 변경은 도시정부의 시세 확장으로 말미암아 인접 지역을 도시정부에 편입하면서 구역의 경계를 변경하는 것이 일반적이다. 이러한 결과 도시지역은 점차 구역이 넓어지고, 농촌지역은 점차 구역이 축소되는 경향이 있다. 또한 경계 변경은 광역정부 내에 있는 기초단체 간의 인구나 면적 등에서 차이가 많이 발생하여 이를 해소하는 차원에서 이루어지는 경우도 있다.

③ 구역의 전면적 재편

구역의 전면적 재편이란 전국을 하나로 놓고 새로운 틀을 짜는 것이다. 이는 기존 지방자치단체의 규모의 불합리성을 시정하기 위해 구역을 일정한 기준에 따라 전면적으로 다시 획정함으로써 지방자치단체의 규모가 전면적으로 재정립되는 것을 말한다. 이 방식에 의해 획정되는 구역은 종전의 구역과는 전혀 다른 새로운 것이며, 그 규모는 재편 이전의 지방자치단체의 규모에 비해 현격히 달라지는 것이 보통이다.

이러한 구역의 전면적 재편은 도시화, 산업화, 교통통신의 발달 등에 의해 국토의 자연적·지리적 공간이 많이 변화하여 기존의 행정구역으로서는 사회적 변화에 적절히 대응할 수 없는 한계점에 도달되었을 때 주로 추진되는 방법이다. 따라서 구역의 전면적 재편은 인적·물적 자원과 시간이 너무 많이 소요될 뿐만 아니라 주민들의 지역 정서와 문화적 전통에도 많은 혼란을 야기해 주민들의 저항이 높을 것이므로 이의 순조로운 추진을 확보하기 위해서는 먼저 구역 개편의 정당성에 대한 논리를 개발해야 하고, 그 다음 누구나 수긍할 수 있는 합리적 개편 방안을 제시해야 한다. 그러하지 못할 경우 구역의 전면적 재편의 추진은 매우 어려운 국면에 처하게 될 것이다.

4) 구역 개편의 발전 과제

(1) 문제점

우리나라 지방행정구역에 대한 문제점은 다양하게 지적되지만 일반적으로 행정구역과 생활권의 불일치, 행정구역의 수평적 불균형, 행정적 능률성, 정치적 민주성, 재정자원의 형평성에 관련된 구역의 광협이 문제점으로 지적된다. 이것은 일반적으로 많이 논의되어 온 것이므로 여기에서는 도시정부와 농촌정부 간의 관계, 대도시와 자치구 사이의 관계에서 노출되는 문제점을 중심으로 논의한다.

도시지역과 농촌지역은 원래 뿌리가 같은 지역공동체임에도 불구하고 일정한 조건이 충족되면 농촌지역에서 도시지역을 인위적으로 분리시키는데 문제가 있다. 예컨대, 지역 간에 사회적 연대 관계를 파괴할 뿐만 아니라 지역이기주의를 조장하고, 지역개발계획의 분리 수립에 따른 개발과 투자의 연계성을 결여하고, 도로·교통·환경·상하수도·쓰레기 처리 등과 같은 광역행정 수요에 효과적으로 대처하지 못하는 문제점이 있다. 또한 농촌지역은 행정·경제·사회의 중추 기능을 상실하여 경쟁력의 약화를 초래하는 반면, 도시지역은 내부 공간만의 활용으로 도시 수요를 제대로 충족하지 못해 도시 발전의 한계에 직면하는 문제점을 안고 있다.

이러한 문제는 광역시와 도 사이에, 그리고 시와 군 사이에 모두 발생한다. 지금까지 우리는 인구가 5만 이상이면 시로 승격시켜 군으로부터 분리시켜 왔는데, 이것은 동일한 생활권임에도 불구하고 중심도시인 시와 배후지인 군이 서로 다른 행정구역으로 나뉨으로써 지역 주민들은 지역정체성에 대한 혼란을 일으켰을 뿐만 아니라 지역이기주의도 나타났다. 이러한 문제는 그 동안 진행된 시·군의 통합으로 상당 부분 해소되었으나 부분적으로는 여전히 해결되지 않은 상태로 남아 있다. 또한 군의 경우 농촌 인구의 유출로 주민 1인당 행정 비용이 점차 증가하는 현상을 보여 주고 있는 것도 문제점으로 지적된다.

그리고 대도시의 경우 자치구는 차별화된 지역 특성이 거의 나타나지 않으며 수요도 동질적이다. 그럼에도 불구하고 자치구를 세분화함으로써 행정 비용을 증가시킬 뿐만 아니라 자치구 간의 조정을 어렵게 만들고 있다. 특히 인구가 밀집한 대도시 권역에서는 자치구가 마치 포도송이같이 주변에 탄생하여 정치적 파편화를 촉진하고 있는 점을 감안할 때 자치구의 위상에 대한 수정 요구는 앞으로 자주 등장할 것으로 여겨진다. 그러나 민주이념의 확산이라는 시각에서는 자치구의 위상은 더욱 강화될 필요도 있다. 결론적으로 자치구의 향후 진로는 오직 능률성과 민주성의 가치 중에서 사회적 상황이 어디에 더 많은 비중을 두느냐에 달려 있다고 하겠다.

(2) 구역 개편의 발전 과제

행정구역의 바람직한 개편은 공간적, 행·재정적, 정치적, 역사적, 사회적, 자연적 차원에서 동시에 모색되어야 한다.

공간적 차원은 주민의 실질적 생활권과 자치구역을 일치시키는 구역의 설정이다. 생활권은 오랜 세월 동안 누적된 주민 생활양식의 표현으로서 주민 상호간의 사회경제적 연대와 공동체 의식의 공간적 기반이므로 행정구역은 가급적 여기에 일치하는 것이 바람직하다. 이러한 공간적 조건의 합리화를 위해 중심지와 배후지의 통합구역 설정, 생활권의 계층 체계에 따른 행정구역의 설정 등으로 대응하게 되는데, 앞으로 우리나라도 이러한 맥락에서 구역 개편이 이루어져야 할 것이다.

행・재정적 차원은 행정 능률과 재정력을 제고할 수 있는 수준의 구역 개편을 의미한다. 특히 세계화, 지방화 시대에서 자치단체의 행・재정 능력은 곧 지역경쟁력으로 나타나는 것이므로 이에 따른 행정구역의 개편이 요청된다. 그러나 이것은 지방자치의 초기에 고려할 수 있는 방식이며, 구역의 광역화가 상당 수준 진행된 현대 사회에서는 더 이상 확대하기 곤란하므로 지방재정의 확충은 행정구역의 광역화로 대응하기보다 다른 방법으로 대응하는 것이 바람직하다.

정치적 차원은 지방자치의 근본적 가치를 실현할 수 있도록 구역을 개편하는 것이다. 지방자치의 본래 목적은 시민의 자유와 권리의 신장과 주민의 복지 향상에 있다. 이를 위해서는 무엇보다 주민 참여가 필수적인데, 이것은 행정구역이 축소되는 것이 바람직하다. 그러나 우리는 오랜 세월 기초자치단체의 광역적인 행정구역에 익숙해져 있는 상황이므로 이의 축소 운영은 현재로서는 바람직하지 않다.

역사적 차원은 기초자치구역이 지역의 역사적 기반 위에 설정되어야 한다는 것을 의미한다. 지역의 역사적 전통과 배경은 애향심을 성장시키는데 매우 긍정적 요소이므로 이를 부정하는 행정구역의 개편은 가급적 피해야 한다. 광역정부는 행정 능률을 중시하기 때문에 역사성을 무시한 행정구역의 개편이 어느 정도 용인될 수 있지만 기초자치단체의 경우는 신중을 기해야 한다.

사회적 차원은 기초자치구역의 설정이 구역 내 주민의 사회적 관계를 고려해야 한다는 것을 의미한다. 즉 주민들이 지역정체성에 혼란을 초래할 경우 사회적 통합을 실현하기 어려우므로 자치구역의 개편은 지역정체성을 확립하고 혼란을 최소화하는 방향에서 추진되어야 한다. 이러한 점에서 본다면 근년에 진행시켜 왔던 우리나라 도농 통합의 구역 개편은 그 동안 도농 분리 구역 개편으로 단절된 사회적 관계를 복원하는 것이므로 지속적 추진이 요망된다.

자연적 차원은 기초자치단체의 구역 설정에 지형적 조건을 고려해야 한다는 것을 의미한다. 자치구역 내의 자연·지리적 장애는 주민 상호간의 교류를 어렵게 하고, 지역정체성의 확보에도 어려움을 주기 때문에 자연적 조건은 교통통신이 발달한 오늘에도 여전히 중요한 구역 개편의 기준으로 활용되고 있다. 그러나 교량과 터널 등을 건설하여 지역 내 자연적 장애물이 거의 극복된 경우라면 이후의 사정을 고려하여 새로운 구역 개편이 있어야 할 것이다. 따라서 우리나라도 자연적 제약에 의해 구역이 설정된 경우는 그 장애물이 극복될 경우 새로운 시각에서 구역 개편을 추진해야 할 것이다.

제 8 장 지방자치단체의 사무배분

제 1 절 사무배분의 의의

1 사무배분의 개념

사무배분(事務配分)이라 함은 각종의 공공사무를 정부 주체와의 적합성을 기준으로 분류하여 중앙정부와 각급 지방자치단체에 역할과 권한을 부여하는 것을 말한다. 중앙정부와 지방자치단체 간의 행정사무 배분에는 사무권한의 재배분이라는 측면과 권한의 지방이양이라는 측면을 동시에 내포하고 있다.

사무권한의 재배분은 사회경제적 환경 변동에 행정이 적절히 잘 대응할 수 있도록 중앙정부와 지방정부 간 사무 분담을 새롭게 하는 것을 말하며, 그 배분의 방향은 지방정부에서 중앙정부로의 상향적 배분과 중앙정부에서 지방정부로의 하향적 배분, 그리고 쌍방향 배분이 있다. 권한의 지방이양은 중앙정부가 직접 처리하는 사무, 또는 중앙정부 사무에 속하지만 현실적 필요에 의해 지방자치단체에 위임 처리되고 있는 사무 중 그 일부를 지방정부로 완전히 이관하여 처음부터 자신의 권한과 책임 아래 사무가 처리되는 소유 주체의 변동을 수반하는 행위를 의미한다.

사무배분과 유사한 용어로서 기능배분(機能配分)이 있다. 사무와 기능은 거의 동일한 내용을 가진 개념에 해당하지만 보는 시각에 따라 달리 표현되는 용어라 할 수 있다. 즉 사무라 함은 처리해야 할 대상 업무로 파악한 정태적 개념의 용어이며, 기능은 처리해야 할 권한과 책임을 중심으로 파악한 동태적 개념의 용어라 말할 수 있다. 또한 사업 규모를 중심으로 소분류 단위사업은 사무로, 대분류 단위사업은 기능으로 구별하는 경우도 있다. 어떠하든 사무와 기능은 동일한 실체로서 사물을 보는 시각에 따라 달리 인식되는 동전의 양면과 같은 관계의 개념으로 파악된다.

2 사무배분의 필요성

공공 분야 사무를 중앙정부사무와 지방정부사무로 구분하는 것에는 적어도 세 가지 실익이 존재한다. 첫째, 행정행위에 대한 책임 소재와 경비부담을 분명하게 하는 것이다. 중앙정부와 지방자치단체 간의 명확한 사무구분이 없을 경우 그 행정사무의 처리 결과에 대해 누가 책임을 질 것인지 책임 주체를 판단하기 곤란하다. 둘째, 지방자치단체의 고유사무를 법으로 명확히 규정함으로써 행정사무의 처리에 외부 개입을 차단하고 자치단체의 자율성을 확대시킬 수 있다. 셋째, 정부별 레벨에 맞게 사무를 배분함으로써 행정 업무의 능률성을 제고할 수 있다.

이상의 내용을 고려해 볼 때, 사무배분은 중앙정부·광역자치단체·기초자치단체의 행정사무에 대한 처리 권한, 비용 부담, 책임 소재를 명확히 함으로써 합리 행정을 도모할 수 있는 중요한 기초가 된다는 점에서 큰 의미를 지닌다. 이러한 사무배분의 방식은 개별적 배분, 포괄적 배분, 절충적 배분의 세 가지 방식이 있다.

개별적 배분 방식(個別的 配分方式)은 자치단체의 행·재정적 능력과 필요에 따라 수시로 자치단체 또는 사무 분야별로 국가에서 법률의 제정을 통해 개별적으로 배분하는 방식이다. 이것은 책임의 한계를 명확히 할 수 있는 장점은 있지만 지나친 개별화로 업무의 전국적 통일성 확보가 어렵다는 단점을 가진다.

포괄적 배분 방식(包括的 配分方式)은 법률에 의해 금지된 사항이나 국가 또는 다른 자치단체에 독점적으로 배정된 전속적 사무를 제외하고는 모든 사무를 처리할 수 있도록 하는 사무배분 방식이다. 이것은 지방행정 사무의 범위를 확대하고 그 처리에 융통성과 탄력성을 확보할 수 있는 장점이 있지만 사무의 중복에 따른 행정 낭비와 책임의 한계를 모호하게 만드는 단점을 지닌다.

절충적 배분 방식(折衷的 配分方式)이란 개별적 배분 방식과 포괄적 배분 방식의 중간 형태로서 지방정부가 처리할 수 있는 사무의 종류를 열거하는 열거 방식, 그리고 처리할 수 있는 사무의 종류를 목록으로 정하여 지방자치단체가 일정한 조건을 갖추게 되면 자동적으로 그 사무를 수행할 수 있게 하는 사무목록 방식이 있다. 우리나라는 절충적 배분 방식의 열거주의에 속하며, 열거주의 중에서도 제한적 열거주의가 아니라 예시적 열거주의 방식을 채택하고 있다.

3 사무배분의 영향 요인

사무의 배분에 영향을 미칠 수 있는 요인은 여러 가지가 있겠지만 그 중에서도 중요한 것은 ① 지방자치제도의 역사, ② 통치권자의 가치관, ③ 지방공무원의 능력, ④ 국민의 의식 수준 등을 들 수 있다.

지방자치제도의 존부와 그 역사의 장단은 지방정부에 배분되는 사무의 양적 수준을 다르게 한다. 지방자치제도는 국민의 자유와 권리의 신장을 위한 정치조직 원리의 하나로 고안된 것이므로 적어도 자유주의 시대 이후에 존재할 수 있었다. 이러한 자유주의 정신을 일찍이 받아들인 국가는 자치제도의 역사가 길게 나타나며, 우리나라처럼 전제국가의 오랜 전통과 식민통치 시대를 경험한 국가는 지방자치의 역사가 일천할 수밖에 없다. 이것은 결국 지방자치 능력의 저수준을 초래하여 사무배분의 규모에 부정적 영향을 미치는 요인으로 작용한다.

통치권자의 가치관은 주로 국가 운영의 능률성과 민주성에 관련된다. 민주적 가치관을 가진 통치자는 국민의 의사를 존중하는 방향에서 국정을 운영하기 때문에 지방분권을 강화할 뿐만 아니라 대의제도가 갖는 약점을 보완하는 직접민주제의 도입에도 적극적이다. 이러한 민주적 가치관은 결국 지방정부에 더 많은 자치사무를 배분할 가능성이 높다. 그러나 통치권자가 능률적 가치관을 가진 경우는 이와 반대 현상이 나타날 수 있다. 즉 중앙정부의 역할을 중시한 나머지 분권적이고 민주적인 제도의 도입에 소홀할 뿐만 아니라 여론의 반영에도 둔감해지는 경향이 있다. 이러한 능률 중심의 가치관은 결국 지방정부의 자치사무 비중을 낮게 만들 것이다.

지방공무원의 행정 능력은 기획 능력과 집행 능력을 포괄하는 개념으로서 이것은 지방정부의 사무배분에 중요한 영향 요인으로 작용한다. 공무원의 업무 수행 능력은 그 사회의 수준과 일치한다고 보아야 할 것이다. 저발전의 농경사회에서는 공무원들에게 행정사무 처리를 위한 전문지식을 크게 요구하지 않지만, 사회의 구조적 분화를 심화시킨 산업사회 및 정보사회에서는 더 높은 수준의 전문지식을 요구하게 되므로 선진국의 공무원은 높은 수준의 전문지식과 기술을 가지고 있다고 보아야 할 것이다. 지방공무원의 높은 지적 수준의 바탕 위에서 이루어지는 중앙정부의 지방정부에 대한 사무배분은 지방정부에 더 많은 사무를 배분할 것이다.

주민의 의식 수준은 지방자치의 성공을 위한 핵심적 요인이라 할 수 있다. 지방정부를 이끌어가고 통제할 수 있는 지적 능력을 주민의 의식 수준이라고 한다면, 이것은 사회 발전의 수준과 연결되어 있다. 주민의 정치적 의식 수준은 저발전 사회보다 선진화된 사회일수록 높게 나타나며, 이것은 주인 의식과 책임 의식으로 나타난다. 주인 의식과 책임 의식은 주인의 입장에서 사물을 바라보고 반응하는 정신적 작용이므로 항상 문제점을 지적해 내는 힘을 가지고 있다. 이러한 주인 의식이 충만한 사람들로 구성된 사회에서는 높은 자율 능력을 가지기 때문에 지방정부의 정치적 능력을 높게 평가하여 지방정부에 더 많은 사무를 배분하게 될 것이다.

제 2 절 사무배분의 원칙과 기준

1 주요국의 사무배분

1) 일본의 사무배분 원칙

지방자치단체의 사무배분에 관한 연구는 일본에서 비교적 많이 이루어졌다. 예컨대, 샤우프(Carl S. Shoup)조사단(1949), 지방행정조사위원회(1950, 1951), 지방제도조사회(1963, 1965, 1979), 임시행정조사회(1964), 관서경제연합회(1971) 등의 답신 및 보고서에서 사무배분의 원칙들이 제시되고 있다(김학로, 1997: 210-217).[1] 이 중에서 유의미한 내용을 제시한 조사단을 중심으로 사무배분의 원칙을 논의하고자 한다.

일본의 행정제도를 조사하기 위해 파견된 미국의 샤우프조사단은 1949년에 보고서를 제출했다. 샤우프조사단이 연합군 사령부에 제출한 보고서의 본래 명칭은 「일본 조세에 관한 보고서(Report on Japanese Taxation)」였지만 여기에는 조세에 대한 것뿐만 아니라 지방자치의 일반 사항까지도 포함되어 있었다. 이 조사단이 제시한 사무배분의 원칙은 ① 행정책임 명확화의 원칙(principle of clear-cut responsibility)으로서 3단계의 행정기관(국가·부현·시정촌) 사무는 가능한 한 명확히 구별해서 한 단계의 행정기관에는 하나의 특정 사무가 전문적으로 분배되어야 한다. ② 능률의 원칙(principle of efficiency)으로서 각각의 사무는 그것을 능률적으로 수행하기 위해 그 규모, 능력 및 재원에 따라 준비가 갖춰진 몇 개의 단계로 분배되어야 한다. ③ 기초자치단체 우선의 원칙(principle of local preference)으로서 시·정·촌에서 적당히 수행할 수 있는 사무는 도·도

1) 관서경제연합회는 ① 주민 선호, ② 통일성, ③ 외부성, ④ 편리성, ⑤ 재정 효과, ⑥ 종합성을 사무배분 원칙으로 제시했다.

·부·현 또는 국가에 할당해 주지 않는다는 의미에서 시·정·촌에 제1의 우선권이 주어진다(김철 외, 1990: 134-135).

즉 행정 책임의 원칙은 중앙정부와 지방정부 간 사무배분이 중복되지 않도록 배분하여 행정 책임의 주체를 분명히 해야 한다는 것을 말하며, 행정 능률의 원칙은 사무를 배분할 때 가장 능률적으로 처리될 수 있는 계층에 사무를 배분해야 한다는 것을 의미한다. 그리고 지방자치단체 우선의 원칙은 공공사무를 배분할 때 지역 주민과의 접촉이 소원한 중앙정부보다 지역 주민과 가까운 거리에 있는 지방정부에 우선하여 배분해야 한다는 것을 말한다.

샤우프조사단의 보고서는 일본의 필요에 의해 만들어진 것이 아니라 연합군을 대표하는 미국의 주도로 만들어진 보고서였기 때문에 다분히 일본의 약체화에 그 목적이 있었다고 볼 수 있다. 이 보고서의 권고는 직접 사부배분에 적용되지 못하고, 이 목적을 위해 내각에 권고하는 권한을 가진 특별한 위원회를 창설해야 한다고 권고함으로써 그 결과 생겨난 것이 지방행정조사위원회이다. 이것은 일명 고베위원회(神戸委員會)라고도 부른다.

이러한 지방행정조사위원회는 샤우프조사단의 원칙에 대한 적용가능성을 타진함과 아울러 좀 더 탄력성 있는 원칙과 기준을 모색하는 데 주안점을 두고 있었다. 제1의 행정책임 명확화의 원칙은 지방자치 실현을 위한 전제 조건으로, 제2의 능률의 원칙은 지방자치 실현을 위한 보장 조건으로, 제3의 기초자치단체 우선의 원칙은 지방자치의 구체적 실현을 위한 기본원칙으로 생각했다. 이 중에서 제1 원칙과 제3 원칙에 중점을 둔 사무배분을 원칙적 배분으로 보고, 제2 원칙은 예외적 배분으로 보았다. 이 위원회는 1950년에 1차 권고, 1951년에 2차 권고를 한 바 있으며(望月正光, 1976), 샤우프조사단이 제시한 추상적인 원칙을 극복하고 실제 적용할 수 있는 사무배분의 구체적 기준을 모색한 점이 높이 평가된다.[2]

---

2) 예컨대, 교육의 경우 소학교는 정촌에, 중학교는 시에, 국립대학은 부현, 또는 대도시에 이양하고자 했다. 이처럼 교육, 민생, 위생, 노동, 농업, 임야, 수산, 상공, 운수, 토목, 기타 등 총 11개 항목의 행정을 60개 항목의 행정사무로 세분화하여 국가, 부현, 대도시, 시, 정, 촌에 각기 배분하는 작업을 했다. 그러나 이것들은 결국 실현되지 못하고, 고베

지방제도조사회는 일본이 1952년 8월 독립 후 일본의 실정에 입각한 지방제도의 참모습에 대해 조사 심의할 목적에서 설립된 것으로서, 1953년 제1차 답신 이후, 수많은 답신을 통해 일본 지방제도의 개선에 이바지해 온 기구이다. 1963년 12월의 답신은 일본 정부가 한국전을 계기로 패전국의 어려움을 딛고 상당한 국력 회복이 있었던 시기이므로 외부의 강요가 아니라 일본의 필요에 의해 독자적으로 추진된 자주적 연구·조사활동이라는 점에서 새로운 의미를 부여할 수 있다.

지방제도조사회가 제시한 사무배분 원칙은 ① 민주제(民主制) 원칙, ② 종합성(綜合性)의 원칙, ③ 기초자치단체 우선(優先)의 원칙 등이다. 민주제의 원칙이라 함은 주민 의사가 잘 반영되어야 할 사무, 또한 가장 가까운 거리에서 주민의 비판과 감시를 받아가며 처리할 때보다 효율적인 사무는 지방정부에 배분하는 것이 타당하다는 것이다. 종합성의 원칙은 상호 관련 있는 사무는 가급적 하나의 행정 단위에 배분해야 한다는 원칙을 말하며, 기초자치단체 우선의 원칙은 샤우프조사단이 제시한 지방자치단체 우선의 원칙과 동일한 내용이다. 즉 사무를 배분할 때 기초자치단체에 먼저 배분하여 그 적실성을 평가받고, 그 다음에는 광역자치단체, 중앙정부로 이어지면서 그 적실성을 평가받는 상향적 사무배분 방식을 말한다.

임시행정조사회의 답신(1964)으로서 「사무배분에 관한 개혁 의견」에서 나타난 사무배분의 원칙은 ① 현지성(現地性)의 원칙, ② 종합성(綜合性)의 원칙, ③ 경제성(經濟性)의 원칙 등이 있다. 현지성의 원칙은 지방자치가 적극적인 주민참여를 전제로 이루어지는 과정이지만 그 중에서도 주민참여가 강하게 요구되는 주민 밀착의 현지사무는 기초자치단체에 많이 배분해야 한다는 것이다. 종합성의 원칙은 업무의 종합적 처리가 가능한 지방정부에 더 많은 사무를 배분해야 한다는 원칙을 말한다. 즉 중앙정부는 규모가 방대하여 사업 추진의 중심 주체는 부처가 되지만 지방정부는 이에 비해 규모가 작기 때문에 단체장이 사무를 총괄 처리할 수 있으므로 중앙정

(神戶) 보고서가 폐지를 의도한 국가의 기관위임사무는 그 후로 더욱 증가하는 모습을 보였다(김철, 1990: 135).

부의 지역적 사무는 가급적 지방정부에 배분하여 입체적 사무 처리가 가능하도록 하자는 것이다.[3] 경제성의 원칙은 최소의 투입으로 최대의 산출을 가져올 수 있는 사무배분이 이루어져야 한다는 원칙을 말한다. 이것은 면적, 인구, 재정 등 지방자치단체의 실태를 고려하여 가장 능률적 행정 단위에 특정 사무를 배분하는 것이므로 능률성의 원칙이라고도 한다.

2) 프랑스의 사무배분 원칙

프랑스는 나폴레옹 시대에 구축된 단체자치모형의 지방자치제도를 근년까지 지속해 오다가 1982년을 계기로 지방제도의 대대적 개혁을 단행했다. 이때 만들어진 새로운 제도는 과거의 단체자치모형에 주민자치모형을 과감히 혼합한 독창적 모형이었다. 데파르트망(departement)의 광역 자치계층 위에 행정계층으로 운영되던 레종(région)을 광역 지방자치단체로 신설하여 3층 구조로 운영하는 한편, 지방정부에 2명의 지방장관을 배치했다. 즉 자치사무는 지방의회 의장이 담당하고, 국가의 지역사무는 중앙정부에서 임명된 지방장관이 담당했다. 따라서 자치사무는 기관통합 모형에 의해 처리되고, 국가사무는 국가가 직접 관리하게 되었다.

프랑스의 이러한 정치 및 행정개혁은 '코뮌 · 데파르트망 · 레종 및 국가 간의 권리와 자유에 관한 법률'(1982)과 '코뮌 · 데파르트망 · 레종 및 국가 간의 사무배분에 관한 법률'(1983) 및 그 후속 법률에 기초한다. 1983년에 제정된 사무배분에 관한 법률에 나타난 사무배분의 원칙은 ① 자치단체 간 감독 금지의 원칙, ② 총체적 이양 원칙, ③ 지방행정 계층별 전문화의 원칙, ④ 경비의 전액 보상 원칙, ⑤ 점진적 이양 원칙 등을 들 수 있다(정세욱, 2000: 207-208).

자치단체 간 감독 금지의 원칙이라 함은 광역자치단체를 기초자치단체의 상급 관청으로 인정하지 아니함을 의미한다. 지방자치사무는 국가위임사무와는 달리 어떤 계층의 지방자치단체이든 수평적 지위에서 수행하게

3) 특별지방행정기관에 사무를 맡기기보다 가급적 보통지방자치단체에 맡겨 사무를 종합적으로 처리하는 것이 더 효율적이라고 보는 것이다.

되므로 감독권이 존재할 수 없다는 것이다. 총체적 이양 원칙은 사무를 배분할 때 동일한 성질의 사무는 가급적 여러 단체에 나누어 배분하지 말고 하나의 주체에 총괄 배분하는 원칙을 말한다. 이렇게 될 때 행정 책임의 한계가 명확해질 뿐만 아니라 업무의 전문화도 달성될 수 있다. 지방행정 계층별 전문화의 원칙은 광역단체사무와 기초단체사무를 합리적으로 구분하여 운영할 경우 계층별 업무의 전문화가 이루어진다는 의미이다. 경비의 전액 보상 원칙은 사무를 지방정부에 이전될 경우 그 업무를 수행하는 데 소요되는 비용 전부를 중앙정부가 보전해 주어야 한다는 원칙을 말한다. 점진적 이양의 원칙은 사무가 지방으로 이전될 경우 그 지방자치단체의 능력, 이양받을 사무의 종류 및 양과 질을 고려하여 일정 기간에 걸쳐 단계적으로 추진되어야 한다는 원칙이다.

3) 독일의 사무배분 원칙

독일의 사무배분과 관련한 3대 원칙은 ① 보충성의 원칙, ② 전관할권의 원칙, ③ 자기책임성의 원칙을 들 수 있다. 첫째, 기본법 제23조 1항에 규정된 보충성의 원칙은 사무를 배분할 경우 상급자치단체보다 기초자치단체를 우선시킨다는 것으로서, 이것은 기초자차단체가 수행할 수 없는 보완적 사무만을 중앙 또는 상급자치단체가 담당하는 것을 의미한다. 둘째, 기본법 제28조 2항에 명시된 전관할권의 원칙은 지방자치단체의 기본 단위인 게마인데(Gemeinde)가 어떤 사무를 담당할 수 있고, 또 맡아야 할 것인가를 상급기관보다 먼저 스스로 결정 및 관리할 수 있다는 것이다. 실제 독일에서 행정사무의 집행은 대부분 기초자치단체인 게마인데가 담당하고 있으므로 게마인데는 지방자치단체의 집행권을 행사하는 가장 중요한 부분을 이루고 있다. 셋째, 기본법 제28조 2항에서 함께 규정하는 자기 책임의 원칙은 게마인데가 법률의 범위 내에서 그 지역사회의 모든 사무를 자기 책임 하에 규율할 권리를 가진다는 것을 의미한다(김해룡, 1990: 7-19; 정창화 외, 2005: 48).

이상에서 논의한 독일의 사무배분 원칙에 의하면 독일의 하위 정부계층인 기초자치단체에 우선적으로 많은 행정사무를 배분한다는 분권화의 원칙에 지배되고 있음을 의미한다. 결론적으로 독일의 사무배분은 행정의 계층구조를 연방기본법에 반영하여 연방·주·지방자치단체의 사무를 헌법적으로 보장하고 있는 데 그 특징이 있다. 이러한 행정사무의 헌법적 보장은 주와 지방자치단체의 정부 관계가 수직적이기는 하지만 사무배분과 기능 수행에는 독자적 권리를 보장하여 수평적 관계에 설 수 있도록 하는 데 그 목적이 있다.

3) 한국의 사무배분 원칙

우리나라 지방자치법에 나타난 사무배분의 원칙은 ① 불경합의 원칙(10조 3항), ② 기초자치단체 우선의 원칙(10조 4항), ③ 행정 능률의 원칙(8조 2항)을 들 수 있다.

불경합의 원칙은 하나의 사무를 여러 계층에 나누지 말고, 한 계층에 집중 배분하는 것이 더 효율적이라는 것을 의미한다. 만약 같은 내용의 사무를 여러 주체에 분산시키면 책임의 한계가 불명확해지므로 행정책임의 명확화를 도모할 수 없다. 따라서 불경합의 원칙은 행정책임 명확화 원칙의 다른 표현이라 할 수 있다. 기초자치단체 우선의 원칙은 배분되어야 할 특정 사무가 있을 때 계층구조가 높은 국가부터 먼저 적용하기보다 계층구조가 낮은 기초자치단체에 먼저 적용하여 사무 수행의 적실성 여부를 판단하는 상향적 사무배분을 말한다. 행정 능률의 원칙은 하나의 사무가 가장 적은 비용을 투입하여 최대의 효과를 올릴 수 있는 자치계층에 사무가 배분되어야 한다는 것을 의미한다.

이상에서 논의한 세 가지 원칙은 외국의 사무배분 사례에서도 많이 발견되는 중요한 원칙이므로 우리나라에서도 이를 법제화하고 있다.

2 사무배분 일반 원칙의 모색

1) 행정책임 명확성

행정책임 명확성의 원칙은 같은 성질의 사무는 중앙정부 또는 지방자치단체에 일괄 배분하여 정부 상호간 중복적 사무배분이 이루어지지 않아야 한다는 것을 말한다. 사무가 중앙정부와 지방자치단체 간에 중복 배분될 경우 행정 낭비를 초래할 뿐만 아니라 행정책임의 소재를 명확히 구분하기 어려워 책임을 다른 주체에 전가하는 일이 발생될 수 있다.

그러나 행정책임 명확화의 원칙에 대한 반론으로 공동관리 사무의 불가피성을 주장하는 사람도 있다. 즉 도시계획, 토지 이용, 지역 개발, 공해 방지, 환경보전, 사회복지, 재해관리와 같은 사무는 국가적 성격과 지방적 성격을 동시에 지니고 있으므로 어느 특정 계층의 행정 주체가 자기 완결적으로 단독 처리할 수 있는 것이 아니라 행정계층 간 유기적인 협력을 통해 처리하는 것이 오히려 더 효율적으로 처리할 수 있다고 본다. 이러한 사무는 각 행정계층이 모두 정책의 결정과 집행 과정에 처음부터 대등한 지위에서 참여하는 서독의 공동사무(共同事務)가 대표적이다. 따라서 특정 계층에 배타적으로 사무를 배분하는 행정책임 명확화의 원칙은 공동관리 사무에 한해 그 적용이 배제된다고 할 것이다.

2) 경제적 능률성

경제적 능률성의 원칙은 중앙정부와 지방자치단체 간의 사무배분이 능률을 극대화할 수 있는 방향으로 이루어져야 한다는 것을 의미한다. 즉, 중앙정부가 가장 능률적으로 처리할 수 있는 사무는 중앙정부가 담당하고, 지방자치단체가 가장 능률적으로 처리할 수 있는 사무는 지방자치단체가 담당해야 한다. 따라서 전국적인 처리를 요하는 사무, 외부 효과를 초래하는 사무, 규모의 경제를 고려해야 하는 사무는 중앙정부에 배분하고, 지역의 특수한 실정을 고려해야 하는 사무는 지방자치단체에 맡기는 것이 바람직하다. 또한, 해당 사무를 수행하는 데 필요한 행·재정적 능력을 보유하고 있는 자치단체에 그 사무를 맡기는 것이 바람직하다

3) 통제의 민주성

통제의 민주성이라 함은 지역 주민과 접촉이 많은 사무는 가급적 기초지방자치단체에 배분되어야 한다는 것을 말한다. 주민과 접촉이 많다는 것은

현지성이 높은 사무이며, 또한 주민참여가 잘 이루어져야 하는 사무이기 때문에 이러한 사무는 기초자치단체에 배분하는 것이 합리적이다. 그리고 중앙정부와 지방정부에 배분해도 모두 효율적으로 수행할 수 있는 사무라 할지라도 지방정부에 우선 배분하는 것이 민주적 통제에 유리하다. 즉 주민에 밀착된 행정사무는 주민참여를 통해 행정 통제를 확보할 수 있으며, 이것은 결국 지방정부의 행정 대응력을 높여 더 나은 행정 서비스를 주민에게 제공할 수 있기 때문에 기초자치단체에 사무를 배분하는 것이 타당하다.

4) 업무 처리의 종합성

지방행정사무의 배분에서 업무 처리의 종합성 원칙이란 두 가지 의미를 가진다. 하나는 동일 성질의 사무는 여러 계층에 분산 배분하지 말고 하나의 주체가 종합적으로 처리할 수 있도록 집중 배분하는 것이며, 다른 하나는 중앙정부의 지역사무는 특별지방행정기관에 의해 일반적으로 수행되지만 보통지방자치단체에 가급적 이양하여 처리하는 것이 바람직하다는 의미이다. 전자는 동질사무의 종합적 처리이기 때문에 전문성을 제고할 수 있을 뿐만 아니라 행정 책임을 강화할 수 있고, 후자는 행정 대상에 대한 종합적 접근이기 때문에 문제를 입체적으로 파악할 수 있다는 장점을 지닌다.

3 사무배분의 기준

1) 일본 지방제도조사회의 답신

위에서 논의된 사무배분의 원칙은 그 추상적 규정으로 말미암아 실제 상황에 적용하는 데는 한계가 따를 수밖에 없다. 따라서 공공사무의 현실적 배분에 적용할 수 있는 구체적 지표들을 다양하게 개발할 필요가 있다. 또한, 이러한 원칙에 의해 사무의 귀속 주체가 결정된다 하더라도 그것은 영속적인 것이 아니라 수시로 변경될 수 있는 가변적인 것이므로 주기적으로 이를 재평가하여 합리적 사무배분이 이루어질 수 있도록 해야 할 것이다.

사무배분에 대한 구체적 기준은 일본의 지방제도조사회의 10차 답신(1965, 9, 10)에 잘 나타나 있으므로 이를 중심으로 논의한다(김철, 1990: 139-140).

지방제도조사회는 국가가 담당해야 할 사무로 ① 국가 존립을 위해 직접 필요한 사무, ② 정책상 전국적 규모로 종합적으로 행하는 기획사무, ③ 광역단체의 구역을 초월하는 사무로서 광역단체 수준에서는 유효하게 처리할 수 없는 사무, ④ 지방자치단체 의사와는 무관하게 전국적 입장에서 통제해야 할 사무, ⑤ 국민에게 편의를 제공하기 위한 비권력적 사무로서 지방자치단체가 처리하기에 현저히 비능률적인 부적절한 사무 등을 들고 있다.

그리고 광역자치단체가 담당해야 할 사무는 ① 시·정·촌의 구역을 초월해서 처리해야 하는 사무, ② 시·정·촌에서 처리하는 것이 현저히 비능률적이거나 부적합 사무를 들고 있다. 이상에서 제시한 국가 및 광역단체의 사무를 제외한 모든 사무는 기초자치단체에 속하는 사무로 인정되는 것이다. 이 보고서는 각 사무를 배분할 때 지방자치단체의 실질적인 능력을 충분히 고려해야 하며, 따라서 대도시·시·정·촌 사이에는 사무배분상의 차이가 있어야 함을 지적하고 있다.

이러한 지방제도조사회의 답신은 사무배분 원칙이 갖는 높은 추상성을 극복하고 사무배분의 실제에 크게 도움을 줄 수 있는 구체적 기준을 제시한 점에서 높이 평가된다. 즉 이것은 완벽하지 못하지만 현실에 적용할 수 있는 구체적 기준을 제시해 줌으로써 더 나은 사무배분을 도모할 수 있는 토대를 제공한 데에 그 의의를 찾을 수 있다.

2) 사무배분의 일반적 기준

(1) 국가사무

(1) 국가 존립에 관한 사무: 이것은 국가 체제의 유지에 없어서는 안 될 기본적 사무로서 외교, 국방, 화폐제도, 국세, 대통령 및 국회의원의 선거, 사법 및 행정, 국가경찰에 관한 사무 등을 들 수 있다.

(2) 전국적 기획사무: 국토 전체에 영향을 미치는 계획 수립에 관련한 사무로서 국가경제개발계획, 국토종합개발계획, 전국간선도로계획에 관한 사

무 등이 여기에 해당한다.

(3) 전국적 통일사무: 각 지방정부의 행정사무가 동일한 기준에 의해 처리되는 것을 의미한다. 동일한 기준에 의해 처리되어야 할 사무로서는 근로 기준, 생활 보호 기준, 측량, 도량형, 의사·약사 등의 시험 면허, 국세조사, 전국적인 통계조사 등이다.

(4) 전국적 통제사무: 전국적 차원에서 통제 관리되어야만 효율성을 확보할 수 있는 사무를 의미한다. 여기에는 물가통제, 식량관리, 수출입통제, 금융통제, 전국적 법인의 지도감찰, 최저 노동 조건 확보를 위한 감찰, 공정거래의 확보, 중요 문화재의 보전 등이다.

(5) 전국적 현업사무: 사무의 성질상 전국적 네트워크를 형성하지 않으면 그 운영이 곤란한 공공사무로서 우편, 전신, 전화, 전기관리, 기상, 철도, 항공 등이 여기에 해당한다.

(6) 광역단체 보완사무: 광역단체에 맡길 경우 효율이 떨어지는 사무로서 대규모 시험연구 및 검사시설, 원자력의 개발 이용, 종합대학 운영 등을 들 수 있다.

(7) 사회정책적 사무: 사회정책적 사무라 함은 사회격차의 해소 및 구제에 관련된 사무로서 빈민구제, 실업대책, 재난구제 등을 들 수 있다.

(8) 경계 초월 광역사무: 광역정부의 관할구역을 초월하는 자연·지리적 조건의 관리에 관련된 사무로서 대규모의 하천, 항만, 국유 임야, 대규모 토지개량사업 등이다.

(2) 광역사무

(1) 광역적 사무: 광역사무라 함은 2개 이상의 시·군의 구역에 걸치는 사무로서 지방도로 건설, 하천의 관리, 운하, 간척, 임산자원, 수산자원, 기타 천연자원의 보전 및 개발, 치산치수, 운수, 경찰 등의 사무를 들 수 있다.

(2) 보완적 사무: 기초자치단체의 능력으로서는 감당하기 어려운 사무를 광역자치단체에서 직접 담당하는 경우로서 병원, 보건의료시설, 연구소, 시험장, 중고등학교, 맹아학교의 운영이 여기에 해당한다.

(3) 연락·조정사무: 광역자치단체는 국가와 기초자치단체의 중간적 위

치에 있기 때문에 양자의 의사소통을 원활히 하며, 시·군 간의 정책적 상충을 조정하며, 행·재정의 불균형을 시정하는 사무를 담당한다.

(4) 지휘·감독사무: 기초단체와 광역단체는 고유한 사무 영역을 가지기 때문에 독립적 존재로서 수평적 관계이다. 그러나 국가위임사무를 수행하는 과정에서는 업무상의 상하 관계가 성립된다. 즉 기초단체가 국가위임사무를 수행할 경우 광역정부는 국가를 대신하여 기초자치단체를 지휘·감독하게 되는 것이다.

제 3 절 한국의 사무배분과 개선 과제

1 사무배분 실태

1) 국가사무

우리나라 지방자치법(법 제19조)은 지방자치단체가 처리할 수 없는 국가사무의 범위를 정하고 있다. 그러나 다른 법률에 달리 규정하고 있는 경우 지방자치단체는 국가사무를 처리할 수 있도록 되어 있다.

국가가 처리할 수 있는 사무는 ① 외교, 국방, 사법, 국세 등 국가의 존립에 필요한 사무, ② 물가정책, 금융정책, 수출입정책 등 전국적으로 통일적 처리를 요하는 사무, ③ 농산물·임산물·축산물·수산물 및 양곡의 수급조절과 수출입 등 전국적 규모의 사무, ④ 국가종합경제개발계획, 국가하천, 국유림, 국토종합개발계획, 지정항만, 고속국도 및 일반국도, 국립공원 등 전국적 규모나 이와 비슷한 규모의 사무, ⑤ 근로 기준, 측량 단위 등 전국적으로 기준을 통일하고 조정해야 할 필요가 있는 사무, ⑥ 우편, 철도 등 전국적 규모나 이와 비슷한 규모의 사무, ⑦ 고도의 기술을 요하는 검사·시험·연구, 항공관리, 기상행정, 원자력 개발 등 지방자치단체의 기술과 재정 능력으로는 감당하기 어려운 사무 등이다.

2) 자방자치단체의 사무

(1) 광역 및 기초단체 공통사무

현행 지방자치법에 의하면 각급 지방정부가 공통으로 처리할 수 있는 사무를 아래와 같이 규정하고 있다(지방자치법 제9조).

(1) 지방자치단체의 구역, 조직, 행정관리 등에 관한 사무: ① 관할구역 내의 행정구역 명칭 · 위치 및 구역의 조정, ② 조례 · 규칙의 제정 · 개정 · 폐지 및 그 운영 · 관리, ③ 산하 행정기관의 조직관리, ④ 산하 행정기관 및 단체의 지도 · 감독, ⑤ 소속 공무원의 인사 · 후생복지 및 교육, ⑥ 지방세 및 지방세 외 수입의 부과 및 징수, ⑦ 예산의 편성 · 집행 및 회계감사와 재산관리, ⑧ 행정장비관리, 행정전산화 및 행정관리 개선, ⑨ 공유재산관리(公有財産管理), ⑩ 가족관계 등록 및 주민등록 관리, ⑪ 지방자치단체에 필요한 각종 조사 및 통계의 작성 등이다.

(2) 주민의 복지 증진에 관한 사무: ① 주민 복지에 관한 사업, ② 사회복지시설의 설치 운영 및 관리, ③ 생활이 곤궁한 자의 보호 및 지원, ④ 노인 · 아동 · 심신장애인 · 청소년 및 부녀(婦女)의 보호와 복지 증진, ⑤ 보건진료기관의 설치 · 운영 및 전염병과 그 밖의 질병의 예방과 방역, ⑥ 묘지 · 화장장(火葬場) 및 납골당의 운영 · 관리, ⑦ 공중접객업소의 위생을 개선하기 위한 지도, ⑧ 청소, 오물의 수거 및 처리, ⑨ 지방공기업의 설치 및 운영 등이다.

(3) 농림 · 상공업 등 산업 진흥에 관한 사무: ① 소류지(小溜池) · 보(洑) 등 농업용수시설의 설치 및 관리, ② 농산물 · 임산물 · 축산물 · 수산물의 생산 및 유통 지원, ③ 농업자재의 관리, ④ 복합영농의 운영 · 지도, ⑤ 농업 외 소득사업의 육성 · 지도, ⑥ 농가 부업의 장려. ⑦ 공유림 관리, ⑧ 소규모 축산 개발사업 및 낙농 진흥사업, ⑨ 가축 전염병 예방, ⑩ 지역산업의 육성 · 지원, ⑪ 소비자 보호 및 저축 장려, ⑫ 중소기업의 육성, ⑬ 지역특화산업의 개발과 육성 · 지원, ⑭ 우수토산품 개발과 관광민예품 개발 등이다.

(4) 지역 개발과 주민의 생활환경시설의 설치 · 관리에 관한 사무: ① 지

역개발사업, ② 지방 토목・건설사업의 시행, ③ 도시계획사업의 시행, ④ 지방도(地方道), 시군도(市郡道)의 신설・개수(改修) 및 유지, ⑤ 주거생활 환경 개선의 장려 및 지원, ⑥ 농촌주택 개량 및 취락구조 개선, ⑦ 자연보호 활동, ⑧ 지방1급 하천, 지방2급 하천 및 소하천의 관리, ⑨ 상수도・하수도의 설치 및 관리, ⑩ 간이급수시설의 설치 및 관리, ⑪ 도립공원・군립공원 및 도시공원, 녹지 등 관광・휴양시설의 설치 및 관리, ⑫ 지방 궤도사업의 경영, ⑬ 주차장・교통표지 등 교통편의시설의 설치 및 관리, ⑭ 재해 대책의 수립 및 집행, ⑮ 지역경제의 육성 및 지원 등이다.

(5) 교육・체육・문화・예술의 진흥에 관한 사무: ① 유아원・유치원・초등학교・중학교・고등학교 및 이에 준하는 각종 학교의 설치・운영・지도, ② 도서관・운동장・광장・체육관・박물관・공연장・미술관・음악당 등 공공교육・체육・문화시설의 설치 및 관리, ③ 지방문화재의 지정・보존 및 관리, ④ 지방문화・예술의 진흥, ⑤ 지방문화・예술단체의 육성 등이다.

(6) 지역민방위 및 소방에 관한 사무: ① 지역 및 직장 민방위조직(의용소방대 포함)의 편성과 운영 및 지도・감독, ② 화재 예방과 소방 등이다.

(2) 시・도의 사무

현행 지방자치법에 의한 우리나라 광역정부가 수행해야 할 사무는 ① 행정 처리 결과가 2개 이상의 시・군 및 자치구에 미치는 광역적 사무, ② 시・도 단위로 동일한 기준에 따라 처리되어야 할 성질의 사무, ③ 지역적 특성을 살리면서 시・도 단위로 통일성을 유지할 필요가 있는 사무, ④ 국가와 시・군 및 자치구 사이의 연락・조정 등의 사무, ⑤ 시・군 및 자치구가 독자적으로 처리하기에 부적당한 사무, ⑥ 2개 이상의 시・군 및 자치구가 공동으로 설치하는 것이 적당하다고 인정되는 규모의 시설을 설치하고 관리하는 사무 등이다

(3) 시・군・자치구의 사무와 특례

우리나라 시・군・구가 처리할 수 있는 사무는 국가사무와 광역사무를 제외한 모든 사무가 해당된다. 다만, 인구 50만 이상의 시에 대해서는 도가

처리하는 사무의 일부를 직접 처리하게 할 수 있으며, 자치구의 사무는 시·군 사무 중에서 그 일부가 처리에 제한을 받는 특례제도를 인정하고 있다. 이러한 사무특례에 관한 사항은 지방자치법 시행령 별표에 상세히 규정되어 있다.

(1) 자치구 처리 제한 특례사무: ① 지방자치단체의 인사 및 교육 등에 관한 사무, ② 지방재정에 관한 사무, ③ 매장 및 묘지 등에 관한 사무, ④ 청소·오물에 관한 사무, ⑤ 지방 토목·주택 건설 등에 관한 사무, ⑥ 도시계획에 관한 사무, ⑦ 도로의 개설과 유지·관리에 관한 사무, ⑧ 상수도사업에 관한 사무, ⑨ 공공하수도에 관한 사무, ⑩ 공원 등 관광·휴양시설의 설치·관리에 관한 사무, ⑪ 지방궤도사업에 관한 사무, ⑫ 대중교통행정에 관한 사무, ⑬ 지역경제 육성에 관한 업무, ⑭ 교통신호기, 안전표지 등의 설치·관리 등에 관한 사무 등이다.

(2) 50만 이상 시의 추가 처리 특례사무: ① 보건의료에 관한 사무, ② 지방공기업에 관한 사무, ③ 주택 건설에 관한 사무, ④ 토지구획정리사업에 관한 사무, ⑤ 도시계획에 관한 사무, ⑥ 도시재개발사업에 관한 사무, ⑦ 환경보전에 관한 사무, ⑧ 건설기계관리에 관한 사무, ⑨ 자동차 운송사업에 관한 사무, ⑩ 지방공무원 인사 및 정원관리에 관한 사무, ⑪ 지적에 관한 사무, ⑫ 열 사용 기자재에 관한 사무, ⑬ 식품제조업(유가공품제조업 및 식육제품업만 해당한다)에 관한 사무, ⑭ 묘지·화장장 및 납골당의 운영관리에 관한 사무, ⑮ 기타 사회복지시설에 관한 사무, 고압가스 및 도시가스에 관한 사무, 지방채 발행 승인 신청 사무 등이다.

(4) 공동관리 사무

우리나라의 지방자치법 체계는 지방자치단체가 처리하는 사무의 종류를 고유사무와 위임사무로 구분하고, 후자를 다시 단체위임사무와 기관위임사무로 구분하고 있다. 이러한 사무 분류 체계에 따라 법률을 제정하고 해석하는 것이 일반적이다. 그런데 법규에 따라서는 “국가 또는 지방자치단체는 …사무를 처리한다,” 국가 및 지방자치단체는 …사무를 처리한다.“ ○○장관 또는 시·도지사는 …사무를 처리한다.” “○○장관 및 지방자치단체는 …사무를 처리한다."라고 규정하고 있는 경우가 있다. 우리의 사무 배분 체계에 의하면 이러한 경우도 처리하는 사무의 성질을 기준으로 자치사무와 단체위임사무, 기관위임사무 중의 하나로 분류해야 할 것이다. 그러나 최근 이러한 사무들을 묶어 공동사무라고 표현하는 경우가 드물지 않게 나타나고 있으므로 이에 대한 의미와 법적 지위를 분명히 할 필요가 있다.

공동사무를 법률의 명문상으로 인정하고 있는 나라는 독일을 들 수 있다. 독일 기본법(헌법)은 주와 연방 간의 행정사무의 분류 형태로 공동사무를 규정하고 있다. 이처럼 헌법에 공동사무를 규정함으로써 공동사무는 독일의 연방 질서의 한 부분을 차지하게 되었다.[4] 이러한 공동사무는 헌법의 규정 이전에도 근거 없이 연방과 주의 합의에 의해 여러 가지 업무의 수행에서 함께 결정하고 공동으로 재정을 부담했다. 이러한 실무상의 협력이 헌법에 공동사무로 공식 도입됨으로써 한편으로는 정당화되고, 다른 한편으로는 공동사무의 영역이 한정되는 결과를 가져왔다.

독일의 공동사무는 기본법(헌법)에서 정하는 한정된 영역에서 연방과 주정부의 협력이 예정된 사무를 말한다. 1969년의 기본법 개정 이전에는 연방정부와 주정부가 협력하여 처리하는 모든 사무를 공동사무라고 했으나, 기본법의 개정으로 그 범위가 열거된 사무에 한정되었다. 정치적인 의미에서는 열거 사항 이외에 기본법에 기초한 공동 재정 부담도 넓은 의미에서 공동사무라고 부르고 있다. 공동사무란 원래 주의 사무이지만 그 수행시에 연방정부가 관여하거나 공동으로 비용을 부담하는 사무를 의미한다. 그 대상 사무는 ① 대학의 건설, ② 경제구조의 개선, ③ 농업구조의 개선 ④ 해양환경 보호에 관한 사무 등이다. 이것은 본래 주정부의 사무이지만 연방정부가 이를 장려할 목적으로 이들 사무에 소요 비용의 50%를 부담하고 있다. 특히 환경행정에 대한 공동대처는 일반화된 유형이며, 상하수도 사무는 수익자 부담의 원칙이 잘 지켜지면서 성공적으로 처리되는 공동사무의

4) 공동사무의 도입에 대해 독일의 헌법학자들은 매우 강력한 비판을 제기했으며, 오늘날도 그 폐지를 주장하는 학자들이 많다. 특히 연방과 주정부로 구성되는 계획위원회의 결정이 주정부와 연방정부를 구속하므로 연방의회와 주의회의 권한을 현저히 약화시킨다고 한다.

하나이다. 이러한 공동사무는 처음부터 국가와 지방정부가 공동으로 계획을 수립하고 집행을 담당하는 사무이므로 우리의 위임사무와는 근본적으로 성격을 달리한다(지방이양추진위원회, 2004).

우리나라에서 공동사무로 분류되는 경우는 사무의 처리 주체를 "○○장관 또는(및) 시·도지사가……을 행한다와 같이 처리 주체를 복수로 규정한 경우를 지칭하는 경향이 있다. 이와 같은 사무의 수행에서 양자 간에 공동의 합의나 계획에 의해 수행하기보다는 지방정부가 계획을 세워 중앙정부에 보조금을 받는 경우가 많다. 이는 결정 과정이나 실행 과정을 공동으로 하는 것은 아니기 때문에 이를 공동사무라고 부르는 것은 타당하지 않다. 우리나라 법제상 인정되는 지방자치단체의 사무는 자치사무, 단체위임사무, 기관위임사무에 한정되며, 공동사무는 존재하지 않는다고 보아야 할 것이다. 따라서 국가가 주도하는 경우에는 국가사무로, 지방자치단체가 주도하는 경우에는 자치사무로 분류하는 것이 타당하다.

따라서 독일에서 말하는 진정한 의미의 공동사무를 우리나라가 도입할 때 어떤 문제점이 있는지를 검토할 필요가 있다. 특정 사무를 중앙정부와 지방정부가 처음부터 공동으로 계획을 세우고 집행하게 되는 제도적 장치를 마련할 경우 지방정부는 중앙정부의 재정적 지원 때문에 중앙정부의 결정에 수동적으로 따를 수밖에 없어 지방정부의 자기결정권이 현저히 손상될 가능성이 높으며, 또한 공동사업은 중앙정부와 지방정부의 집행부 차원에서 먼저 결정하기 때문에 국회와 지방의회의 심의는 형식적 심의에 거쳐 자치적 결정을 위축시킬 수 있으므로, 독일식 공동사무의 도입은 한국적 상황에서 볼 때 크게 환영할 만한 일은 아닌 것 같다.

2 한국 사무배분의 문제점

그 동안 여러 사람들에 의해 지적되어 온 우리나라 사무배분에 대한 문제점을 요약·정리하면 아래와 같다.

1) 사무 구분의 불명확

현행 지방자치법은 행정사무를 국가사무, 자치사무, 기관위임사무, 단체위임사무로 구분되어 있으나 실제로 특정 사무가 어떤 종류의 사무인가를 구분하기는 어렵다. 먼저 법령에 규정된 사무의 사무 주체의 표현 방식에 관한 용어의 예를 들면 국가, 지방자치단체(장), 시·도지사, 시장, 군수, 구청장 등으로 다양하게 표현되어 있어 구체적인 사무의 성질이나 실제 수행하고 있는 내용을 명확하게 파악하지 않고는 객관적으로 분류하기 어렵다.

둘째, 현행 지방자치법 제9조에는 자치사무를 규정하고 있으나 자치사무가 너무 개괄적으로 표현되어 있어 명확한 구분이 어렵고, 지방자치법에 규정된 자치사무 중 많은 자치사무가 단서 조항에 의해 개별법의 적용을 받아 국가사무로 전환됨으로써 자치단체의 권능이 크게 제한받고 있다.

2) 중복적 사무배분

우리나라 지방자치법은 국가가 수행할 사무, 지방정부가 수행할 사무를 규정하고, 또한 시행령에서 광역과 기초가 수행해야 할 구체적 세부사무를 별표로 규정하고 있지만 동일한 사무를 중복 배분하여 국가, 광역단체, 기초단체가 동시에 같은 내용을 수행하는 경우가 허다하다. 즉 사회복지 관련 사무, 중소기업 관련 사무, 택지 개발 관련 사무, 문화예술 진흥 관련 사무 등에서 이러한 중복 배분이 발견된다. 또한 동일 사무를 업무 추진 단계별로 나누어 배분하더라도 광역은 계획 수립과 조정, 기초는 계획 수립 및 집행 등으로 표현되어 있어 어디까지가 광역단체 소관이고 기초단체 소관인지 잘 구별되지 않는 경우가 많다.

3) 획일적 사무배분

지방자치단체들은 행정 수요, 행정 및 재정 능력, 인구 규모 등에서 실제 차이를 보이고 있으므로 이에 따라 사무의 배분이 이루어져야 한다. 그러나 법령에는 지방자치단체의 종류를 광역자치단체와 기초자치단체로 양분한 뒤 일률적으로 사무배분 기준을 적용함으로써 그 지방의 특성에 맞는 사무배분이 이루어지고 있지 않다. 현행 지방자치법은 인구 50만 이상의 시는 광역정부가 수행하는 기능 중 일부를 추가적으로 수행할 수 있도록 하고, 대도시 자치구에서는 도시 지역의 특성을 감안하여 시·군의 사무 중 일부를 제한하고 있지만 여기에 더하여 모든 지방자치단체의 행·재정 능력을 감안한 차등적 사무배분도 고려할 수 있을 것이다.

4) 과다한 중앙통제

지방자치단체의 입법 권한은 법령의 범위 안에서 조례를 제정할 수 있으며, 그 중에서 주민의 권리 제한, 의무 부과, 벌칙 규정 등은 법률의 위임이 있어야 조례를 제정할 수 있다는 지방자치법 제22조의 규정은 새로운 행정 수요가 발생하더라도 법령으로 명시적으로 위임이 될 때까지 자치단체는 그 사무의 처리를 유보해야 하기 때문에 자치단체의 자율성은 크게 제한받고 있다. 또한 자치사무에 대한 지방자치단체장의 명령 및 처분이 위법 혹은 부당하다고 판단될 때 상급기관이 이를 취소, 정지시킬 수 있는 권한을 부여하고 있는데, 이것은 우리나라에서만 볼 수 있는 예외적 규정으로서 자치단체의 자치권이 심각하게 제약을 받고 있다.

5) 과다한 기관위임사무

행정국가(administrative state)의 등장과 함께 행정 기능이 확대 강화됨에 따라 공공 영역이 비대해졌다. 즉 민간에서 수행되던 업무들이 중앙정부와 지방정부에 이관되어 공공 영역의 비중이 상대적으로 확대되었으며, 특히 중앙정부의 권능이 지방정부에 비해 더욱 확대되는 모습을 보여 주었다. 이처럼 중앙정부에 과도한 업무가 집중되어 비능률을 초래함으로써 중앙정부는 지방정부에 일부 사무를 위임하여 처리하는 장치를 마련하게 되었다. 따라서 지방정부는 이러한 제도적 장치에 의해 위임사무가 크게 증대되었고, 이의 처리를 위해 많은 시간과 자원을 소모하게 되었다. 결론적으로 기관위임사무는 지방자치단체장을 중앙정부의 사무를 추진하는 종속적인 하급 관청의 지위에 머물게 함으로써 지방자치의 의미를 크게 퇴색시키고 있다.

3 사무배분의 개선 과제

1) 사무 구분의 재검토

사무 이양뿐만 아니라 사무 구분 자체에 대한 재검토와 이에 따른 지방자치법 등 관련 법령의 개정이 수반되어야 한다. 예컨대, 기관위임사무의 유용성에 대한 재검토, 단체위임사무의 폐지와 자치사무로 전환, 공동관리사무의 도입 필요성에 대한 검토, 사무 유형별 법령 규정 형식의 법제화 등을 전면적으로 검토하여 새로운 진로를 모색해야 할 것이다.

기관위임사무에 대해서는 독일의 경우 주에 따라서는 이를 폐지하고, 대신 지방의 권한이 강화된 지도사무가 새로이 도입되었으며, 일본도 지방분권추진위원회에서 기관위임사무를 폐지하고 이를 원칙적으로 자치사무화하며, 자치사무화할 수 없는 사무에 대해서는 법정수탁사무라는 새로운 사무를 도입했다. 이 위원회는 법정수탁사무의 범위를 호적, 여권, 생활 보호, 선거 등에 한정했으며, 중앙정부 개입의 범위는 법률에 근거하여 ① 보고·징수, 신고, 기술적 조언, ② 사무의 적정한 집행을 확보하기 위한 지시, ③ 특히 필요한 경우의 인가·승인·대집행과 같은 사전적·사후적 관여를 인정했다.

우리나라도 이제 궁극적인 개선 방향은 위임사무와 공동사무의 재정립을 통한 사무 구분 체계의 간결화이다. 단체위임사무는 그 수가 매우 적고 실제 사무 수행에서 자치사무와 큰 차이가 없으므로 단체위임사무는 없애고 자치사무화하는 것이 바람직하다. 기관위임사무의 경우에도 일본의 경우와 마찬가지로 원칙적으로 자치사무와 국가사무로 구분하여 자치단체에 대한 국가의 관여를 최소화하되, 불가피한 경우 법정수탁사무를 도입하여 법령에 명확한 규정이 있는 경우에만 국가가 지방자치단체에 사무를 위임하도록 한다. 물론 이 경우에도 법정수탁사무의 재원은 국가가 전액 부담하도록 하여, 국가가 자신의 사무를 수행하는 데 지방자치단체의 재원을 징발하는 결과를 초래하지 말아야 할 것이다.

둘째, 공동사무의 경우에는 법적인 근거도 없이 행정지침으로 사무를 규정하고 있으므로 실제 사무 수행에 여러 가지 혼란을 야기하고 있다. 사실 정부에서 무엇이 공동사무인지에 대한 명확한 규정을 내린 바도 없다. 물론 중앙과 지방 간에 공동관리 또는 기능 분담이 불필요한 것은 아니다. 도시계획, 토지 이용, 지역 개발, 공해 방지, 환경보전, 사회복지, 재해관리와 같은 기능들은 광역적 성격과 지방적 성격을 동시에 가지고 있어서 한편으로는 광역적으로 통일된 기준이 필요하면서도 동시에 지역 실정에 적합한 처리가 요청되고 있으므로, 중앙정부, 시·도 또는 시·군·구 중 어느 계층의 행정 주체가 단독으로 자기 완결적으로 처리할 수 있는 성질의 사무가 아니라 계층 간의 유기적인 협력 관계가 없이는 효과적으로 처리할 수 없는 성질의 사무가 존재하게 된다.

그러나 이러한 사무의 경우에도 자칫 잘못하면 중앙정부, 광역자치단체와 기초자치단체 간의 대등한 협력 관계가 본래의 의도와는 달리 변질되어 오히려 중앙정부가 지방자치단체의 일에, 광역자치단체가 기초자치단체의 일에 불필요하게 불합리한 개입을 함으로써 지방자치단체의 종합적 행정 수행을 방해할 우려가 있다. 따라서 이 경우에도 권한, 책임, 비용의 부담과 같은 계층 간 분담 관계의 형태를 명확하게 구체화할 필요가 있다. 결국 공동사무도 사무의 구체적 성격과 실질적 수행 주체에 따라 자치사무와 국가사무로 재구분하고, 공동사무라는 개념적 영역을 배제하는 것이 국가사무와 지방사무의 혼란스러운 구분 체계를 정비하는 방안이 될 수 있다.

2) 자치사무의 확대

(1) 위임사무의 자치사무화

현재의 사무의 종류는 국가사무, 자치사무, 단체위임사무, 기관위임사무의 네 가지이다. 이들 사무 간에는 실제적으로 명확하게 사무 구분을 하기 어렵고 자치사무와 위임사무의 구별의 실익이 줄어들고 있다. 특히 자치사무와 거의 동일하게 처리되는 단체위임사무는 폐지하여 사무 구분을 단순화하고 자치사무의 범위를 확대할 필요가 있다. 그리고 단체사무는 정비하여 일부는 자치사무로, 일부는 국가사무로 전환하는 작업이 필요하다. 일본의 경우 기관위임사무를 폐지하고, 현재 자치사무와 법정수탁사무로 구분하고 있으며, 법정수탁사무는 반드시 법률에 명백한 규정을 두고 있을 때만 위임할 수 있도록 규정하고 있다. 우리나라도 앞으로 이러한 방향으로 사무를 전환하는 것이 바람직할 것으로 생각된다.

(2) **지방자치사무의 재구성**

우리나라 지방자치법 제9조 1항은 지방자치단체에 자치사무를 다양하게 부여하고 있다. 그러나 제2항의 단서 조항은 법률에 이와 다른 규정이 있는 경우에는 그러지 아니한다고 규정함으로써 자치사무의 예시가 유명무실화되는 문제점을 안고 있다. 이러한 문제점을 시정하기 위해서는 단서 조항을 삭제하는 것이 필요하다. 이것이 곤란하다면 개별법에 규정된 지역 특성이 존재하는 지방적 사무를 일일이 검토하여 자치사무로 전환하는 법률규정의 개정을 시도하는 수밖에 없다.

3) 행정사무의 민간화

행정사무의 민간화는 행정사무 범위에 관련된 것으로서 공공 부문과 민간 부문의 크기를 규정하는 것이다. 그동안 행정국가의 등장과 행정권의 확대 강화로 중앙정부는 물론이고 지방정부까지 비대화되는 현상을 노출했다. 따라서 이러한 공공 부문의 규모를 줄이고 능률적 행정을 가능케 하기 위해서는 그 동안 비능률적으로 운영되는 사업을 민간에 과감히 이양하는 조치가 필요하다. 이러한 상태에서 국가와 지방정부가 사무를 분담하는 것이 국가 전체적으로 총체적 능률성을 확보할 수 있다. 즉 이제부터는 중앙과 지방 간의 기능 배분에서 정부 부문과 민간 부문 간의 합리적 기능 배분으로 눈을 돌려 지방자치를 실현할 때이다.

그뿐만 아니라 지방정부도 이제 자신의 힘으로 모든 행정 서비스를 공급하려는 관료적 사고방식에서 탈피하여 시장과 지역사회를 참여시킨 거버넌스적 차원에서 지방자치를 운영해 할 때이다. 그러할 경우 지방정부는 적은 비용으로 높은 성과를 달성하는 효율적인 지방정부를 구현할 수 있을 것이다.

제 9 장 지방재정: 자주재원

제 1 절 지방재정

1 지방재정의 의의

1) 지방재정의 개념

지방자치단체도 중앙정부와 마찬가지로 재정의 뒷받침이 없이는 그 기능의 수행이 불가능하다는 점에서 수입과 지출을 포함하는 다양한 제도적 장치를 갖추어야 한다. 지방재정(local public finance)이라 함은 지방자치단체가 그 관할구역 내에서 공공 욕구를 충족시키는 데 필요한 재화와 서비스를 공급하기 위해, 재원을 획득·관리·사용하는 일련의 공경제적 작용을 의미한다. 즉 지방자치단체의 업무 수행에 필요한 물적 자원의 조달과 관리 및 지출에 관련된 일체의 경제적 활동이라 말할 수 있다.

이러한 지방재정은 국가의 재정과 같이 단일의 재정을 형성하는 것이 아니라 시·도 및 시·군·구 등 다양한 개별 재정을 통합한 개념이기 때문에 지방재정을 움직이는 주체의 다양성과 재정 내용의 다양성을 함축하고 있다. 지방자치단체는 법인격을 가진 행위 주체이므로 독립적인 경제 주체의 지위에서 일정한 재정적 활동을 전개한다. 독립적 경제 단위이기 때문에 국가로부터 전혀 간섭을 받지 않고 스스로의 권능에 기초하여 물적 자원을 조달하고, 이를 관리 사용하게 된다. 이것은 자치재정권으로서 조세의 부과 징수를 중심으로 한 재정권력(財政權力) 작용과 예산의 편성과 집행을 중심으로 한 재정관리(財政管理) 작용을 모두 포괄하는 개념이다. 재정권력 작용에 의해 조달된 재정자원이 지역주민으로부터 조달되는 이상, 지방정부는 그 사용에 대해 반드시 주민의 엄격한 통제를 받지 않으면 안 된다. 이것은 재정민주주의를 의미하는 것으로서 주민이 지방정부의 주체적 지위를 확보하고 있다는 사실을 말해 주는 것이다.

또한 지방자치단체는 지방재정을 운영할 때 합리성을 추구해야 한다. 여기에는 ① 건전재정의 원칙, ② 국가정책 준수의 원칙, ③ 재정 질서 유지의 원칙, ④ 장기적 재정 안전의 원칙 등이 요청된다. 즉 지방자치단체는 지방재정 수지에서 적자가 생기지 않도록 해야 하며, 최소의 경비로써 최대의 서비스를 행할 수 있도록 재정을 좀더 합리적이고도 능률적으로 운영해야 하고, 국가정책과 조화되는 한도 안에서 그 재정을 운영해야 한다. 또한 위법·부당한 재정 운영으로 지방자치단체의 경비를 증가시키거나 수입의 감소를 초래해서는 안 되며, 예산의 편성, 집행, 사업계획의 수립, 수지 증감의 원인이 될 행위 등을 하고자 할 때에는 해당 연도는 물론이고 그 이후의 중장기적인 재정적 영향까지 함께 고려해야 한다.

2) 지방재정의 특징

(1) 민간 부문과의 대비

지방재정은 시장경제와 대비할 때 다음과 같은 부분에서 현저한 특징들이 발견된다. 첫째, 공공성(publicity)의 목적적 측면이다. 지방정부의 재정은 자치구역 내 거주하는 모든 주민의 복지 증진을 위해 공공재를 생산하고 공급하는 데 사용하는 물적 자원인 반면, 민간기업의 예산은 사업주와 경영자, 조직구성원 등 기업과 이해관계를 가진 자의 이익을 위한 사적 재화(private goods)의 생산 및 공급에 사용되는 물적 자원이라는 점에서 차이가 있다.

둘째, 강제성(compulsion)의 수단적 측면이다. 강제성은 민간 부문과 공공 부문의 성격을 규정하는 중요한 기준이다. 지방재정은 급부에 대한 반대급부로 징수하는 수입이 아니라 납세자의 의사에 관계없이 법률에 의해 강제적으로 부과·징수하는 조세 수입을 중심으로 형성된 재원인 반면, 민간의 예산은 개인의 용도에 충당할 사적 재화를 생산하고 공급하는 개인 선호에 기초한 이해관계자 중심의 대금 수입을 중심으로 형성되는 자원이라는 점에서 양자는 구별된다.

셋째, 계획성(planning)의 운영적 측면이다. 이것은 수입과 지출의 결정에 대한 우선순위에 관련된다. 지방재정은 지출을 먼저 정하고 수입을 뒤에 결정하는 양출제입(量出制入)의 재정 운영이라면, 민간재정은 수입을 먼저 정하고 지출을 뒤에 결정하는 양입제출(量入制出)의 자금 운영에서 차이를 발견한다. 즉 정부재정은 이윤을 목적으로 운영되는 것이 아니라 주민의 편의와 복지 증진을 위해 운영되기 때문에 추가적 재원이 필요한 경우 추가경정예산을 편성하여 대응할 수도 있으나 민간기업은 영리를 목적으로 예산을 운영하기 때문에 손실의 발생이 예상될 경우 책정된 예산도 과감히 축소하여 운영하는 결단을 보이기도 한다. 또한 이익의 발생이 예상되는 경우라도 철저한 장기적 계획의 기초 위에서 운영하는 것이지 회계연도 중간에 특정 사업을 위해 추가경정예산을 편성하는 경우는 극히 드물다.

(2) 국가재정과의 대비

지방재정은 전체 국가의 네트워크 속에서 작동하는 소규모 지역재정이라는 점에서 국가재정에 비해 다음과 같은 차이점이 있다.

첫째, 지방재정의 다양성(variety)이다. 지방재정은 주체의 다양성, 재정 규모의 다양성, 재정구조의 다양성을 그 내용으로 한다. 주체의 다양성은 지방정부의 수만큼 재정 단위가 다양함을 의미하며, 재정 규모의 다양성은 지방정부마다 상이한 총량적 규모를 보여 주는 것을 말하고, 재정구조의 다양성은 중앙정부에 비해 복잡한 세입구조를 가지고 있다는 것을 의미한다. 국가재정은 국세와 세외수입으로 조달되는 자주재원을 통해 운영되기 때문에 재정구조가 매우 단순하지만 지방재정은 지방세와 세외수입, 그리고 중앙정부로부터 지원받는 의존재원이 다양한 형태로 존재하기 때문에 재정구조가 매우 복잡하다.

둘째, 지방재정의 의존성(dependency)이다. 지방재정은 기본적으로 국가재정의 일부이며, 그 활동도 국가가 제정한 법규의 테두리 안에서 이루어질 뿐만 아니라 재원의 상당 부분을 중앙정부에 의존하고 있으므로 지방정부는 중앙정부에 의존할 수밖에 없다. 따라서 지방정부는 국가로부터 재정적 통제뿐만 아니라 법적·행정적 통제도 많이 받게 된다.

셋째, 지방재정의 지역성(locality)이다. 이것은 재정활동의 장소적 한계를 의미한다. 지방정부의 활동 범위는 관할구역 내로 한정되기 때문에 재정의 범위도 자치구역의 범위 내로 한정된다. 즉 지방재정을 조달하는 과세(지방세 및 세외수입) 대상은 주로 자치구역 안의 모든 주민과 재산적 가치에 한정된다. 여기에서 주민이란 주민등록법상의 주소를 가진 자이며, 사실상의 거소를 가진 자는 여기에 포함되지 않는다. 그리고 행정 서비스의 공급은 역시 자치구역 내로 한정되는 것이 원칙이지만 서비스에는 인위적으로 막을 수 없는 외부 효과가 존재하기 때문에 정책결정자는 그 비용을 가급적 고려해야 한다.

넷째, 지방재정의 응익성(responsiveness)이다. 총재정 중에서 급부에 대한 반대급부적인 성격의 주민 부담이 높은 구성비를 보인다는 의미이다. 이것은 세외수입은 물론이고 재산 관련 지방세에서도 이러한 현상이 강하게 나타난다. 일반적으로 세원을 선택할 경우 국세는 응능성을 중시하고, 지방세는 응익성을 중시하기 때문에 전자는 국세의 원칙, 후자는 지방세의 원칙으로 인정되는 것이다. 응익성이 강한 세외수입은 상하수도, 오물처리, 증명서 발급 등 행정 서비스로부터 받은 이익에 대한 대가로 지불되는 사용료, 수수료가 대표적이며, 응익적인 지방세는 수익자 및 원인자 부담의 원칙이 적용되는 도시계획세나 사업소세, 그리고 재산세와 같은 부동산 보유과세가 여기에 해당된다. 부동산 보유과세는 보유하고 있다는 사실에 기초하여 과세하는 것으로서 규정된 용도대로 소유자가 활용할 수 있도록 지방정부가 재산권을 보호해 주는 대가라고 보아야 할 것이다.

그러나 우리나라 지방세 체계는 재산과세 중심으로 편성되어 있지만 공공 서비스의 대가적 기능이 매우 희박하다는 연구 결과가 나오고 있다(국중호, 2002: 97-106). 그것은 우리나라의 부동산 관련 과세가 경기의 영향을 많이 받는 거래과세 중심의 취득세, 등록세가 그 중심을 이루고 있기 때문이며, 이는 세수의 신장성과 안정성에 문제를 야기할 뿐만 아니라 공공서비스에 대한 대가의 지불이라는 가격적 기능도 매우 희박하여 지방정부의 효율적 운영을 저해하고 있다는 지적이 많다. 이러한 약점을 보완하기 위해서는 일본처럼 거래세의 비중을 낮추고 재산세와 같은 보유세의 비중을 확대하여 세수의 신장성과 안정성에 기초한 응익적 지방세 체계를 확립하는 것이다.

2 지방재정구조

지방재정은 자주재원과 의존재원으로 구성된다. 전자는 지방세와 세외수입으로 구성되고, 후자는 교부세, 보조금, 지방채 및 기타 재원으로 구성된다.

지방세(地方稅)는 지방재정의 대종을 이루는 것으로서 여기에는 일반적 세출을 충당하기 위한 보통세와 특정한 목적 사업을 추진하는 데 필요한 재정을 충당하는 목적세가 있다. 이것은 지방정부의 재정자율성을 결정하는 가장 중요한 요소이기 때문에 지방정부는 지역적으로 널리 분포된 보편성 있는 유력한 세원의 배분을 중앙정부에 요구하고 있다.

세외수입(稅外收入)은 지방세와 함께 지방재정의 자율성을 결정하는 자주재원으로서 민간인과 동등한 입장에서 자율적으로 조달할 수 있는 재원이다. 이것은 경상적 세외수입과 임시적 세외수입으로 나뉘는데, 전자는 사용료·수수료 등을 의미하며, 후자는 재산 매각 대금이나 회계 조작 수입이 대표적 세외수입에 해당한다.

의존재원은 지방교부세(地方交付稅), 국고보조금(國庫補助金), 지방양여세(地方讓與稅) 등으로 구성된다. 지방교부세란 지방자치단체 간의 재정불균형을 시정하고, 한편으로는 재정력이 취약한 지방자치단체의 부족 재원을 보전하기 위해 중앙정부에서 지방자치단체에 배분하는 일반적인 재정지원금이다. 국고보조금은 중앙정부 권장사업의 시행이나 지방정부의 재정 부족을 보충해 줄 목적으로 운영되는 자원으로서 여기에는 특정보조금과 포괄보조금이 있다. 전자는 용도가 구체적으로 지정되며, 후자는 용도가 포괄적으로 지정되기 때문에 지출의 자율성이 상당 수준 허용된다.

지방양여세는 재정적 정의를 실현하기 위해 운영되는 조세의 징세지 환급제도로서 일본에서 현재 운영 중에 있으며, 우리나라에서도 1991년부터 2004년까지 도입 시행한 바 있다. 이것은 양여세의 세목과 지출 용도 사이에 상당한 연관을 가지고 연결되어 있기 때문에 용도와 세목이 전혀 관련되지 않는 국고보조금과는 다르다. 이 제도는 일반 국세 중에서 특정 세목에 양여세를 설정하고 국가가 이를 징수한 후, 그 일부, 또는 전부를 일정한 기준(도로의 길이 등)에 의거 징세지 지방정부로 다시 환원해 주는 재정지원제도이다.

지방채(地方債)는 자주재원과 의존재원의 양면성을 가지고 있는 재원이다. 즉 지방 주민의 부담으로 언젠가 상환해야 할 재원이라는 점에서는 자주재원의 성격을 가지지만, 부채가 많을수록 재정구조가 악화되기 때문에 의존재원의 성격도 함께 가진다. 그러나 지방채는 의존적 성격을 더 많이

〈표 9-1〉 지방재정 구조 (단위: %)

구 분		합계	광역시	도	시	군	구
자주재원	지방세	42.2	68.9	33.8	39.7	13.0	43.8
	세외수입	14.6	11.0	8.7	20.2	16.2	49.4
의존재원	교부세	23.3	5.5	13.6	38.7	70.8	6.8
	보조금	18.8	13,0	43.8	-	-	-
	지방채·기타	0.1	1.6	0.1	1.4	0.0	0.0
계(10억 원)		89,923	23,970	31,478	18,919	11,041	4,514

주: 2006년도 일반회계 순계예산(최종) 기준임.
자료: 행정자치부, 『지방재정연감』, 2007에 의거 재구성.

가지고 있는 재원으로 보아야 할 것이다. 지방채는 외국 차관이나 국내 차입을 포함하는 개념이다. 이상에서 논의한 우리나라 지방재정 구조는 <표 9-1>에서 보는 바와 같다.

3 재정자치의 내용

1) 과세자주권

재정자치라 함은 지방정부가 중앙정부로부터 재정상의 자치권을 확보하여 재정을 조달하고 지출하는 일체의 자율적 재정활동을 말한다. 여기서 재정자주권은 재원 확보의 자주권과 재정 운영의 자주권으로 나뉜다. 재정 확보의 자주권은 다시 과세자주권, 기채자주권, 요금결정 자주권으로 나뉘는데, 이를 정리하면 다음과 같다.

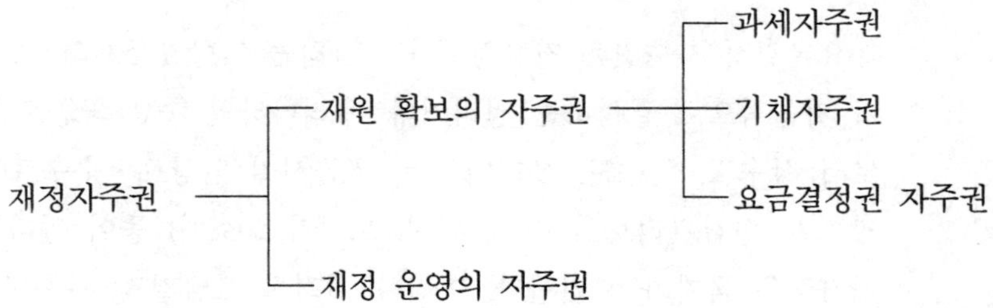

과세자주권은 지방정부가 새로운 조세를 신설하여 부과할 수 있는 권리를 말한다. 그러나 우리나라 지방정부 과세자주권을 보면 지방정부가 새로운 조세를 신설하여 부과하는 것은 금지되어 있다. 헌법 제59조에서 "조세의 종목과 세율은 법률로 정한다."라는 조세법률주의를 채택하고 있기 때문에 조례에 의한 새로운 세목의 설정은 불가하다. 다만 설정된 세율의 범위 내에서 탄력세율을 부과할 수 있을 뿐이다.

2) 기채자주권

기채자주권은 지방정부가 지방채를 자율적으로 발행할 수 있는 권리이다. 그러나 그 동안 우리나라는 지방정부가 기채를 할 경우 중앙정부의 승인을 받도록 되어 있었다. 그러나 최근 지방재정법의 개정(2008. 2. 29)으로 전전년도 예산의 10% 수준 이내에서 자율적으로 지방채를 발행할 수 있도록 규정하고 있다. 만약 이를 초과하거나 외채를 발행하는 경우는 행정안전부 장관의 승인을 받아 지방채를 발행할 수 있는 길이 열려 있다. 또한 공사 형태 지방공기업은 순자산액의 10배의 범위 내에서 지방자치단체장의 승인을 얻어 사채를 발행할 수 있도록 지방공기업법은 규정하고 있다. 그러나 이러한 요건을 충족하고 있는 경우라 하더라도 직전 연도 총부채 비율이 예산의 80% 이상인 경우, 최근 3년 이상 계속하여 당기순손실이 발생한 경우, 사채 발행 예정액이 100억 원 이상인 경우는 행정안전부 장관의 승인을 받도록 규정하고 있다(지방공기업법 제68조).

3) 요금결정 자주권

요금결정 자주권은 지방정부가 공급하는 지방공공재의 요금을 지방정부가 자율적으로 결정하는 권리이다. 우리나라의 주요 공공요금은 공공관리로서 상수도, 하수도, 쓰레기봉투, 공공시설 입장료·수수료(제증명) 등이 있으며, 민간관리로서 버스, 택시, 도시가스(소매) 등이 있다. 도시가스 도매가격은 국가가 관리한다. 그러나 이러한 요금결정 자주권도 물가 억제 정책 때문에 국가의 통제를 받는 등 지방정부의 자율적 결정이 사실상 제한되고 있는 실정이다.

4) 재정 운영의 자주권

재정 운영의 자주권이라 함은 자치단체가 예산을 관리하고, 수입과 지출을 회계하거나 재산을 관리하는 권한을 의미한다. 즉 자치단체가 독자적으로 예산을 편성·결정·집행하거나 재산을 취득·유지·처분하는 권한을 말한다. 이러한 재정 운영의 자주권은 채납처분과 같이 재원의 조달 과정에 관련되는 경우도 있지만 대부분 지출 과정에 관련되고 있다.

4 재정지표

1) 주요 재정지표

(1) 재정자립도(자주재원 비율)

재정자립도는 지방정부의 일반회계 총규모에서 차지하는 자주재원(지방세와 세외수입)의 비율을 말한다. 이것은 지방자치단체의 재정적 자립 수준 또는 경제적 자치 능력을 측정하기 위한 지표로서 흔히 자주재원 비율이라고도 한다. 재정자립도가 높을수록 재정활동이 자율성이 높아지고, 자립도가 낮을수록 국가나 상급자치단체의 지원에 의존하게 되어 자율성이 낮아진다.

$$\text{재정자립도} = \frac{\text{자주재원}}{\text{자주재원} + \text{의존재원}} \times 100$$

재정자립도를 포함한 여러 가지 재정분석지표는 통일된 기준과 산식에 의거 자치단체 간의 재정 상태를 상호 비교하는 데 유효한 자료이다. 특히 재정자립도는 다른 단체에 비해 재정구조가 취약하거나 자구(自救) 노력 등의 정도가 미흡한 경우 이의 개선을 위한 기준으로 활용된다.

그러나 재정자립도만을 가지고 특정 지방정부의 재정 상태를 정확히 파악하기 곤란하다. 그것은 재정자립도의 분모가 되는 일반회계 총재정 규모에 외부의 지원 재정이 포함되어 있으므로 이것이 재정자립도의 고저에 중요한 영향 변수로 작용하기 때문이다. 중앙정부나 상급지방자치단체로부터

〈표 9-2〉 자치단체별 재정자립도

구 분	전국 (순계 규모)	특별·광역시 (총계 규모)	도 (총계 규모)	시 (총계 규모)	군 (총계 규모)	자치구 (총계 규모)
평균(%)	53.9	71.8	34.8	40.7	17.2	37.1

자료: 행정자치부, 「2008년도 지방자치단체 예산 개요」(최종), p. 132.

지원되는 의존재원이 많으면 많을수록 재정자립도는 낮아지고 또한 반대로 외부에서 지원되는 보조금 사업을 외면할수록 재정자립도는 높아지기 때문에 재정자립도만을 기준으로 지방자치단체의 재정 상태를 파악한다는 것은 곤란하다.[5]

결론적으로 재정자립도는 재정 규모와 세출구조의 차이를 고려하지 않으며, 지방교부세나 보조금이 지원될 경우 그만큼 재정력(財政力)은 강화되나 재정자립도(財政自立度)는 낮아지는 문제점을 내포하고 있다. 2007년도 기준 우리나라 재정자립도 현황을 보면 <표 9-2>와 같다.

(2) 재정자주도(일반재원 비율)

재정자립도가 세입 측면의 자율성이 강하다면 재정자주도는 세출 측면의 자율성이 강하다고 말할 수 있다. 재정자주도는 세출 규모에 대비한 일반재원의 비율이며, 이것은 자주재원에 지방교부금(交付稅, 調整交付金, 財政補塡金)이 포함되기 때문에 재정자주도는 지출의 자율성을 측정하는 지표에 해당한다. 지방교부세는 본래 지방정부 간 자주재원의 불균형에서 비롯되는 부족 재원을 보충하기 위해 중앙정부가 일정 산식에 따라 지급되는 형평 재원이므로 지방정부에 일단 지급되면 그 이후에는 아무런 제약 없이 자유롭게 사용할 수 있다. 그러나 보조금은 중앙정부의 재원으로서 용도가 지정되어 있기 때문에 지방정부는 이를 자유로이 사용할 수 없어 재정자주도의 산정에 포함될 수 없다.

$$\text{재정자주도} = \frac{\text{자주재원} + \text{지방교부금}}{\text{자주재원} + \text{의존재원}} \times 100$$

여기에서 문제로 제기되는 것은 지방채의 재원이다. 지방채는 타인자원이므로 의존재원에 해당하지만 대체로 자주적 권능에 의해 조달된 재원이

5) 일반적으로 서울특별시나 광역자치단체와 같은 대도시지역의 지방자치단체는 재정자립도가 높게 나타나고 있지만 실제 자치단체가 안고 있는 부채는 엄청나게 높다. 그것은 지하철 등 대형 지역개발사업을 추진하는 과정에서 지방채 등 많은 차입이 이루어졌기 때문이다.

〈표 9-3〉 지방자치단체별 재정자주도

구 분	전 국 (순계 규모)	특별·광역시 (총계 규모)	도 (총계 규모)	시 (총계 규모)	군 (총계 규모)	자치구 (총계 규모)
평균(%)	79.5	82.0	50.7	72.0	64.8	63.1

자료: 행정자치부, 「2008년도 지방자치단체 예산 개요」(최종), p. 146.

라는 점에서 자주재원으로 분류할 수도 있다. 이러한 이유 때문에 우리나라는 과거 지방채를 자주재원으로 분류하여 재정자립도의 산출에 이용하기도 했으나 타인자본이 높을수록 재정자립도가 높아지고 재정건전도가 향상되는 모순된 점이 있었기에 이를 시정하기 위해 지방자치의 재개와 함께 이를 자주재원에서 배제시켰던 것이다.

결론적으로 지방채는 자주재원의 성격보다 의존재원의 성격이 더 강한 재원이며, 또한 지방채는 지출 용도를 먼저 정하고 발행되는 것이 일반적이므로 보조금과 함께 지출의 자율성이 거의 없는 재원에 해당한다. 우리나라 지방정부의 재정자주도는 2008년 기준 79.5%의 수준을 나타내고 있다. 이것은 자주재원과 교부금을 합한 수준이기 때문에 지방자치단체별로 비슷한 수준을 보이게 된다(표 9-3).

(3) 재정력(주민 1인당 세출 규모)

재정력이란 일반적으로 재정 규모의 크기, 행정 수요에 대한 재정적 대응 능력, 주민의 조세 부담 능력, 지방재정 구조의 건전성, 재정자립도 등 다양한 측면에서 파악할 수 있다. 그러나 여기에서의 재정력이란 행정 수요의 대응 능력으로서 자주재원과 의존재원을 합한 총재정 규모를 주민의 수로 나눈 세출 규모를 말한다. 따라서 총재정 규모가 클수록 주민 1인당 재정지출액이 높아져 주민 복지 향상을 위한 물적 자원이 풍부해진다.

우리나라가 지방자치를 재개하는 시점에서 가장 치열하게 논의된 쟁점의 하나는 재정자립도에 관한 것이었다. 지방자치에서 재정자립도가 결정적 의미를 가지기 때문에 재정자립도가 높은 지역부터 순차적으로 지방자치를 실시해야 한다는 것이 지방자치의 연기 및 순차적 실시를 주장하는 사람들의 입장이었고, 지방자치에서 재정자립도가 결정적 의미를 가지는

〈표 9-4〉 기타 재정력 평가지표 및 측정 방식

평가지표		산정 방식
1. 재정력지수	지방자치단체가 기본적인 행정 수요를 자율적으로 해결할 잠재력을 갖고 있는가를 파악하는 지표로서, 재정력지수가 크면 클수록 재정 운영상의 자율성의 정도가 높다고 볼 수 있다.	기본재정수입액/기준재정수요액 ※매년도 지방교부세 산정 조사 이용
2. 주민 1인당 지방세 부담액	지방세수입이 많을수록 지방재정의 세입구조는 안정성을 갖고 있으면서, 1인당 지방세 부담액을 자치단체 간에 비교해 보는 기준으로 삼을 수 있다.	지방세액/인구 수
3. 주민 1인당 세출 규모	자치단체가 지역주민을 위해 제공하는 공공 서비스의 총량적 공급 능력으로서, 1인당 세출규모가 클수록 공공 서비스의 공급 능력이 많다고 볼 수 있다.	세출총액/인구 수
4. 주민 1인당 투자비	투자비는 지역개발뿐만 아니라 지역주민의 복리수준 향상과 직접 관련되는 비용으로서, 투자비 규모가 클수록 지역주민의 행정수요에 더 적극적으로 대처할 수 있는 능력이 있다고 볼 수 있다.	투자비/인구 수 ※투자비=자본지출+융자금+출자금
5. 경상일반 재원 비율	경상일반재원은 매년도 일정한 세입이 보장되는 재원으로서, 경상일반재원 비율이 높을수록 재정의 안정성이 높다.	(경상일반재원/세입총액)×100 ※경상일반재원=지방세+경상세외수입+보통교부세
6. 인건비 자체 충당지수	자치단체가 의무적 경비인 인건비를 자체수입으로 어느 정도 충당하고 있는가를 나타내는 지표로서, 지표값이 낮을수록 인건비 충당 능력이 높다고 볼 수 있다.	인건비/자주재원 ※인건비=급여+상여금+기타 보수+수당+피복비+급량비+일용인부임
7. 경상비 자체 충당지수	자치단체가 필수적으로 소요되는 경상적 경비를 어느 정도 충당하는가를 나타내는 지표로서, 지표값이 낮을수록 경상적 경비의 자체충당 능력이 높다고 볼 수 있다.	경상비/자주재원 ※경상비=인건비+물건비+경상이전+보전재원(지방채 원리금 상환)+관서당 경비
8. 지방채 잔액지수	자치단체의 표준적인 수입에 대해 어느 정도의 차입금액이 누적되어 있는가를 파악하기 위한 지표로서, 지방채 발행 능력이나 재정 운영의 건전성을 측정할 수 있는 동시에 지방채 발행의 한계를 제시하는 기준으로 활용할 수 있다.	지방채 현재액/일반재원 ※지방채현재액(매년12월 말 기준)=원금+이자
9. 주민 1인당 채무액	자치단체의 채무는 지역주민의 조세로서 상환해야 하므로, 1인당 채무액이 많을수록 주민부담 가중 및 재정 압박 요인이 된다.	지방채 현재액/인구 수

것이 아니라 의존재원을 포함한 재정력이 더 중요하기 때문에 지방자치를 조기 실시해야 한다고 주장하는 사람의 의견으로 대립되었다.

그러나 지방정부 재정자립도는 국가정책에 의한 세원배분의 조정을 통해 얼마든지 필요한 수준으로 변경할 수 있으므로 재정자립도의 고저에 의해 지방자치의 실시 여부가 좌우되는 것이 아니라 통치권자의 의지에 달려 있는 것이다. 따라서 자주재원과 의존재원을 막론하고 재정 수요를 뒷받침할 수 있는 충분한 재정력을 확보하는 것이 더 중요하다. 이러한 의미에서 본다면 재정자립도는 지방자치의 성공적 실시를 위한 필요 조건이며, 재정력은 지방자치의 실시를 위한 충분 조건에 해당한다고 할 수 있다.

2) 기타 재정지표

이상에서 논의한 주요 재정지표 외에도 다양한 지표들이 존재한다. 즉 재정력지수, 주민 1인당 지방세 부담액, 주민 1인당 세출 규모, 주민 1인당 투자비, 경상일반재원 비율, 인건비 자체충당지수, 경상비 자체충당지수, 지방채잔액지수, 주민 1인당 채무액 등이 있다. 이에 대한 구체적 내용은 <표 9-4>에서 보는 바와 같다.

제 2 절 지방세

1 세원의 배분

1) 세원배분의 전제

중앙정부와 지방정부 간 세원배분에서 먼저 고려해야 할 사항은 지방정부를 바라보는 중앙정부의 시각이다. 즉 지방정부의 위상에 대한 중앙정부의 시각이 세원배분의 중요한 영향 요인이 된다는 사실이다. 만약 중앙정부가 지방정부의 존재를 경시하는 상황이라면 구체적인 세원배분의 결과는 지방정부의 기대에 크게 미치지 못할 것이므로 지방정부에 대한 중앙정부의 시각을 바로잡는 것이 세원배분의 선결 조건이 된다.

1940년대 미국 사회는 과세 문제를 둘러싸고 정부 간 갈등이 심화됨에 따라 조세 관련 전문단체들은 연방정부·주정부·지방정부 간 세원 조정에 관한 합동위원회를 결성하여 이의 조정에 나서게 되었다. 이때 조정안의 작성에 참여한 민간단체는 미국법률협회(ABA), 전국조세협회(NTA), 전국조세행정협회(NATA) 등이었다. 이들은 그동안 상호 경쟁적으로 중복 과세하던 세원에 대해 배분의 기준을 마련해 줌으로써 조세제도의 합리화에 크게 기여했는데, 합동위원회의 보고서에 나타난 세원배분의 기본 전제들은 다음과 같다(The Joint Committees of ABA, NTA, NATA, 1942: 5-9).

첫째, 각급 정부의 재정주체성의 존중이다(Federal and state sovereignty must be preserved). 이것은 미국의 경우 연방정부와 주정부, 지방정부의 주권적 권한과 재정적 독립성을 존중한다는 내용이지만 한국적 상황에 적용해 보면 중앙정부와 광역 및 기초자치단체 사이에 상호 재정의 독립적 지위를 인정해 주는 것을 의미한다. 따라서 각급 정부는 정치행정의 독립적 지위를 보유함은 물론, 소관 사무의 수행에 요구되는 충분한 재원의 확보를 위한 재정적 권한과 독립성을 부여해야 할 것이다.

둘째, 자주재원에 의한 고유사무의 수행이다(Each grade of government should support its function from its own independent revenue). 지방정부가 상급정부로 부터 사무를 위임받아 처리하는 경우 사무의 처리에 소요되는 비용은 위임자가 부담해야 하며, 자신의 고유사무를 수행할 경우는 자주재원으로 소요재원을 충당하는 것이 원칙이다. 만약 고유사무의 수행에 소요되는 비용마저 다른 기관의 지원으로 충당된다면, 그 수행주체는 외부 지원재정을 낭비적으로 사용하기 쉽고, 자주재원의 징수 노력도 게을리할 가능성이 높다.

셋째, 세입징수 정부에 의한 지출의 통제이다(Governments raising revenues should control their expenditure). 어떠한 수준의 정부를 막론하고 세입을 최초로 확보한 정부가 이의 사용 과정을 통제하는 것은 당연한 논리이다. 만약 세수를 확보한 정부가 이의 사용 과정을 통제하지 못한다면 지원받는 수혜 정부는 외부 지원 재정이라는 안이한 인식 때문에 자원을 낭비적으로 사용할 가능성이 짙다.

넷째, 세수 목적의 과세이다(Taxation primarily for revenue). 조세는 자본주의 사회의 무산국가를 전제로 공동체의 존립에 필요한 재원을 확보하기 위해 마련된 제도인바, 그 일차적 목적은 재정수입의 확보에 있다. 그러나 정부는 이러한 세수 목적 이외에도 일부 조세가 다른 정책 목적의 달성을 위해 활용되고 있는 것이 현실이다. 그러나 여기에 주목해야 할 사항은 조세는 무엇보다 세수의 확보에 1차적 목적이 있어야 하며 정책 목적은 부차적인 것이 되어야 한다는 점이다. 만약 정책 목적이 일차적인 것이 된다면 세수 목적의 조세 체계는 와해(collapse)될 수밖에 없기 때문에 정책 조세는 중앙정부에 의해 극히 예외적 · 한시적으로 이용되는 것이 바람직하다.

2) 세원배분의 원칙과 기준

(1) 세원배분의 원칙[6]

① 형평성의 원칙

세원의 배분에서 고려해야 할 원칙 가운데 형평성의 원칙은 독립세제도가 초래하는 지방정부 자주재정의 불균형을 해소하는 데 이바지할 수 있는 원칙이라는 점에서 가장 중시해야 할 원칙이다. 형평성(equality)의 원칙에는 상하 정부계층 간의 형평성과 동일 계층 간의 형평성을 포함한다. 전자는 중앙정부와 지방정부 간 또는 상급지방정부와 하급지방정부 간의 역할과 기능에 부합하는 세원배분을, 그리고 후자는 상급 지방정부 상호간 또는 하급지방정부 상호간의 역할과 기능에 적합한 세원배분을 의미한다. 이러한 형평성의 원칙에 부합되는 세원은 전국적으로 고른 분포를 가진 재산관련 세원을 들 수 있다.

---

6) 메서(Messer, 1993: 28-30)는 세원배분의 원칙으로 ① 단순성, ② 투명성, ③ 경제적 효율성, ④ 수평적 형평성, ⑤ 경제사회 목적의 달성, ⑥ 조세중립성의 달성을 들고 있으며, 윤건영(1995: 23-26)은 ① 조세 부담의 형평성, ② 조세 납부 확실성(시기, 방법, 금액), ③ 납세의 편의성, ④ 징세의 경제성 등 네 가지 원칙을 제시하고 있다.

② 재정 주체 적합성의 원칙

배분되는 세원은 정부 단위의 규모와 능력에 적합하지 않으면 안 된다. 만약 관리 능력을 초월하는 세원을 특정 정부에 배분한다면 행정 능률이 저하될 가능성이 많다. 따라서 재정 주체 적합성의 원칙은 세원의 적합성과 관리의 적합성을 당연히 포함하는 것이다. 세원적합성은 특정 자치단체에 귀속된 세원이 일반 조세로서 적합한지에 관한 것이고, 관리적합성은 재정 주체가 조세의 부과 징수에 요구되는 전문 기술적 지식을 얼마나 구비하고 있는가에 관한 것이다.

③ 세수충분성의 원칙

세수충분성의 원칙이라 함은 과세의 근본 목적이 세수의 확보에 있는 것이며, 정책 목적은 부차적으로 고려된다는 것을 의미한다(김완석, 1994: 360). 만약 정책 목적을 우선적으로 고려하여 세목을 설정한다면 조세 체계의 일관성이 와해될 뿐만 아니라 과세의 중복과 복잡화를 초래할 가능성이 높다. 이러한 위험에도 불구하고 정책 목적을 일차적으로 고려하여 특정 세원을 조세로 설정할 경우에는 적어도 비용보다 정책 효과가 더 크게 나타나야 할 것이다.

④ 세무행정 효율성의 원칙

세원 분리 방식에 기초한 조세 체계는 충분한 재정을 확보하기 위해 다수의 세목을 설정하는 경향이 있다. 특히 사회 발전에 따른 복지 수요의 증대에 기인된 재정 규모의 확대는 더욱 세목의 수를 증대할 가능성이 있다. 일국의 조세제도는 국민들이 이해하기 쉽게 구조화되어야 할 뿐만 아니라 납세의 편의성과 징세비의 최소화가 이루어질 수 있도록 설계되어야 한다. 이러한 세무행정의 효율성을 확보하기 위해서는 세원의 공유 제도가 그 대안의 하나가 될 수 있다. 중복 과세 방식과 공동세 방식 등 세원의 공동 이용 방식은 동일한 과세표준을 활용한다는 점에서 행정상의 효율성을 확보할 수 있다. 즉 일정 세율을 적용하여 징수된 금액을 협약에 의해 서로 나누어 가지는 공동세 방식은 징수 주체의 단일화로 징세비의 절감에 유리하며, 또한 여러 세원을 포괄하는 광범위한 지방세목 설정은 유사 세목의 통폐합을 통한 조세 체계의 간소화를 도모할 수 있다.

(2) 세원배분의 기준

중앙정부와 지방정부에 적합한 세원배분에 대한 기준을 연구한 대표적 학자는 머스그레이브(Musgrave, 1984), 킹(King, 1983), 맥루어(McLure, 1983), 오웬스와 노리가드(Owens & Norregaard, 1991) 등을 들 수 있다. 이들이 제시한 견해를 요약 정리하면 다음과 같다.[7]

첫째, 세원의 누진성이다. 재분배 정책 목적의 누진적 구조를 가진 세원일수록 중앙정부 또는 상위자치단체의 세원으로 하고, 재분배 목적의 누진성이 약한 것일수록 지방자치단체또는 하위자치단체의 세원으로 해야 한다는 것이다.

둘째, 세원의 안정성이다. 세원이 안정적이지 아니한 것일수록 중앙정부 또는 상위자치단체의 세원으로 하고, 세원이 안정적일수록 지방자치단체 또는 하위자치단체의 세원으로 해야 한다는 것이다.

셋째, 세원의 보편성이다. 세원이 보편적이지 아니할수록 중앙정부 또는 상위자치단체의 세원으로 하고 세원이 보편적인 것일수록 지방자치단체 또는 하위자치단체의 세원으로 해야 한다는 것이다.

넷째, 세원의 이동성이다. 세원의 이동이 많은 것일수록 중앙정부 또는 상위자치단체의 세원으로 하고 세원의 이동이 없는 것일수록 지방자치단체 또는 하위자치단체의 세원으로 해야 한다는 것이다.

---

7) 머스그레이브(Musgrave, 1984)는 세원배분의 기준으로서 균등한 조세 부담과 징세 비용의 최소 원칙을 근거로 하여 다음과 같은 배분 원칙을 제시하고 있다. 첫째, 누진적인 조세는 재분배 목적의 중앙정부가 담당해야 한다. 둘째, 경기 안정화 목적에 적합한 조세는 중앙정부에 할당해야 하고 지방자치단체의 조세는 경기의 변동에 따라 영향을 적게 받는 세목이 바람직하다. 셋째, 세원이 지역적으로 심하게 편재되어 있는 세목은 중앙정부에서 담당하는 것이 바람직하다. 넷째, 이동성이 있는 세원은 중앙정부가 관할하는 것이 지방자치단체가 관할하는 것보다 더 낫다. 다섯째, 정주(定住, residence)에 관련된 세원, 즉 최종적인 소비자에게 판매되는 단계에 부과되는 판매세(sales tax)나 물품세 등은 지방자치단체, 특히 시·도와 같은 광역자치단체가 담당하는 것이 바람직하다. 여섯째, 전적으로 이동성이 없는 요소에 대한 과세는 기초 단위의 지방자치단체가 담당하는 것이 바람직하다. 일곱째, 응익세와 사용료 등은 모든 단위의 정부에 적합할 수 있다.

〈표 9-5〉 세원배분의 기준과 배분 방향

구 분	중앙정부	지방자치단체
누진성	누진성이 강한 세원	누진성이 약한 세원
안정성	안정성이 없는 세원	안정성이 많은 세원
보편성	보편적이지 않은 세원	보편적인 세원
이동성	이동성이 많은 세원	이동성이 없는 세원
정주성	-	정주와 관련된 세원

다섯째, 정주 관련 세원이다. 정주(定住)에 관련된 세원은 다른 세원에 비해 지방자치단체, 특히 하위지방자치단체의 세원으로 적합하다는 것이다. 이상의 내용을 요약하면 <표 9-5>에서 보는 바와 같다.

3) 지방세의 원칙

이상에서 논의한 세원배분의 기준에서 지방정부에 적합한 것을 정리한 것이 지방세의 원칙이다(김철 외, 1990: 320-326).

첫째, 보편성(普遍性)의 원칙이다. 전국적으로 분포되어 있는 세원을 지방세로 선택해야 바람직하는 것이다. 즉 지방 어디서나 존재하는 보편적인 세원을 지방세로 선택할 경우 동급의 모든 지방정부가 동일한 재정력을 갖기 때문에 가장 이상적인 세원배분이 될 수 있다. 그러나 현실적으로 이러한 세원을 발견하기 힘든 것에 근본적 문제가 있다.

둘째, 국지성(局地性)의 원칙이다. 세원의 장소적 경직성을 의미하는 것으로서 시간의 경과와 더불어 특정 세원이 다른 지역으로 이동하기보다 한 지역에 오랫동안 머물러 있어야 한다는 원칙이다. 이때 재정수입은 안정화를 기할 수 있다.

셋째, 응익성(應益性)·응능성(應能性)의 원칙이다. 응익성은 지방정부로부터 받는 혜택의 크기에 비례하여 과세하는 것을 의미한다. 이것은 정부로부터 받은 혜택이 많을수록 더 많은 세금을 부담해야 한다는 원칙으로서 지방세의 원칙으로 많이 활용되고 있다. 응능성의 원칙은 담세 능력에 비례하여 과세함을 의미한다. 이것은 과세의 근거가 정부로 받는 개인의 수

혜 정도가 아니라 담세 능력이기 때문에 국세의 원칙으로 많이 활용되고 있다. 그러나 응능성의 원칙은 지방세의 과세에도 당연히 요청되기 때문에 지방세의 원칙으로 고려되는 것이다.

넷째, 부담분임(負擔分任)의 원칙이다. 이것은 금액의 대소를 막론하고 지방정부 주민으로서 누구나 빠짐없이 세금을 부담해야 한다는 원칙을 말한다. 부담분임의 원칙은 재정적 측면의 주민 참여를 실현하는 원칙으로서 주민세와 같은 인두세(人頭稅)가 여기에 해당한다.

다섯째, 안정성의 원칙이다. 이것은 매년 일정한 수준의 조세수입이 안정적으로 확보될 수 있는 세원을 지방정부에 배분해야 한다는 것을 말한다. 지방정부가 해마다 안정적인 수입을 확보하기 위해서는 부동산 관련 조세와 주민세 등이 유력한 세원이 될 수 있다.

여섯째, 신장성(伸長成)의 원칙이다. 시간이 흘러갈수록 세수의 확장이 이루어져야 한다는 원칙이다. 그 동안 지방세의 원칙으로 안정성의 원칙이 비중 높게 고려되어 왔지만 이제 신장성의 원칙을 지방세의 중요한 원칙으로 다루어야 한다. 왜냐하면, 신장성이 없는 재산 중심 세원은 시간의 경과와 더불어 국가와 지방정부 간의 재정적 격차를 더욱 심화시키기 때문이다. 이러한 점에서 본다면 신장성이 높은 소득 및 소비세원의 공동과세가 문제의 해결 수단이 될 수 있다.

4) 세원배분의 방식

(1) 세원 분리와 세원 공동 이용

① 세원 분리 방식

국가나 지방자치단체 등 재정 주체에 세원을 배분할 경우 그 배분 방식은 세원 분리 방식과 세원 공동이용 방식으로 크게 둘로 나뉜다. 세원 분리 방식은 재정 주체가 고유한 세원에 기초하여 독자적으로 조세를 부과하는 제도로서 재정 조달 과정에 더 많은 자율성을 확보할 수 있는 장점을 가지고 있는 반면, 다수의 세목 운영으로 인한 조세 체계의 복잡화를 초래하고, 중앙과 지방정부 간, 또는 지방정부 상호간 수직적·수평적 관계의 재정격차를 심화시킬 수 있는 단점을 가지고 있다.

전통적 세원배분론은 세원의 분리를 전제로 한 세원의 이동성 기준에서 출발한다(神野・堀場, 1998). 세원의 이동성 기준은 지방정부가 재화나 사람의 이동을 통제할 수 없는 개방 체제이기 때문에 부동산세와 같은 이동성이 낮은 세원은 지방세로, 간접소비세처럼 이동성이 높은 세원은 국세로, 소득세처럼 이동성이 중간적인 조세는 중간 수준의 지방정부에 배분되어야 한다고 주장한다. 또한 독일 프로이센 시대에 미쿠엘(J. V. Miquel)이 추구한 조세개혁에서는 '인세(人稅)는 국세로, 물세(物稅)는 지방세로' 또는 '국세는 응능 원칙으로, 지방세는 응익 원칙으로'라는 원칙들이 주창되었다. 예컨대 종합소득세, 상속세 등은 국세로, 수익세, 개별재산세, 분류소득세, 토지증가세 등은 지방세로 배분해야 한다는 것이다. 이러한 전통적 세원배분론의 인세와 물세의 분류는 주로 직접세에 관한 논의이었다. 소득을 창출하는 물건에 주목하는 물세는 소득 순환 과정에서 보면 소득의 생산 단계에서 과세되는 것인 반면, 소득을 취득하는 사람에 주목하는 인세는 소득의 분배 단계에서 과세된다. 이처럼 물세와 인세는 소득 순환 과정에서 생산 및 소득의 단계에서 과세된 직접세였으며, 소득의 지출 단계에서 과세되는 것은 간접세는 크게 고려하지 않았다(이재은, 2006: 43-46).

그러나 소비세의 비중이 점차 높아지고 있는 현 상황에서 세원배분을 논의할 때, 우리는 간접세도 함께 논의해야 한다. 간접세의 경우 전통적으로 제조 단계에 가까운 과세는 국세로, 소비 단계에 가까운 과세는 지방세로 배분해야 한다고 주장되어 왔다. 예컨대 시장에서 재화와 서비스를 구입하는 행위와 이것을 써버리는 소비행위가 동시에 이루어지는 직접 소비에 과세하는 입장세, 유흥세, 음식세, 전기・가스세 등이 지방세에 적합하다고 주장한다. 그리고 소매 단계에서 과세되는 간접소비세는 지방세에 적합하다.

그러나 오늘날 지방정부는 소극적인 질서 유지 서비스(경찰・소방・공공사업 등)에서 적극적인 대인 사회 서비스(복지・의료・교육 등)로 그 역할 중점이 옮겨지면서 더 많은 재정자원을 요구하고 있는 상황으로 발전하고 있다. 따라서 기존의 전통적 세원배분론에 기초한 지방세 체계로서는 이러한 재정 수요를 감당하기에 어려움이 많으므로 많은 선진 국가들은 국가의 유력한 기간 세원인 소득세와 소비세를 지방세원으로 배분하고 있는 실정이다.

② 세원의 공동이용 방식

지금까지 지방세는 세원 분리의 독립세 방식이 이상적이라고 여겨 왔다. 왜냐하면 독립세 방식이 지방정부의 자기결정권을 보장한다고 생각했기 때문이다. 그러나 현실적으로는 중앙정부가 지방세에 다양한 통제를 가하고 있다. 예컨대 지방정부의 과세표준 설정 권한을 부인하거나 지방세 세율의 설정 권한을 제한하는 경우가 많다. 독립세라 해도 과세표준과 세율을 중앙정부가 결정한다면 지방정부의 자기결정권은 의미가 없다.

이러한 의미에서 본다면 세원의 공동이용 방식이 오히려 자율성을 확대할 수 있다. 즉 과세표준과 세율을 지방정부와 중앙정부가 공동으로 가진다면, 과세표준과 세율의 양쪽을 모두 통제받는 독립세보다 지방정부의 자기결정권이 크기 때문에 국세와 지방세의 세원배분을 설계할 때 굳이 독립세를 고집할 필요가 없다. 따라서 동일한 세원을 여러 레벨의 정부가 공동으로 이용하는 공동이용 방식, 특히 소득 및 소비와 같은 기간 세원에 대해 중앙정부와 지방정부가 공동 과세하는 제도의 도입이 요청된다.

세원의 공동이용 방식은 중복 방식(tax overlapping)과 공동세 방식(tax sharing)으로 나뉜다.[8] 중복 방식은 다시 부가세 방식과 보통세 방식으로 나뉘는데, 부가세 방식은 지방정부가 중앙정부의 국세에다 일정 비율을 적용하여 징수하는 방법이고, 보통세 방식은 과세표준은 통일하되 세율은 중앙과 지방이 각기 달리하여 부과하게 되는 방식이다. 그리고 공동세 방식은 특정 세원에 대해 중앙정부와 지방정부가 통일된 과세 방식에 의해 조세를 과세 및 징수하고, 징수된 금액을 중앙과 지방정부의 협약에 의해 일

---

8) 세원의 공동이용 방식으로 오연천(1992: 237-239)은 부가세 방식, 과세표준 통일 방식, 공동세 방식으로 구분하며, 이계식(1990: 152-154)은 중복 방식(부가세 방식, 보통세 방식), 공동세 방식, 양여세 방식으로 구분하고 있다. 또한 이재은(2006: 47-48)은 세수 분리 방식과 세수 분배 방식으로 대별하고, 세수 분리 방식은 독립 방식과 중복 방식(과표통일 중복과세, 부가세제도)으로, 그리고 세수 분배 방식은 공동세 방식과 이양 방식으로 구분한다. 이러한 이양 방식은 다시 중앙정부가 과세권을 갖고 세수의 일부 또는 전부를 지방정부에 이전하는 분여(分與) 방식과 지방정부가 과세권을 갖고 세수의 일부 또는 전부를 중앙정부에 이전하는 분부(分賦) 방식으로 구분한다.

정 비율로 배분하는 방식이다(이영희, 1993: 12-15).

이러한 세원의 공동이용 방식은 세목의 종류를 줄일 수 있을 뿐만 아니라 유력한 세원을 공동으로 이용할 경우 세수의 안정성과 신장성을 동시에 확보할 수 있다. 또한 과세표준을 통일하고 징수기관을 단일화할 경우 징세비를 절감할 수 있는 세무행정상의 이점도 동시에 가진다.

(2) 자주재원주의와 일반재원주의

재정분권을 촉진하기 위한 지방자치단체의 재정 확충 방안과 관련해서는 자주재원주의와 일반재원주의라는 두 가지 관점이 있다. 우선, 자주재원주의(自主財源主義)는 지방자치단체의 재정책임성을 확보하기 위해서는 세원 분리 방식에 기초한 지방세를 통해 지방재원을 확보해야 한다는 관점이다. 따라서 지방교부금 등과 같은 지방재정조정제도를 통해 중앙정부의 재원을 지방정부에 이전하는 방식보다는 세원을 지방정부에 직접 이양하는 것이 재정분권화에 좀 더 적합한 방안이라는 것이다. 즉 지방세를 통한 재원배분의 규모를 확대하는 것이 재정분권을 강화할 수 있는 길이라는 주장한다.

일반재원주의(一般財源主義)는 지방재정조정제도를 통해 중앙정부의 재원을 지방정부에 이전하는 것이 재정분권을 실현할 수 있는 현실적인 방안이라는 관점이다. 즉 세원 분포의 지역적 편재나 자치단체 간 재정력 격차 등의 현실적 필요를 감안할 때, 지방자치단체에 배분할 중앙정부의 일반지원 재정 규모를 확충해 나가는 것이 바람직하다는 것이다.

이러한 두 가지 접근 방식 중에서 재정분권의 취지를 좀 더 효과적으로 구현할 수 있는 것은 아무래도 자주재원주의라고 할 수 있다. 일반재원주의에 기초한 재정분권을 추진할 경우 지방자치단체의 세입분권화 수준(조달자율성)은 낮아져도 세출분권화 수준(지출자율성)은 높아지는 장점이 있지만 자주재원이 미흡한 상태에서는 그것만으로 진정한 재정분권을 실현하기 힘들기 때문에 재정분권은 튼튼한 자주재원의 기초 위에서만 그 실현이 가능하다 할 것이다.

2 지방세 분류 체계

1) 재원의 용도 기준

(1) 보통세

보통세는 세수의 원천을 불문하고 자유로이 사용할 수 있는 재원을 의미한다. 우리나라 지방세는 총 16개 세목으로 구성되어 있다. 그 중에서 보통세는 11개 세목으로서 ① 취득세, ② 등록세, ③ 레저세, ④ 면허세, ⑤ 주민세, ⑥ 재산세, ⑦ 자동차세, ⑧ 주행세, ⑨ 농업소득세, ⑩ 담배소비세, ⑪ 도축세 등이다(지방세법 제5조).

취득세는 부동산(토지 및 건물), 기계장비, 항공기, 선박, 어업 및 광업권, 골프 및 콘도미니엄 등 회원권의 취득 행위에 부과하는 조세를 말한다. 이것은 재산 관련 조세이므로 원론적 입장에서 본다면 세수의 안정성이 높다고 할 수 있지만 경기의 변동에 크게 좌우되는 거래과세이므로 세입의 안정성과 응익성은 낮은 편이다.

등록세는 재산권, 기타 권리의 취득·이전·변경, 또는 소멸에 관한 사항을 공부에 등기 또는 등록하려는 자에게 부과하는 조세를 말한다. 즉 부동산 등기, 선박 등기, 항공기 등기 등 재산의 취득에 관련된 등기로서 대체로 취득세의 과세 대상과 일치한다. 등록세는 재산 관련 과세에 해당되며, 이것 역시 거래과세에 해당하므로 세수의 안정성과 응익성은 미약하다.

레저세는 경륜, 경정, 경마 등 오락시설의 이용과 관련된 승자투표권·승마투표권 등을 발매하고, 투표 적중한 자에게 환급금 등을 교부하는 행위에 대한 과세를 말한다. 레저세는 소비 관련 과세로서 이러한 시설의 입지가 가능한 자치단체에서만 한정적으로 운영될 수 있으므로 광역조세로 적합하다.

면허세는 각종 법령에 규정된 면허·허가·인가·등록·지정·검사·검열·심사 등 특정한 영업설비 또는 행위에 대한 권리의 설정, 금지의 해제 또는 신고의 수리 등 행정청의 행위로 인해 혜택을 받는 자에게 부과하는 조세이다. 면허의 종별은 사업의 종류 및 규모 등을 참작하여 제1종 내지 제5종으로 구분하여 대통령령으로 정한다. 면허세는 재산권의 행사와 대부분 관련되지만 모두가 다 그러한 것은 아니다.

주민세는 지방자치단체 구성원의 자격을 가진 모든 주민이 부담하는 인두세로서 여기에는 균등할과 소득할이 있다. 주민세균등할은 시·군 내에 주소를 둔 개인과 법인, 그리고 일정 규모 이상의 사업장(사무소 및 사업소 포함)을 둔 개인이 납세 의무자가 되며, 부담세액은 일정 한도 범위 내에서 지방자치단체별로 조례에 따라 차등적으로 부과된다. 주민세소득할은 개인소득세할, 법인세할, 농업소득세할을 총칭한다.[9)]

재산세는 토지, 건축물, 주택, 선박 및 항공기 등에 과세하는 조세를 말하며, 세율은 재산의 종류에 따라 다양하게 운영된다. 재산세 중 토지에 대한 과세는 과세 방법에 따라 종합합산과세, 별도합산과세, 분리과세 등으로 과세한다. 재산과세는 본래 재산을 보유하고 있다는 사실에 근거하여 과세하므로 보유과세에 해당하며, 이것은 넓은 의미에서 개인의 재산권을 보호해 준 정부의 노력에 대한 대가의 성격이 짙기 때문에 응익성이 높은 조세라 할 수 있다.

자동차세는 자동차를 보유한 사람에게 부과하는 조세로서, 승용자동차, 승합자동차, 화물자동차, 특수자동차, 3륜 이하 소형 자동차 등이 여기에 해당한다. 우리나라 자동차세는 차량의 배기량에 따라 차등 과세되므로 재산세적 성격을 가지고 있다.

주행세는 자동차 운행 거리에 비례하여 과세하는 것으로서 화석연료에 부과하는 조세이다. 현재 우리나라는 석유류에 대해 국세로서 교통세(목적세)를 부과하는 한편, 지방세로서 주행세(보통세)를 각각 부과하고 있다. 이러한 주행세의 납세 의무자는 휘발유·경유 및 이와 유사한 대체 유류를

9) 시군의 관할구역 안에 주소를 둔 개인의 세율은 10,000원을 초과하지 아니하는 범위 안에서 조례로 정하는 세액이며, 소득할 중 소득세할은 소득세액의 10%, 법인세할은 법인세액의 10%, 농업소득세할은 농업소득세의 10%이다. 법인할은 자본금과 종업원 수를 기준으로 5만~50만 원 범위 내에서 과세된다.

제조하거나 수입하여 반출하는 자로서 교통·에너지·환경세의 납세자와 동일하다. 따라서 주행세와 교통세를 실질적으로 부담하는 담세자는 차량 운행자가 된다.

농업소득세는 농업소득을 가진 자가 부담하는 조세로서 그 작물의 재배지를 관할하는 시·군에 농업소득세를 납부한다. 농업소득세의 과세표준은 작물의 수입 금액에서 필요 경비를 공제한 금액이기 때문에 농약 및 비료 대금, 인건비 등의 경비를 감안하면 영세농의 경우 농업소득세가 거의 발생하지 않는다. 농업소득세는 학교·고아원·양로원·수녀원·사찰·교회 등이 학술·시험·학습 또는 자가 소비용에 사용하기 위해 직접 경작하는 경우, 산림조합 또는 산림조합중앙회가 경작하는 산림용 묘목 밭에서 생기는 농업 소득, 그 밖에 이와 유사한 소득으로서 대통령령이 정하는 농업 소득은 면세된다.

담배소비세는 흡연용 담배, 씹는 담배, 냄새를 맡는 담배 등을 구분하여 과세한다. 담배세 납세 의무자는 담배의 제조 및 반출자, 담배의 수입 및 반출자 등이다. 담배소비세는 기초자치단체의 조세로서 모두 정액제로 운영되는 데 그 특징이 있다.

도축세는 소·돼지의 도살에 대한 과세로서 시·군세로 운영하고 있다. 도축세는 도살되는 소·돼지 가격의 1%를 초과하지 못하는 한계세율로 운영되고 있으며, 따라서 지방정부는 그 범위 내에서 조례가 정하는 바에 따라 자유로이 운영할 수 있다. 이러한 도축세도 전형적인 소비세에 해당한다.

(2) 목적세

목적세는 특정한 지출을 전제로 부과 징수하는 조세수입을 말한다. 우리나라 지방세 중 목적세로서는 5개의 세목이 존재한다. ① 도시계획세, ② 공동시설세, ③ 사업소세, ④ 지역개발세, ⑤ 지방교육세 등이다(지방세법 제5조).

도시계획세는 도시계획사업에 필요한 비용에 충당하기 위해 도시지역 안에 있는 토지·건축물 또는 주택을 과세 대상으로 하여 광역시장 또는 시장·군수가 부과 징수하는 조세를 말한다. 도시계획세의 과세표준은 토지·건축물 또는 주택의 가액으로 하며, 재산 관련 과세에 해당한다.

공동시설세는 소방시설, 오물처리시설, 수리시설, 기타 공공시설에 필요한 경비를 충당하기 위해 그 시설로 인해 이익을 받는 자에 대해 공동시설세를 부과 징수할 수 있다. 소방공동시설세는 건물이나 선박이 과세 대상이며, 오물처리공동시설 및 수리공동시설 등은 토지와 건물의 전부 및 일부를 과세 대상으로 삼는다. 공동시설세 역시 재산 관련 과세에 해당한다.

사업소세는 환경 개선 및 정비에 필요한 비용에 충당하기 위해 시군 내에 사업소를 둔 사업자에게 부과 징수하는 조세로서 여기에는 재산할과 종업원할이 있다. 재산할은 사업소 과세대장에 등재된 사업주의 사업소 면적(제곱 평방미터)에 따라 부과하며. 종업원할은 종업원의 소득에 따라 부과된다.

지역개발세는 지역의 균형 발전, 수질 개선과 수자원 보호 등에 소요되는 재원을 확보하기 위해 발전용수, 지하수(용천수 포함), 지하자원, 컨테이너, 원자력 발전 등을 경영하는 사업주에게 그 수량 또는 가액에 비례하여 과세하는 것을 말한다. 대부분 정액제로 운영되고 있지만 지하자원의 경우는 정률제로 운영하는 경우도 있다.

지방교육세는 지방교육의 질적 향상에 필요한 지방교육 재정의 확충에 소요되는 재원을 확보하기 위해 등록세, 레저세, 주민세 균등할, 재산세, 자동차세(비영업용 승용자동차)에 일정 비율을 적용하여 부과 징수하는 조세를 말한다. 현행 지방교육세의 과세 대상은 본래 국세인 교육세의 대상이었으나 실제적으로는 그 전액을 모두 지방교육 재정으로 이전 사용되고 있었으므로 사실상 지방정부의 재정자원에 속하게 된 바, 2001년 지방교육세를 신설하고 여기에 그 세원들을 모두 흡수하게 된 것이다.

2) 재정 주체 기준

재정 주체를 기준으로 조세를 분류하면 ① 서울특별시 및 광역시세, ② 도세, ③ 시·군세, ④ 자치구세 등으로 분류된다(지방세법 제6조).

서울특별시 및 광역시는 자치구와 세원을 분할하고 있다. 즉 자치구세를 제외한 보통 및 목적세가 모두 여기에 해당한다. 광역시세 중 보통세로서는 취득세, 등록세, 자동치세, 레저세, 주민세, 도축세, 농업소득세, 담배소비세, 주행세 등 9개 세목이며, 목적세는 도시계획세, 공동시설세, 지역개발세, 지방교육세 등 4개가 있어 총 13개의 세목을 가지고 있다.

도세는 보통세로 취득세, 등록세, 면허세, 레저세 등 4개 세목이 있으며, 목적세로 공동시설세, 지역개발세, 지방교육세 등 3개 세목이 있어 총 7개의 세목을 가진다. 그러나 현재 우리나라 도세는 재산 관련 조세가 대종을 이루고 있기 때문에 외관상 세입의 안정성이 확보되는 것처럼 보이지만 내용을 구체적으로 들여다보면 거래세가 대부분이므로 세입의 안정성에 문제가 있다.

시·군세는 도세를 제외한 나머지의 보통세와 목적세가 여기에 해당한다. 시·군의 보통세는 재산세, 자동차세, 주민세, 도축세, 농업소득세, 담배소비세, 주행세 등 7개 세목이며, 목적세로 도시계획세, 사업소세 등 2개의 세목이 있어 총 9개의 세목을 가진다. 시·군세는 재산세 중에서도 보유과세가 상당한 비중을 차지하고 있으므로 비교적 안정성을 갖고 있는 편이다.

〈표 9-6〉 재정주체 기준 세목 체계

구분	도시 지역		농촌 지역	
	특별·광역시	자치구	도	시·군
보통세	취득세, 등록세, 주민세, 자동차세, 도축세, 레저세, 담배소비세, 주행세, 농업소득세 (9)	면허세, 재산세 (2)	취득세, 등록세, 면허세, 레저세 (4)	주민세, 자동차세, 재산세, 농업소득세 도축세 담배소비세 주행세 (7)
목적세	도시계획세, 공동시설세, 지역개발세, 지방교육세 (4)	사업소세 (1)	공동시설세 지역개발세 지방교육세 (3)	도시계획세 사업소세 (2)
합계	(13)	(3)	(7)	(9)

자료: 지방세법 제6조 요약 정리.

자치구세는 광역시세를 제외한 나머지 조세이다. 보통세로서 면허세, 재산세 등 2개가 있으며, 목적세로 사업소세 1개가 있어 도합 3개의 세목을 가지고 있다. 자치구는 현재 총 3개의 세목을 운영하고 있기 때문에 자주재원의 비중이 상대적으로 낮아진 셈이다. 즉 과거 종합토지세가 있었으나 종합부동산세의 신설과 동시에 이것이 폐지됨으로써 중앙정부 및 상급정부에의 의존성이 더욱 높아졌다. 이상에서 논의한 내용을 요약하면 <표 9-6>에서 보는 바와 같다.

3) 세원의 성질 기준

지방정부 세원의 성질을 기준으로 한 분류 체계는 ① 소득과세, ② 소비과세, ③ 재산과세 ④ 기타 과세로 분류할 수 있다. 지방정부의 소득과세에 해당하는 것은 농업소득세, 주민세 소득할, 사업소세 종업원할이 있으며, 재산과세에는 취득세, 등록세, 재산세, 자동차세, 도시계획세, 공동시설세, 사업소세 재산할이 있다. 소비과세는 담배소비세, 도축세, 레저세, 주행세가 있으며, 기타 과세에는 주민세 균등할, 면허세, 지역개발세 등이 있다.

우리나라는 일반적으로 선진 외국에 비해 신장성이 높은 소득과세와 소비과세의 비중이 낮고, 안정성이 높은 재산과세가 대종을 이루고 있기 때문에 상대적으로 취약한 재정구조를 드러내고 있다. 앞으로 지방세 제도를 개편할 경우 소득과세 및 소비과세를 강화하는 방향으로 나아가야 할 것이다.

4) 납세자와 담세자의 관계 기준

세법상 납세 의무가 있는 납세 의무자(tax-payer)와 그 조세를 실질적으로 부담하는 담세자(tax-bearer)가 동일한 경우의 조세를 직접세라 부른다. 즉 납부한 조세의 일부 또는 전부를 다른 사람의 부담으로 떠맡기는 것을 조세의 전가라고 하는데, 조세의 전가 여하에 따라 직접세(直接稅)와 간접세(間接稅)를 구분하고 있다. 그러나 조세의 전가는 조세의 내용이나 국가 또는 납세자의 뜻에 따라 좌우되는 것이 아니고 제반 시장 여건과 상품의 수요 공급의 탄력도 등에 따라 좌우되는 것이므로 실제적인 조세 전가의 유무에 따라 직접세와 간접세를 구분하기는 곤란하다.

이러한 이유 때문에 양자 구분의 기준을 조세 전가의 실제적인 유무에 두지 않고, 조세전가에 대한 국가(입법자)의 의도에 두는 것이 일반적이다. 즉 직접세는 국가가 그 조세를 부담시키고자 하는 사람을 납세 의무자로 하여 직접 부과·징수하는 조세이다. 이러한 조세는 특정 납세자에게 직접 조세를 부담시킬 의도에서 국가가 과세하는 것이므로 실제로 그 조세 부담이 다른 사람에게 전가되더라도 직접세인 것이다.

간접세는 납세자와 담세자가 일치하지 않는 조세이다. 즉 조세를 지불하는 납세자가 세액의 최종 부담을 타인에게 전가하는 방식을 말한다. 이처럼 조세 전가 여부를 기준으로 간접세와 직접세를 나누는 방식은 19세기 독일이 처음 도입된 뒤 가장 일반적인 기준으로 적용되어 왔다. 이 밖에 수입과 지출을 기준으로 직접세와 간접세를 구분하는 방식도 있는데, 이에 따르면 수입이나 소득에 과세하는 것을 직접세라 하고, 지출이나 소비에 부과하는 것은 간접세로 분류한다.

이처럼 다양한 분류 기준이 제시되어 왔지만 모든 조세를 두 가지 범주로 명확하게 나눌 수 있는 것은 아니다. 대체적으로 소득 관련 과세는 직접세 형태를 취하며, 부가가치세·관세·주세 등은 일반적으로 간접세에 포함된다. 직접세는 누진적 세율의 적용에 따라 소득재분배를 기대할 수 있는데 반해, 간접세는 분배적 정의에 역행하는 역진성을 갖는 것이 문제점으로 지적되고 있다. 전통적으로 경제학자들은 누진적 조세구조를 지지해 직접세의 비율이 높은 것이 바람직하다고 주장해 왔다.

그러나 직접세를 중심으로 한 지나친 누진구조는 오히려 근로 및 투자 의욕을 저하시킬 수 있으며, 간접세가 언제나 역진적인 것은 아닐 뿐만 아니라 시민들의 조세 저항(tax revolt)이 적어서 조세 징수가 용이하다는 반대 주장도 있기 때문에 직세 중심의 조세 체계가 반드시 타당하다고 말할 수 없을 것이다. 따라서 각국의 역사적 전통과 사회적 환경에 따라 양자를 조화롭게 운영하는 것이 바람직하다. 대체로 선진국에서는 직접세 중심으로, 저개발국에서는 간접세 중심으로 운영하는 경향이 있다. 한국은 현재 직접세와 간접세의 비중이 대등한 모습을 보여 주고 있다.

5) 기타 분류 체계

(1) 과세 목표 기준: 인세와 물세

인세는 납세 의무자 개인의 담세 능력을 고려하여 과세하는 세금을 말한다. 즉, 세원이 소득·재산 등 사람을 중심으로 과세되는 것이므로 주체세라고도 한다. 국세의 경우 소득세·법인세·상속세 등이 여기에 해당되며, 지방세의 경우 주민세 소득할, 사업소세 종업원할, 농업소득세 등이 여기에 해당한다. 주민세는 지방정부를 구성하는 주민으로서 당연히 부담하는 인두세에 해당하고, 농업소득세는 농업소득을 획득한 경작자 본인에게 부과하는 조세이다. 그리고 사업소세 종업원할은 종업원의 소득에 부과하는 인적 조세이다. 이러한 인세는 납세 의무자의 주소지에 따라 납세지와 과세 관할이 정해진다.

물세는 거래자나 소유자의 특성을 고려하지 아니하고 구매·판매·재산 보유 등의 활동이나 목적물에 과세하는 세금을 말한다. 즉, 세원이 귀속하는 사람의 인적 사항을 고려하지 않고 수익·재산 그 자체에 주안점을 두어 과세되는 것을 물세 또는 개체세라고도 한다. 부가가치세·특별소비세·주세 등은 물세에 해당된다. 물세는 물건 내지는 사업장 소재지에 따라 납세자와 과세 관할 주체가 정해진다.

물세의 대표적인 과세는 판매 과정에서 부과되는 매출과세(sales tax)라 할 수 있으며, 이러한 매출과세는 거래고와 관련되는 것으로 조세 부과의 단순성과 행정상의 편이성 때문에 총 판매액에 근거하여 과세한다. 매출과세는 유통 과정이 많을 경우 이전 단계에서 이미 과세된 부분이 다음 단계에서 중복 과세되는 단점이 있기 때문에 많은 정부가 이러한 중첩을 피하기 위해 점차 부가가치세(value-added tax)를 채택하고 있다. 이것은 총 매출액에 근거하지 않고 거래의 각 단계에서 부가된 순가치에 근거해 부과되는 수정된 형태의 매출과세라 할 수 있다.

(2) 세원의 독립 기준: 독립세와 부가세

부과되는 조세가 독립된 세원이 존재하는 것인지의 여부에 따라 독립세와 부가세로 구분되며, 독립된 세원에 부과되는 조세를 독립세라 하고, 독립된 세원이 없이 다른 세목, 즉 본세(本稅)을 과세표준으로 하여 일정 세율을 적용하는 것이 부가세이다. 예컨대, 특정 국세나 지방세의 세수 금액을 기준으로 지방세를 부가하는 경우를 말한다. 현행 국세와 지방세는 대부분 독립세에 해당되나 부가세로 운영되는 것은 소득세·법인세·농지세의 세액을 과세표준으로 한 주민세 소득할(住民稅所得割)이 여기에 해당하며,[10] 지방세부가세는 등록세·레저세·주민세 균등할·재산세·자동차세·담배소비세의 6개 세액을 과세표준으로 하여 일정 세율을 적용하는 지방교육세가 여기에 해당한다.[11]

3 지방세율의 구조

1) 고정세율

고정세율은 하나의 세원에 하나의 고정된 세율이 설정된 경우를 말한다. 이것은 일정한 범위를 가진 세율구조가 아니라 3/1000과 같이 단일의 세율로 설정된 경우이다. 하나의 세목에는 다양한 세원이 존재하며, 세원별로 각기 다른 세율이 설정되므로 한 세목에는 다양한 고정세율이 존재할 수 있다. 하나의 세원에 하나의 세목만을 설정할 수도 있지만 여러 세원을 묶어 하나의 세목에 귀속시키는 것이 일반적이다. 우리나라 지방세 중에서 현재 고정세율로 운영되는 것은 레저세, 면허세, 농업소득세 등을 들 수 있으며, 나머지는 대부분 탄력세율로 운영된다. 이 중에서 특히 표준세율이 절대적 비중을 차지하고 있으며, 한계세율은 도축세와 사업소세를 들 수 있다.

10) 주민세 균등할은 특별시·광역시 및 시·군에 주소를 둔 개인이나 개인 사업장 및 법인에게 부과하는 조세로서 개인은 1만 원의 범위 내에서 조례로 정하고, 개인 사업장은 5만 원, 법인은 자본금 규모에 따라 5만 원에서 50만 원 범위 내에서 부담한다.

11) 국세인 교육세는 금융보험업자의 수익 금액의 5/1000, 개별 소비세액의 30/100, 교통·에너지·환경세액의 15/100, 주세의 10/100을 부과한다. 지방교육세는 등록세의 20/100, 레저세의 40/100, 주민세 균등할의 10/100, 재산세의 20/100, 자동차세의 30/100, 담배소비세의 50/100로 되어 있다.

이러한 고정세율은 정액제나 정률제로 운영된다. 전자는 일정한 절대 금액을 적용되는 것으로서 주민세 균등할이나 담배소비세 등이 여기에 해당한다. 후자는 일정한 비율을 과세표준에 적용하는 것으로서 대부분의 지방세들이 여기에 해당한다. 또 어떤 경우는 정액제의 바탕 위에 정률제를 운영하는 경우도 있다.

2) 탄력세율

탄력세율은 대체로 법률로 정한 기본 세율을 중심으로 상하 탄력적으로 변경하여 운영하는 세율을 의미한다. 이것은 국회의 의결을 거치지 않고 행정명령이나 지방의회의 조례로 정하여 경제 여건에 따라 탄력적으로 운영할 수 있는 데에 그 특징이 있다. 탄력세율에는 표준세율(標準稅率), 한계세율(限界稅率), 임의세율(任意稅率) 등이 존재한다.

표준세율이라 함은 지방자치단체가 지방세를 부과하는 경우에 통상 적용해야 할 세율을 표준으로 정해 놓고, 천재·지변 등 특별한 사유가 발생하여 재정 수요에 변동이 있을 경우 일정한 수준으로 가감하여 운영하는 것이다. 즉 재정 수요를 크게 필요로 하는 경우 표준세율을 초과하는 세율을 정해 적용할 수 있고, 반대로 지방자치단체의 재원에 여유가 있어서 주민들의 조세 부담을 경감시킬 필요가 있는 경우에는 표준세율보다 낮은 세율을 적용할 수 있다. 표준세율은 기준세율에 50%를 가감한 수준에서 운영되는 것이 일반적이다

한계세율은 정부가 부과할 수 있는 최고의 한도를 설정한 경우의 세율을 말한다. 앞서 논의한 표준세율은 세율의 상한선과 하한선이 정해져 있지만 한계세율은 상한선만 정해져 있는 점에서 표준세율과 다르다. 예컨대, 한계세율이 과세표준의 30/1000으로 설정되었다면 그 범위 내에서 자치단체는 조례로 정하는 바에 따라 자유로이 세율을 정해 운영할 수 있다.

임의세율은 법률의 규정에 일정한 세율이 정해져 있지 않은 세율을 말한다. 따라서 지방자치단체는 조례를 통해 자유로이 세율을 정해 운영할 수 있기 때문에 매우 탄력성이 높은 제도이다. 그러나 자칫 주민의 과도한 부담을 초래할 가능성이 높으므로 과세표준액이 매우 미미한 경우에 한해 제

한적으로 운영할 수 있는 제도라 할 수 있다. 이러한 임의세율은 실정법상 운영하는 사례를 거의 발견하기 힘들다.

4 한국 지방세제도의 발전 과제

1) 지방세제도의 문제점

우리나라 지방세제도가 안고 있는 문제점은 대체로 ① 세원의 지역적 편재, ② 세원의 빈약성, ③ 세수 신장성의 미약, ④ 과세자주권의 미약 등으로 요약된다.

세원의 지역적 편재란 지방정부에 부여된 세원이 지역적으로 불균등하게 분포되어 있음을 말한다. 즉 특정 지역에는 세원이 존재하지만 다른 지역에는 그 세원이 존재하지 않는 경우로서 이것은 지방정부 간 재정 격차를 확대하여 종국적으로는 지방정부에 대한 중앙정부의 개입을 강화하는 요인으로 작용할 수 있다.

세원의 빈약성은 지방정부에 배분된 세원의 규모가 영세함을 의미한다. 세원은 일정한 규모 이상이 되어야만 그 존립의 가치를 인정받을 수 있다. 너무 영세한 세원일 경우 높은 세율의 적용이 어려울 뿐만 아니라 높은 세율을 적용한다 하더라도 세수의 규모가 크게 늘어나지 않기 때문에 유력한 세원을 지방세로 선택하는 것이 필요하다. 그러나 우리나라 중앙정부는 소득세와 부가가치세 등 매우 유력한 세원을 가지고 있는 반면, 지방정부는

〈표 9-7〉 국세와 지방세의 비중 (단위: %)

구 분	2002	2003	2004	2005	2006
국 세	15.2	15.8	15.1	15.8	16.3
지방세	4.6(23.2)	4.6(22.5)	4.4(22.6)	4.5(22.2)	4.9(23.1)
조세부담률	19.8	20.4	19.5	20.3	21.2
GDP(10억 원)	684,263	724,675	779,380	806,622	847,876

주: ( )는 조세 중 지방세의 비중임.
자료: 행정자치부, 「행정자치통계연보」(2007: 21)에 의거 재구성.

상대적으로 빈약한 세원을 가지고 있어 날이 갈수록 재정 격차가 확대되는 경향을 보이고 있다. 현재 우리나라 총 조세수입 중 지방세가 차지하는 비중은 연도별 차이는 존재하지만 대체로 22%의 비중을 보이고 있다(표 9-7).

세수 신장성의 미약은 지방세의 증가율이 국세의 증가율에 비해 떨어진다는 것을 의미한다. 이것은 신장성이 높은 소득 및 소비의 주요 세원을 지방정부에 부여하지 않고 신장성이 미약한 부동산 관련 세원을 지방정부에 집중 부여한 것에 그 원인이 있다. 세수 신장성의 미약으로 발생되는 문제점은 중앙정부와 지방정부 간 재정 격차가 시간의 흐름과 더불어 더욱 확대된다는 사실이다.

과세자주권의 미약은 세목·세율·과세표준의 결정권이 미약함을 의미한다. 세목결정권은 조세의 종목뿐만 아니라 세원도 자유로이 설정할 수 있는 권한을 말하며, 세율결정권은 각 세원에 적용할 비율이나 금액의 결정권을 의미하고, 과세표준결정권은 세율이 적용되는 세원의 크기를 결정하는 권한을 말한다. 그러나 우리나라 지방정부는 과세자 주권이 매우 미약한 편이다. 우리나라 헌법 제59조는 조세의 세목과 세율은 법률로 정한다는 조세법률주의(租稅法律主義)를 규정하고 있기 때문에, 지방정부는 다만 과세표준의 결정권과 탄력세율의 범위 내에서 일정 세율을 정할 수 있는 권한만을 가질 뿐이다.

2) 지방세제도의 발전 과제

(1) 국세의 지방 이양

국세의 지방 이양을 통한 국세와 지방세 체계의 재조정은 그 동안 꾸준히 논의되어 온 세제개혁 과제 중의 하나이다. 중앙정부의 지방정부 이양 대상 세원으로 고려된 것은 소득세의 일부(양도소득분), 소비과세의 일부,[12] 상속·증여세 등이다. 그러나 이러한 체계 조정이 지금까지 제대로

---

12) 지방정부에 이양될 세원으로 고려된 것은 부가가치세(일반소비세) 중 소매·전기·가스·수도·음식·숙박·운수·창고·통신·부동산 임대·오락장 등이었으며, 선택적 소비세 중 이양 대상은 주세가 있었다.

실현되지 못하고 있는 것은 여러 장애 요인이 존재함을 말해 준다. 특히 세원의 분포가 균등하지 못해 지방세의 개편을 통해 지방정부 간 재정 격차를 해소할 수 없었기 때문이다.

세원의 지역별 분포의 불균형이 심한 것부터 순서를 매긴다면 아마도 소득의 분포, 소비 지출의 분포, 재산가액의 분포 순이라 할 수 있을 것이다. 따라서 재산과세가 지방세로 적합하고, 소비과세가 소득과세에 비해 지방세로서 적합하며, 소비과세 중에서도 일반소비과세보다 선택소비과세(주세 등)가 더 지방세로 더 적합하다 할 것이다. 이러한 이유 때문에 주세는 지방자치의 재개와 함께 지방양여세의 재원으로 운영되기도 했으나 최근 지방양여세제도의 폐지로 현재 일반재원으로 운영되고 있다.

(2) 신세원의 개발

새로운 세원의 개발은 국민 전체의 조세 부담 수준을 높일 수 있는 문제점이 있지만 대상을 잘 선별하여 운영한다면 긍정적 효과가 더 많을 것이다. 새로운 세원으로 고려되는 것은 입장세, 전기세, 환경세 등을 들 수 있다. 입장세는 특정한 유흥장소(공원, 온천, 해수욕장, 낚시터, 수렵장)의 출입에 대한 입장료에 일정 세율을 부과하는 것이며, 전기세는 전기 사용료를 과세표준으로 하여 일정 세율의 지방세를 부세하는 것이다. 환경세는 공해배출부담금이나 환경개선부담금에 일정 비율을 부과하는 것이지만 이것은 원인자 부담금으로 이미 징수하고 있기 때문에 환경세의 설정은 동일 세원에 대한 이중 과세의 문제가 제기되므로 입장세와 전기세 등이 좀 더 지방세원에 적합한 것으로 고려된다.

(3) 법정 외 세목의 운영

지방세법이 규정하는 지방세 이외에 지방자치단체의 조례로써 필요한 세목과 세율을 자주적으로 설정할 수 있는 제도적 장치의 마련이 필요하다. 즉 특정 지역에 고유한 세원이 있을 경우 지방정부가 자주적으로 지방세를 설정하여 일반 목적이나 특정 목적의 재원으로 사용할 수 있도록 하는 것이다. 이것은 지방의회가 제정하는 조례에 근거하여 설치 운영하기 때문에 지방자치의 목적에도 부합된다. 이러한 세목으로 고려될 수 있는 것은 수력 발전, 어업권 보유, 임축산물 반출, 핵연료 사용 등을 들 수 있다. 그러나 조세법률주의를 규정하고 있는 현행 헌법에 대한 위헌 여부의 논란이 예상되기는 하지만 지방정부가 새로운 세목을 조례로 정할 수 있는 법적 근거를 지방세법에 마련한다면 조례에 근거한 지방세의 운영이 가능해진다.

(4) 지방세목의 통폐합

세목의 통폐합 대상은 국세보다 지방세에 더 많다. 중앙정부 세원 중에는 지방세의 원칙에 부합하는 세원들이 많이 발견된다. 지방세 중에서 통폐합이 요구되는 세목은 지방교육세를 제외한 네 가지 목적세(도시계획세, 공동시설세, 사업소세, 지역개발세)와 일부 지방세가 여기에 해당한다. 현행 목적세는 반드시 목적세로 운영해야 할 정당한 사유를 찾기 어려울 뿐만 아니라 세원도 보통세와 거의 중복되고 있으므로 이를 보통세에 통합하는 것이 타당하다. 즉 현재 운영되고 있는 목적세가 목적사업의 소요 재원의 마련을 위한 것인지 아니면 전체적인 세수 증대를 위한 것인지 그 목적이 분명하지 않으며, 그 재원이 얼마나 목적 사업에 이바지하고 있는지 많은 의문이 제기되므로 이러한 목적세를 본세에 통합하는 방안을 고려할 수 있다.

(5) 지방소득세와 지방소비세의 설정

지방소득세와 지방소비세는 성질이 유사한 현행의 지방소득세원이나 지방소비세원을 한데 묶어 설정할 수도 있으며, 지방 이양이 가능한 중앙정부의 세원을 하나로 묶어 각기 지방소득세 및 지방소비세를 설정할 수도 있다. 또한 이양 가능한 국세와 현행 지방세를 모두 합하여 각기 지방소득세와 지방소비세의 설정도 가능하다. 첫째의 방법은 세수의 증대가 없으나 세목의 단순화에 도움을 주고, 둘째 방법은 국세의 지방 이양을 통해 지방재정의 확충을 도모할 수 있다. 셋째 방법은 세목의 단순화는 물론이고 지방재정도 함께 확충할 수 있는 장점이 있지만 세목의 지나친 단순화로 상급 지방정부와 하급 지방정부 간 세목의 배분이 곤란하다는 문제를 안고 있다. 그러나 세원의 공동이용 방식을 채택할 경우 이러한 문제는 극복될 수 있을 것이다.

그리고 지방소득세와 지방소비세의 도입·운영으로 지방정부 간 재정 격차가 확대되는 문제점이 발생할 경우 이때는 재정력이 강한 지방정부가 재정력이 약한 지방정부에 재원을 지원하는 역교부금제도를 동시에 운영한다면 그러한 재정 격차는 시정될 수 있을 것이다.

제 3 절 세외수입

1 세외수입의 의의

세외수입(non-tax revenues)은 다양한 원천을 가지기 때문에 매우 복잡한 구조를 가지고 있다. 지방세를 제외한 모든 자주적 수입을 세외수입이라 칭한다. 이것은 대상 범위를 기준으로 광의, 협의, 최협의로 개념화할 수 있다.

광의(廣義)의 개념은 서비스 제공에 대한 반대급부의 성격을 띤 실질수

〈표 9-8〉 세외수입의 회계별 체계와 종류

세외수입 구분		실질·명목	종 류
일반회계	경상수입	실질수입	사용료·수수료, 재산임대수입, 징수교부금, 사업장수입, 이자수입
	임시수입	실질수입	재산매각대금, 부담금, 기부금, 잡수입
		명목수입	전입금, 이월금, 융자금 회수, 과년도수입
특별회계	사업수입	실질수입	상수도사업, 하수도사업, 주택사업, 공영개발사업, 지역개발기금, 기타 특별회계
	사업외수입	실질수입	부담금, 자본잉여금수입, 기타 자본적 수입, 이자수입
		명목수입	전입금, 이월금, 융자금 회수, 과년도수입, 예수금

입과 회계 조작의 명목수입(전입금·이월금·융자금 회수)을 포함할 뿐만 아니라 지방채 등 차입금도 여기에 포함될 수 있다. 그러나 지방채는 우리나라의 경우 과거 세외수입에 편입시켜 제정자립도 계산에 산입한 적이 있지만 지방자치의 부활과 더불어 의존재원으로 분류하고 있으므로 지방채는 세외수입에서 제외한다. 협의(俠義)의 개념은 광의의 개념에서 명목적 수입과 임시적·사업외적 수입을 제외한다. 따라서 경상적·사업적 수입(일반회계, 특별회계)만을 그 대상으로 한다. 그리고 최협의(最俠義)의 개념은 급부에 대한 반대급부로 획득되는 일반회계의 경상적 실질수입만을 그 대상으로 한다 (표 9-8). 그러나 여기에서는 광의의 세외수입을 기초로 분류하여 논의한다.

세외수입은 지방세처럼 엄격한 법률의 적용을 받으며 운영되는 것이 아니라 비교적 자율적으로 조달할 수 있는 재원이라는 점에서 지방정부가 많은 관심을 가지고 있다. 그 동안 지방재정의 확충을 위해 관심을 기울였던 재원은 주로 지방세와 지방교부세라 말할 수 있다. 지방세의 확충은 지방세법의 개정을 요하는 까다로운 절차 때문에 국세의 지방 이양이나 새로운 세목의 설정이 쉽게 이루어지지 못해 지방교부세율의 인상이 일반적 대응이었다. 그러나 이러한 교부세율의 인상도 지방양여세의 폐지나 보조금의 축소를 통해 이루어진 것이므로 지방정부의 입장에서 볼 때 지방재정의 실질적 증대는 거의 없었다고 볼 수 있다.

지방자치의 실시 이후 지방재정수입의 확충 방안에 관한 논의는 무성했지만, 세외수입에 관한 논의는 제대로 이루어지지 못했다. 그것은 중앙정부와 지방정부 간의 관계나 지방자치 인프라의 구축에 논의의 초점이 모아졌기 때문이다. 그러나 세외수입은 지방정부의 전략적 노력을 통해 자율적으로 확충할 수 있는 재원으로서 지방정부의 창의성에 기초하여 다양한 수입모델(revenue model)의 개발이 가능한 영역이다. 예컨대, 경마장, 경륜장, 경정장이 그 대표적 사례인데, 우리나라에서도 입지적 여건을 갖춘 일부 지방자치단체가 이를 설치 운영하고 있다.

2 세외수입의 종류

1) 경상적 세외수입

(1) 사용료 · 수수료

사용료(使用料)는 공공시설의 사용으로 인해 얻는 편익에 대한 보상으로 징수하는 요금이다. 이는 개별적인 보상 원칙에 의거해 징수하는 점에서 수수료와 같으나, 수수료가 지방자치단체의 특정한 정무적 활동으로 인해 편익을 받는 자에게 부과하는 것에 반해, 사용료는 지방자치단체의 공공시설을 이용하는 대가로 부과하는 점에서 구분된다. 현재 도로사용료, 하천사용료, 입장료 등이 여기에 해당된다. 수수료(手數料)는 지방자치단체의 정무활동에 근거하여 개별적인 이익을 얻는 자로부터 그 비용의 일부를 징수한다. 이것은 현재 증명 · 인허가 · 시험 · 검사, 그리고 오물 수거와 관련하여 수입증지 또는 현금으로 징수하고 있다.

(2) 징수교부금

징수교부금은 국세 · 도세 · 하천사용료 및 도로사용료 등을 시 · 군이 징수할 경우 징수위임기관인 국가 또는 도가 교부하는 것을 말하며, 이와 같은 징수교부금은 위임한 세입 징수에 소요되는 경비의 보상에 해당한다. 우리나라 현행 지방세법 시행령 제41조는 특별시 · 광역시 및 도는 시 · 군 및 자치구에서 특별시세 · 광역시세 및 도세를 징수하여 특별시 · 광역시 및 도에 납입한 때에는 납입한 특별시세 · 광역시세 및 도세징수금의 100분의 3에 해당하는 징수교부금을 그 처리 경비로 당해 시 · 군 및 자치구에 교부해야 한다고 규정하고 있다.

그러나 지방세법의 개정(1999년 12월 31일) 이전에는 자치구의 경우 징수 납입한 금액의 3/100을, 시 · 군은 30/100을, 인구 50만 이상의 행정구는 50/100을 징수교부금으로 교부받았던 결과, 지방자치단체 간 징수교부금의 불평등 문제가 제기되어 이를 시정하기 위해 징수교부금(3/100)과 재정보전금(잔여 금액)으로 분리했다. 즉 종전의 징수교부금에는 징수 대가의 성격과 재정보전의 성격이 동시에 혼합되어 있었으나 현재의 징수교부금은 징수 대가의 성격(3/100)만을 분명히 하고 있으며, 이를 제외한 잔여분은 재정보전금으로 활용하고 있다.

이러한 재정보전금은 ① 시・도지사(특별시장을 제외)는 시・군에서 징수하는 광역시세・도세(원자력 발전에 대한 지역개발세, 공동시설세 및 지방교육세를 제외)의 27퍼센트(인구 50만 이상의 시와 자치구가 아닌 구가 설치되어 있는 시의 경우에는 47퍼센트)에 해당하는 금액을 시・군에 대한 재정보전금으로 확보하여 인구, 징수 실적, 당해 시・군의 재정 사정, 그 밖에 대통령령이 정하는 기준에 따라 당해 시・도의 관할 구역 안의 시・군에 배분하여야 한다(지방재정법 제29조). 재정보전금의 종류는 일반재정보전금(90%)과 시책추진보전금(10%)으로 나뉘고, 일반재정보전금의 일정분을 할애하여 특별재정보전금으로 활용하되, 경기도의 경우는 일반재정보전금의 100분의 25에 해당하는 금액으로 하고, 광역시 및 경기도 외의 도의 경우는 행정안전부 장관이 정하는 범위 안에서 시・도의 조례가 정하는 비율에 해당하는 금액으로 한다(동법 시행령 제36조).[13]

(3) 경영수익사업(사업장수입)

경영수익사업은 지방자치단체가 공익 실현에 필요한 재원을 확보하기 위해 공익성과 경제성을 동시에 추구하면서 행하는 시장경제적인 경영활동을 말한다. 지방재정의 수요는 계속 팽창이 불가피한데 비해 세원은 한정되어 재정경직화가 초래됨에 따라 지방정부는 경영수익사업에 눈을 돌리게 된다. 경영수익사업은 분야별로 다양한 형태가 존재하지만 특히 지역의 균

13) 일반재정보전금을 배분함에 있어서는 일반재정보전금 총액에서 특별재정보전금을 공제한 총액의 100분의 50에 해당하는 금액은 당해 시・군의 인구 수에 따라 배분하고, 100분의 40에 해당하는 금액은 당해 시・군의 광역시세・도세 징수 실적에 따라 배분하며, 100분의 10에 해당하는 금액은 재정력지수가 1 미만인 시・군을 대상으로 1에서 당해 시・군의 재정력지수를 뺀 값을 기준으로 배분하고, 특별재정보전금은 당해 시・군의 재정 결함 금액에 비례하여 배분하되, 인구가 20만 미만인 시・군의 재정 결함 금액의 70퍼센트를 이들에게 우선 배분하여야 한다(지방재정법 시행령 제36조).

형 발전을 촉진하고 개발 이익의 사유화를 방지하기 위해 토지공개념에 기초한 공영개발 사업을 추진하는 것이 일반적이다. 예컨대 공유수면 매립, 택지개발사업, 간척사업, 농지개발, 해수욕장 운영, 약수 개발 운영, 하천 골재 채취 등이 여기에 해당한다. 이러한 경영수익사업 중에서 일회성 내지 단기적인 사업이 아닌 것은 대체로 지방공기업으로 운영되고 있다.

(4) 재산임대료 및 이자수입

경상세외수입으로서 재산임대료와 이자수입을 들 수 있다. 재산임대료는 재산의 장·단기적 임대에 따른 수입으로서 기초재산이 존재하는 한 영속적으로 조달될 수 있다. 이것은 재산적 수입이라는 점에서 사용료와 유사한 면을 가지지만 사용료는 대체로 법적 근거에 의해 징수되는 반면, 임대료는 법적 근거를 요하지 아니하며, 투자 목적으로 재산을 형성한 것이므로 운영의 자율성이 폭넓게 인정된다. 이자수입은 주로 지방세 및 세외수입을 징수하여 은행에 예치하는 과정에서 발생되는데, 이러한 이자수입을 확대하기 위해서는 재정지출을 일정 기간 유보하는 방법도 있지만 즉시 대응해야 하는 경우가 허다하므로 그 수입의 규모가 크다고는 할 수 없다.

2) 임시적 세외수입

(1) 부담금

부담금은 법률이 정하는 사업의 시행자가 특정 사업에서 획득된 수익의 일부를 부담하거나 재정 수요를 발생시킨 원인 제공자가 재정 수요의 전액 및 일부를 일정 기준에 의해 부담하는 금액을 말한다. 부담금은 수익자부담금(受益者負擔金), 원인자부담금(原因者負擔金), 손괴자부담금(損壞者負擔金)의 형태로 실정법에 나타나고 있다. 즉 수익자부담금은 도로법, 하천법, 도시계획법, 토지구역정리법, 도시재개발법, 공원법 등에 의해 개발부담금의 성격으로 부과되고, 원인자부담금은 도로법, 하천법, 하수도법, 공원법 등에 의해 오염부담금의 성격으로 부과된다. 손괴자부담금은 도로법, 하수도법, 농어촌도로정비법 등에 의해 파손자부담금의 성격으로 부과된다. 이러한 손궤자부담금은 재정 수요를 일으킨 원인자에게 부담금을 부과하는 것이므로 넓은 의미에서 원인자부담금에 속한다.

수익자부담금의 대표적인 것은 개발이익 환수에 관한 법률에 의해 부과되는 개발부과금을 들 수 있다. 이것은 국가 또는 지방자치단체로부터 인가·허가·면허 등을 받아 시행하는 주택개발사업, 공업단지조성사업 등의 사업 시행자가 부담하는 것으로서 개발이익의 25%를 국가에 납부하며, 이 중 50%는 개발이익을 실현시킨 토지가 속하는 지방자치단체에게 배분하도록 되어 있다(개발이익 환수에 관한 법률 제4조, 13조).

이러한 부담금은 정부 상호간에도 발생된다. 상급정부의 위임사무가 있을 경우 이를 처리하는 당해 정부는 상급정부에 부담금을 청구할 수 있다. 즉 기관위임사무일 경우 교부금을, 단체위임사무일 경우 부담금을 청구할 수 있다(지방재정법 제23조). 또한 광역지방자치단체가 기초자치단체에 사무위임이 있을 경우 동일한 논리에 의해 기초자치단체는 교부금이나 부담금을 청구할 수 있다(동법 제 28조). 그 밖에도 시·도가 관할구역 내의 지방자치단체 구역에 토목 및 건설 사업으로 인해 이익이 발생되는 경우 그 수익의 한도 내에서 그 시·군 및 자치구에 대해 그 건설 사업에 소요되는 경비의 일부를 부담시킬 수 있다(동법 제30조).

(2) 재산 매각 대금

재산 매각은 지방정부가 소유하는 재산을 매각함으로써 조달되는 수입을 말한다. 재산 매각은 해마다 이루어지는 것이 아니라 불용재산이 발생되거나 투자 목적으로 획득한 재산을 가공하여 다시 매각하는 과정에서 가끔 발생된다. 일반적으로 지방자치단체들은 공공의 목적을 달성하기 위해 토지 등의 재산을 적극적으로 매입해야 할 입장에 있으므로 매각할 재산이 많지 않는 것이 현실이다. 그러나 현실적으로 매각되고 있는 것은 경영수익사업 등을 위해 매입한 토지나 건물을 용도에 맞게 가공하여 처분하는 것이 거의 대부분이라 할 수 있다.

(3) 과징금·과태료

과징금(課徵金)은 지방자치단체가 일정한 행정법상의 의무를 위반한 자에 대해 부과하는 금전적 제재로서 범칙금, 가산금 등의 용어로도 불린다.

즉 과징금은 일정한 행정상의 의무를 위반함으로써 일정한 경제적 이득이 발생하는 자에게 그 이득을 회수하려는 것에 목적이 있다. 이처럼 과징금은 행정법상의 의무를 위반한 자에 대해 부과하는 금전적 제재라는 점에서 벌금·과태료와 유사하다. 그러나 벌금(罰金)은 형사적 처벌이라는 점에서 다르고, 과태료(過怠料)는 개별 법령(호적법, 주민등록법 등)과 조례상의 의무자가 그 의무나 질서를 이행하지 않거나 위반한 경우 자치단체가 행정질서 유지 또는 의무 이행을 강제하기 위해 부과하는 행정벌 성격의 금전적 부담이라는 점에서 과징금과 다르다.

(4) 회계 조작 수입

회계 조작 수입은 명목수입이라고도 한다. 이것은 실질적인 수입이 없으면서도 회계장부의 조작에 의해 마치 수입이 있는 것처럼 처리되는 경우를 말한다. 즉 융자금의 회수와 같이 과거에 이미 이루어진 수입이 부채 상환으로 인해 현재의 수입으로 계리되는 형식적이고 명목적 수입을 의미한다. 여기에는 융자금의 회수 외에도 연도 간에 이루어지는 이월금, 일반회계와 특별회계 간에 이루어지는 전입금, 그리고 납입고지 행위는 과년도에 이루어지고 실제 납입은 당해 연도에 이루어지는 과년도 수입 등이 존재한다.

3 세외수입의 발전 과제

1) 세외수입의 문제점

우리나라 지방정부가 그 동안 노출한 세외수입 부문의 문제점은 ① 수입구조의 불건전성, ② 지역별 격차, ③ 낮은 징수율, ④ 비현실적 원가 보상, ⑤ 경영수익사업의 소극성 등으로 요약할 수 있다.

수입구조의 불건전성이라 함은 경상적 세외수입의 구조가 부실함을 의미한다. 세외수입 구조는 경상수입과 임시수입으로 구분되는데, 전체 세외수입 중 경상수입의 비중이 저조할 뿐만 아니라 그 중에서도 서비스 제공을 통해 확보되는 사업수입은 적고, 징수교부금 등 상급정부에 의존하는 비사업적 수입이 절대적 비중을 차지해 왔다. 또한 임시수입에서도 사업적인 실제 수입은 적으면서 명목상의 회계 조작 수입(세계잉여금 등)이 절대적 비중을 차지해 온 것이 문제점으로 지적된다.

둘째, 지역별 세외수입의 격차 현상이다. 지방자치단체 간의 재정력 격차가 매우 크게 나타나는 것과 마찬가지로 세외수입의 규모에서도 역시 지역별로 매우 큰 편차를 보이고 있다. 세외수입은 징수 근거가 다양하고 종류가 많음에 따라 자치단체, 회계연도 간의 분포가 불규칙하고 자치단체장의 관심 여하에 따라 큰 차이가 발생한다.

셋째, 비현실적인 원가 보상이다. 징수 근거가 다양하고, 장기간 요율을 정비하지 않아 비현실적 요금들이 많이 있을 수 있다. 수수료와 사용료의 현실화를 위해 정부는 자치단체별로 기초조사와 원가분석을 실시하여 공공요금을 결정하지만 지금까지 보여 준 원가보상 수준은 대부분 원가를 훨씬 못 미치는 수준인 것으로 밝혀지고 있다. 이것은 특히 국가의 물가정책과 연계되어 인상이 억제된 것에도 그 원인이 있지만 이의 현실화를 위한 노력 부족도 중요한 원인이 되고 있다.

넷째, 경영수익사업의 소극성이다. 경영수익사업은 정부가 민간과 대등한 입장에서 수익사업을 전개하는 사업으로서 여기에는 공기업과 사업장의 운영으로 대별할 수 있다. 전자는 법인격을 가진 특별회계 사업으로서 경마장, 경륜장, 경정장 등이 대표적이며, 후자는 일반회계사업의 하나인 사업장 수입을 목적으로 한 사업을 의미한다. 특히 후자는 공익성보다 수익성에 더 많은 중점을 두므로 민간의 사업 영역을 침범할 가능성이 높기 때문에 민간과 경쟁적이지 아니한 공유재산의 생산적 활용에 그 사업의 정당성을 찾아야 할 것이다. 그 밖에 토지개발사업, 건설자재의 생산 공급, 공유재산의 생산관리, 농림수산 소득의 증대 등과 같은 사업은 간접경영 방식이나 제3섹터 방식에 의해 운영될 수 있지만 가급적 틈새 분야를 활용하는 일반회계의 경영수익사업으로 추진하는 것이 바람직하다.

2) 세외수입의 발전 과제

(1) 경상적 세외수입의 확대

세외수입의 개념적 범위를 광의로 해석할 경우 지방공기업의 활성화, 지방채를 통한 투자재원의 확충과 같은 방안들이 제시될 수 있지만 여기에서는 가장 좁은 범위의 경상적 세외수입의 확충 방안을 중심으로 논의한다. 경상적 세외수입의 확충 방안은 첫째, 현행 지방자치단체의 각종 수수료와 사용료의 불균형적 체계를 바로잡고 현실화하는 방법을 들 수 있다, 둘째, 국가 세외수입 중에서 지방 세외수입으로 적합한 사용료와 수수료의 지방 이양이다. 예컨대, 도로운송차량법에 의한 과태료라든지, 지방자치단체의 예산으로 공사 계약을 할 경우의 인지 수입, 각종 은행의 예금증서 또는 통장에 첨부하는 인지수입 등에 대한 관계 법령의 개정을 통해 지방자치단체의 증지수입으로 대체하는 방법을 고려할 수 있다.

(2) 경영수익사업의 확대

경영수익사업은 지방공기업법상에 규정된 사업 이외의 수익사업으로서 법적 규제로부터 매우 자유로운 영역이다. 이러한 이유 때문에 지방정부는 법적 규제나 중앙정부의 통제가 거의 없는 이들 사업에 지대한 관심을 보이고 있다. 경영수익사업의 분야는 ① 토지의 이용·개발, ② 문화관광 유원지 개발, ③ 지역 부존자원 활용, ④ 공유재산 관리, ⑤ 농수산 소득증대 사업으로 요약된다(최유성, 1997: 100-104).

토지 이용 개발 사업에서는 공업용지 조성, 농경지 조성, 공유수면 매립, 하천부지 개발, 저습지 매립, 유휴지 개발, 하천 복개, 간척 개간, 실버타운, 전원주택, 산촌마을, 수력 및 조력발전소 등을 고려할 수 있다. 문화관광 유원지 개발사업에서는 해상공원 개발, 해양수족관 설치, 해저관광박물관, 휴양림, 임해휴양림, 경마장, 경륜장, 승마장, 민속촌, 영화촌, 관광타워, 관광유람선, 청소년수련장, 관광농원, 수렵장, 케이블카 설치, 동물원, 폐광구활용, 체험학습장, 전망대 설치, 민박마을 설치, 국악제, 사진전, 문인전, 조각전, 도자기전, 매점 운영 등을 들 수 있다.

지역 부존자원 활용 사업에서는 하천 골재 채취, 해사 채취, 석산 골재 채취, 역청공장 운영, 전통음식 고유기술, 지역특산물 관광상품 등이 있으며, 공유재산의 생산적 관리에는 각종 회관·체육시설의 생산적 활용, 노상주차장 운영, 공원묘지 조성, 토지임대 등이 있고, 농수산 소득증대 사업에는 유실수 식재, 양묘장, 종패 생산, 농림수산 직판장, 농수산물 집하장, 농수산물 저온창고, 특산물 가공, 화훼사업 등을 고려할 수 있다. 그러나 경영수익사업은 상당 부분 민간과 경쟁 관계에 있기 때문에 민간시장을 잠식하지 않으면서 수익성도 아울러 도모해야 하는 내재적 한계를 지니고 있으므로 신중한 선택이 요구된다.

(3) 민관공동출자회사(3섹터)의 활성화

3섹터란 공공의 기능과 민간의 활력을 통합시킨 민관공동조직으로서 잘 운영한다면 훌륭한 성과를 기대할 수도 있지만 축적된 경험이 부족하여 미숙한 운영을 할 경우 이의 성공적 운영을 담보할 수 없다(이원회, 1996: 28). 이것은 지방정부의 부족한 지역개발 자금을 정부와 민간이 공동으로 참여해서 해결할 수 있고, 특히 지역의 문제를 지역 스스로 해결한다는 점에서 지방자치의 기본 정신에 부합하는 측면이 있다. 이러한 민관공동출자사업의 활성화를 위해서는 대상 사업, 출자 비율, 조직 형태, 채산성 보장, 자금 조달 등의 과제에 대해 충분한 사전 검토가 필요하고, 특히 민간기업과 주민들의 이해를 제고하여 참여를 확대시키는 노력이 중요하다.

공기업은 본래 공익성이라는 목표를 달성하기 위해 기업성이라는 수단을 적절히 활용하는 제도로서 다른 산업이나 기업을 지원하는 산업 인프라 역할도 수행하지만 주민에 대한 사회복지 서비스의 제공 역할도 수행한다. 더욱이 지방공기업의 경우 생산적 기능보다 사회복지 서비스의 공익적 기능이 더 강하게 나타나기 때문에 지방공기업의 민영화 문제는 신중한 검토가 있어야 할 것이다. 그것은 공공 부문이 담당하면 무조건 관료적이고 경직적인 운용이라고 폄하하여 축소 또는 폐지를 주장할 것이 아니라 공기업을 담당하는 사람들의 의식과 조직의 개혁을 통해 합리적 운영을 도모하는 것이 공기업 본래의 목적을 제대로 구현할 수 있기 때문이다.

이러한 의미에서 본다면 지방공기업의 활성화가 더욱 요구된다. 지방자치단체가 적극적으로 기업적 서비스의 생산과 공급을 활발히 한다는 것은 자주재원의 확충에 대한 기대뿐만 아니라 지역경제와 주민 복지의 증진에도 기여할 수 있다는 점에서 그 활성화가 요구된다. 우리나라의 지방공기업은 1969년 지방공기업법의 제정 이후 상·하수도, 병원, 지하철, 시장, 도시 개발, 주택사업 등 매우 다양한 업종에 걸쳐 운영되고 있다.

지방공기업의 활성화 및 운영 개선을 위해서는 사채(社債)의 적극적 활용을 고려할 수 있다. 상하수도나 주택 등의 지방공기업인은 자본의 회임기간이 길어 장기 안정적인 재원 조달 방안이 요구되므로 지방채의 적극적 활용을 통해 이러한 문제를 극복할 수 있다. 우리나라 지방정부의 지방채 발행의 한도는 전전 연도 예산액의 10/100 이내로 규정하고 있다(지방재정법 시행령 제10조). 그러나 지역사회 발전과 연계된 특별 사업이 있을 경우 대통령령이 정하는 사업의 범위 내에서 행정안전부 장관의 승인을 받아 이를 초과하여 발행할 수도 있다. 한편, 지방공기업의 사채 발행은 대통령이 정하는 기준 이내의 경우 일반적으로 순자산액의 10배 이내에서 단체장의 승인을 받아 자유로이 발행할 수 있다. 그러나 대통령령이 정하는 기준을 충족하지 못하는 공기업은 행정안전부 장관의 승인을 얻어 사채를 발행할 수 있도록 규정하고 있다(지방공기업법 제68조).[14]

14) 행정안전부 장관의 승인을 요하는 대통령령이 정하는 공기업의 사채 발행 기준은 공사의 경우 직전 연도 부채 비율이 100분의 80 이상인 경우, 최근 3년 이상 계속하여 당기 순손실이 발생한 경우, 사채 발행 예정액이 100억 원 이상인 경우이다.

제 10 장 지방재정: 의존재원

제 1 절 지방재정조정제도

1 지방재정조정제도의 의의

지방자치단체의 행정 기능을 수행하는 데 필요한 경비는 자체 재원으로 충당하는 것이 바람직하다. 그러나 세원의 지역적 편재 현상이 존재하는 경우 국세를 지방으로 이양하는 세제 개편은 오히려 지역 간의 재정 격차를 더욱 심화시키는 결과를 초래할 우려가 있다. 따라서 모든 지역에 고루 분포된 세원을 지방세로 선택하는 한편, 특정 지역에 편중된 세원을 국세로 징수하여 지방재정의 불균형을 완화하는 재정조정 장치가 필요하게 되는 것이다. 즉 자본주의가 고도로 발달하게 될 경우 지역 간의 경제 및 재정 격차는 필연적으로 발생할 수밖에 없다는 사실과 주민은 어느 지방자치단체에 살더라도 일정한 행정 수준을 향유할 수 있어야 한다는 상호 모순된 두 명제를 조화시키려는 시도에서 나타난 것이 바로 지방재정조정제도이다.

이러한 지방재정조정제도는 1923년 독일에서 가장 먼저 실시했다. 당시 재무부의 관료이자 대학교수였던 포피츠((J. Popitz)는 제1차 세계대전 후

어수선하고 혼란한 독일 사회를 극복할 수 있는 강력한 중앙집권적 정치행정 체제가 구축될 필요가 있음을 인식하고, 주요 세원을 중앙정부가 보유하여 지방에 배분하는 세계 최초의 지방재정조정제도를 창안하여 건의했다. 따라서 독일은 종래 주에 속해 있던 직접세(소득세, 법인세) 및 간접세(매상세) 등 주요 세원을 중앙정부로 흡수하고, 이를 기초로 지방에 재원을 분여하는 중앙집권적 체제를 위한 세제개혁을 단행했다(이창균, 2005: 5).

지방정부가 제공하는 공공 서비스는 사무의 종류만큼 다양하므로 공급되는 서비스의 성격에 따라 재원의 조달 방식도 달라야 한다. 지방공공 서비스 중에는 중앙정부와 지방정부가 비용을 분담하는 것이 바람직한 경우가 있는가 하면, 지방정부가 재원을 부담하는 것이 당연하지만 지방정부의 자체재원 부족으로 중앙정부의 지원이 불가피한 경우도 있다. 이처럼 지방재정조정은 재정 지원 목적에 따라 다양한 형태로 나뉘는데, 그 중에서도 지방교부세제도와 국가보조금제도가 가장 보편적 형태이다.

여기에서 지방교부세라 함은 지방자치단체의 재정수요 부족분을 보전할 목적으로 국가가 지방자치단체에 교부하는 용도가 지정되지 않은 일반재원으로서 지방정부 상호간 재정적 격차를 해소하는 데 일차적 목적을 둔 재정을 말하며, 국고보조금제도라 함은 중앙정부의 정책 사업을 지역 수준에서 지방자치단체가 대신 수행할 경우, 또는 지방정부사업이라 할지라도 국가적 차원에서 장려할 만한 사업일 때 국가가 지원해 주는 재정을 의미한다. 정부간 재정적 협력은 중앙정부가 지방자치단체에, 광역자치단체가 기초자치단체에, 동급 자치단체는 상호간에 재원을 공여하는 경우로 나타난다. 이러한 중앙정부와 지방정부 간의 불가피한 재정적 연계는 오랜 역사적 연원을 가지고 있기 때문에 인위적인 것이 아니라 오히려 자연발생적인 현상이라 하겠다.

2 지방재정조정제도의 기능

지방재정조정제도가 가지는 기능은 여러 가지가 있지만 그 중에서도 중요한 것을 들면 다음과 같다.

첫째, 공공 서비스에 대한 국가의 최저 수준(national minimum)을 유지하는 것이다. 국가는 서비스 수준이 높은 지역으로 이주할 수 없는 주민들을 보호하고, 또한 서비스 수준이 높은 지역으로 이주하기를 원하는 주민들의 이동을 진정시키기 위해 국가적 차원에서 최저 수준의 공공 서비스를 공급할 필요가 있다. 이처럼 주민의 기본적 공공 서비스를 충족시키기 위해 지방재정조정제도가 필요하며, 여기에 적합한 지방재정 조정 수단은 정액보조금을 들 수 있다.

둘째, 국가와 지방정부 간 수직적 재정불균형(vertical inequality of finance)을 시정한다. 수직적 재정불균형은 수준을 달리하는 정부 간의 재정불균형으로서 이것은 신장성이 미약한 세원을 지방정부에 배분했을 때 주로 나타나는 현상이다. 즉 지방정부의 경상지출 재정 수요와 조세 조달능력 간의 차이에서 비롯되는 중앙정부와 지방정부 간의 재정적 불균형이 재정조정의 대상이 되는 것이다. 이러한 정부간 수직적 재정불균형을 해소하기 위해 운영되는 지방재정조정제도로서는 조세분할(tax sharing)과 세입분할(revenue sharing)이 대표적인 제도이다.

셋째, 지방자치단체 간 수평적 재정불균형(horizontal inequality of finance)을 시정한다. 수평적 불균형은 동급 수준의 지방정부 간 재정 격차로서 재정력이 강한 지방정부보다 재정력이 약한 지방정부가 서비스의 이용에 불리한 입장에 서게 된다. 따라서 빈곤단체와 부유단체 간의 재정력 격차를 해소하여 동급 수준의 지방정부 간 규질적 서비스를 향유할 수 있게 하기 위해 지방재정조정제도가 필요하다. 이러한 수평적 재정불균형을 시정하기 위해 일반교부금제도를 주로 활용하지만 독일에서는 역교부금제도(reverse general grant)를 운영하는 것이 특징적이다.[1)]

넷째, 지방자치단체의 자조 노력(self-help efforts)을 촉진하고, 재정지

---

1) 독일의 수평적 재정조정제도로서 역교부금제도가 있다. 이것은 재정력이 강한 주정부가 재정력이 미약한 주정부에 지급하는 제도로서 주민 1인당 세입이 일정 수준에 미치지 못한 주정부에 그 부족액을 교부하는 방법이다. 즉 세입이 부족한 주에 대해 1인당 세입의 전국 주의 평균 99.5% 수준까지 교부되고 있다.

출 자율성을 제고한다. 예컨대, 징수 노력 조건부 지방재정조정제도를 운영할 경우 주어지는 인센티브 제도는 지방자치단체 세입을 증대하려는 자조의 노력을 촉진하고, 또한 일반교부금의 확대 지원은 지방정부의 총체적 재정력을 강화하여 재정지출의 자율성을 제고할 수 있다.

다섯째, 행정효율(administrative efficiency)을 제고한다. 위임사무는 본래 국가가 수행할 사무이지만 지방자치단체에 위임하여 처리하는 것이 더 효율적이라 판단하여 지방정부에 위임한 사무이기 때문에 이러한 사무에 대한 재정 지원은 결국 국가의 총체적 행정 능률을 제고하는 효과를 가져온다.

3 외국의 지방재정조정제도

정부간 재정적 불균형을 시정하기 위해 국가마다 다양한 지방재정조정제도를 운영하고 있다. 그러나 여기에는 어느 정도 공통적인 내용이 존재하기 때문에 이를 유형화할 수 있게 된다. 먼저 주요 선진국들의 지방재정조정제도를 살펴보고자 한다(권호성 외, 2006).

1) 영국의 지방재정조정제도

영국의 지방재정조정제도는 우리나라의 지방교부금에 해당하는 세입지원교부금(rate support grant: RSG)과 보조금의 두 가지 형태로 운영되고 있다. 지방세로서는 오랫동안 재산세(rates)를 운영했으나 이를 폐지하고, 1993년부터 주민세 · 재산세 · 소득세를 포함하는 종합세적 성격의 지방의회세(council tax)를 부과하고 있으나 지방재정의 조정을 위한 재원이 줄어들지 않고 있는 실정이다.

영국의 지방교부금 제도는 대체로 두 가지 유형으로 나뉜다. 첫째, 수요(needs element) 교부금이다. 이것은 모든 지방에 동일한 수준의 표준적인 행정 서비스가 제공되도록 지원하는 중앙정부의 재정으로서 지방 간의 행정 수요 격차를 해소하는 기능을 담당한다. 둘째, 일률(flat rate element) 교부금이다. 이것은 종전 재정력 격차를 해소하기 위해 지원하던 자원교부금(resource element)의 변형으로서 지금은 전국적으로 동일하게 적용되는 인구 1인당 단위비용에 성인 인구 수를 곱하여 산출한다. 이러한 중앙정부 지원의 지방교부세를 산정하기 위해서는 전국적 공통 수요를 의미하는 표준지출액(SSA: Standard Spending Assessments)을 산정해야 한다. 이것은 지방정부 세출 규모 전체를 재정 수요로 인정하는 것이 아니라 인구, 면적 등 다른 공통적 기준을 적용하여 산정한 체제 유지에 필요한 표준적 수요로서 우리나라의 기준재정수요에 해당한다.

이 밖에도 영국은 비주거용 재산세(non-domestic rates)의 지방양여제도가 별도로 존재한다. 상업용 재산세는 1990년 지방세에서 국세로 전환되었으며, 이는 중앙정부가 징수하여 일정한 기준에 의거 지방정부에 다시 환원하는 재원이므로 넓은 의미에서 본다면 지방교부세적 성격을 갖는다.

그리고 영국의 국고보조금제도는 특정보조금제도(specific grants)와 보충특별잠정보조금제도(supplementary and special transitional grants)로 나뉜다(조창현, 2005: 352-353). 특정보조금과 보충보조금은 국가와 지방 차원에서 중요성을 지니는 특정 사업을 대상으로 매년 계속적으로 지급되는 보조금이며, 특별잠정보조금은 특수한 사정이나 여건 변화에 대응하여 단년도 내지 단기·한시적으로 운영되는 보조금이다. 특히 특정보조금은 지방정부 사업으로서 중앙정부가 관심을 갖는 경찰, 생활 개선, 보호 관찰, 도시계획 등의 사업에 지출되는 용도 지정의 정률 보조금인데, 국고보조금의 대부분을 차지한다. 특별보조금은 중앙정부의 주요 정책 사업을 지방정부가 수용하여 추진하는 경우에 지원하는 포괄보조금으로서 매년 의회의 승인을 받아 일정한 기준에 의해 배분된다는 점에서 우리나라 특별교부세의 성격도 조금 갖는다. 그리고 잠정보조금제도는 특수한 사정이나 여건의 변화에 대응하여 단년 내지 한시적으로 운영되는 보조금을 말한다.

영국의 지방재정조정제도에서 발견되는 특징은 80~90%의 중앙정부 지원 재정과 10~20%의 자체재정으로 편성된 예산으로 지방자치를 운영해 나가는 것이며, 특히 세입지원교부금(RSG)의 총액 규모가 매년 중앙정부와 지방단체연합회 간의 협의에 의해 결정되고 있는 것이다. 이것은 전통을 존중하고 정치적 협상이 고도로 발달한 영국과 같은 국가에서나 성공할 수 있는 제도이지만 총액의 결정 과정에서 정치적 마찰과 충돌이 자주 일어날 수 있는 국가에서는 교부세율을 법률에 규정하는 것이 오히려 바람직하다.

2) 미국의 지방재정조정제도

미국의 지방재정조정제도는 연방세입의 일부를 주·지방에 배분하는 것이 핵심적 내용이다. 이것은 연방정부와 주정부 및 지방자치단체 간에 새로운 파트너십을 형성하여 수입의 배분을 통해 행정 주체들의 사무 처리와 협력 등 책임을 분담해 나가자는 것이다. 미국의 지방재정조정제도는 용도가 지정되지 않는 세입분여금제도(general revenue sharing)와 용도가 지정된 보조금제도(grants)로 나뉘며, 보조금제도는 다시 포괄보조금과 특정보조금으로 나뉜다.[2)]

세입분여제도는 우리나라의 지방교부세 제도와 같은 것으로서 일정 공식에 의해 배분되며, 이것은 총금액의 1/3은 주정부에, 2/3은 지방정부에 할당되었다. 보조금은 연방정부의 조건부 지원재정으로서 포괄보조금과 특정보조금이 있다. 포괄보조금(block grants)은 주로 주정부에 지원하는 보조금으로서 교육, 보건, 의료, 사회보장, 주택 및 지역개발, 노동, 교통 등 여러 부문에 배분하는데, 수혜정부에 지출의 자율성을 상당 수준 부여하고 있다. 특정보조금(categorical grants)은 연방정부가 관심을 가진 특정한 사업에 대해 교부하는 것으로서 전체 보조금의 절대적 비중(98% 내외)을 차지하며, 공식보조금(formula grants)과 사업보조금(project grants)으로 나뉜다(조창현, 2005: 407). 전자는 사업자의 선정이나 보조금의 배분 기준(거리, 면적 등) 등이 법률이나 행정규칙 등에 의해 규정되어 자동적으로 배분되는 보조금으로서 의료 부조, 고속도로 건설, 학교 급식 등에 적용된다. 후자는 일정 기간의 구체적 사업에 대해 지원되는 보조금으로서 장학

---

2) 미국의 보조금제도에는 포괄보조금과 특정보조금으로 대별되며, 특정보조금은 다시 공식보조금과 사업보조금, 협력적 계약으로 나뉜다. 여기의 협력적 계약은 지원부처와 수혜기관이 공동의 이해관계를 가진 사업에 대한 보조금이라는 점에서 사업보조금과 다소 다른 점이 있지만 넓은 의미에서 볼 때 사업보조금에 해당한다.

〈표 10-1〉 연방정부의 하급정부(주 · 지방)에 대한 지원재정 비중

(단위: %)

구 분	1960	1970	1980	1990	1995	2000	2004
연방 대비	14.8	20.1	27.4	18.9	22.8	22.1	25.0
GDP 대비	1.4	2.4.	3.4	2.4	3.1	2.9	3.5

자료: 한국행정연구원, 「주요국 지방재정지원제도 비교분석」, 2006, p. 247.

보조금, 연구보조금, 훈련보조금, 실험보조금, 기술지원보조금, 서베이보조금, 건설보조금 등이 여기에 해당한다. 그 동안 연방정부가 주정부 및 지방정부에 지원해 준 연도별 보조금의 비중은 <표 10-1>에서 보는 바와 같다.

견고한 지방분권제도의 토대 위에서 성립한 연방제 국가로서 독자적인 지방재정의 전통을 가지고 있는 미국의 지방재정조정제도의 특징을 살펴보면, 첫째 보조금제도를 통한 국가정책의 지역적 실현이다. 연방정부가 지방재정의 부족분을 보전한다는 것은 다양한 영역의 차별 금지, 도심지의 빈곤 퇴치, 인력 개발 등 특정한 국가 정책 목표의 수행을 위한 유인 제도의 성격이 강하다. 둘째로 세입분할제도의 불활성화이다. 세입분여제도가 창설된 1972년 당시에는 이 제도가 역사적으로 획기적인 지방재정조정제도로 발전할 것이 기대되었으나 운영 규모의 소액과 연방정부의 재정적자 규모의 급격한 증대로 인해 주정부에 대한 세입분여제도는 1984년에, 그리고 지방정부에 대한 세입분여제도는 1986년에 각각 폐지되어 현재 포괄보조금과 특정보조금 등 보조금 제도만 남아 있는 실정이다(김동건 외, 1996: 124).

3) 프랑스의 지방재정조정제도

프랑스의 지방재정조정제도는 다른 나라에 비해 매우 복잡한 구조를 가지고 있다. 중앙정부의 지원재정은 대체로 네 개 분야로 나뉘어 있다. 즉 ① 경상비, ② 투자비, ③ 사무이양 보상, ④ 지방세 감면 보상 등이다. 중앙정부가 지방정부에 지원해 주는 지원재정의 구성비는 2006년 예산안을 기준으로 할 경우 경상교부금은 60.0%, 투자교부금은 11.2%, 사무이양보상교부금은 6.0%, 지방세감면 보조금은 22.8%로 나타나고 있다(한국행정연

구원, 2006: 127).

이러한 중앙정부 지원재정은 지출 용도의 지정이 없는 일반교부금(交付金)과 용도가 지정된 보조금(補助金)으로 나룰 수 있다. 교부금은 다시 종합경상교부금과 기타 교부금으로 나눌 수 있는데, 그 중에서 종합경상교부금의 비중이 절대적 비중(약 87% 내외)을 차지하고 있다.

교부금 중 종합경상교부금(綜合經常交付金)은 1979년 창설된 것으로서 종래의 복잡 다양한 교부금제도를 통합한 제도로서 부가가치세(VAT)의 일정 비율로 결정되며, 그 비율은 매년 예산 법률에서 규정하고 있다.

교부금 중 기타 교부금은 지방분권교부금(地方分權交付金), 투자종합교부금(投資綜合交付金), 부가가치세보상기금(附加價値稅補償基金), 사업세형평교부금(事業稅衡平交付金) 등이 있다. 지방분권교부금은 1983년 '신권한배분법'에 의해 지방단체에 권한을 이양할 때 수반되는 재원 충당을 위한 것으로서 일부는 교부금에 의해 충당되고, 나머지는 국세의 지방세 전환에 의해 충당된다. 투자종합교부금은 지방공공단체의 공공투자수요액과 실제 재정 상태를 감안하여 배분한다. 부가가치세 보상기금은 부가가치세 제도의 변경에 따른 자치단체 및 공공기관의 손실에 대한 보상을 위해 설치한 것이며, 사업세형평교부금은 사업세수입의 지방단체 간 격차를 시정하기 위해 전국적인 기금의 형태로 설치한 것이다.

프랑스는 강력한 중앙집권적 정치행정제도를 채택하고 있으며, 중앙재정에 대비한 지방재정의 규모가 미약하다는 점에서 우리나라와 유사한 일면을 보이고 있으나 다음과 같은 특징을 가지고 있다.

첫째, 교부금 총액의 결정 방식에서 부가가치세의 일정 비율을 법률로 정하여 교부금 총액의 안정성과 신장세를 동시에 보장하고 있는 점을 들 수 있다. 더구나 부가가치세 자체의 변동이 있는 경우에도 즉각 교부금 총액의 안정 유지를 위해 필요한 법정 비율을 조정할 것을 규정한 것이나 교부금 총액 신장률의 하한선을 명시하여 적정 신장세를 보장하고 있는 것이 특징이다.

둘째, 교부금제도 개혁을 실시하면서도 그에 따른 단체별 교부금 배분액의 급격한 변화의 충격을 완화하기 위해 기존 배분 방법을 상당한 규모로 장시간에 걸쳐 적용하면서 그 적용 범위를 점차 축소해 가는 신중성을 보이고 있다는 것이다.

셋째, 지방정부 재정력을 1인당 지방세 징수액으로 정의하여 지방정부의 재정력의 균형화를 도모하고 있는 것은 유의미한 제도라 할 수 있다.

넷째, 종합경상교부금과는 별도로 종합투자교부금을 창설하여 경상비 지원과 투자비 지원을 별개의 교부금제도로 구분 운영하고 있는 것이 특징이다.

4) 일본의 지방재정조정제도

일본의 지방재정조정제도는 대체로 지방교부세, 국고지출금, 지방양여세 제도로 구성되어 있다. 지방교부세는 보통교부세(94%)와 특별교부세(6%)로 구분된다. 보통교부세는 매년 기준재정수요액이 기준재정수입액을 넘는 지방자치에 대해 재정 부족액을 보전하는 형식으로 교부되며, 특별교부세는 보통교부세의 획일적이고 기계적인 배분에 따른 불합리성을 시정하기 위해 교부된다. 지방양여세는 국가가 징수한 특정 조세를 지방자치단체에 양여하는 재원으로서 소비양여세, 특별톤양여세, 지방도로양여세, 석유가스양여세, 자동차중량양여세, 항공기연료양여세 등이 있다.

지방양여세 제도는 지방도로와 같이 재정은 특정 지방자치단체가 부담하는 반면, 그 이용은 다른 지방자치단체의 사람들이 이용하고 있는 경우와 같이 이용 주체와 부담 주제가 서로 달라 재정적 불합리가 나타날 때, 이를 시정하기 위한 제도로 고안된 것이다. 이것은 특정 세목을 양여세로 지정하고, 중앙정부가 이를 직접 징수하여 재정 수요를 일으킨 원인(도로의 길이 등)에 비례하여 징세지 지방정부로 다시 환원해 주는 제도라는 점에서 교부세제도와 보조금제도에 비해 다른 특징을 가지고 있다.[3)]

국고지출금은 국가가 지방자치단체에 대해 용도를 특정하여 교부하는

---

3) 우리나라에서도 지방자치의 재개와 함께 지방양여세제도를 도입 운영한 바 있으나 지방교부세의 확충을 위해 법정교부세율을 인상하는 과정에서 최근 폐지되었다. 그 동안 우리니라에서 운영한 지방양여금제도는 일본과는 달리 지방교부세와 특정보조금의 중간적 성격을 가지고 있기 때문에 포괄보조금과 유사한 면이 있었다.

재원으로 국고부담금, 국고보조금, 및 국고위탁금이 있으며, 국고부담금은 국가가 법령이 정하는 바에 따라 일정 기준에 의해 부담하고, 국고보조금은 국가가 일정한 시책을 장려 조정할 필요가 있는 경우 부담하며, 국고위탁금은 국가사무를 지방자치단체에 위탁하여 처리하는 경우에 부담하는 경비를 말한다. 일본의 현행 지방교부세제도는 세계에서 가장 정교하게 조직된 지방재정조정제도로 평가되고 있으며 수십 년간의 실제 운영을 통해 현실 적용성과 이론적 타당성이 우수한 제도로 인정받고 있으나 교부세 배분액 산정 과정이 지나치게 복잡하여 방대한 행정조직 없이는 이 제도의 운용이 불가능하다는 점이 지적되고 있다. 일본의 지방재정조정제도의 특징을 보면 다음과 같다.

첫째, 교부세의 총액을 매년 국가 예산편성 과정에서 신축적으로 결정하는 방식을 채택해 왔으나 결국 실패하여 국세 중 특정 세목[4]의 징수 금액에 법정 비율을 적용하여 지방교부세 재원을 조달하고, 이를 특정 공식에 의해 분배하는 제도를 운영함으로써 지금까지 성공적으로 운영되어 오고 있다. 재정수요 증대에 따른 지방교부세 총액 규모의 안정적인 확보를 위해 초기에는 교부세율을 빈번하게 상향 조정했으나 최근에는 특례법으로 임시 증액하거나 국고에서 임시 차입하는 방법 등을 도입하여 실질적인 신축성을 제도에 가미하고 있다.

둘째, 보통교부세로 대처할 수 없는 지방자치단체의 특별 수요를 위해 특별교부세가 교부되고 있으나 특별교부세의 배분 기준을 상세히 규정하여 독단적인 재량권이 남용될 수 있는 가능성을 줄이고 있다.

셋째, 교부세 배분 금액의 산정 방법과 관련하여 현재 일본에서 재정민주주의라는 관점에서 산정 방법의 간소화를 위한 논의가 진행되고 있다. 즉 보정 방법이나 보정 계수에서 지방자치단체장의 의견을 반영하고, 결정과정과 내용을 공개하는 것이 중요 과제로 등장하고 있으며, 특히 보정 방법 전체를 간소화해야 한다는 주장이 일본에서 강력히 제기되고 있다. 이것은 우리나라가 지방재정의 발전과 관련하여 앞으로 고려해야 할 사항으

4) 교부세의 대상세목은 현재 소득세, 법인세, 주세, 소비세, 담배소비세이다.

로 보인다.

넷째, 일본의 지방재정조정제도 발전 과정을 보면 중앙정부의 지방정부 지배를 지양하고 지방정부의 자주성을 제고하기 위해 일관성 있게 노력하고 있다. 지원재정 신청 절차의 제도화, 보정 방법이나 보정계수 결정에 대한 지방자치단체의 의견 반영, 특별교부세 비율의 점진적 축소, 국고지출금의 점진적 축소와 지방교부세 역할의 상대적 확대 등이 모두 이와 같은 맥락에서 이해되는 것이다.

제 2 절 지방교부세

1 지방교부세의 의의

지방교부세제도(地方交付税制度)는 자주재원으로 충당할 수 없는 지방정부 재정 지출의 부족액을 중앙정부가 전부 또는 일부를 조건 없이 보충해 주는 제도이다. 이것은 모든 지방자치단체에 최소한의 공공지출 수준을 보장하고, 특정 공공사업을 장려하는 데 그 목적이 있기 때문에 지방정부가 지출하는 한계적 사업을 충당하기보다 기초적 사업을 충당하는 재원으로 보아야 할 것이다. 이러한 의미에서 본다면 지방교부세는 지방정부의 기초적 사업의 추진에 필요한 부족 재원을 우선적으로 충당하는 지방재정조정제도의 핵심적 제도라 말할 수 있다.

더욱이 불균형 발전 전략과 함께 추진된 급속한 산업화 과정에서 야기된 지역 격차 및 재정 격차 현상이 현저한 한국적 상황에서 볼 때, 지방교부세는 지방재정의 균형화를 위한 가장 중요한 제도적 장치라 할 수 있다. 특히 지방교부세는 국고보조금과 같이 용도가 지정되는 것이 아니라 지방자치단체가 자율적으로 사용할 수 있는 일반재원이며, 또한 지역간 세원의 편재로 인한 지방재정의 불평등을 해소하기 위해 중앙정부와 지방정부가 국가

세입을 분할하여 공동 이용하는 수직적 · 수평적 형평자금이이라는 점에 그 특징이 있다.

2 지방교부세의 기능

1) 수직적 및 수평적 재정균등화

지방교부세제도는 두 가지 차원에서 자원의 균등화를 도모한다.

첫째, 중앙정부와 지방정부 간 수직적 균등화(vertical equalization)이다. 조세수입의 조달 과정에서는 효율과 공평의 측면이 강조되므로 중요한 조세는 대체로 국세의 형태를 취하는 경향이 있고, 재정의 지출 과정에서는 지역 주민과 직결되는 지방정부가 가장 효율적으로 사업을 계획하고 집행하기 때문에 지방정부의 재정 수요가 증대되는 경향이 있다. 이것은 결국 중앙정부와 지방정부 간 재정적 격차를 발생하여 지방 발전을 저해하기 때문에 정부계층 간의 재정적 균형화를 위해 이 제도를 활용하는 것이다.

둘째, 지방정부 상호간 재원의 수평적 균등화(horizontal equalization)이다. 지방정부 상호간에는 인구 규모, 지역 생산, 면적 등 여러 면에서 차이가 나므로 지방재정 총규모의 다양성을 발견할 수 있을 뿐만 아니라 비교기준으로 자주 활용되는 1인당 재정 규모에서도 격차 현상을 발견할 수 있다. 이러한 지역 간 격차 현상으로 초래되는 행정 서비스의 수평적 불균등을 해소하기 위해 주로 지방교부세가 활용된다.

2) 지방정부 자율성의 제고

지방교부세는 지방재정의 확충과 균등화의 기능을 통해 궁극적으로 지방정부의 자율성(autonomy)을 제고한다. 지방정부의 재정자율성은 지방세 및 세외수입 등 자주재원의 크기에 의해 일반적으로 규정되지만 지방정부의 부족 재원을 보충해 주는 형평자금으로서의 지방교부세는 비록 의존재원이라 하더라도 지출의 자율성이 완전하게 보장되기 때문에 지방정부의 자율성을 크게 확대한다. 결론적으로 지방세와 세외수입은 수입과 지출의 양면에서 자율성이 높고, 지방교부세는 지출에서 자율성이 높은 재원이므로 대체로 세원이 풍부한 지방정부는 지방세를 통해 자율성을 제고하고, 세원이 빈약한 지방정부는 지방교부세를 통해 자율성을 제고하게 된다.

3 지방교부세의 종류

1) 교부세의 성질 기준

지방교부세는 지방재정의 불평등을 해소하기 위해 운영되는 형평재원으로서 여기에는 중앙정부 세입의 일정 부분을 지방정부에 이전하는 세입분할(revenue sharing)과 특정 국세를 교부세의 대상으로 지정하고, 그 조세수입의 전부 또는 일부를 지방교부세 재원으로 마련하여 지방정부에 이전하는 조세분할(tax sharing)로 나뉜다. 그 동안 우리나라가 운영해 온 지방교부세 제도는 주로 세입분할의 방식이었다. 교부세 용도의 성질을 기준으로 보통교부세(general grants)와 특별교부세(specific grants)로 구분된다.

보통교부세는 지방정부의 일반적 재정 수요의 부족에 충당하기 위한 재원으로서 국가별로 다양한 산정 방식이 있다. 우리나라 보통교부세의 규모는 분권교부세와 부동산교부세를 제외한 기본적 지방교부세에 해당하는 총액의 96/100에 해당하는 금액으로 하며, 보통교부세의 배분 대상은 지방자치단체 중 자치구를 제외한 전 지방자치단체를 대상으로 하고 있다. 배분에서도 지방재정의 다양성에 따른 재정격차를 완화하기 위해 광역자치단체와 기초자치단체를 각각 구분할 뿐만 아니라 각 자치단체마다 기준재정수요액과 기준재정수입액을 산정하여 재정 부족액을 산출하고, 이를 기초로 지방교부세를 배분하고 있다. 또한 기준재정수입액이 기준재정수요액을 초과하는 지방자치단체에 대해서는 보통 교부세를 배분하지 않고 있다.

특별교부세는 기본적 지방교부세에 해당하는 총액의 4/100의 규모로서 일반적으로 교부세를 산정할 때 포착하지 못한 누락된 재원이나 사후적으로 나타난 새로운 재정 수요에 대응하기 위해 마련된 제도이다. 그러나 많은 국가들이 이를 정치적으로 운영하는 경향을 노출함에 따라 각국은 임의적인 운영에서 룰(rule)에 의한 운영으로 전환하는 경향을 보여 주었다. 우리나라에서도 이러한 추세를 감안하여 현재 기준재정수요 금액의 산정 방법으로써 포착할 수 없는 특별한 지역 현안 수요가 있을 때 30%, 보통교부세의 산정 기일 후에 발생한 재해로 인헤 특별한 재정 수요가 있거나 재정 수입의 감소가 있을 때 50%, 국가적 장려사업, 국가와 지방자치단체 간에 시급한 협력이 필요한 사업 또는 지역 역점 시책 등 특별한 재정 수요가 있을 경우 20%를 기준으로 배분하고 있다{지방교부세법 제9조).

2) 조건부 기준

교부세의 조달 과정에 특정한 조건과 명분이 존재하는가의 여부에 따라 일괄교부세와 조건부 교부세로 나뉜다. 이것은 중앙정부가 어떠한 명분으로 지방교부세를 지급하느냐를 중심으로 구분한 것이다. 일괄교부세(lump sum general grants)는 교부세를 교부할 때 특별한 명분이 있는 것이 아니라 지방재정의 부족분을 보전해 준다는 일반적 목적을 전제로 지급되는 용도 불지정의 지원금이기 때문에 보통교부세와 동일하다. 조건부 교부세(condition related general grants)는 세입의 명분이 분명하게 주어진 교부금으로서 징세 노력, 경비 절감 노력, 지방이양사업, 정책조세 등과 관련하여 특별히 배분하는 재원이다. 이러한 조건부 교부세는 우리나라의 경우 분권교부세, 부동산교부세가 여기에 해당되며, 또한 징세 노력과 경비 절감의 자체 노력을 교부세의 산정에 반영하는 인센티브제도 역시 조건부 교부세제도에 해당한다(지방교부세법 시행규칙 제5조의 3).

지방교부세제도는 본래 지방정부의 부족 재원을 일정 공식과 기준에 의해 자동적으로 보충해 주는 지방재정 조정 장치이므로 징세 노력을 소홀히 할 우려가 있다. 따라서 이러한 도덕적 해이를 극복하기 위해서는 중앙정부가 징세 노력을 반영하는 징세노력부 교부세(tax collection-related general grants)의 운영이 필요하며, 특히 이의 성공적 운영을 위해서는 징세 노력을 적극적으로 기울일 정도의 교부재원이 마련되어야 한다. 그러하지 못할 경우 징세 노력을 위한 동기 유발은 매우 어려울 것이다.

4 지방교부세 산정 방식

1) 총액 산정 방식

교부세액 총액 산정 방식은 대체로 ① 정률 방식, ② 비용 상환 방식, ③ 정치적 결정 방식을 들 수 있다(Bahl, 1986, 3-13; 이정만, 2004: 147-148).

정률 방식(specified share)은 중앙정부의 재원에 일정한 비율을 적용하는 방식으로서 재원을 부담하는 중앙정부나 또는 재원을 교부받는 자치단체의 입장에서 볼 때 모두 재원 규모에 대한 확실성이 높아서 제도가 안정적으로 유지될 가능성이 높다. 그러나 이전재원 총액의 절대적 규모는 경기 변동에 좌우되어 세수에 영향을 받기 때문에 불확실한 측면이 있다. 이러한 결과 교부율의 증감을 놓고 중앙정부와 지방정부 간 갈등이 자주 일어난다.

정치적 결정(political decision)은 총액 결정을 위한 객관적 산식이 존재하지 않고, 정치적 협상을 통해 결정하는 방식이므로 중앙정부와 지방자치단체 모두 불확실성이 높다. 즉 복잡한 정치적 절충 과정을 통해 이전재원의 규모가 결정되는 것이므로 그 결정구조에 따라 중앙정부가 유리할 수도 있고, 지방자치단체가 유리할 수 있다. 따라서 유리한 결정을 도출하기 위한 노력의 과정에서 중앙정부와 지방자치단체는 심한 갈등 상황을 맞이하기도 한다.

비용상환 방식(cost reimbursement)은 일정 기준에 의해 산정되는 지방정부 재정수요 전부를 중앙정부가 보장해 주는 방식이다. 이것은 지방정부의 재정 수요를 존중하여 중앙정부가 전액 보전해 주는 방식으로서 영국과 같은 국가에서 운영하고 있다. 이것은 재원을 부담하는 중앙정부의 입장에서는 불확실한 측면이 큰 반면에 재원을 배분받는 자치단체의 입장에서는 유리한 방식으로 볼 수 있다. 그러나 실제로는 자치단체에 대한 배분 금액을 일정한 수준으로 억제하기 위해 중앙정부가 자치단체의 재정활동에 엄격한 통제 장치를 설정하기 때문에 결국에는 중앙예산기관과 집행기관 간의 정치적 절충을 통해 총액이 결정되는 경우가 많다.

2) 배분 산정 방식

교부세 총액이 결정되면 다음은 각 지방정부에 그 재원을 배분하게 되는데, 재원배분 산정 방식은 ① 정식 방식, ② 비용 상환 방식, ③ 정치적 결정 방식, ④ 환급 방식이 있다(Bahl, 1986, 3-13; 이정만, 2004: 147-148).

정식 방식(formula)은 일정한 공식에 의해 교부세가 산정되며, 대체로 기준재정수요와 기준재정수입 간의 차이가 지방재정의 부족분으로서 교부세의 대상이다. 기준재정수요는 기본적 수요이기 때문에 실제 예산을 기준재정수요로 보는 것이 아니라 면적이나 인구 등 다른 객관적 조건을 기준으로 수요가 결정된다. 또한 기준재정수입은 확실한 수입만을 고려하기 때문에 세수의 예측 가능한 전액(100%)이 아니라 그 이하 수준(80% 등)에서 결정되는 것이 일반적이다.

비용 상환 방식은 교부세 총액 결정의 비용 상환 방식과 연계된 것으로서 자주재원으로 충당할 수 없는 부족분 전액을 충당해 주는 제도이다. 이것은 지방정부의 부족한 재정 수요를 모두 보충해 주기 때문에 계획된 사업을 안정적으로 추진할 수 있는 장점이 있다.

정치적 결정 방식은 국가 전체의 교부세재원이 정치적으로 확정되면, 각 지방정부는 중앙정부와 정치적 협상을 통해 자신의 교부세 규모를 다시 확정하는 절차를 밟게 된다. 이러한 이유 때문에 정치적 결정 방식은 지방정부의 입장에서 볼 때 매우 불안정한 배분제도라 할 수 있다.

환급 방식(derivation principle)은 교부세 대상으로 지정한 국세 수입의 전부 또는 일부를 징세지 지방정부로 다시 환급해 주는 교부세제도로서 지방양여세제도와 유사한 면을 가지고 있다. 그러나 지방양여세제도는 본래 재정적 정의를 실현하기 위해 징세지로 다시 환급해 주는 데 그 제도적 목적이 있으며, 특정 재정수요와 특정 양여세원이 상당한 연관성을 가지고 있는 데 특징이 있다. 그러나 환급 방식은 지방재정의 보충 목적으로 운영되는 데 그 의의가 있으며, 특정 재정 수요와 특정 교부세원이 상호 밀접한 연관을 가지는 것이 아니라 무관하게 운영된다는 점에서 양자의 차이가 있다.

이상의 산정 방식 중에서 가장 많이 활용되는 것은 정식 방식이다. 이것은 기준재정수요에서 기준재정수입을 차감하여 재정 부족액을 산출하고, 그 부족액에 일정한 조정률을 곱하여 교부세액을 산출하는 것이 일반적이다. 우리나라 교부세 산정 방식을 수식으로 표현하면 다음과 같다.

기준재정수요액－기준재정수입액=부족액,

부족액×조정률=교부세액

교부세액의 산정 과정에 복잡한 문제는 기준재정수요액(基準財政需要額)과 기준재정수입액(基準財政收入額)의 내용을 확정하는 것이다. 특히 기준재정수요는 사업 수행에 소요되는 예산상의 사업경비를 모두 인정해 주는 것이 아니라 행정 체제의 운영에 필요한 기본 경비를 보전해 주는 것이므로 인구 수나 면적 등이 측정 기준이 된다(표 10-1).

측정 항목의 단위 원가는[5] 동종 단체의 측정 항목별 표준 행정수요액의 합을 동종 단체의 측정 항목별 측정 단위 수치의 합으로 나누어 산출하는데, 우리나라의 경우 매년 행정안전부 장관의 행정규칙으로 조정되고 있다. 이러한 표준 행정수요액은 정부 수준별 통계자료에 기초하여 도출한 회귀 방정식을 이용하여 산출되기도 한다.[6]

기준재정수입은 지방세수입과 경상세외수입, 일반재정보전금, 시・도의 징수교부금, 부동산교부세수입을 기준으로 산출한다. 그러나 일정 항목에 대해 20%를 삭감하는 보정이 이루어진다. 즉 보통지방세 표준세율의 80%, 목적세의 80%, 경상세외수입(사용료・수수료・재산 임대・이자 수입)의

---

5) 동일한 측정 항목이라도 지방자치단체의 지역적 특성(특별시, 광역시, 도, 시, 군)에 따라 단위 원가에 차등을 두고 있으며, 대체로 재정자립도가 낮은 군의 단위 원가가 상대적으로 높은 편이다. 그러나 기초생활보장비, 장애인복지비, 도로개량비, 지역개발비 등의 경우는 대도시 정부가 상대적으로 높게 책정되고 있다.

6) (일반관리비) $Yi=[-67.19134+0.00369P+16.32906(Gt2+Cb2)+0.12275Cb1]\times\omega$

P: 인구 수, Gt2: 총액 인건비 공무원 수, Cb2: 공공청사 보유 면적, Cb1: 지방의원 수, ω: 가중치

〈표 10-1〉 측정 항목 및 측정 단위(지방교부세법 시행규칙 별표 1)

측정 항목		측정 단위	단위 원가(천 원)
일반행정비	인건비	공무원 수(명)	38,682(39,001)
	일반관리비	인구 수(명)	80(212)
	안전관리비	인구 수(명)	12(50)
문화환경비	문화관광비	인구 수(명)	76(167)
	환경보호비	가구 수(명)	292(701)
	보건비	인구 수(명)	17(58)
사회복지비	기초생활보장비	수급권자 수(명)	820(962)
	노인복지비	노령인구 수(명)	475(534)
	영유아 · 청소년복지비	영유아 · 청소년 수(명)	209(370)
	장애인복지비	등록장애인 수(명)	371(425)
	일반사회복지비	인구 수(명)	25(47)
경제개발비	농림수산비	종사자 수(명)	1,156(1,543)
	지역경제비	사업체 종사자 수(명)	64(163)
	도로개량비	미개량 면적(천m^2)	5,559(6,384)
	도로교통비	자동차 수(대)	125(146)
	지역개발비	행정구역 면적(천m^2)	45(21)

주: ① 단위 원가는 시정부의 것이며, ( )는 군의 것이다.
② 단위 원가 산정 공식: $\frac{\text{동종 단체의 측정 항목별 표준 행정수요액의 합}}{\text{동종 단체의 측정 항목별 측정 단위 수치의 합}}$

80%, 재정보전금 및 징교부금의 80%, 부동산교부세의 80%, 기타(위의 각 분야별 전전년도 결산액 정산분)의 80%만을 수입으로 인정하는 보정이 이루어진다(지방교부세 시행규칙 제5조의 2).

이상과 같은 방법으로 보정이 이루어질 경우 지방정부는 실제 총수입의 20%만큼 재정적 여유를 갖게 되고, 그만큼 기준재정수입의 부족액이 확대되어 교부세액도 더 많이 받을 수 있게 된다. 이 밖에도 기준재정수입액의 산정에는 세입 확대를 위한 징수 노력을 반영하고 있다. 즉 ① 지방세 징수율의 제고, ② 주민세 균등할의 인상, ③ 탄력세율의 적용, ④ 경상세외 수입의 확충, ⑤ 지방세 체납액의 축소, ⑥ 지방세원의 발굴 등의 면에서 세입 확대 노력을 제고했을 경우 기준재정수입액의 결정에 이것이 반영되어 교부세액을 확대하게 된다.

5 우리나라 지방교부세제도

1) 교부세의 유형과 종류

지방교부세의 체계는 보통교부세와 특별교부세로 나누어 운영되는 것이 일반적이다. 그러나 우리나라는 몇 가지 정책 목적을 위해 교부세제도를 운영한 나머지, 보편적 지방교부세 체계보다 복잡한 구조를 가지고 있다. 즉 우리나라는 보통교부세제도와 특별교부세제도 외에 분권교부세제도와 부동산교부세제도를 추가적으로 운영하고 있다.

보통교부세(普通交付稅)는 부동산교부세와 분권교부세를 제외한 기본적 지방교부세 총액의 96%에 해당하며, 각 지방자치단체의 교부세 분배 금액은 기준재정수요에서 기준재정수입액을 차감한 금액에 일정한 조정률을 적용하여 산출한다. 여기에서 가장 중요한 부분은 기준재정수요와 기준재정수입의 내용에 관한 것으로서 기준재정수요는 4개의 대범주 측정 항목과 16개 소범주 측정 항목으로 나뉘고, 측정 단위원가는 매년 행정안전부 장관의 행정규칙으로 조정되고 있다.

특별교부세(特別交付稅)는 보통교부세 산정 과정에서 발생하는 획일성과 시기적인 이유로 반영할 수 없었던 구체적인 사정을 고려해 특별히 교부하는 지방교부세를 말한다. 즉 지방재정 여건의 변동이나 예기치 못한 재정수요에 탄력적으로 대응함으로써 보통교부세의 기능을 보완할 뿐만 아니라 지방교부세제도 전체의 실천적 타당성을 확보하기 위한 제도이다. 특별교부세는 현재 지역 현안(30%)과 재해 대책(50%), 국가적 장려사업 등(20%)에 지급되고 있으며, 그 재원 규모는 기본적 지방교부세 총액의 4/100으로 설정되어 있다.

분권교부세(分權交付稅)는 지방재정 운영의 자율성을 제고하기 위해 2005년부터 운영하는 제도로서 중앙정부가 지원하는 보조금사업 중 149개

국고보조금 사업을 지방에 이양하면서 지급하는 보조금사업 관련의 조건부 교부세이다. 이것은 당초 내국세 총액의 0,83%로 운영했으나 지방이양 보조금사업 중 노인요양시설 등 수요가 급증하는 사업이 포함됨에 따라 지방재정에 과중한 부담을 초래함으로써 이를 해소하는 차원에서 2006년부터 0.11% 상향 조정하여 내국세 총액의 0.94%에 해당하는 분권교부세율을 확보하게 되었다(행정자치부, 2007: 346).

부동산교부세(不動産交付稅)는 2005년 말 신설된 교부세제도로서 당시 지방세로 운영되던 건물분 재산세와 종합토지세를 재편하고, 국세인 종합부동산세를 신설하는 과정에서 지방정부 부동산 관련 세수가 감소하여 이를 보충할 목적으로 탄생된 제도이다. 참여정부는 사회정책 목적인 종합부동산세를 영구히 존속시키고, 아울러 지방재정도 확충하기 위해 종합부동산세를 부동산교부세의 재원으로 연결시켜 놓았다. 그러나 종합부동산세는 2008년 11월 13일 헌법재판소에 의해 일부 내용이 위헌(부부 합산) 내지 헌법 불합치(1가구 1주택 장기 보유 과세) 결정이 내려짐으로써 종합부동산세의 본래 목적이 많이 퇴색되었다.

2) 지방교부세의 재원과 규모

지방교부세의 재원이 되는 내국세 중 직접세는 소득세, 법인세, 상속·증여세, 부당이득세 등이 있으며, 간접세로서는 부가가치세, 개별소비세, 주세, 인지세 등을 들 수 있다.[7] 이러한 내국세 재원을 기초로 하는 분권교부세는 내국세 총액의 0.94%이며, 이를 제외한 내국세 총액의 18.30%가 보통 및 특별교부세의 재원이 된다. 이 중에서 96%가 보통교부세이며, 4%가 특별교부세이다(표 10-2).

우리나라 지방의회가 부활되던 1991년 당시의 법정교부율은 13.27%(1983~2004)였으나 지방자치의 성숙과 함께 주민의 지역 발전에 대한 요구가 증대되던 2000년에는 법정교부율이 15%로 증대되기도 했다. 그러나

7) 내국세에서 제외되는 목적세는 농어촌특별세, 교통세, 교육세이며, 특별회계 재원은 주세이고, 다른 법률에 근거한 조세는 종합부동산세를 들 수 있다.

〈표 10-2〉 교부세의 구성과 교부 실적(2006) (단위: 백만 원)

구 분	구성비	금 액	비 고
보통교부세	교부세 총액의 96%	17,841,488	분권교부세 제외
특별교부세	교부세 총액의 4%	743,396	분권교부세 제외
분권교부세	내국세의 0.94%	1,006,508	
계	내국세의 100 %	19,591,392	
부동산교부세[8]		종합부동산세 전액	별도 운영

자료: 행정자치부, 「행정자치백서」, 2007, p. 342.

교부세율의 대폭적 인상은 참여정부에서 이루어졌다. 참여정부는 지방분권이 중요한 국정 과제의 하나였기 때문에 지방정부의 권능 확대에 많은 관심과 노력을 기울였으며, 특히 2005년에는 19.13%, 2006년에는 19.24%의 수준으로 교부세율을 확대했다(행정자치부, 2007: 341).

그러나 이러한 법정교부세율의 인상은 기존의 지방양여세제도를 폐지하거나 보조금의 축소를 통해 이루어 낸 것이므로 실질적인 재정 확충 효과는 그다지 크지 않았다. 그러나 재정자율성의 제고라는 점에서 볼 때 긍정적인 측면이 있다.

3) 지방교부세제도의 발전 과제

(1) 지방교부세제도 구조 개편

우리나라 교부세제도는 보편적 구조라 할 수 있는 보통교부세와 특별교부세 외에도 국고보조금 사업의 지방 이양에 따른 경비보상의 명분으로 분권교부세를, 종합부동산세의 지방이전 명분으로 부동산교부세를 각각 신설하여 운영하고 있다. 그러나 분권교부세와 부동산교부세의 등장은 지방교부세 제도의 일반 체계를 흩뜨릴 뿐만 아니라 구조를 더욱 복잡하게 만들

8) 지방교부세법 제4조 3항은 부동산교부세의 재원은 '종합부동산세법'에 의한 종합부동산세 총액과 제5조 제2항의 규정에 의한 정산액으로 한다(2005. 12. 31)라고 규정하는 반면, 동법 제4조 1항은 교부세의 재원은 목적세 및 종합부동산세와 다른 법률에 의해 특별회계의 재원으로 사용되는 세목의 당해 금액을 제외한다고 규정함으로써 부동산교부세가 교부세 체계에 포함되고 있는지 혼란을 일으키고 있다.

고 있다.

분권교부세의 규모는 내국세 총액의 0.94%로서 내국세 총액 19.24%에 이미 포함되어 있을 뿐만 아니라 종전에는 보조금 사업이었지만 지금은 용도가 지정되지 않은 일반재원으로 운영되고 있으므로 보통교부세에 흡수되는 것이 타당하다.

부동산교부세는 법정교부율(내국세 총액의 19.24%)에 포함되지 아니하고 운영되는 것이므로 지방정부의 입장에서는 추가 혜택을 받을 수 있는 재원이다. 그러나 종합부동산세의 일부 내용에 위헌 및 헌법 불합치 판결이 내려져 존립의 정당성에 문제가 제기되고 있을 뿐만 아니라 지방교부세 체계의 혼란과 복잡화를 초래하고 있으므로 이것 역시 보통교부세에 흡수하는 제도적 정비가 요망된다.

(2) 법정교부율의 인상 조정

지방자치 시대의 본격적 전개에 따른 지방정부의 위상 강화는 많은 국가사무가 자치단체로 이양되면서 그에 상응한 인력과 예산을 요구하고 있다. 즉 국가직 공무원의 지방직 전환에 따른 인건비의 부담, 국가위임 및 지방이양 사무의 수행에 따른 경비의 불충분한 지원뿐만 아니라 주민복지시설의 확충과 개발사업의 증대, 지하철, 도로 등 지방 단위 SOC사업의 확대로 이어져 지방재정 수요가 크게 증대되고 있다, 이러한 지방정부의 재정적 압박을 해소하는 길은 국세의 지방 이양과 같은 근본적 방안이 존재하지만 법정 교부세율을 인상하는 방안이 좀 더 용이한 대안이 될 수 있다. 그것은 현재의 교부세율이 지방양여세의 폐지 또는 보조금의 단순 이전에 힘입은 바 크기 때문에 실질적인 교부세의 확대를 위한 중앙정부의 노력이 추가적으로 요구되기 때문이다.

(3) 인센티브 지방교부세의 강화

우리나라 교부세 배분 방식에서는 그 동안 징세 노력이 부족한 지방단체에 오히려 많은 교부세가 지원됨으로써 자주적 재정 확대의 노력보다 중앙에 의존하여 재정을 확보하려는 바람직하지 못한 의타적 행태가 강화되어 왔다. 따라서 이와 같은 불합리성을 시정하기 위해 세입의 확충과 지출의 절감을 위한 자체 노력을 지방교부세의 배분에 반영하는 새로운 교부세 산정 방식을 정립했다. 즉 행정자치부령 제88호(2000년 1. 14)로 건전재정 운영을 위한 자체 노력 반영(조항 지방교부세법 시행규칙 제5조의 3)을 신설하여 인센티브제도를 운영하고 있다.

이것은 자체노력부 교부세(self effort-related general grants) 제도로서 현재 세입 확충과 관련한 인센티브제도는 ① 지방세징수율의 제고, ② 주민세 균등할의 인상, ③ 탄력세율(과세표준)의 인상, ④ 경상세외수입의 확충, ⑤ 지방세 채납액의 축소, ⑥ 신세원의 발굴 등과 관련하여 운영되고 있으며, 또한 세출 절감과 관련한 인센티브제도는 ① 건전예산 운영, ② 지방 상수도 유수율 제고, ③ 읍면동 통합 운영, ④ 지방청사(면적) 관리 운영, ⑤ 사회문화 및 복지 분야 예산 운영, ⑥ 지방조직 운영, ⑦ 지역경제 활성화, ⑧ 생활폐기물 절감 등과 관련하여 운영되고 있다(시행규칙 별표 3의 2).

이러한 인센티브 교부세제도의 원활한 운영을 위해서는 이를 위한 재정 규모의 확대가 필요하며, 또한 인센티브 제도에서 불리한 여건에 있는 지방자치단체의 입장을 고려할 때 보통교부세보다 특별교부세의 재원을 할애하여 운영하는 것이 오히려 바람직할 것이다.

제 3 절 국고보조금

1 국고보조금의 의의

국고보조금(grant)이란 국가가 지방자치단체의 행정 수행에 필요한 경비를 보전해 주기 위해 지출하는 지원금 가운데 용도를 지정하여 교부하는 재원을 말하며, 이것은 지방교부세와 함께 지방재정조정제도의 양대 축을 형성하고 있다. 국고보조금의 개념은 국가별 재정제도와 운용 관례의 차이에 의해 매우 다의적으로 규정되고 있지만 대체로 광의의 개념, 협의의 개념, 최협의의 개념으로 규정한다.

광의의 개념은 외부로부터 지원되는 모든 지원 재정을 의미한다. 즉 중앙부처가 내시하고 지방정부가 신청하는 장려적 보조금, 단체위임사무를 지원하는 부담금적 보조금, 기관위임사무를 지원하는 교부금적 보조금이 모두 포함될 뿐만 아니라 지방교부세까지 포괄한다.

협의의 개념은 광의의 개념에서 용도가 지정되지 않은 지방교부금(조정교부금)을 제외한 모든 보조금을 말한다. 즉 장려적 보조금, 부담금적 보조금, 교부금적 보조금을 포괄한다. 최협의의 개념은 협의의 개념에서 위임사무 관련 지원재정에 해당하는 부담금적 보조금과 교부금적 보조금을 제외한 순수한 장려적 보조금만을 의미한다.

이상과 같은 세 가지 개념 중 우리나라에서는 보조금을 협의로 규정하는 것이 타당하다고 생각한다. 그것은 광의로 해석할 경우 보조금제도와는 입법적 취지 및 법적 근거면에서 상이한 지방교부세가 국고보조금에 포함되기 때문이며, 최협의로 해석할 경우 그 범위가 너무 협소하여 실태를 잘 반영할 수 없기 때문이다.

이러한 국고보조금은 대체로 다음과 같은 특성을 가진다. 첫째, 국고보조금은 용도가 지정된 특정 재원이며, 둘째, 지방정부의 자주적 권능에 기초한 재원이 아니라 국가로부터 지원받는 의존재원이고, 셋째, 매년 정기적으로 수입이 확보되는 경상적 재원에 속하며, 넷째, 지방정부 간 재정력 차이의 조정에 일차적 목적을 두기보다 전국적으로 일전한 행정 수준의 유지와 특정 사업의 장려에 더 많은 목적을 둔 제도라 할 수 있다.

2 국고보조금의 유형

국고보조금은 경비 성격에 의한 분류와 보조 형태에 의한 분류로 구분하는 것이 일반적이다(김홍래, 2005: 213).

1) 부담 경비의 성격에 의한 분류

(1) 부담금적 보조금

부담금은 지방자치단체 또는 그 기관이 법령에 의해 처리해야 할 단체위임사무의 수행에 필요한 재원의 국가 부담분을 말한다. 즉 국가의 이해와 지방자치단체의 이해가 동시에 걸려 있는 사무의 원활한 처리를 위해 중앙정부가 비용의 전부 및 일부를 지원해 주는 제도이다. 이것은 중앙정부의 보조금사업 내시와 지방정부의 신청으로 운영되는 보조금으로서 주로 생활보호 및 의료보호사업, 전염병 예방 등의 보건사업, 직업안정사업, 도로 및 하천 관련 사업, 재해복구사업 등의 분야에 지급된다.

(2) 교부금적 보조금

교부금은 국민투표, 대통령 또는 국회의원 선거, 외국인 등록, 병무사무와 같이 국가기관이 직접 수행해야 할 사무를 지방자치단체 또는 그 기관에 위임하여 수행하는 경우 국가가 그 소요 경비를 교부하는 것이다. 즉 기관위임사무의 수행에 소요되는 경비는 당연히 국가가 그 전부를 부담해야 하기 때문에 지방자치단체는 전혀 부담할 의무가 없다. 이러한 원칙에서 보면 교부금은 중앙정부가 사무의 수행에 필요한 소요액 전부를 교부해야 하지만 현실적으로는 그에 미달하는 경우가 없지 않다.

(3) 장려적(원조적) 보조금

협의의 보조금은 국가 시책상 필요하다고 인정할 때, 또는 지방자치단체의 재정상 특히 필요하다고 인정될 때에 예산의 범위 안에서 지방자치단체에 교부 지원하는 것을 말한다. 일반적으로 전자를 장려적 보조금, 후자를 원조적 보조금 또는 지방재정보전금이라고 한다.

장려적 보조금은 국가 시책상 필요하다고 인정되는 사업에 대해 장려 차원에서 교부되는 지원금을 말한다. 여기에서 국가 시책상 필요하다는 것은 그 입법 취지로 보아 국가의 중요한 시책에 직접 관련이 있는 사업으로 한정시켜야 하며, 필요하다고 인정할 때라 함은 지방자치단체에 대한 일반적인 지시 · 지도만으로는 그 목적을 달성하기 곤란한 경우 이러한 장려적 보조금이 지원된다는 의미이다.

원조적 보조금은 지방재정상 특히 필요하다고 인정될 때 예산의 범위 안에서 국가가 지방재정을 지원 보전하기 위해 지출하는 보조금을 의미한다. 즉 지방자치단체 고유사무의 수행에 필요한 비용의 일부를 국가가 특별히 지원하는 금액을 말한다. 이러한 원조적 보조금은 장려적 보조금과 개념을 달리하여 상이한 용어로 사용하기보다 장려적 보조금의 개념 속에 통합하는 것이 일반적이다.

협의의 장려적 보조금은 국가가 필요하다고 인정할 경우에 예산의 범위 내에서 지원하는 임의적 지출인데 반하여, 부담금과 교부금은 국가의 의무적 지출인 점에서 그 성격을 달리한다. 따라서 부담금적 보조금을 지출할 때에는 지방자치단체가 부담할 경비에 대해 국가는 당연히 부담 지시를 할 수 있으나, 교부금적 보조금이나 장려적 보조금을 교부할 때에는 법령 또는 조례가 정하는 경우, 국가 시책상 부득이한 경우 외에는 지방자치단체에 대해 재원 부담 지시를 할 수 없다(지방재정법 제23조).

2) 보조 형태에 의한 분류

(1) 정률보조금

정률보조금은 비례적 보조금에 해당한다. 이것은 중앙정부가 지방정부의 특정 사업에 재정을 보조할 경우 총사업비의 일정 비율을 보조한다는 것이다. 우리나라 국고보조금의 대부분은 정률보조금으로 지원되고 있으며, 그 보조 비율은 국가의 재정 사정이나 지방비 부담 능력, 주민의 요구 정도, 당해 사업에 대한 국가의 관심도 및 장려 의지 등을 감안하여 결정한다. 정률보조금은 개별 법령에 규정되는 경우도 있으나 대부분 '보조금의 예산 및 관리에 관한 법률'에서 보조 비율이 정해지고 있다. 이러한 정률보조금은 보조금 지급액의 한도가 정해져 있는지의 여부에 따라 개방형과 폐쇄형으로 구분한다. 전자는 보조금 지급 한도가 정해져 있지 않는 경우로서 지방정부의 재원 조달이 증가할수록 보조금 지급 액수도 계속 증가한다. 후자는 보조금을 정률로 지급하되 지급한도액이 제한되어 있는 경우이다.

(2) **정액보조금**

정액보조금이란 특정한 사업에 대해 일정액의 보조금을 교부하는 유형을 말한다. 교부 방법은 대상 사업의 사업 수량에 일정 단가를 곱한 금액을 교부하는 방법과 사업 단위별로 일정액을 정하는 방법이 있다. 이러한 정액보조금은 보조 금액이 적정할 경우에는 지방자치단체가 탄력적으로 사업을 수행할 수 있으나, 반대로 보조금액이 부족한 경우는 지방자치단체의 재정력을 악화시키는 요인이 된다.

3 한국 보조금제도의 발전 과세

1) 국고보조사업의 정비

국고보조사업의 정비와 관련할 때 고려되는 것은 첫째, 영세보조금의 통합 기준을 상향 조정할 필요가 있다. 둘째, 보조금 대상 사업의 선정을 위한 재검토가 필요하다. 국고보조금사업은 중앙정부의 시책사업 추진에 대한 장려적 보조금과 지방자치단체의 지역 특성에 맞는 고유사무의 추진에 지원하는 원조적 보조금으로 구분할 수 있다. 그러나 중앙정부의 입장에는 국가사무의 장려적 보조금에 더 관심을 두게 된다. 중앙정부의 국가사무는 시간의 흐름과 함께 역점사업의 내용도 변하기 때문에 보조금사업의 보조율도 이에 맞게 조정할 필요가 있다. 그 방법은 수시 또는 주기적 검토가 있을 수 있으나 주기적 검토가 더 지방정부의 예측가능성을 높여 줄 수 있다.

2) 기준보조율 및 지방비 부담의 개선

기준보조율은 '보조금의 예산 및 관리에 관한 법률 시행령'에서 규정하고 있는데, 이것은 중앙정부와 지방자치단체 간의 기능 및 업무 배분에 따른 재원 분담 정도에 따라 정해져야 하지만, 그 기초 자료의 부족으로 적정한 보조율의 산정이 현재로서는 곤란하다. 그러나 지속적인 보완을 통해 더 많은 대상 사업들의 기준보조율이 시행령에 구체적으로 명시되어 국고보조금 운영의 투명성과 객관성을 제고할 수 있도록 해야 할 것이다.

그리고 국고보조에 따른 광역자치단체와 기초자치단체 간의 지방비 부담 비율은 '지방자치단체 경비 부담의 기준 등에 관한 규칙'에 의하도록 되어 있으나 광역자치단체와 기초자치단체의 재정 형편을 감안하지 않고, 대부분 절반씩 일률적으로 부담하는 경향을 보이고 있는데, 이처럼 지방비 부담 비율을 고정시킬 것이 아니라 재정 상황을 고려하여 부담기준율을 기준으로 상황에 따라 탄력적으로 운영하는 방안도 고려될 수 있다.

3) 인센티브 보조금의 도입

국고보조사업의 효율적 추진을 위해 국고보조금제도에 인센티브제도를 도입하는 방안을 검토할 수 있다. 중앙정부는 지방자치단체가 신청한 투자사업의 타당성, 적정성 등을 검토해야 하는데, 이때 사업의 성격상 다른 중앙부처와의 연관 여부, 지방자치단체 상호간의 연관성, 지방비 부담의 적정성 등이 함께 고려되어야 할 것이다. 일단 국고보조금이 지급되고 나면 이의 효율적 관리를 위해 당초 계획과 진행 과정을 정기적으로 평가할 수 있는 제도적 장치가 마련되어야 한다. 이때 평가 방법은 주관적이고 추상적이어서는 안 되고 평점제도와 같은 객관적이고 구체적인 것이어야 한다. 이러한 평가 결과는 차기 보조금 책정 시에 반영될 수 있도록 해야 하며, 특히 인근 자치단체와 공조 체제를 갖추어 확산 효과가 큰 사업에 대해서는 가산점을 부여하여 우선적으로 국고보조사업에 선정될 수 있도록 하는 방안도 검토할 필요가 있다.

제 4 절 지방채

1 지방채의 의의

지방채라 함은 지방자치단체가 재정수입의 부족을 보전하여 경비에 충당하기 위해 정부 또는 민간 부문(자본시장 · 금융기관)으로부터 증서 차입 또는 채권(local bonds) 발행의 방법에 의해 자금을 조달하는 데 따르는 채무로서 그 상환이 한 회계연도를 넘는 이른바 장기차입금을 의미한다. 지방채를 국채와 비교하면 다음과 같은 특색을 지닌다.

첫째, 국채는 경기 조절 기능을 수행할 목적으로 중앙은행의 인수를 통한 신용 창조에 의해 발행되므로 중앙은행의 신용 팽창에 따른 인플레이션의 유발 우려가 있는 반면, 지방채는 재원 조달이 직접적인 목적으로 인플레이션의 우려가 없다. 이러한 점에서 지방채는 사채나 회사의 장기 차입금에 가까운 성격을 지니고 있다.

둘째, 중앙정부는 경제정책적 관점에서 국채의 발행 여부, 발행액의 규모 등을 신축성 있게 결정하는 데 비해 지방자치단체는 지방채의 발행을 스스로 결정하지 못하는 경우가 많다. 특히 그 지방채의 자금이 중앙정부의 재정자금일 때에는 지방자치단체가 그 발행 여부를 자주적으로 결정하지 못한다.

셋째, 지방채를 재원으로 하여 행해지는 공공 투자는 모두 그 지역 주민의 생활 또는 지역경제와 직접 관련이 있는 투자이다. 따라서 지방채는 국채에 비해 연고채(緣故債)의 색채가 짙다.

또한, 지방채를 사채와 비교하면, 지방채가 원칙적으로 조세에 의해 상환되는데 비해 민간회사에서 사채는 사업수입에 의해 상환된다. 물론 지방공기업채는 요금 등의 사업수익에 의해 상환되지만 최종적으로 지방채는 지방자치단체의 과세권을 담보로 하고 있다. 이 점에서 신용력이 당해 회사의 자산 및 수익력을 담보로 하고 있는 사채보다는 훨씬 강하다고 할 수 있다.

이러한 지방채의 소화는 공모 소화가 원칙이다. 우리나라는 지금까지 주로 각종 인 · 허가나 등록 시에 공채를 첨가하여 강제 소화시키는 강제소화방식(매출공채)을 사용해 왔으나 최근에 모집공채 방식에 의한 공모 소화가 늘어나고 있다.

2 지방채의 기능

지방채는 지방정부의 원활한 기능 수행과 지역 주민의 복지 증진을 위해 부족한 재정을 보충하는 수단으로 발행되지만 다양한 기능을 함께 수행한다.

첫째, 재원 조달 기능을 수행한다. 본래 지방채는 세입과 세출의 불균형, 특히 세입의 부족을 충당하기 위해 정부 채무의 형태로 자금을 조달하는 방식이다. 여기에는 증권채와 증서채가 있는데, 전자는 채권의 발행을 통해 조달하고, 후자는 차입증서를 통해 조달한다. 지방채는 주로 대규모 지하철 건설이나 재해복구 사업에 충당하기 위해 발행된다.

둘째, 자원을 효율적으로 배분한다. 지방공기업의 사업 수행에 필요한 재원은 조세수입에 의한 것보다 차입금 형태로 충당하는 것이 바람직하다. 조세는 강제적 징수로 자원배분을 왜곡시키지만 지방채는 유휴자금을 이용하는 것이기 때문에 자원의 최적 배분을 도모할 수 있다.

셋째, 주민 간·세대 간의 부담을 공평하게 한다. 주민 간 부담의 공평이라 함은 지방채에 의한 자금 조달은 특정 지역에 정착된 주민과 이주하는 주민 사이의 부담을 공평하게 한다. 즉 특정 장소로 이주하는 주민은 공공시설에 의한 편익의 기회를 상실하는 대가로 지방채의 상환 부담을 면하게 된다. 세대 간 공평화라 함은 공익사업의 효과는 세대를 이어 나타나므로 지방채는 원리금의 장기적 상환을 통해 비용 부담과 혜택의 세대 간 공평을 도모할 수 있다.

3 지방채의 종류

1) 일반적 분류

(1) 회계 기준

지방채는 회계를 기준으로 할 경우 일반회계채와 특별회계채로 구분된다. 일반회계채는 일반회계의 재원으로 조달하는 재무이고, 특별회계채는 공기업 특별회계나 기타 특별회계에서 조달하는 채무이다. 우리나라의 지방채는 주로 도로·교량 건설, 하천 정비, 재해복구, 주택·택지 개발, 공단 조성, 상·하수도, 지하철 건설, 지역개발기금 조성 등을 위해 발행되는데, 지방자치단체에 따라 일반회계채로 운영되기도 하고 공기업특별회계채 또는 기타 특별회계채로 운영하기도 한다.

(2) 발행 방법 기준

① 증서차입채(차입금)

증서차입채는 국내차입채(國內借入債)와 국외차입채(外國借入債)로 나누며, 국내차입채는 차입선과 자금의 종류에 따라 정부자금채, 지방공공자금채, 민간자금채로, 국외차입채는 공공차관과 상업차관으로 구분된다.

국내차입채 중 정부자금채(政府借入債)는 특별회계채와 관리기금채로 나뉜다. 전자는 재정투융자, 토지관리 및 지역균형 개발 등의 정부특별회계에서 지방채를 인수하는 경우이며, 후자는 농수산물가격안정기금, 농어촌발전기금, 국민주택기금 등에서 지방채를 인수하는 경우이다. 지방공공자금채는 시·도 단위로 조성·운용되는 지역개발기금, 지방재정공제회 등에서 인수하는 융자금이다. 민간자금채(民間借入債)는 은행, 제2금융권(투자신탁, 단자사 등) 등의 금융자금과 일반 민간인 자금 및 기타 연고자금에서 인수하는 것이다.

국외차입채(차관) 중 공공차관(公共借款)은 우리나라 중앙정부나 지방정부를 포함한 공공법인이 외국 정부·경제협력기구·외국 법인 등에서 현금을 차입하거나, 자본재 또는 원자재를 도입하는 것이다. 이러한 공공차관은 개발도상 국가를 위한 정책자금으로 우리나라는 1995년부터 대상에서 제외되었다. 상업차관은 지방정부가 일반경제 주체와 같은 지위에서 외국(법)인과 차관 계약을 통해 도입되는 외국 자본을 말한다.

(2) 증권발행채(지방채 증권)

지방채 증권도 국내 지방채증권(내국채)과 국외 지방채 증권(외화채)으로 나누며, 내국채는 모집, 매출, 교부 등 세 가지로 구분한다.

모집에 의한 발행 방법(모집공채)은 신규로 발행하는 지방채 증권에 대해 청약서에 의해 불특정 다수를 대상으로 투자자를 모집한 후 현금의 납입을 받고 증권을 발행하는 것으로, 발행 주체가 연고인수선(은행, 보험, 투자신탁 등)과 계약을 체결하여 발행하는 사모, 발행 주체가 자본시장을 통해 투자자를 공개 모집하는 공모가 있다. 공모의 경우는 발행 주체가 직접 모집하는 직접모집과 발행 주체가 위탁기관(증권사 등)을 통해 투자자를 모집하는 간접모집이 있다.

매출에 의한 방법(매출공채)은 지방자치단체로부터 인・허가나 차량 등록 등 특정한 업무를 제공받는 주민 또는 법인을 대상으로 원인행위에 첨가하여 강제 소화시키는 것으로 지방채 증권에 의한 발행 방법 중 가장 많이 이용되는 형태인데, 발행기관이 직접 매출하는 직접매출 방법과 매출위탁회사를 지정하여 매출하는 위탁매출 방법이 있다. 매출 방법을 이용하는 지방채로는 지하철공채, 상・하수도공채, 지역개발공채 등이 있다.

교부에 의한 발행 방법(교부공채)은 지방자치단체가 주로 토지를 매입하거나 공사대금 등을 지불하는 경우에 일시에 현금을 지급하는 대신에 후년에 지급을 약속하고 지방채 증권을 채권자에게 교부하는 것을 말한다. 이 방법은 지역개발사업 등에 쉽게 이용될 수 있으나 우리나라에서는 잘 이용되지 않고 있다.

국외 지방채 증권의 발행은 지방정부가 외국인을 대상으로 채권을 발행하여 외자를 도입하는 형태이다. 이러한 예로는 양키본드(미국), 사무라이본드(일본) 등이 있으며, 우리나라 지방정부에서도 중앙정부의 승인을 얻어 미국 증권시장에서 달러 표시 해외증권인 양키본드를 발행한 바 있다.

2) 기타 분류

이상에서 논의한 것 외에도 상환 방법, 소화 방법, 발행 주체, 상환 기간, 자금의 용도, 채무 순증가 등을 기준으로 다양하게 분류할 수 있다. 상환 방법을 기준할 경우 일시상환채와 분할상환채로 구분되며, 일시상환채는 상환 기간이 도래하면 전액을 일괄하여 상환하는 것을 말하고, 분할상환채는 원리금을 여러 차례에 걸쳐 상환하는 것을 말한다. 분할상환채는 다시 매회 상환 액수에 따라 균등상환채, 불균등상환채로 나뉜다. 소화 방법을 기준으로 할 경우 강제공채와 임의공채로 분류되며, 발행 주체를 기준으로 할 경우 특별시채, 광역시채, 도채, 시채, 군채, 자치구채, 지방자치단체조합채로, 상환 기간을 기준으로 할 경우 단기채와 장기채로, 자금의 용도를 기준으로 할 경우 생산공채와 비생산공채로, 채무의 순증가 여부를 기준으로 신규채와 차환채(借換債) 등으로 나뉜다.

4 지방채의 발행 조건

1) 지방채 발행 적채단체

지방채 발행의 적채단체에는 법인격을 요건으로 하는 주체적 적채단체와 재정 상황을 요건으로 하는 재정적 적채단체를 포함한다. 우리나라 지방채 발행을 위한 법적 자격을 갖춘 지방자치단체는 보통지방자치단체와 특별지방자치단체이다. 보통지방자치단체로서는 서울특별시・광역시・도 등 광역자치단체와, 시・군・구 등의 기초자치단체가 있으며, 특별지방자치단체로서는 조합이 있다.

지방채 발행의 재정적 적채단체는 과거 지방재정법시행령 제6조 2에서 ① 지방채 원리금의 상환에 연체가 없는 단체, ② 지방채 원리금의 상환 부담이 과중하지 않아 재정 상태가 어렵지 않는 단체 등이었다. 그러나 동법의 시행령 개정(2008. 2. 29)으로 비율 통제 제도로 변경됨에 따라 적체단체는 원칙적으로 원리금 상환 비율이 전전 연도 예산의 100분의 10 범위 내에 있는 단체로 보아야 할 것이다.

2) 지방채 발행 적채사업

우리나라 지방채 발행 적채사업은 지방재정법 제11에 근거하여 지방재정법시행령 제9조 1항에서 상세히 규정하고 있다. 지방채 발행 적채사업으로서는 ① 공용・공공용시설의 설치, ② 당해 사업의 수익금으로 원리금 상환이 가능한 사업, ③ 천재・지변으로 인한 재해 등 예측할 수 없는 세입

결함의 보전, ④ 재해 예방 및 복구사업, ⑤ 이미 발행한 지방채의 차환, ⑥ 기타 주민의 복지 증진 등을 위해 특히 필요하다고 인정되는 사업으로 규정하고 있다.[9]

이에 근거하여 소관 부처는 지방채 발행을 해서는 안 될 비용을 규정하고 있다. 즉 소모성 경상비에 해당하는 경상적 유지보수비, 일반적 조사비, 소모성 기자재비, 내용 연수가 극히 짧은 시설비를 기채 대상에서 제외할 뿐만 아니라 총사업비가 소액인 사업, 기타 일반재원으로 충당하는 것이 타당하다고 인정되는 경비도 기채 대상에서 제외시키고 있다(행정자치부, 2000a). 우리나라는 기채 대상 사업을 비교적 광범위하게 규정하고 있기 때문에 적채사업의 요건이 까다로워 기채를 하지 못하는 경우는 드물다. 다만 상환 능력에 문제가 있어 기채의 제약을 받고 있는 실정이므로 사업 대상에 관련하는 한 자율성은 높은 편이다.

3) 기타 발행 조건

기타 조건으로 들 수 있는 것은 사업계획의 타당성과 기채계획의 적정성 등이다. 전자는 주민 여론, 사업의 긴급성 및 적실성, 사업 추진의 인·허가 사항 등이며, 후자는 당해 단체의 재정 상황과 상환 능력의 적정 여부, 자금 조달 능력, 발행 조건의 타당성 등을 들 수 있다.

5 한국의 지방채 발전 과제

지방채의 발행은 지방 자율에 맡기는 방안, 중앙행정기관의 승인을 받도록 하는 방안이 존재한다. 전자는 지방채를 남발할 가능성이 있는 반면, 후자는 지방채의 발행 규모를 통제함으로써 건전재정을 유도할 수 있는 장점

---

9) 1929년 일어난 세계대공황은 기업의 도산과 많은 실업자를 양산해 냄에 따라 이를 극복하기 위한 노력에 부심했고, 결국 공공 투자라는 이름 아래 지방채를 남발하여 무리한 투자를 확대함으로써 재정 파탄의 경지에 이른 지방자치단체들이 1930년대에 많이 속출된 사실을 역사상에서 발견한다(Burns, Arthur E. & Donald S. Watson, 1972: 125-136).

이 있다. 어떠한 경우이든 일국의 지방채 발행제도는 특정 국가의 사회적 여건과 지방정부의 재정적 상황을 고려하여 적절한 통제와 자율성을 동시에 확보할 수 있는 방향으로 운영되어야 한다.

우리나라 지방정부의 지방채 발행은 지방자치단체의 항구적 이익이 되거나 긴급한 재난복구 등의 필요가 있는 경우로 한정하고 있으며, 대통령령이 정하는 지방채 발행 한도액의 범위 안에서 지방의회의 의결을 얻어야 한다. 다만, 지방채 발행 한도액의 범위(전전 연도 예산액의 100분의 10) 내라 할지라도 외채를 발행하는 경우에는 지방의회의 의결을 거치기 전에 행정안전부 장관의 승인을 얻어야 한다. 또한 지방자치단체의 발전과 관계있는 사업 등 대통령령이 정하는 사유가 발생하는 경우에는 행정안전부 장관의 승인을 얻은 범위 안에서 지방의회의 의결을 얻어 지방채 발행 한도액의 범위를 초과하여 지방채를 발행할 수 있다(지방재정법 제11조).

이것은 과거에 비해 지방재정의 제도적 자율성을 크게 높이고 있지만 그 비율이 낮아 실질적인 자율성의 확대에는 크게 도움을 주지 못하고 있다. 예산에 대비한 원리금 상환액의 비중이 15% 정도까지는 위험 수준이 아니라고 보는 것이 일반적 견해이다.

제 11 장 지방정부 간 협력과 갈등

제1절 지방정부 간 협력: 광역행정

1 광역행정의 의의

1) 광역행정의 개념

광역행정은 국가 또는 지방자치단체가 법정 행정구역을 초월하여 넓은 지역에 걸쳐 특정 사무를 종합적 통일적으로 처리함으로써 행정의 능률성, 민주성, 경제성, 합목적성을 높이려는 행정 방식이라 할 수 있다. 즉 지방자치단체의 법정 행정구역을 초월하여 발생되는 일정한 행정 수요를 처리하기 위해 기존의 행정구역과 그 영향권 내에 있는 주변 자치단체의 행정구역을 통합하여 행정 업무를 처리함으로써 행정 능률을 제고함에 그 목적이 있다. 이러한 광역행정은 광역주의(area-wide principle)에 기초하고 있다.[1)]

1) 광역주의는 수행 사무 내용을 기준으로 권한배분적 광역주의와 지역사회 재편적 광역주의로, 정치성 여부를 기준으로 정치적 광역주의와 행정적 광역주의로, 실천 주체를 기준으로 국가적 광역주의와 지방자치적 광역주의로, 사무 범위를 기준으로 포괄적 광역주의와 개별적 광역주의로 구분할 수 있다.

광역주의는 행정 기능을 수행할 때 행정구역을 주민의 생활권, 경제권, 교통통신 권역 등에 일치시킴으로써 단일행정권 위주의 제약성을 극복해 보자는 것이다.

이러한 광역주의에 기초한 광역행정(area-wide administration)은 능률성과 민주성을 조화시키는 기능을 담당하고 있다. 행정의 광역적 처리를 통해 능률성을 확보하는 것은 당연한 논리이며, 또한 하급 지방정부에서 처리하기 어려운 사무를 상급 지방정부로 이관하여 광역적으로 처리할 경우 지방정부 사무가 바로 중앙정부의 사무로 이관되는 것을 방지함으로써 민주성도 함께 확보할 수 있다.

또한 광역행정은 빈번하게 이루어질 수 있는 행정구역의 경계 변경을 진정시킬 수 있는 장치로 작동할 수 있다. 행정구역은 대체로 주민의 활동무대에 일치하여 구획하는 것이 이상적이다. 그러나 생활권에 기초한 구역 설정은 인간의 활동 범위에 따라 빈번히 구역을 확대 변경해야 하는 번잡함이 따르지만 광역행정을 통한 사무의 처리는 경계 변경이 없이도 광역행정을 수행할 수 있기 때문에 잦은 행정구역 개편을 진정시킬 수 있다.

우리나라 광역행정은 과도한 중앙집권화를 억제하면서 광역행정의 수요에 적절히 대응하기 위해 1973년 3월 '지방자치법'과 '지방자치에 관한 임시조치법'을 개정하여 지방자치단체 간의 사무조합과 지방행정협의회에 관한 규정을 보완·신설한 것이 그 출발점으로 볼 수 있다. 지방자치법상에 나타난 광역행정 방식은 지방행정협의회, 지방자치단체조합, 사무위탁, 지위 흡수, 구역 확장(편입), 시·군 통합, 연락회의 및 직원 파견 등이 있다.

2) 광역행정의 필요성

광역행정을 통해 확보할 수 있는 가치(value)는 여러 가지가 있으나 다음과 같은 것을 들 수 있다.

첫째, 행정 능률의 확보(establishment of administrative efficiency)이다. 가장 적은 비용으로 최대의 성과를 달성하는 것이 능률의 개념이라고 한다면 바로 광역행정은 행정 능률에 직결된다. 즉 동일한 사무를 여러 단체가 지역별로 동시에 실시할 경우 인력과 재정, 시간 등의 자원이 중복 소요되지만 하나의 광역행정 주체가 사무를 일괄 처리할 경우 많은 자원을 절약할 수 있다.

둘째, 행정 서비스의 균질화(equalization of public services))를 도모할 수 있다. 도시지역과 농촌지역이 행정구역을 달리하여 인접해 있을 때, 도시지역은 세수의 증대로 재정자원이 풍부하여 양질의 행정 서비스를 제공하는 반면, 농촌지역은 재정력이 미약하여 양질의 서비스를 제공하지 못할 때 행정 서비스의 격차가 발생한다. 이처럼 농촌지역 주민들이 동일한 지역에 거주하면서도 행정구역이 다르다는 이유 때문에 차별적 대우를 받게 되는 불합리를 시정하기 위해 광역행정이 요구된다.

셋째, 부존자원의 최적 활용(optimal use of natural resources)이다. 지방자치단체는 구역의 범위가 좁을수록 부존자원이 적고, 구역을 확대할수록 더 많은 자원을 확보할 수 있다. 따라서 광역행정은 넓은 지역을 하나의 행정 단위로 설정하여 서비스를 제공하는 것이므로 지역 내 자원 보유 지역이 자원 빈곤지역을 보완해 줌으로써 자원의 최적 활용이 가능해진다.

넷째, 지방분권과 중앙집권의 조화(harmony of centralization and decentralization)이다. 광역행정은 지방자치 과정에서 지방의 경제, 사회, 문화적 특수성을 살리고, 중앙정부의 획일적·권력적 행정 처리로부터 자치행정을 보호하는 완충적 역할을 담당할 뿐만 아니라 하급 지방정부의 부족한 행정 기능을 상급 정부가 보완해 줌으로써 민주성과 능률성을 조화시키는 수단이 된다.

2 광역행정의 촉진 요인

1) 과학기술적 요인

광역행정이 촉진되는 가장 중요한 요인을 든다면 무엇보다 과학 기술의 발달이라 하겠다. 특히 교통통신의 발달은 공간적 거리의 시간적 단축을 가능케 함으로써 행정관리의 범위를 더욱 확대시킨다. 현대 사회는 과학기술의 발달에 힘입어 육로, 해상, 항공 등에서 괄목할 만한 교통 수단의 발전을 가져와 세계는 서로가 이웃이 될 수 있는 지구촌으로 변모되고 있으며, 특히 유·무선통신의 첨단화 및 상용화는 정보의 대량 생산과 신속한 전달을 가능케 하여 행정의 광역화를 더욱 촉진하게 되었다. 이러한 행정의 광역화는 지방자치단체의 행정구역이 사회 발전과 더불어 점차 확대되고 있는 선진국들의 현실에서 충분히 엿볼 수 있다.

2) 사회적 요인

광역행정의 사회적 촉진 요인은 첫째, 도시화의 급속한 진전을 들 수 있다. 도시화가 급속히 진행됨에 따라 중심도시는 위성도시 및 근교지역을 흡수하여 종주적인 도시집합체를 형성함으로써 광역도시권이 형성된다. 광역도시권 내에서는 인구, 교통, 상하수도, 도로, 청소, 경찰 등 다양한 도시행정 문제가 양적으로 증대될 뿐만 아니라 사회의 구조적 분화도 동시에 일어난다.

둘째, 지역 개발의 요청이다. 대규모 개발 사업이 기존의 행정구역을 초월하여 이루어지는 경우 인접 지방자치단체와의 협력이 필요하다. 만약 협력이 이루어지지 않을 경우 그 지역개발 사업은 중단되거나 일부 지역에 한하여 시행될 수밖에 없다. 행정구역을 초월한 광역권을 토대로 종합적·통일적으로 계획하여 실시하는 대규모 개발사업은 수자원 개발, 치산치수, 도로 정비, 공업용지의 확보 등을 들 수 있다.

셋째, 토지 이용에 따른 갈등의 등장이다. 혐오시설, 기피시설의 입지는 지방정부 간 님비 현상을 유발하여 주민들의 저항을 불러일으킨다. 이러한 갈등은 상생할 수 있는 길을 모색하게 되는데, 그 과정에서 지방정부 간 호혜적 협상이나 보상을 통해 문제가 해결되며, 이러한 갈등의 해결은 결국 행정이 광역적으로 처리될 수 있는 여건을 만들어 준다.

넷째, 행정구역과 생활권의 불일치이다. 과학 기술의 발달은 사회적 분화를 촉진하고 인간생활에 필요한 물리적 수단들을 많이 만들어 낸다. 이것은 결국 인간의 활동 범위를 넓혀 생활권과 행정구역의 불일치를 초래하게 되는데, 이러한 양자의 불일치는 행정구역의 확장으로 대응할 수 있지만 광역행정으로 대응하는 것이 더 생산적이다.

3 광역행정의 분류 기준과 유형

1) 광역행정의 분류 기준

광역행정의 분류 기준은 학자들의 입장에 따라 다양하게 제시되고 있다. 존스(Jones, 1966: 153-157)는 광역행정의 분류 기준으로 ① 사무조정의 대상 영역, ② 사무 조정의 비용 부담 원칙, ③ 규모의 경제, ④ 주민 참여 필요성 등 네 가지를 제시했으며, 미국 정부간관계자문위원회(ACIR, 1982: 229)는 행정 편익의 지역적 범위, 규모의 경제, 관할구역의 적정성, 행·재정 능력, 행정 기능 다원화, 근거리 행정 원칙, 주민 참여 기회 등 일곱 가지를 제시했다. 또한 펄로프(Perloff, 1967: 720-729)는 골격 기준과 세포 기준을 광역행정의 분류 기준으로 제시했으며, 볼렌스와 슈만트(Bollens & Sch- mandt, 1982: 164-165)는 ① 경제적(규모의 경제), ② 행정적(능률성), ③ 정치적(주민통제) 기준을 들고 있다. 이처럼 광역행정의 분류 기준은 보는 시각에 따라 여러 가지로 제시할 수 있으나 집행하려는 광역행정의 목적에 따라 다음과 같은 기준을 제시할 수 있다(김명국, 2002: 97-102).

첫째, 골격 기준(skeletal)과 세포 기준(cellular)이다. 이것은 펄로프에 의해 제기된 것으로서 행정 기능을 행정 주체에 접근시키는 데에는 골격 기준과 세포 기준이 있다고 한다. 골격 기준이라 함은 광역권 내의 지방정부 상호간에 이질적인 요소가 존재하더라도 기능 관계가 긴밀하게 연관되어 있는 지역일 경우 광역적 기획을 통해 해결해야 한다는 것이다. 즉 상하수도, 도시계획, 교통·통신시설, 전기 등 도시기반 시설은 그 기능적 성격으로 보아 개별 행정 단위로서 접근하기보다는 광역적 지역 단위로 접근하여 공급하는 것이 행정의 능률성과 경비의 절감을 가져올 수 있다는 것이다. 세포 기준은 지방 주민의 관심과 이해가 직결된 사무로서 개별 행정 단위에 일임하여 처리하는 것이 더욱 바람직한 사무이다. 즉 초등학교, 중학교, 소방, 경찰 및 병원 등의 사무는 행정 단위별 공급이 가능한 사무이기 때문에 기초자치단체에서 처리하는 것이 합리적이라는 것이다.

둘째, 환경 체제(environmental setting) 기준이다. 환경 체제 기준이란 수계나 대기권 등 여러 지역을 통과하면서 많은 문제를 야기할 수 있는 자원자원이나 환경 요소 등은 광역차원에서 해결하는 것이 바람직하다는 것이다. 이러한 사무는 수질 및 대기오염 관련 사무, 상하수도 사무 등을 들 수 있다.

셋째, 고도 전문 서비스 및 시설(highly specialized services and facilities) 기준이다. 이것은 행정 단위별로 시설을 설치하고 운영하는 경우 과대한 비용이 소요되어 규모의 경제 측면에서 비능률적이기 때문에 광역의 지역 단위에서 공동 처리하는 것이 바람직하다는 것이다. 즉 대학, 연구소, 문화시설, 체육시설, 종합병원, 박물관 등의 설치 및 운영은 개별 행정 단위보다 광역의 지역 단위가 더 효율적이다.

넷째, 협력(cooperation) 기준이다. 여러 지방자치단체가 서로 잘 협력하면 좀 더 효율적으로 처리될 수 있는 사무들이 있다. 즉 광역권 내에서 마약이나 범죄 등 특별경찰 업무, 쓰레기 수거 및 처리시설, 동물원, 화장장 등의 사무가 여기에 해당한다. 이러한 사무의 협력 과정에는 이해관계가 상충되어 협력이 잘 이루어지지 않는 경우가 많다.

다섯째, 형평성(equity) 기준이다. 동일한 광역권 내의 지방자치단체들은 경제적 여건 차이에서 비롯된 재정수입의 부족으로 행정 서비스를 제대로 공급하지 못해 소득 수준이 낮은 지역에서 소득 수준이 높은 지역으로의 인구 이동이 일어나게 된다. 이러한 결과 과소지역 및 과밀지역의 사회적 문제가 발생됨에 따라 이러한 문제를 극복하고 균질적인 행정 서비스를 제공하기 위해 광역행정이 이루어지는 것이다.

여섯째, 지역 개발(regional development) 기준이다. 지역 개발이 광역행정의 기준으로 고려되는 것은 지역 개발이 비교적 광역적으로 이루어지는 경향이 있기 때문이다. 즉 인접한 지방자치단체들과 광역적으로 지역 개발을 할 경우 상호 의존적·보완적 관계를 가진 몇 개의 결절(結節)지역 혹은 분극(分極)지역은 하나의 공간 단위로 설정되어 자족적 집합체를 형성하게 되는 것이다.

2) 광역행정의 유형

국가별로 행하고 있는 광역행정의 방식은 다양하지만 다음과 같은 두 가지 기준에 따라 분류하는 것이 일반적이다.

첫째, 정부 수준별 기준에 의한 분류이다. 이것은 어느 수준의 정부에서 광역행정이 이루어지는가를 기준으로 구분한다. 여기에는 기초자치단체인 시·군의 수준에서 이루어지는 기초단체간(基礎團體間) 광역행정, 광역자치단체인 시·도의 수준에서 이루어지는 광역단체간(廣域團體間) 광역행정, 지방국세청, 지방해운항만청 등 중앙정부의 지방행정기관에 의해 이루어지는 특별지방행정기관(特別地方行政機關)의 광역행정 유형이 있다.

둘째, 사업 범위 기준에 의한 분류이다. 이것은 광역행정의 형태가 특정 사업주의냐 종합 사업주의냐에 따라 구분한 것이다. 특정 사업주의(特定事業主義)는 한두 가지의 특정 사무에 대해 행정 처리가 이루어지는 광역행정을 말하며, 여기에는 일부사무조합, 공동기관 설치, 사무위탁, 협의회, 연락회의, 직원 파견 등의 공동 처리 방식이 있다. 종합 사업주의(綜合事業主義)는 여러 가지의 사무를 종합적으로 처리하는 광역행정으로서 여기에는 하급정부의 인적·물적 지원 위에서 상급정부를 설치·운영하는 연합 방식, 기존 자치단체를 수평적으로 통폐합하고, 새로운 단체를 신설하여 사무를 광역적으로 처리하는 통합 방식이 있다.

4 광역행정의 운영 방식

1) 공동 처리 방식

공동 처리 방식은 둘 이상의 지방자치단체가 상호 협력을 통해 공동으로 행정사무를 광역적으로 처리하는 방식이다. 여기에는 협의회(協議會), 일부사무조합(一部事務組合), 공동기관(共同機關), 사무위탁(事務委託), 연락회의(連絡會議), 직원 파견(職員派遣) 방식이 있다 (김필두 외, 2002).

협의회는 둘 이상의 지방자치단체가 광역적 계획의 수립 등 공동의 이해관계가 걸려 있는 사무를 처리하기 위해 협의기관을 설치하는 방식이다. 이것은 법인격이 부여되지 않은 단순한 협의 차원의 조직이기 때문에 각 지방자치단체는 독립성을 유지하면서 공동의 문제를 해결할 수 있다. 따라서 사무 처리의 효과는 협의회가 아니라 각 지방자치단체에 귀속되므로 협의조직의 주체성이 가장 낮은 협력 방식이라 할 수 있다. 이러한 결과 협력의 실질적 효과는 그리 크지 못하다.

우리나라 지방행정협의회는 1973년 지방자치관계법의 개정으로 이에 관한 법적 근거가 마련되었으며, 1988년 전문 개정 지방자치법에서는 협의회의 구성·조직·기능·폐지, 규약의 규정 사항 및 변경, 협의회에 대한 지도·감독 등에 관해 상세한 규정이 마련되었다. 우리나라 광역권행정협의회는 1971년 부산권 광역행정협의회가 처음으로 구성된 이래 현재 수도권, 대구권, 광주권, 대전권 등 5개 권역에 행정협의회가 구성되어 있으며, 또한 기초행정협의회는 총 50 여개 권역에서 설치 운영하고 있는 실정이다.

일부사무조합 방식은 둘 이상의 지방자치단체가 공동의 이해관계가 걸려 있는 특정 사무를 협력적으로 처리하고자 계약에 의해 새로운 법인을 설치하는 방식이다. 조합은 본래 법률적 행위를 할 수 있는 법인격을 가지고 있으므로 주체성이 강하고, 사무 처리의 효과가 조합에 귀속된다. 그러나 조합은 구성원이 지방자치단체이므로 이들로부터 운영에 필요한 인적·물적 자원을 지원받게 되므로 지방자치단체에 대한 조합의 독자성은 크다고 볼 수 없다.

우리나라 지방자치단체조합은 과거 기초자치단체인 시·군 사이의 조합만이 인정되어 있었으나 1973년 지방자치에 관한 임시조치법의 개정으로 모든 지방자치단체 사이의 조합이 인정되었다. 그러나 우리나라의 경우 조합 방식의 광역행정은 거의 활용되지 못하고 있는데, 이것은 조합의 형식으로 처리해야 할 대상 사무가 그리 많지 않을 뿐만 아니라 광역정부의 존재로 거의 대부분의 광역사무가 여기에서 해결되기 때문이다. 현재 경인지방의 수도권매립지운영관리조합이 유일하게 운영되고 있다.

공동기관 방식은 둘 이상의 자치단체가 공동의 사무를 처리하기 위해 계약을 체결하고, 기관장, 위원, 직원, 부속기관 등을 공동으로 두는 방식이다.

이것은 관련 지방자치단체의 관할구역에 기초하여 주민 복지의 증진을 위해 설립된 조직기구로서 시설의 공동 이용에 그 중점이 있다. 예컨대 의료기관, 도서관. 박물관, 화장장의 공동 이용이 여기에 해당한다.

사무위탁은 둘 이상의 자치단체가 계약에 의해 특정 사무를 상대방에 위탁하여 처리하는 방식이다. 우리나라의 경우 이것은 광역화의 문제가 대두되기 이전부터 행정 운영의 한 방식으로 많이 이용되어 왔으며, 특히 1988년 전문 개정의 지방자치법에서 이를 광역행정 방식의 하나로 명문화했다. 사무위탁은 필요에 따라 수시로 이루어지는 정부 간 협력 방식으로서 상·하수 처리, 쓰레기 소각장 등 공공시설의 공동 설치 및 이용에서 많이 활용된다. 연락회의는 둘 이상의 자치단체가 관심 사무에 관한 정보를 공유하기 위해 각 자치단체에서 파견된 대표자들로 구성되는 회의를 두는 방식이고, 직원 파견은 특정 지방자치단체의 직원을 다른 지방자치단체에 파견하여 특정 사무를 지원하거나 지원받는 협력 방식을 말한다.

2) 연합 방식

연합 방식은 둘 이상의 지방자치단체가 독립적인 법인격을 그대로 유지하면서 광역적 사무를 공동 처리하기 위해 새로운 광역정부를 창설하는 것이다. 이것은 지방자치단체 간의 자발적인 협약에 의해 성립되므로 기존 자치단체의 독립적 권한과 의도가 연합정부에 상당 수준 수용된다는 점에서 조합 방식과 유사하다. 그러나 조합 방식은 대체로 특정 분야 사무 한두 가지만을 전문적으로 처리하는 반면, 연합 방식은 하급정부에서 다루기 곤란한 다수의 광역적 사무를 주도적으로 처리할 뿐만 아니라 상급정부로서의 위상과 기능을 수행하고 있다는 점에서 양자는 구별된다. 연합 방식에는 자치단체연합(自治團體聯合), 도시공동체(都市共同體), 복합사무조합(複合事務組合) 등이 있다.[2)]

2) 연합 방식에 의한 광역행정은 캐나다의 토론토 시가 대표적이다. 토론토시연합은 토론토 시를 포함하여 13개의 시·읍이 합의하여 구성한 연합정부로서 의회와 집행부가 있지만 통상 의장이 겸직하는 체제이다. 의회는 토론토 시에서 12명, 기타 지역에서 12명을 선발하여 도합 24명으로 구성되고, 집행부는 토론토시의회 의장 1명과 의회에서 선

자치단체연합은 일정한 광역권 안에 있는 여러 자치단체가 특별자치단체적인 성격을 가진 연합체를 구성하여 상·하수도, 도로·교통, 도시·지역계획, 주택·공원·운동장, 보건·위생, 교육·사회복지, 경찰 등의 일정한 사무를 그 연합체에서 처리하도록 하고, 나머지 사무는 각 자치단체가 계속 처리하는 방식이다.

도시공동체는 대도시권에 있는 기초자치단체들이 광역적 도시계획, 공공시설의 정비 등을 체계적으로 추진하기 위해 광역적 행정 단위를 구성한 도시단체연합을 말한다.

복합사무조합은 둘 이상의 지방자치단체가 계약에 의해 다수의 광역적 사무를 처리하는 조합을 설립하여 광역행정을 수행하는 방식으로 일부사무조합이 가지는 책임 및 조정력의 미약 문제를 제거하고, 사무의 종합적 처리와 함께 조합의 주체성을 좀더 강화할 수 있는 수단이 되고 있다.

3) 통합 방식

이것은 일정한 광역권 안에 여러 자치단체를 포괄하는 단일의 정부를 설립하여 그 정부의 주도로 잡다한 광역사무를 처리하게 하는 방식이다. 이러한 통합정부는 광역사무에 관해 주도적으로 계획하고 집행한다는 점에서 연합 방식과 구별된다. 즉 광역권 안의 여러 자치단체를 통합하여 광역사무를 능률적·경제적으로 추진하는 것은 물론이고 자원을 균형 있게 배분할 수 있는 장점을 가진다. 그러나 이 방식에 의하면 통합 이전 각 자치단체의 개별적 특수성이 무시되는 경향이 있을 뿐만 아니라 주민참여가 어려워지는 등의 폐단이 초래될 우려가 있다. 이러한 통합 방식에는 합병(合併), 흡수통합(吸收統合), 전부사무조합(全部事務組合), 광역자치단체(廣域自治團體), 특별구역(特別區域), 구역확장(區域擴張) 방식이 있다.

임하는 2명, 그리고 기타 지방자치단체 의회에서 호선하는 2명을 합하여 도합 5명으로 구성되었다(한원택, 2000: 352-354). 그러나 최근 행정구역의 광역적 개편으로 6개 지방정부로 축소되어 운영하고 있다. 의회는 34명의 의원으로 구성되고, 집행부는 연합체 의장과 각 지방단체장 6명, 공선되는 7명의 의원을 합해 도합 14명으로 구성된다(박희서, 2001).

합병은 수평적인 관계에 있는 몇 개의 지방자치단체를 통폐합하여 하나의 법인격을 가진 새로운 자치단체를 신설하는 방식이다. 1995년부터 본격적으로 추진한 우리나라의 시·군 통합 사례가 여기에 해당된다. 과거 우리나라가 구역 개편에 적용했던 기준은 동질성이었지만 현재 적용하고 있는 기준은 결절성(분극성)이다. 이것은 지역적 특성이 서로 다른 이질적 지역을 하나로 묶는 구역 개편으로서 교통통신의 발달에 의한 생활무대의 광역화에 그 배경적 요인을 찾을 수 있다.

흡수 통합은 하급자치단체가 가지고 있던 권능 또는 지위를 상급자치단체가 수직적으로 흡수 통합하는 방식을 말한다. 여기에는 권능에 대한 흡수 통합과 지위에 대한 흡수 통합의 방식이 있다. 전자는 상급정부로의 사무 이관을 의미하며, 후자는 하급정부의 폐지를 의미한다. 우리나라에서 지위에 대한 흡수 통합 사례는 1960년대 초 기초자치단체로서 존립했던 읍과 면이 상급계층인 군에 흡수되면서 폐지된 것이 여기에 해당한다. 우리나라의 군은 세계에서도 그 유례를 찾아보기 힘든 대규모(인구 20만) 기초자치단체로 존립하고 있는 것이 특징이다. 외국에서는 인구 10만을 넘는 기초자치단체를 발견하기 힘들다.

전부사무조합은 둘 이상의 지방자치단체가 계약에 의해 그 자치단체들의 모든 사무를 종합적으로 처리할 조합을 설치하고, 그 조합의 구성과 동시에 기존의 각 자치단체를 사실상 소멸시키는 방식이다. 이것은 일종의 자율적인 합병 방식이라고 할 수 있다.

광역자치단체 방식은 지방자치단체 사이의 광역사무를 처리하기 위해 해당 자치단체를 초월하는 광역자치단체를 새로이 설립하는 방식이다. 이 방식은 광역행정의 필요에 의해 자치계층을 하나 증설한다는 점에서 여타 방식과 다른 특징을 가지고 있다.

특별구역 방식은 특수한 광역사무를 수행하기 위해 일반 행정구역 또는 자치구역이 아닌 별도의 특별자치단체 구역을 설정하는 방식이다. 특별구역은 국가에 따라 다양하게 운영되지만 광역행정을 위해 설립된 특별구역은 하천, 공원, 상하수도, 홍수 등의 사무와 관련되고 있는 것이 일반적이다.

구역 확장(편입)은 우리나라에서 전통적으로 빈번히 사용되어 오던 방식이다. 특히 도시권 정부는 도시구역의 확장을 통해 주변 지역을 도시권에 편입시킴으로써 광역행정의 요구에 대응하고 있다. 이러한 구역 확장은 단순한 경계 변경으로서 부분적 합병이라고도 말한다.

제 2 절 지방정부 간 분쟁: 갈등과 해결

1 지방정부 간 갈등의 의의

중앙정부 중심의 단일 국가 형태를 취하고 있는 우리나라는 1980년대까지만 해도 정부 간 갈등의 문제는 매우 생소한 개념이었다. 그러나 1991년 지방의회가 구성되고, 특히 1995년 6·27 지방선거를 통해 주민 직선의 단체장이 등장한 이후부터는 정부 간 관계와 갈등에 대한 국민적 관심이 증대되었다.

정부 간 갈등은 자원과 권력의 획득이나 배분 과정에서 정부 간 이해가 충돌함에 따라 발생되는 분쟁 현상으로 이해되는 것이며, 이것은 중앙정부와 지방정부 간의 갈등, 상급지방정부와 하급지방정부 간의 갈등, 그리고 지방정부 상호간의 갈등으로 나뉜다. 중앙정부와 지방정부 간 수직적 갈등 관계는 주로 권한의 배분에 관련되어 있으며, 지방정부 상호간 수평적 갈등 관계는 주로 지역이기주의에 관련되어 있다. 지역이기주의에 기초한 지방정부 간 갈등은 그 발생 원인도 다양하고 이질적이어서 더욱 복잡한 구조를 가지고 있을 뿐만 아니라 이에 대한 조정 및 해결 방안의 모색도 매우 힘든 과제에 속한다. 특히 혐오시설 등에 관련된 자치단체 간의 갈등은 그 해결 과정에 장시간이 요구되거나 해결의 실마리를 제대로 찾지 못하는 경우가 빈번하다(한국지방행정연구원, 1993).

이러한 지방정부 간 갈등에는 대체로 다음과 같은 특징이 존재하는 것으로 파악된다(주재복 외, 2006: 17). 첫째, 지방정부 간 정책갈등의 경우는 그 형태가 복잡하고 다양하다. 둘째, 지방정부 간 정책 갈등의 발생은 필연성을 가진다. 셋째, 지방정부 간 갈등은 조정과 해결이 매우 어려운 편이다. 넷째, 지방정부 간 갈등은 예방이 곤란하고 재발 가능성이 많다. 다섯째, 지방정부 간 정책 갈등은 불확실성의 문제와 시위 및 점거 농성 등 집단적 방식으로 문제를 해결하려는 집단화 경향을 가진다. 따라서 현대 사회의 정부 간 관계는 과거와는 달리 민주화의 진전과 지방자치의 내실화가 이루어지면서 발생되는 정책을 둘러싼 정부 간 갈등이 필연적 현상으로 받아들여지고 있으며, 그 조정 과정에서 대립, 갈등, 협상 등의 다양한 정치 과정이 나타난다.

정부사업에서 그 동안 갈등을 표출시킨 기존의 문제점은 대체로 사회적 합의 형성의 미흡, 계획의 경직성, 분할행정의 폐해, 사업타당성(비효율성)의 결여 등을 지적할 수 있다. 그러나 최근에 발생되는 정부사업의 갈등 원인은 좀 더 다양하고 복잡한 구조를 가지고 있다. 즉 사업 명분의 충분한 확보 결여, 정보 공개 및 투명성 미확보, 주민참여의 미보장, 미흡한 보상체계, 사업적 기술에 대한 불신, 갈등조정 기구의 미흡, 비용·편익의 불공평성, 정치심리적 요인 등이 중요한 갈등의 원인으로 지적되고 있다(나태준 외, 2004: 59-70).

2 지방정부 간 갈등의 근거 이론

정부 간 이해의 상충 관계를 다루는 갈등의 거시적 근거 이론으로 집합적 행위의 딜레마(dilemma of collective action)에서 찾고 있다. 이것은 개인의 합리성 내지 편익의 추구가 집단의 입장에서는 비합리 내지 비용을 초래하게 된다는 내용이다. 이러한 모순 관계를 설명한 고전적 논의는 공동체의 비극, 죄수의 딜레마 게임, 집합적 행위의 논리 등을 들 수 있다.

공동체의 비극(tragedy of the commons)은 개인과 집단 간의 딜레마를 언급한 내용으로서 공동체의 희소한 자원을 이용할 때 예견되는 환경 파괴를 상징한 말이다. 이것은 이기적 유전자(selfish gene)의 개념을 통해 생물

진화의 법칙을 설명한 미국의 생태학자 하딘(Hardin, 1968)이 처음으로 언급한 말이다. 그는 어부의 예를 들어 공동체의 비극을 설명하고 있다. 어부가 개인적인 합리성을 추구하기 위해 근해의 물고기를 남획할 경우 근해의 어장은 파괴되고, 장래에는 더욱 먼 바다로 나가 고기를 잡지 않으면 안 될 상황이 초래된다는 것이다. 결론적으로 개인이 자신의 합리성만 추구하여 현재의 어족자원을 보호하지 않으면 공동체의 미래 어족자원은 보장받을 수 없다는 것이다.

죄수의 딜레마 게임(prisoner's dilemma game)은 랜드(RAND)연구소가 글로벌 핵전략의 일환으로 개발한 게임이론의 일부로서 공동 범죄자가 각기 개인의 편익과 합리성을 추구함으로써 전체의 편익과 합리성을 저해한다는 내용이다. 즉 두 명의 공범자가 있을 때, 두 사람이 동시에 묵비권을 행사하면 무죄가 되지만 한 사람이 자백하고 다른 사람이 묵비권을 행사할 경우, 자백하는 자는 감형을 받을 수 있지만 묵비권을 행사한 자는 중형을 받기 때문에 서로가 동료를 믿지 못하여 둘 다 감형의 가능성이 있는 안전한 자백의 길을 택함으로써 결국 두 사람 모두 처벌을 받게 된다는 내용이다. 즉 서로의 이익 추구 때문에 공동의 목표인 무죄를 확보할 수 없다는 내용이다(Flood & Dresher, 1950).

집합적 행위의 논리(logic of collective action)는 공동복지는 개인복지와 다르기 때문에 개인으로 하여금 공동복지를 추구케 하는 것은 한계가 있다는 것이다. 즉 집단 내의 개인은 이기적인 존재이기 때문에 집단 전체의 이익을 위해 봉사할 동기 부여가 충분하지 않으므로 강압적인 제재가 가해지지 않는 한 개인은 집단을 위해 충분히 일하지 않는다는 것이다(Olson, 1971). 결론적으로 개인은 집합적 재화의 편익을 획득하는 데 배제될 우려가 없는 상황에서는 집합적 재화의 생산과 공급에 자발적으로 참여할 가능성은 매우 희박하다는 것이다

이상에서 논의한 집합적 행위의 모순은 개인과 집단 간 수직적 갈등의 원형에 해당하므로 이를 정부간 관계에도 적용하는 것이다. 즉 중앙정부와 지방정부 간 수직적 관계는 물론이고 지방정부 상호간의 수평적 관계에도 이러한 딜레마적 상황이 존재하므로 정부 간 갈등 관계의 근거 이론으로

흔히 인용된다.

3 지방정부 간 갈등의 유형

지방정부 간 갈등의 유형은 지방행정 주체, 지역 성격, 기능 범위, 갈등 내용, 기피시설 등의 기준에 의해 분류될 수 있다.

지방행정 주체(地方行政主體)를 기준으로 할 경우 정부 간 갈등은 광역정부 간 갈등, 기초정부 간 갈등, 광역정부와 기초정부 간 갈등으로 나뉜다. 첫째, 광역정부 간 갈등은 대도시지역 광역정부와 이에 인접한 농촌지역 광역정부 간의 갈등으로서, 도시화로 인한 농촌지역의 대도시 편입, 도시계획의 확대, 상수도의 상류지역 규제, 하수처리 및 도로망 확충 등과 주로 관련되고 있다. 우리나라의 경우 상수원 보호구역의 확대를 놓고 일어난 서울시와 경기도 간의 갈등, 위천공단 조성을 놓고 대구·경북과 부산·경남이 대립한 사례가 광역 차원의 대표적 갈등 사례에 해당한다.

둘째, 광역정부와 기초정부 간의 갈등은 관할 구역을 같이하는 상급정부와 하급정부 간의 갈등, 관할구역을 달리하는 상급정부와 하급정부 간의 갈등으로 구분된다. 전자는 동일한 지역 내의 정부이기 때문에 후자보다 갈등의 해결이 비교적 쉽게 이루어지는데, 우리나라의 경우 김포쓰레기매립지 증설 공사 분담금을 놓고 일어난 서울시와 각 구청 간의 갈등, 단양군을 개발촉진지역에서 제외시킨 충청북도와 단양군의 갈등이 대표적이다.

셋째, 기초자치단체 간의 갈등은 시와 군 사이에서 일어나는 갈등으로서 역시 공해 및 환경문제를 둘러싸고 많이 일어난다. 우리나라의 경우 군포 쓰레기 소각장 건설을 둘러싼 군포시와 김포시 간의 갈등, 행정구역 개편을 둘러싼 오산시와 평택시의 갈등, 충주댐 방류량을 놓고 일어난 담양·제천지역과 여주·양평지역 간의 갈등이 대표적이다(박우서, 2001: 44-53).

지역의 성격을 기준으로 할 경우 정부 간 갈등은 도시-도시형 갈등, 도시-농촌형 갈등, 농촌-농촌형 갈등으로 구분된다. 첫째, 도시-도시형 갈등은 대도시정부와 인접한 중소도시 간에 발생하는 갈등으로서 주로 토지 이용과 관련된다. 즉 대도시 주변의 중소도시들은 주로 대도시의 시역 확장에 따른 토지의 편입, 도로망의 구축 등과 관련하여 갈등을 빚는다. 둘째, 도시-농촌형 갈등이다. 이것은 시와 군 사이에 발생하는 갈등으로서 역시 수질오염 등 환경문제를 둘러싸고 자주 갈등이 일어난다. 셋째, 농촌-농촌형 갈등이다. 이것은 농촌지역이 산업화의 길을 걸을 때 흔히 볼 수 있는데, 사회간접자본의 유치에 따른 지방정부 간 갈등(PIMFY), 혐오시설의 설치를 기피하는 갈등(NIMBY)들이 대표적이다.

기능 범위를 기준으로 할 경우 정부 내 갈등, 정부 간 갈등으로 분류된다. 첫째, 정부 내 갈등은 특정 지방정부가 사무를 처리하더라도 다른 지방정부에 전혀 부정적 영향을 미치지 않고 오직 특정 정부 내에서 갈등이 발생하는 경우로 이러한 갈등은 내부적 갈등이므로 계층제적 권위를 통해 충분히 해소할 수 있다. 둘째, 정부 간 갈등은 특정의 정부가 타방의 지방정부에 피해를 발생시키는 경우로 부정적 외부성의 존재가 갈등의 원인이다. 이러한 부정적 외부성은 상호의존성이 높은 지역에서 주로 나타난다.

갈등 내용을 기준으로 할 경우 권한 갈등과 이해관계 갈등으로 분류된다. 첫째, 권한 갈등은 상급정부와 하급정부 간 갈등으로서 지방자치권의 배분문제를 둘러싸고 주로 일어난다. 둘째, 이해관계 갈등은 지방정부 간 갈등으로서 님비(NIMBY) 또는 핌피(PIMFY) 현상이 대표적이다.

기피시설을 기준으로 할 경우 혐오시설과 위험시설로 분류된다. 첫째, 혐오시설은 쓰레기처리장, 분뇨처리장, 화장장, 감호시설, 도축장, 공동묘지, 납골당, 오염산업시설 등을 들 수 있다. 특히 최근에는 지역 주민의 가치관 변화, 삶의 질 추구, 환경에의 관심 고조 등으로 과거 혐오시설로 여기지 않았던 것도 인식의 변화로 인해 비교육적·비도덕적인 상업시설까지도 혐오시설에 포함하고 있어 그 범위가 날로 확대되고 있다. 둘째, 위험물시설은 인간의 생활 과정에 신체적으로 직접 해악을 끼치는 대상으로서 여기에는 핵발전시설, 유류저장시설, 가스 및 화공약품 관련 시설, 군부대시설 등을 들 수 있다.

비용편익을 기준으로 할 경우 상하수도 갈등, 교통 갈등, 토지 이용 갈등으로 분류된다. 상하수도 갈등은 수계를 중심으로 상류지역과 하류지역 간의 갈등으로서 하류지역은 상수원 보호를 요구하고, 상류지역은 물값을 요구함으로써 일어나는 갈등이다. 이것은 단순한 물의 문제로 끝나는 것이 아니라 지역의 불균형 발전과 연계되어 문제가 확산된다. 하수도의 경우는 하류지역이 하수종말처리설비 및 운영관리비의 분담을 상류지역에 요구함으로써 갈등이 발생한다. 교통 갈등은 대중교통 수단의 노선 연계, 운행 횟수, 요금 체계, 그리고 도로 건설의 노폭 · 건설 시기 등의 잘못된 계획으로 일어나는 갈등을 의미한다. 토지 이용 갈등은 그린벨트, 공원, 자연녹지의 설정 등과 같이 지역개발계획과 관련하여 나타나는 갈등이 일반적이다.

4 외부성과 지역이기주의 · 무임승차

1) 지방정부 외부성의 의미

외부성(externality)은 특정한 경제 주체가 다른 경제 주체에게 유리 또는 불리한 영향을 미치는 효과를 말한다. 따라서 지방정부 외부성은 특정한 지방자치단체가 다른 지방자치단체에 유리 또는 불리한 영향을 미치는 효과라고 할 수 있다. 이러한 외부성은 긍정적인 외부성과 부정적인 외부성으로 대별되며, 이들은 다시 생산적 외부성과 소비적 외부성으로 나뉜다.

긍정적 외부성(good externality)에서 생산적 외부성은 용수사업과 같이 기업의 목적(공업용수)을 충족하면서도 다른 사람에게 무료로 농업용수를 제공하거나 휴식공간으로 이용할 수 있도록 특정 기업이 댐을 막아 혜택을 제공하는 경우가 여기에 해당한다. 소비적 외부성은 외부에 노출되는 아름다운 정원을 가진 가옥을 건축하여 지나가는 행인에게 정서적으로 즐거움을 주는 것도 그 하나가 될 수 있다.

부정적 외부성(bad externality)에서 생산적 외부성은 수계의 상류에 공해공장을 입지시켜 폐수를 방류하는 것이 대표적이다. 이것은 자신의 이익을 위해 타인에게 막대한 피해를 주는 행위로서 사회적 비판의 대상이 된다. 소비적 외부성은 앞의 운전자가 뒤의 운전자에게 불편을 줄 정도로 안전 운전을 하지 않을 경우가 여기에 해당한다.

이러한 유리 또는 불리한 효과로서의 외부성은 그 규모가 클 경우 반드시 조정되어야 하지만 미미한 외부성은 오히려 이것을 방치하는 것이 미덕이 될 수 있다. 즉 중대한 외부성이 존재할 경우 이것이 조정되지 않고 방치된다면 특정한 경제 주체는 큰 손실을 입게 되어 사회적 형평성(social equity)에 문제를 일으킨다. 그러나 경미한 외부성의 존재는 경미한 편익의 제공이나 고통을 인내함으로써 사회를 한층 여유롭고 인정미 넘치는 사회로 만들 수 있는 촉매제가 될 수 있다.

이러한 외부성을 소멸시키는 방법은 국가에 의한 강제적 방법과 시장 교환 과정을 통한 방법이 있다. 전자는 보조금이나 벌과금을 부과함으로써 해결하는 것이며, 후자는 시장적 접근을 통해 금전적으로 보상하는 것이다. 예컨대, 대기오염의 경우 대기오염권이 시장 교환 과정을 통해 매매가 가능하다면 외부성은 내부화할 수가 있지만, 이것이 시장 교환 과정을 통해 확보되지 못할 경우 보조금이나 벌과금 등 행정처분을 통해 외부성의 문제를 해결한다.

2) 지역이기주의의 문제

1991년 지방자치가 부활되고, 특히 1995년 민선 단체장의 선출 이후에 지역이기주의(regional self-centeredness)가 더욱 강화되는 양상을 보이고 있다. 그것은 선출직 공직자들이 주민의 이해와 여론을 많이 반영하지 않으면 정치적 생명에 문제를 일으키기 때문이다. 현재 지방정부 상호간에 갈등을 빚고 있는 대표적 사례는 혐오시설의 설치, 위험물시설의 설치, 수자원 보호, 그린벨트, 환경 보존 등을 들 수 있다. 이러한 시설의 설치나 지역의 설정은 당해 지역 주민들에게는 지대한 생활상의 불편과 피해를 초래하기 때문에 님비 현상으로 발전하기 쉽다.

따라서 주민에게 불편과 피해를 주는 사업이 있다면 정당한 보상(faire compensation)이 이루어져야 한다. 우리나라 지방자치의 부활 초기에는 주민의 의견을 충분히 수렴하지 아니했을 뿐만 아니라 주민의 피해에 대해 충분한 보상을 하지 않고 정부의 일방적 정책결정으로 사업을 추진한 사례를 흔히 볼 수 있지만 지금은 이러한 모습이 거의 사라지고 있다. 결국 님비 현상의 해결은 주민의 피해를 충분히 보상하는 물적 보상이 가장 유효한 수단으로 고려된다.

지역이기주의의 전개 과정은 대체로 3단계로 구분할 수 있다. 즉 초기 단계, 과도기 단계, 성숙기 단계이다. 초기 단계의 지역이기주의는 중앙정부의 강력한 지배가 이루어지는 중앙집권적 정치 체제 하에서 주로 발생되는 정부 간 님비 현상으로서 피해자의 불만이 가끔 표출되기도 하지만 행동으로 발전하지 않고, 단지 의사전달 정도에 거치는 잠재적 불만 상태라 할 수 있다. 이때 님비 현상의 행동 주체는 주로 지역 주민이 된다.

과도기 단계의 지역이기주의는 중앙집권적 정치 체제가 상당히 완화된 민주화된 사회에서 주로 일어나는 정부 간 님비 현상으로서 매우 공격적 성향을 띠게 된다. 즉 단순한 불만 표시의 정도를 넘어 과격한 행동을 표출하는 수준으로 발전하며, 이때의 행동 주체는 불이익을 인식한 지역 주민, 지방의회 및 지방자치단체가 일체가 된 지방정부 차원의 조직적이고 지속적인 저항이 일어나는 단계이다.

성숙 단계 지역이기주의는 매우 민주화된 사회에서 주로 일어나는 정부 간 님비 현상으로서 갈등의 범위는 기존의 혐오시설 및 위험시설 외에도 복지문제까지 포함하는 다양한 내용을 담고 있다. 따라서 과거에는 님비 현상으로 여기지 않던 현상까지도 새로운 님비 현상으로 인식되어 많은 갈등이 일어나지만 갈등의 해결이 제도화되어 있기 때문에 문제의 해결은 쉽게 이루어지는 편이다. 즉 이러한 성숙 단계에서는 중앙정부와 지방정부 간, 또는 지방정부 상호간에 갈등이 자주 일어나지만 제도적 차원에서 해결될 수 있기 때문에 절차적 정당성을 확보하는 일이 무엇보다 중요하다.

3) 무임승차의 문제

무임승차(free-rider)의 문제에는 편익의 무임승차와 비용의 무임승차 두 종류가 있다. 편익의 무임승차는 긍정적 외부성에 대해 대가를 지불하지 않고 무상으로 편익을 향유하는 경우를 말한다. 즉 특정 경제 주체의 일방적 행위로 인해 타방이 편익을 보게 될 경우, 그에 상응하는 비용을 부담하는 것이 원칙이지만, 이를 부담하지 않을 때 무임승차의 문제가 발생된다.

이러한 무임승차의 논리는 지방정부가 환경시설의 설치나 공원을 조성할 경우, 주민은 이에 대한 비용을 부담할 의무를 지게 되고, 행정 당국은 그 비용을 강제로 징수할 수 있는 근거를 확보한다.

비용의 무임승차는 특정한 경제 주체가 자신의 비용을 감소시키는 대신, 타방에게 비용을 증가시키는 경우로서 공장 폐수의 방류가 대표적인 사례이다. 결국 비용의 무임승차는 자신이 감당해야 할 비용을 다른 경제 주체에게 전가시키는 일체의 행위를 의미한다. 그러나 공동 소각장을 이용하는 것과 같은 행위는 무임승차로 볼 수 없다. 그것은 다른 사람에게 비용을 전가하지 않기 때문이다.

5 갈등의 해결 방안

정부사업과 관련한 갈등 해결을 위한 접근 방법으로서는 보상과 상호 호혜, 설득, 주민참여, 협상, 제3자의 개입, 갈등의 공개, 위협과 처벌, 대면, 철회 및 지연, 지지 세력의 조직 등을 들 수 있지만(나태준 외, 2004: 27-50) 현실적 수단을 중심으로 갈등의 해결 방안을 제시하면 아래와 같다.

1) 당사자의 협의

(1) 공동관리

갈등이 존재하는 경우 당사자 간의 합의에 의해 조정되는 것이 가장 바람직하다. 즉 상호간의 대화를 통해 자원을 공동관리(共同管理)하거나 비용을 공동 부담하는 방안이 가장 최선의 방안이다. 여기에는 자원의 공동관리와 비용 및 고통의 분담이 있다.

자원의 공동관리라 함은 지방자치단체가 각기 가지고 있는 시설이나 자원을 공동으로 사용 또는 관리함으로써 협력 관계를 유지하는 것이다. 즉 하천이나 산지의 이용에 따른 갈등이 존재할 경우 관련 행정 주체가 공동관리 방식을 채택함으로써 상호간의 문제를 해소할 수 있다. 또한 지방정부 상호간에 상이한 자원 배분이 이루어져 있을 경우도 상호 지원을 통해 공동의 이익을 추구할 수 있다. 예컨대, 특정 지역에는 온천시설이, 다른 지역에는 스키시설이 있을 때 온천지역의 손님을 스키장으로 안내하고, 스키장 손님은 온천 지역으로 안내하는 경우가 이에 해당한다(강용기, 2008: 247).

(2) 비용 부담과 고통 분담

비용 부담은 특정 지역에 없는 시설이 다른 지역에는 있을 경우 비용 부담을 전제로 계약이나 협정을 통해 서로 이용할 수 있다. 예컨대, 특정 지방정부의 쓰레기 소각장을 다른 지방정부가 이용하는 경우로서 쓰레기 소각장 시설 용량이 부족할 경우 이를 거절할 수 있으나 용량에 문제가 없다면 정부 간 협력을 통해 쓰레기 문제를 해결할 수 있다. 이것은 비용을 부담하는 사례이지만 비용을 부담하지 않고 시설을 이용할 수 있는 고통 분담의 협력 형태가 있다. 즉 특정한 지방정부는 쓰레기 소각장을 설치하고, 다른 지방정부는 화장장을 설치하여 공동으로 이용하는 경우인데, 이것은 서로가 비용을 부담하지 않고 고통을 분담하여 혐오시설을 공동 이용하는 협력 방식이다.

(3) 기타 광역행정에 의한 방식

지방정부 간 갈등 해결에는 광역행정에 의한 방식이 있다. 광역행정은 정부 간 공동사무를 협력 처리하는 방식의 의미도 있지만 갈등을 해결하기 위한 장치로서의 의미도 동시에 존재한다. 광역행정 방식은 여러 가지가 있지만 갈등 해결과 관련한 것은 행정협의회, 지방자치단체조합, 연합정부 등이 일반적으로 많이 활용되는 유효한 수단으로 고려된다.

행정협의회는 관계 지방정부가 각기 독립성을 유지하면서 운영 규정을 만들고 협약을 체결하여 공동의 문제를 해결하는 방식이며, 지방자치단체조합은 정관에 의해 그 자체가 법률적 행위를 할 수 있는 법인격을 가진 존재이므로 주체적으로 공동의 문제를 해결할 수 있는 위치에 있다. 연합 방식은 제한된 다수의 사무를 전담하는 법인격을 가진 상급정부로서 하급정부에서 일어나는 여러 갈등적 상황을 일괄 극복할 수 있는 기제로 활용할 수 있다.

2) 제3자에 의한 해결 방안

(1) 직권에 의한 조정 방식

지방정부 간 갈등이 존재할 경우 제3자의 조정 방식으로 가장 용이한 것은 직속 상급관청에 의한 조정이다. 기초자치단체 간 분쟁의 경우 직속 상급관청은 광역자치단체장이며, 광역자치단체 간 분쟁의 경우 직속 상급기관은 행정안전부 장관이다. 이처럼 상급 행정관청은 지방행정과 관련하여 행·재정적으로 많은 도움을 줄 수 있는 위치에 있으므로 직권을 이용한 분쟁 조정은 상당한 효력을 발휘할 수 있다. 즉 지역 발전과 관련된 보조금 사업 등을 적절히 활용한다면 상당한 효력을 발휘할 수 있을 것이다.

(2) 분쟁조정위원회

지방자치단체 상호간에 서로 의견을 달리하는 분쟁이 존재할 경우 분쟁조정위원회를 통해 해결을 도모할 수 있다. 분쟁조정위원회는 시·도 간 분쟁 조정(광역과 기초 간의 분쟁 포함)을 목적으로 하는 행정안전부 장관 산하의 중앙분쟁조정위원회(中央分爭調整委員會), 시·군·구의 분쟁 조정을 목적으로 하는 시·도지사 산하의 지방분쟁조정위원회(地方分爭調整委員會)가 있다. 분쟁 조정은 원칙적으로 분쟁 당사자 중 어느 한 단체의 신청이 있을 경우 조정이 가능하지만, 그 분쟁이 공익을 현저히 저해하여 조속한 조정이 필요하다고 인정되면 당사자의 신청이 없어도 직권으로 조정할 수 있는 길을 열어놓고 있다. 행정안전부 장관이나 시·도지사가 분쟁을 조정하고자 할 때에는 관계 중앙행정기관의 장과의 협의를 거쳐 중앙분쟁조정위원회 또는 지방분쟁조정위원회의 의결에 따라 조정해야 한다.

이러한 분쟁 조정이 결정될 경우 예산이 수반되는 사항은 관계 지방자치단체가 필요한 예산을 우선적으로 편성해야 한다. 행정안전부 장관이나 시·도지사는 조정 결정에 따른 시설의 설치 또는 역무의 제공으로 이익을 받거나 그 원인을 일으켰다고 인정되는 지방자치단체에 대해서는 그 시설비나 운영비 등의 전부나 일부를 행정안전부 장관이 정하는 기준에 따라 부담하게 할 수 있다. 따라서 행정안전부 장관이나 시·도지사는 조정 결정 사항이 성실히 이행되지 아니할 경우 그 지방자치단체에 대해 직무이행명령을 발동할 수 있도록 규정하고 있다(지방자치법 148조).

(3) 행정소송

행정소송은 행정기관의 행정처분이 위법, 부당한 경우에 제기되는 소송으로서 여기에는 항고소송(抗告訴訟), 당사자소송(當事者訴訟), 민중소송(民衆訴訟), 기관소송(機關訴訟) 등 네 가지 형태가 있다(행정소송법 제3조).

항고소송은 행정청의 처분이나 부작위 등에 대해 제기하는 소송으로서 우월적 행정 의사의 발동으로 생긴 권력적 행위의 위법 상태를 시정함으로써 행정의 적법성을 확보한다는 데 의의가 있다. 당사자소송은 행정청의 행정처분이나 공법상의 법률 관계를 전제로 한 소송이지만 소송의 내용이 공무원 지위의 확인 등 비권력적인 사안이나 금전적 문제에 관련한 것으로서 민사소송의 성격이 강하여 법률 관계의 한쪽 당사자를 피고로 하는 소송을 의미한다. 민중소송은 국가 또는 공공단체의 기관이 법률에 위반되는 행위를 한 때에 직접 자기의 법률상 이익과 관계없이 그 시정을 구하기 위해 제기하는 소송을 말한다. 그리고 기관소송은 국가 또는 공공단체의 기관 상호간 권한의 존부 또는 그 행사에 관한 다툼이 있을 때에 제기하는 소송이다. 이것은 헌법재판소법 제2조의 규정에 의해 헌법재판소의 관장 사항이므로 행정소송에서 제외된다.

(4) 헌법재판소

우리나라 헌법 제111조는 국가기관 상호간, 국가기관과 지방자치단체 간 및 지방자치단체 상호간에 일어나는 권한분쟁(權限分爭)에 대해 헌법재판소의 심판 사항으로 규정하고 있다. 특히 헌법재판소법 제62조 1항 제3호는 지방정부 간 분쟁을 심판하는 규정으로서 광역자치단체 상호간의 권한쟁의 심판, 기초자치단체 상호간의 권한쟁의 심판, 그리고 광역자치단체와 기초자치단체 상호간의 권한쟁의 심판도 헌법재판소가 담당하도록 규정하고 있다.

제 12 장 주민참여와 지방 거버넌스

제 1 절 주민참여

1 주민참여의 의의

1) 주민참여의 개념

주민참여는 일반적으로 주민의 정치 및 행정 과정에의 참여를 의미한다. 그러나 이것은 개념을 정의하는 사람의 입장에 따라 각기 다르게 규정되는 다의적 개념이라 할 수 있다. 버바(Sidney Verba)는 주민참여를 "공권력이 부여되지 않는 일반 시민들이 공적 권력이 주어진 사람들의 정책결정 과정에 영향을 미칠 의도로 참여하는 것"이라고 정의하고 있으며(Verba & Norman, 1975: 2-3), 아른슈타인(Sherry Arnstein)은 주민참여를 "정보의 배분, 목표와 정책형성, 자원배분과 사업 집행 등에 관한 결정 과정에 참여하지 못한 사람들을 위한 한 전략"이라고 규정하고 있다(Arnstein, 1996: 216-224). 이러한 의미에서 본다면 주민참여는 행정 과정은 물론이고 정치 과정까지 포함하는 광의의 개념과 행정 과정을 중심으로 하는 협의의 개념으로 정의할 수 있다.

광의의 주민참여는 대표자를 선출하는 선거에서부터 구체적인 정책의 집행에 이르기까지 정치 및 정책 전 과정에 걸쳐 일어나는 주민의 모든 정치 행정적 행위를 말한다. 여기에서 모든 정치적 행위란 제도 및 비제도적인 것, 반대와 지지, 의도적 행위와 관습적 행위를 모두 포괄하는, 공식적 정책결정자가 아닌 일반 주민에 의해 일어나는 일체의 행위를 의미한다. 즉 광의의 주민참여는 입법부와 행정부, 사법부를 포괄하는 국가의 모든 기관과 공무원의 의사결정에 영향력을 행사할 목적으로 추진되는 일반 시민의 참여를 의미한다. 그러나 정치적 행위라 할지라도 혁명과 같이 정치체제 자체의 근본적인 변화를 추구하는 행위, 사회를 불안하게 하는 폭력적인 행위, 뇌물 공여와 같이 물질적 보상을 이용한 비합법적인 행위, 민원서류 발급 신청과 같은 통상적 서비스 청구행위 등은 일반적으로 주민참여의 범위에서 제외된다(김병준, 2002: 587-588). 그것은 기존 체제의 정통성을 인정하고, 합법적이고 합리적인 정치행정 과정을 통해 정책결정에 영향을 미치려는 것이 주민참여의 기본 철학이기 때문이다.

협의의 주민참여는 지역 주민들이 행정부의 공식적인 의사결정 과정에 관여하여 주민들의 욕구를 정책이나 계획에 반영하려는 적극적 노력이라 할 수 있다. 즉 주민참여는 관료조직들의 정책형성 및 집행 과정에 그 정책으로 인해 영향을 받게 될 주민들이 참여하여 정책결정에 영향을 미치고 그 집행 과정에 자발적으로 참여하는 것이라고 할 수 있다.

2) 주민참여의 필요성

주민참여(residents participation)는 지역 주민이나 지방정부의 입장에서 보더라도 모두 긍정적인 효과를 가져오기 때문에 그 활성화가 요구된다.

주민의 입장에서 본 주민참여의 유익한 점은 첫째, 행정통제의 실현이다. 주민참여는 의사결정 과정에서 지역사회의 각종 문제와 이슈를 둘러싼 다양한 쟁점들을 토론의 장으로 끌어낸다. 주민 상호간, 주민과 자치기관 간에 정보의 흐름을 열어 문제의 원인과 속성을 올바로 이해하게 하고, 실효성 있는 정책대안의 개발을 가능하게 함으로써 합리적 의사결정에 기여한다. 또한 주민참여는 특정 전문가 집단에 의한 평가에 한정되지 않고 다른 기준을 가진 새로운 주민집단이 정책을 평가함으로써 정책의 배타성을 극복할 뿐만 아니라 비판·감시 기능의 수행도 가능해진다.

둘째, 주민참여는 행정관료들의 대응성과 책임성을 제고할 수 있다. 주민의 행정참여는 행정부가 추진하는 대부분의 정책과 그 집행 과정이 자연스럽게 외부에 노출됨으로써 정책의 정당성과 그 집행의 효율성이 주민에 의해 평가되고, 이것이 행정부 내부에 전달될 경우 관료들은 주민 의사에 한층 부합되는 행정 서비스를 제공하게 한다.

셋째, 주민참여는 행정책임을 확보할 수 있다. 여기에서 행정책임이라 함은 행정 과정과 그 결과에 대한 책임을 의미한다. 만약 이러한 두 측면에 문제가 존재한다면 행정책임의 문제가 발생하게 되고, 그 책임의 정도에 따라 행정행위자는 제재를 받게 된다.

넷째, 주민 의사를 행정 과정에 반영하여 이해관계를 조정할 수 있다. 행정사무의 처리 방향에 따라 관계자의 이해관계가 달라질 수 있기 때문에 부당한 행정사무의 처리가 있을 경우 이의 시정을 행정 당국에 요구할 수 있고, 이러한 행정부에 대한 주민의 요구는 결국 주민 상호간의 편향된 이익과 손해를 균등하게 조정한다.

정부의 입장에서 본 주민참여의 유익한 점은 첫째, 정부와 주민 간의 거리감을 단축시킬 수 있다. 역사적으로 정부는 소수의 이익보다 전체의 이익을 위해 항상 존립해 왔기 때문에 시민들의 국가에 대한 인식은 긍정적이고 정당한 모습으로 남아 있지만, 때로는 시민에게 명령·강제하는 강압적인 존재로 군림하는 경우도 없지 않았으므로 시민들은 정부를 경원시하는 경향이 있다. 그러나 주민의 행정참여가 활성화될 경우 정부는 주민의 친근한 동반자로 인식되어 정책의 우호적인 협조자가 될 것이다.

둘째, 행정정보의 정확한 파악이다. 주민참여가 활성화되지 않을 경우 주민들이 정부에 무엇을 원하고 있는지를 정확히 알 수 없어 정부는 주민의 의사와 다른 방향으로 행정사무를 처리할 가능성도 없지 않다. 그러나 주민참여가 잘 이루어질 경우 주민의 행정 수요를 정확히 파악하여 고객 만족 행정을 구현할 수 있다.

셋째, 행정책임(administrative responsibilities)의 분담이다. 주민참여를

통해 이루어지는 정책결정은 그만큼 행정책임을 지역 주민과 분담하게 된다. 정책을 결정하고 집행하는 과정에서 정부의 정책결정자들이 당면하는 가장 어려운 문제는 주민의 의사와 다른 방향의 정책결정이다. 주민의 일반 의사(general opinions)가 모두 정당하다고 볼 수 없기 때문에 정부는 주민의 의사와 다른 방향으로 정책을 결정할 수 있지만 이것은 매우 위험한 생각이다. 비록 주민의 의사에 오류가 있다 하더라도 끝까지 주민을 설득하여 정부의 의사에 일치시킨 후 정책을 결정하는 것이 민주주의의 원리에 합당하고, 행정 책임을 주민과 함께 공유하게 되는 것이다.

2 주민참여의 체제

1) 주민참여의 주체

주민(residents)이란 행정 주체로부터 특별한 혜택을 받지 못한 보통사람을 의미한다. 이것은 근대화 과정의 역사적 의미를 가진 시민(citizen)이나 사회적 혜택을 받지 못하거나 약자의 위치에 있는 소외자(alienated persons)와 구별된다. 오늘날 현대 사회의 주민들은 생업에 종사하느라 바쁜 시간을 보내고 있을 뿐만 아니라 행정에 관한 전문지식의 미흡과 주체의식 및 책임 의식도 약화되어 있기 때문에 주민참여를 통해 행정에 깊이 관여할 위치에 놓여 있지 않다. 이러한 결과 주민은 지방정부의 주인임에도 불구하고 행정 대상으로서의 지위로 전락하고 있다. 즉 주민은 지방정부의 정책결정이나 의사결정에 영향을 미치는 가장 중요한 위치에 있으면서도 실제도는 큰 영향력을 행사하지 못하고 있으므로 앞으로 적극적인 주민참여를 통해 행정 과정에 영향력을 확대하는 지방정부의 진정한 주체 세력으로 그 지위를 확립하는 일이 중요한 과제라 하겠다.

2) 주민참여의 객체

주민참여의 대상은 공직자(public officials)와 이들이 처리하는 행정사무(administrative affaires)이다. 현대 사회는 행정 수요가 다양성을 띠고 있을 뿐만 아니라 고급화되고 있으므로 공직자는 이에 대응할 수 있는 충분한 전문 능력을 갖추고 있어야 한다. 이 밖에도 공직자는 주민에 대한 민주적 시각을 가져야 한다. 즉 공무원은 국민에 대한 봉사자로서 열린 마음으로 고객 중심의 행정을 펼쳐 나가는 자세가 필요하다. 민주적 행정문화에 익숙하지 못한 공직사회는 행정의 목표와 수단이 전도되는 위험이 있고, 또한 국민이나 주민의 의사보다 관료집단의 이익을 우선하는 문제점을 노출할 가능성이 있다. 즉 주민 위에 군림하는 권위주의적 행정은 결국 주민과 지방정부 간의 거리감을 더욱 확대할 것이므로 공직자는 이러한 주민의 심리적 장벽을 무너뜨릴 수 있도록 주민참여의 무대를 확대 제공하는 노력이 필요하다.

3) 주민참여의 동기

주민은 일상적 생활 과정에서 행정기관과 직·간접으로 다양한 관계를 유지하게 된다. 그 과정에서 만족할 만한 일도 있겠지만 불만을 가지는 경우도 없지 않기 때문에 그 불만을 시정하기 위해 주민참여가 이루어지는 것이 일반적이다. 이러한 주민참여가 이루어지는 발단은 자신의 이해에 직결되어 그 시정을 촉구하기 위해 비자발적으로 참여하는 경우의 주민참여와 공동체의 바람직한 미래를 위해 좋은 의견을 제시하고자 자발적으로 참여하는 경우의 주민참여로 대별된다. 전자는 특정 개인이나 집단의 이익과 상충되는 행정처분에 대한 시정을 구하기 위한 소극적인 주민참여(passive participation)에 해당되며, 후자는 더 나은 공동체의 상태를 지향하기 위한 적극적 주민참여(positive participation)에 해당한다.

그러나 현대를 살아가는 주민들은 생업에 종사하느라 주민참여를 위한 시간적 여유를 얻기 힘들며, 비록 시간이 허용된다 하더라도 자신의 이해와 직결되지 않는 경우에는 관심이 줄어들 수밖에 없으므로 자발적인 주민참여가 잘 이루어지지 않는 편이다. 이처럼 자발적 주민참여가 잘 이루어지지 않는 이유는 앞서 언급한 것처럼 시민 의식이 깨어 있지 못해 발생되는 사회적 미성숙에서 오는 경우, 제도 자체가 구조적으로 잘못된 경우, 그리고 행정부의 동원적인 주민참여의 의도가 노출된 경우에는 주민참여가 잘 이루어지지 않는다(이달곤, 2005: 91-92).

3) 주민참여의 분류와 수단

주민참여의 종류는 다양하지만 이것을 일정한 기준에 따라 분류하면 역시 다양한 분류 형태가 나타난다. 즉 제도를 기준으로 제도적 참여와 비제도적 참여, 참여 방식을 기준으로 집단적 주민참여와 개별적 주민참여, 주도 세력을 기준으로 주민 주도형, 행정 주도형, 혼합형 주민참여로 분류할 수 있다. 또한 본인 여부를 기준으로 직접 주민참여와 간접 주민참여로 구분된다. 그리고 참여 수단은 행정위원회, 광청활동, 커뮤니티 협동, 행정절차, 사전 영향평가 등이 존재하는데, 이의 구체적 내용은 아래에서 논의한다.

4) 주민참여의 환경

주민참여의 다른 요건이 아무리 갖추어졌다 하더라도 주민참여의 환경적 요건이 구비되지 못하면 주민참여가 제대로 이루어지기 어렵다. 주민참여가 잘 이루어질 수 있는 가장 중요한 전제 조건은 행정 당국에 의한 행정정보의 적극적 공개이다. 주민참여의 대상이 되는 행정 내용에 관해 주민이 아는 바가 없을 경우 주민참여는 현실적으로 이루어질 수 없으며, 특히 장기적 주민참여로 이어질 가능성은 거의 없다. 정보의 공개 외에도 민주주의의 발전 정도, 행정문화의 속성, 매스컴의 발전 정도, 참여의 시간적 여유, 정책 난이도 등이 주민참여의 중요한 환경적 요인으로 고려된다.

3 주민참여에 관한 이론적 시각

1) 엘리트이론의 시각

엘리트(elite)의 개념은 매우 다의적이다. 정치학적 입장에서 본다면 국가운영의 실권을 장악한 능력 있는 소수의 정치집단으로 규정할 것이며, 사회학적 시각에서는 각 사회 분야에서 최고의 능력을 발휘하는 인물이라 규정할 것이다. 어떠한 시각에서 보든 엘리트는 지식과 능력을 보유하고 있을 뿐만 아니라 책임과 사명이라는 정신적·도덕적 의무감을 동시에 무장하고 있는 인물이라 하겠다. 오늘날 산업사회가 고도로 발달한 현대 사회를 중심으로 개념화한다면 "어떠한 조건이나 상황에 의해 한 사회의 고위 신분이나 고위 직위를 점유하여 정책결정에 지배적 영향을 미치는 한 집단의 구성원"이라고 정의할 수 있다(김현조, 2004: 97).

엘리트들은 응집력이 있고 통합력이 있는 자의식적인 집단을 형성하며, 그들의 지배력을 유지하기 위해 개인적 자질, 성원의 수, 그들의 조직, 정치적 기술을 충분히 이용하여 사회의 다른 집단보다 그들의 위치를 더욱 강화시키려는 속성을 가지고 있다. 이러한 엘리트에 의해 지배되는 사회구조는 일반적으로 엘리트를 정점으로 하는 피라미드 구조를 가진다.

엘리트집단이 사용하는 지배 수단은 강제적 힘, 도덕적 신념 체계, 대중심리 등을 이용한다. 여기에서 강제적 힘은 법률이 허용한 공권력의 행사는 물론이고 특정한 상황을 좌우할 수 있는 사실상의 지배력이며, 신념 체계는 공익과 같은 보편적 가치 체계를 말하고, 대중심리는 엘리트가 대중을 대신하여 상황을 판단하고, 그들이 무엇을 할 것인지를 시사해 줌으로써 대중이 더욱 안락함을 느끼게 되는 심리를 말한다.

엘리트주의는 이러한 지배 수단을 활용하면서 대중의 의사를 무시하는 경향이 있기 때문에 권위주의 행정으로 흐를 가능성이 높다. 결론적으로 엘리트이론은 이 사회를 이끌어 가는 주체가 엘리트이며, 일반 대중은 이들에 의해 이끌려 가는 무력한 존재에 불과하므로 주민의 행정참여는 별다른 의미를 가지지 못하는 부정적 시각을 가지고 있다.

2) 다원주의이론의 시각

다원주의(pluralism)는 어떠한 단일 집단도 권력을 독점할 만큼 강력하지 못하다는 것을 전제하고 있다. 정치는 경쟁적 이익집단의 각축장이며, 권력은 다양한 원천과 중심부를 가지기 때문에 수많은 경쟁적 이익집단들 사이에 분산됨으로써 사회는 민주적으로 운영된다고 보는 사상을 말한다. 달(Dahl, 1961)은 권력은 많은 중심을 가진다고 주장했으며, 다두정치

(polyarchy)의 가능성과 그 가치를 인정했다. 이러한 다원주의자들은 갈등의 존재를 인정하지만 그것은 사회 체제 내에서 해소된다고 믿는다. 그 이유는 이익집단들이 상이한 쟁점들을 분명하게 표출하고, 정책결정 과정에서 그들 나름의 참여 방식을 찾아내어 다른 집단들과 협상함으로써 결국 해소할 수 있다고 믿기 때문이다.

다원주의자들은 리더십(leadership)이 고정적인 것이 아니라 상황에 따라 변할 수 있는 유동적이고 가변적인 것으로 믿고 있다. 왜냐하면 어떤 사람이 한 부문에서 상당한 활동성과 영향력을 행사하지만 다른 부문에서는 전혀 그렇지 못한 경우가 일반적이기 때문이다. 예컨대, 체육에 탁월한 능력을 가진 사람이 미술에는 솜씨가 없을 수도 있으며, 기업활동에 유능한 인물이 정치에는 무능할 수도 있기 때문이다.

다원주의는 대중을 무력한 존재로 보는 엘리트의 입장과는 달리 일반 시민들의 개인적 능력을 높이 평가하고, 다수인의 중지(衆智)를 존중한다. 즉 한 개인이나 소수의 지혜보다 다수인의 지혜가 더욱 좋은 결과를 가져온다고 보아 대중적 참여를 선호할 뿐만 아니라 다수인의 합의가 가장 높은 합리성을 갖는다고 보고 있다. 따라서 다원주의는 주민참여에 대해 매우 긍정적 시각을 갖는다.

3) 발전행정론의 시각

발전의 문제는 1950년대부터 제기되기 시작하면서 사회과학의 주요 관심사가 되어 왔으며, 근대화 문제와 더불어 발전도상에 있는 신생국가에서 극히 중요한 과제로 인식되었다. 즉 제2차 세계대전 후 다수의 식민지가 독립을 얻게 되자 신생 독립국은 더 나은 생활을 희구하면서 발전을 원하게 되었고, 이것은 강대국의 원조와 결부되어 세계는 자유민주주의 발전모형과 사회주의 발전모형의 경쟁의 장으로 변모했다. 발전이란 질적 변동과 양적 성장을 내포하는 가치 지향적 · 동태적 · 목표 지향적 개념으로서 주요한 사회 변동의 한 국면이며, 정치 · 경제 · 사회 · 문화 · 기술 등 다차원적 복합 현상이다.

발전이 가지는 개념적 특징으로서는 구조적 분화, 사회 변동의 대응 능력, 계획적인 변동을 들 수 있다. 이러한 개념을 토대로 형성된 발전행정론은 특히 환경을 의도적으로 개혁해 나가는 행정인의 창의적 쇄신적 능력을 중시할 뿐만 아니라 다른 분야의 발전을 선도하는 행정의 독립변수적 역할을 중시한다. 이러한 행정의 독립변수적 역할은 근대화이론에 그 뿌리를 두고 있다. 근대화이론(modernization theory)은 일반적으로 농업 기반의 전통사회(traditional society)가 산업사회(industrial society)로 발전해 가는 과정을 의미한다. 즉 이것은 서구의 산업사회가 가지고 있는 특징적 모습을 후진국이 이를 모방하는 과정으로 볼 수 있다. 이때 정치와 행정을 독립변수로, 제도와 문화를 종속변수로 보는 경향이 있다.[1] 이러한 근대화이론에 토대를 둔 발전행정론의 특징은 계획적인 사회 변동, 국가 목표 달성을 위한 발전사업의 관리, 사회 변동에 대응하는 행정 체제 능력의 제고, 행정인의 창의적이고 쇄신적인 가치관의 확립 등이다. 결론적으로 발전행정론은 행정의 독립변수적 역할을 강조하기 때문에 일반 대중의 주민참여는 사회 발전에 별로 도움을 주지 못한다는 부정적 시각을 가지고 있다.

4) 신행정이론의 시각

신행정론은 기존의 행정학에 대한 비판 위에서 수립된 행정이론으로서 사회적 형평성을 핵심적 이념으로 삼고 있다. 사회적 형평성은 정책결정의 기준을 다수인의 이익보다 약자의 이익이나 소수자의 이익에 더 많은 비중을 두기 때문에 최대 다수의 최대 행복에 중점을 둔 공리주의적 정책결정이 가지는 결점(소수자의 희생)을 보완할 수 있다. 즉 공리주의적 가치 기준에 의한 정책결정은 약자나 소수의 희생을 강요하게 되어 극심한 분쟁과 사회적 불안을 조성하게 되므로 오늘날 현대 사회는 사회적 형평성을 그 가치기준으로 대체함으로써 모두가 공존할 수 있는 토대를 마련하게 되었다.

---

1) 블랙(C. E. Black)은 일본 도쿠가와(德川) 시대에서 아이디어를 도출하여, 근대화는 ① 환경을 통제하는 지식의 보급, ② 리더십의 통합(통치 기반의 마련), ③ 사회경제 발전 추진, ④ 사회경제 구조의 변화, ⑤ 심리적 적응 등의 5단계를 거친다고 보았다. 그는 비서구적 사회의 발전을 가로막는 장해 요인으로서 ① 전통적 가치관, ② 시간적 제약, ③ 영토, 인구문제, ④ 외생적 자극에 의한 근대화를 들고 있으며, 정치적 리더십을 독립변수로, 제도와 문화를 종속변수로 보았다 (Black, 1966).

신행정론(new public administration)은 이처럼 사회적 형평성(social equity)이란 이념을 중심으로 새로운 행정을 모색하고 있으며, 특히 문제해결 지향, 탈정실주의, 고객 중심 지향, 환경 대응 능력 제고, 새로운 조직 형태의 모색 등에 많은 관심을 두면서 새로운 진로를 모색하고 있다. 여기에서 특히 주목되는 것은 고객 지향의 행정이다. 신행정론이 지향하는 고객 지향의 행정은 행정의 궁극적 목적이 주민이 요구하는 행정 서비스를 가장 저렴한 가격으로, 양질의 상태로 제공하는 데에 있으므로 신행정론은 주민의 의사가 행정 과정에 최대한 반영될 수 있는 주민참여를 적극 환영하고 있다.

4 주민참여의 수단

1) 주민의 행정참여 수단

(1) 각종 행정위원회

주민의 행정참여는 각종 위원회의 참석을 통해 이루어지는데, 여기에는 자문위원회(諮問委員會), 심의위원회(審議委員會), 독립행정위원회(獨立行政委員會) 등이 있다. 자문위원회는 행정기관의 정책결정에 도움을 주기 위해 설치되는 임의적 성격의 회의체로서 위원들의 발언은 단순한 참고적 의견 진술에 불과하기 때문에 기관장은 여기에 구속될 필요는 없다. 따라서 기관장과 위원들은 매우 자유로운 상태에서 대화를 나눌 수 있는 것이 특징이다.

심의위원회는 비교적 중대한 사안을 다루기 위해 설치되는 의무적 회의기관이라 할 수 있다. 즉 사안이 중대하기 때문에 특정 사안을 반드시 공식적 의제로 다루어 문제의 본질을 정확히 파악한 후 기관장이 최종 결정을 내리도록 하는 회의체이므로 이의 설치에는 대부분 법률적 근거를 요한다. 독립행정위원회는 기관장의 영향력을 벗어난 독립적 의사결정기관으로서 합의제로 운영되는 데 그 특징을 발견한다. 이것은 객관적이고 합리적 결정이 요구되는 경우에 주로 설치하는데, 인사위원회, 소청심사위원회, 선거

관리위원회 등이 여기에 속한다.

(2) 커뮤니티 협동

커뮤니티 협동(community cooperation)은 마을 단위의 주민협의체를 의미한다. 여기에는 반상회와 주민의 집단항의를 들 수 있다.

반상회는 일상적 생활에서 자주 마주칠 수 있는 가까운 거리에 있는 이웃들이 공동의 문제를 해결하기 위해 조직된 자치기구이다. 이것은 자치기구이기 때문에 공동생활과 관련된 모든 문제를 논의할 수 있으며, 스스로 그 해결책을 찾기 때문에 참여 의식을 제고할 수 있다. 특히 주거생활을 침해하는 장애 요인이 발견될 경우 주민들은 강한 단합된 모습을 보이기도 한다. 반상회는 주기적으로 개최하도록 권장하고 있는데, 이러한 반상회는 주민의 요구 사항이 행정기관에 전달되고, 반대로 행정기관의 요구 사항이 주민에게 전달되는 통로 역할을 담당한다.

주민의 집단항의는 반상회의 범위를 넘어설 수도 있고, 그 범위보다 작을 수도 있다. 이것은 혐오시설의 설치나 주거생활의 안정을 해치는 시설들이 입지할 때 주로 나타나며, 특히 다수의 이익을 앞세워 소수의 희생을 강요하는 사업의 결정에서 많이 발생한다. 따라서 의사결정 주체는 다수의 이익과 소수의 이익, 그리고 사업의 필요성 정도 등을 종합적으로 고려하여 신중한 결정을 해야 할 것이다.

(3) 광청활동

광청활동은 행정 주체가 사업을 결정할 때 주민의 여론을 살피는 활동으로서 여기에는 공청회, 간담회, 여론조사 등이 있다.

공청회(public hearings)는 행정부의 필요에 의해 개최되는 것이 일반적이지만 법령에 의무적으로 개최를 규정하는 경우도 있다. 예컨대, 우리나라 도시개발법 제7조는 국토해양부 장관, 시 · 도지사, 시장 · 군수 · 구청장이 도시개발구역의 지정을 요청하려고 하는 경우에는 공람이나 공청회를 통해 주민이나 관계 전문가 등으로부터 의견을 들어야 하며, 공람이나 공청회에서 제시된 의견이 타당하다고 인정되면 이를 반영해야 한다고 규정하고 있다. 이러한 공청회는 사업의 타당성 등 근본적 문제에서부터 세부적 사항까지 모두 질문하게 되므로 청문회의 성격도 함께 지니고 있다.

간담회(informal gathering for discussion)는 행정기관이 특정한 사안에 대해 의견을 청취하기 위해 소규모의 회합을 가지는 경우이다. 지역 주민의 의견을 청취한다는 점에서 공청회와 동일하지만 소수의 인원을 대상으로 하고, 비공식적 측면이 강하다는 점에서 공청회와 차이가 있다. 이러한 간담회는 주민 의견 청취의 장이 되기도 하지만 행정부의 의사를 관철하는 설득의 장으로 이용하기도 한다.

여론조사(opinion poll)는 주민들의 일반적 의사를 확인하기 위해 일정한 설문을 준비하여 조사하는 것을 말한다. 여기에는 서면으로 조사하는 방안, 전화로 연결하여 조사하는 방안, 인터넷을 통해 조사하는 방안이 있다. 그러나 현대 사회는 정보사회로 이행된 만큼 인터넷과 전화를 통한 여론조사가 대부분을 차지한다.

(4) 행정절차법: 공람 및 열람, 의견 제출

주민이 행정에 직접 참여하는 또 하나의 방법은 공람이나 열람, 의견 제출 등을 들 수 있다. 공람은 주민 공동의 이해가 걸려 있는 행정 과정의 특정 사안에 대해 사실을 확인하는 과정이라 할 수 있으며, 열람은 개별적 이해가 걸려 있는 행정 사안에 대해 개인별로 사실을 확인하여 부당한 권리 침해가 없도록 사전에 방지하기 위한 제도이다. 의견 제출은 이러한 공람과 열람 등으로 확인된 사실을 기초로 개인적 또는 집단적으로 행정 당국에 의견을 제출하는 것을 의미한다. 이처럼 주민은 행정절차법을 통해 지방정부에 자신의 의견을 직접 반영할 수 있다.

(5) 사전 영향평가제

지방행정에서 주민의 참여를 통한 행정의 합리화를 도모하기 위해 정부는 사업을 시행하기 전에 주민의 의견을 충분히 반영하여 사업계획을 확정하는 사전 영향평가제(effect appraisal)를 도입하고 있다. 예컨대, 도로 건설, 하수시설, 공원 조성, 쓰레기장 설치 등의 사업을 시행할 때 주로 이용하는 것으로서 사업의 영향평가단은 그 사업의 타당성과 주민들에게 주는 편익과 불편 여부 등을 종합적으로 평가하여 사업계획을 확정하거나 수정

·보완하게 된다. 사전 영향평가제를 실시하는 것은 정부가 시민들의 의견을 반영하지 않고 사업을 추진하다가 발생될 시민과의 갈등을 사전에 예방하기 위한 것이다. 지방자치단체의 사업과 관련한 평가단 구성은 일반적으로 기관장, 관계 공무원 및 전문가, 그리고 이해관계가 없는 주민대표 2~3명 정도가 참가하고 있는 실정이다.

2) 직접민주제에 의한 참여

(1) 직접민주제의 의의

직접민주제는 주민이 행정 과정에 직접 참여하여 의사를 반영하는 모든 제도를 의미한다. 즉 직접민주주의의 이념에 따라 주민이 지방자치단체의 공적 업무 영역에 대해 직접적·능동적으로 참여하는 제도를 의미한다. 따라서 직접민주제의 개념은 "주민이 공중의 일원으로서 공익을 도모하기 위해 지방자치단체의 정책형성이나 의사결정 과정에 직접 참가하는 것"(조태제, 1997: 449), 또는 "행정기관의 시책 결정에 영향을 받는 주민들 자신이 직접 정책결정자에 접근하여 정책결정 과정에 관여하는 것"(김형배, 1992: 167) 등으로 정의되고 있다. 그러나 일반적으로 직접민주제는 주민이 공중의 일원으로 지방자치단체의 사무에 관한 의사결정에 대표자를 통하지 않고 직접적·능동적으로 참여하여 직접 결정하거나 통제하는 법적 제도로 정의된다.

이러한 직접민주제는 참여자의 범위를 기준으로 광의의 직접민주제와 협의의 직접민주제로 구분할 수 있다. 전자는 집단적 참여는 물론이고 개인적 참여까지도 포괄하는 개념이며, 후자는 일정한 수의 연대 서명을 전제로 진행되는 주민참여를 의미한다. 그러나 여기에서는 주민의 집단적 연서를 통한 주민 의사 표현 방식만을 직접민주제로 본다. 따라서 주민이 공중의 일원으로 지방자치단체의 사무에 관한 의사결정에 대표자를 통하지 않고 직접적·능동적으로 참여하여 직접 결정하거나 통제하는 법적 제도로서 주민발안제도, 주민투표제도, 주민감사청구제도, 주민소송제도, 주민소환제도만을 다루고자 한다. 이러한 의미에서 본다면 직접민주제는 대의제를 전제로 구성되는 행정부를 견제하기 위한 세력의 개념으로 파악되는 것이다.

(2) 직접민주제도의 형태

① 주민발안제도

주민발안(initiative)제도는 일정한 유권자의 서명에 의해 자치단체의 자치헌장이나 조례의 제정 또는 개폐 등에 관해 직접 발안하는 것으로서 지방의회 또는 지방의원의 입법 부작위에 대해 간접적으로 책임을 추궁하는 제도이다(Cronin, 1989: 157). 이것은 일정 수의 주민 연서로 조례 제정·개폐의 청구를 하는 제도로서 지방의회의 의결이나 주민 표결에 의해 조례안이 최종 결정된다. 이 제도는 모든 입법 과정에 직접 주민참여를 인정하는 수단으로서 지방자치단체나 지방의회의 의견과 지역 주민의 의견 차이를 시정하여 지역 주민의 의견을 자치행정에 반영시킬 수 있다는 것과, 주민들에게 주권재민의 의식을 심어 주어 자치단체의 일을 자기의 일처럼 적극적으로 수행할 수 있도록 지방자치에 대한 교육 기회를 제공해 준다는 점에서 의의가 크다고 할 수 있다(橋本勇, 1997: 194).

② 주민투표제도

주민투표(referendum)제도는 미국에서 발달한 직접민주제도로서 지방자치단체의 중요 사항이나 의회에서 의결된 입법 또는 중요한 안건을 다시 주민투표에 부쳐 그 채택 여부에 대한 최종 결정권을 주민에게 유보하는 것이다. 이것은 지방자치단체 수준에서 지역 현안을 지역 주민들의 의견을 직접 물어 결정한다는 점에서 간접민주제 하의 선거권 행사와 같은 투표는 주민투표의 범위에서 제외된다. 주민투표는 헌법 개정, 지방자치단체의 창설, 지방채의 기채 등에 이용된 오랜 역사를 가지고 있다.

이 제도가 특히 주목을 끌게 된 것은 의회가 제정한 법률이 주민 생활에 불편을 주는 경우 그 법률의 시행을 저지하기 위해 이용한 때부터이다. 주민투표에는 법률에 의한 의무적인 것, 임의적인 것, 통과된 법률에 대한 항의적인 것 등이 있다(박영도, 1996: 56). 미국의 경우 각 주들의 주민투표는 다양한 수준에서 실시되고 있는데, 예컨대, 주정부가 보증하는 채권 발행과 같은 특정 사안에 관한 법률의 효력을 정지시키기 위해 주민이 일정한 요건을 갖추어 서명으로 청원하게 되면 주민투표에 회부된다(박찬욱, 1994: 148). 주민투표제도는 지방자치단체의 중요 사안에 대해 법률 및 조례의 규정에 의해 의무적으로 실시되거나 또는 주민들의 주민투표 청구에 의해 시행되는 제도로서 정당성 부여 기능, 견제 기능, 불만 해소 기능, 소수자 이익 보호 기능 등을 수행한다.

③ 주민감사청구제도

주민감사청구(request of inspection)제도는 조례가 정하는 일정한 자격요건을 가진 지역 주민이 일정 수 이상의 연서를 통해 자치단체 또는 그 장의 권한에 속하는 사무의 처리가 법령에 위반하거나 공익에 현저히 반한다고 인정되는 경우에는 감사를 청구하는 제도를 말한다. 그러나 일반적으로 ① 수사 또는 재판에 관여하게 되는 사항, ② 개인의 사생활을 침해할 우려가 있는 사항, ③ 다른 기관에서 감사했거나 감사 중인 사항에 대해서는 주민감사 청구를 할 수 없다. 다만, 다른 기관에서 감사한 사항이라도 새로운 사항이 발견되거나 중요 사항이 감사에서 누락된 경우는 감사청구가 가능하다. 주민감사청구제도를 운영하는 경우는 독립적인 감사위원회를 활용하는 것이 일반적이며, 단체장이 위촉하는 감사위원의 경우 의회의 동의를 받도록 하고, 지방의회가 선임하는 감사위원은 당연직으로 참여시키는 것이 바람직하다. 이것은 감사 기능을 가진 지방의회의 고유 기능을 보완하는 제도이기 때문이다(김명연, 1999).

④ 주민소송제도

주민소송(law suit)제도는 이러한 감사청구에 의해 취해진 조치가 만족스럽지 못할 경우 제기할 수 있는 사법적 쟁송제도로서 선진 민주주의 국가들에서는 이미 일찍부터 이 제도를 도입하여 운영하고 있다. 일본에서는 보통 지방공공단체의 주민이 주민감사 청구를 거쳐도 지방자치단체의 위법한 재무행위가 시정되지 않을 경우 당해 행위의 금지, 취소·무효 확인, 태만 사실의 위법 확인, 손해배상, 부당 이득의 반환 등을 청구할 수 있는 소송제도를 인정하고 있다(일본 지방자치법 제242조의 2). 일본의 주민소송은 주민이 자신의 법률상 이익이나 권리의 구제를 위해서가 아니라 주민 전체의 이익을 보호하기 위해 지방자치단체의 집행기관이나 직원의 행위를 문제삼아 제기하는 소송이라는 점에서 민중소송에 해당한다. 우리나라에서도 2005년 1월 27일 지방자치법의 개정을 통해 주민소송제도를 도입하여 운영 중에 있다.

⑤ 주민소환제도

주민소환(recall)제도는 지방자치단체의 경우 지방자치단체의 선거직 공무원이 주민의 신뢰에 반하는 행위를 한다고 생각될 때에는 임기가 끝나기 전에 주민이 그들의 해직을 청구하는 제도로서 '주민파면제' 또는 '주민해직제'라고도 한다. 즉 주민소환은 주민이 공직자를 그 임기 만료 이전에 해임시키는 제도로서 일정 요건에 부합되게 주민의 서명으로 공직자의 해임을 청원하는 것이다. 이것이 유효하다고 받아들여지면 해당 공직자의 해임에 대한 가부를 투표로 결정하는 소환선거가 있게 된다(Cronin, 1989: 125). 주민소송제도는 미국의 일부 주(州)와 스위스·독일·일본 등 선진국에서 채택되고 있다. 우리나라에서도 2006년 5월 24일 지방자치법의 개정을 통해 주민소환제도를 도입하여 운영하고 있다.

3) 주민참여의 한계

주민참여와 관련된 문제점들은 주민의 행정참여와 직접민주제 모두에 존재한다. 주민의 행정참여에서는 첫째, 시간적 제약을 들 수 있다. 공청회 및 주민투표 등의 경우 주간에 많이 이루어지기 때문에 생업에 종사하는 사람들은 참여할 수 있는 시간적 여유를 가지기 힘들다.

둘째, 주민참여에 따른 비용의 발생을 들 수 있다. 주민이 공청회 등에 참석하려면 다른 일을 포기해야 하므로 이에 따른 손실이 발생되며, 특히 전문적 사안에 비전문가인 주민이 참석할 경우 별다른 도움을 주지 못하므로 더욱 비용은 확대될 것이다.

셋째, 노약자 및 장애인의 주민참여가 현실적으로 이루어지기 어렵다. 이것은 앞으로 극복해야 할 과제의 하나이다.

직접민주제와 관련한 문제점은 부진정 직접민주제, 감사청구제 등에서 발견된다. 부진정 직접민주제(不眞正 直接民主制)라 함은 지방자치단체의 의사결정 과정에 주민이 참여하지만 주민은 지방자치단의 의사결정에 아무런 구속력을 발휘하지 못하는 경우를 말한다. 즉 부진정 직접민주제의 본질적 의의는 주민의 관심사를 의회가 충분히 고려하여 심의하도록 압력을 가하는 데에 있다. 반면에 진정 주민직접민주제는 주민이 직접적·능동적으로 지방자치단체의 의사결정에 참여하여 투표를 통해 구속적 결정을 내리는 것이다. 그러나 우리나라 현행 직접민주제는 주민 제안들이 대부분 지방자치단체의 의사결정을 변경할 수 있는 수준이 아니라 단순한 권고의 의미를 가지고 있기 때문에 주민이 최종적 의사결정권을 갖는 진정 직접민주제의 도입을 검토할 필요가 있다.[2]

제 2 절 지방 거버넌스

1 거버넌스의 본질

1) 거버넌스의 개념

거버넌스(governance)는 협력을 바탕으로 이루어지는 지배 관리 방식이므로 보는 시각에 따라 다양하게 해석되는 다의적 개념이다. 행정학 분야에서는 새로운 국가 통치행위를 의미하는 신국정관리로 이해하고 있으며, 정치학 분야에서는 다원적 주체들 간의 협력적 통치 방식으로, 제도주의 경제학에서는 공동체적 자율관리 체계로, 사회학에서는 국가 및 시장과 구별되는 시민사회의 자율 조정 양식으로 이해되고 있다(Pierre, 2000: 3-6).

2) 지방의회의 의사결정에 간접적으로 영향을 미치는 단순한 청구 수준에 머무는 부진정 직접민주제가 오히려 한국적 현실에 더 적실성을 갖는다는 견해도 있다. 그러나 민주주의가 아직 완전히 뿌리내리지 못한 한국적 상황을 감안할 때 진정 직접민주제를 지향해야 할 것이다.

어떤 방식으로 이해하든 거버넌스는 정부(government), 시장(market), 시민사회(civil society)를 모두 포괄하는 넓은 개념이며, 지속 가능한 인간사회 개발을 위해 서로 참여와 협력을 요구한다. 이러한 의미에서 본다면 거버넌스는 정부를 포함할 뿐만 아니라 비공식적이고 비정부적인 메커니즘도 포함한다. 따라서 그 범위 안에 있는 사람이나 조직들은 목적 달성을 위해 함께 행동하고 필요를 충족시키며 욕구를 완성한다.

이상의 내용을 종합하면 거버넌스는 정부와 시장의 실패를 극복하기 위한 통치 방식으로서 "정부와 기업, 사회단체 등 다양한 행위 주체들이 공동의 문제를 해결하기 위해 네트워크를 형성하여 협력해 나가는 과정"이라고 정의할 수 있다. 즉 정부의 기능과 역할을 최소화하면서 시장과 시민사회 등 사회의 다양한 주체들 간의 네트워크를 통한 파트너십을 형성해 사회발전을 모색해 나가는 체제라고 할 수 있다.

2) 거버넌스의 특징

공공관리를 위한 총체적인 공·사 파트너십 모델인 거버넌스(governance)에는 대체로 다음과 같은 특징이 있다.

첫째, 상호의존성(interdependency)이다. 21세기 지식정보화 사회에서의 국가사회의 관리는 어느 한 주체만의 힘으로 이루어지기 힘들며, 정부·기업·NGO 등 각 행위 주체가 상호 협력할 때 가능해진다. 이것은 결국 각 행위 주체 간에 권력이 공유되고 있음을 의미한다.

둘째, 복잡성(complexity)이다. 이것은 상호의존성으로부터 유래되는 당연한 결과로서 여러 주체들 간의 네트워크가 다종다양하다는 것을 의미한다. 즉 충분한 정보의 수집이나 합리적인 의사결정 및 집행을 위해 이루어지는 상호간의 협력은 상당한 절차상의 복잡성을 띠게 된다는 것이다.

셋째, 협상(bargaining)이다. 거버넌스는 상호 의존적이고 복잡성을 지니기 때문에 어느 한편이 다른 한편을 일방적으로 통제하거나 지시할 수가 없는 상황이다. 따라서 각 주체들은 서로의 존재를 인정하고 존중하면서 문제 해결을 도모해야 하므로 협상이 거버넌스의 중요한 요소로 떠오른다.

결론적으로 거버넌스의 특징은 정부를 중심으로 한 제도적이고 공식적인 관계보다는 공공기관·기업·시민단체 간에 각자의 전략적 목표와 이해관계를 공식적 혹은 비공식적인 네트워킹을 통해 반영·조정·통합해 나가는 데 있다. 따라서 거버넌스는 비인격화된 관료제를 특징지을 수 있는 계서적 통치(hierarchical governing)와는 대비되며, 개인의 참여뿐만 아니라 결사체 및 다양한 기관들의 광범위한 참가를 통해 시민사회를 발전시키는 방법이라고 할 수 있다. 이것은 국가의 기존 권력구조를 근본적으로 전환시키는 과정이기도 하다.

3) 거버넌스의 유형

거버넌스에 대한 개념적 의미를 바탕으로 거버넌스의 유형을 보면, 로즈(R. A. W. Rhodes)의 경우 여섯 가지의 거버넌스 형태를 제시하고 있다. 즉 ① 기업적 관리 방식, ② 신공공관리 방식, ③ 좋은 거버넌스 방식, ④ 국제적·상호의존적 관리 방식, ⑤ 사회와 연결된 사이버 체계 방식, ⑥ 신정치경제적 네트워크 방식으로 분류된다(Rhodes, 1996: 652-667).

그리고 김석준 등은 거버넌스의 이론적 접근 방식을 기준으로 ① 국가중심의 거버넌스, ② 시장 중심의 거버넌스, ③ 시민사회 중심의 거버넌스로 분류하고 있으며, 또한 지역적 범위를 기준으로 ① 인근 국가들과 범국가적으로 지역공동체를 형성하여 지역의 문제를 다루고 해결하는 리저널 거버넌스(regional governance), ② 범세계적 차원의 국가 및 지방정부와 자발적 조직들 간의 정책 네트워크를 형성하는 글로벌 거버넌스(global governance), ③ 단일 국가 내에서 전국적 수준으로 국정 운영과 문제 해결 방안들을 위한 네트워크를 가지는 내셔널 거버넌스(national governance), ④ 국가 내 지역 수준에서 이루어지는 공동체를 중심으로 지방정부와 민간 부문과의 협력 체제와 네트워크에 중심을 두는 지방 거버넌스(local governance)로 구분하고 있다. 이 밖에도 가상공간에서 공동체를 형성하여 운영하는 사이버 거버넌스의 유형을 별도로 제시하고 있다(김석준, 2002).

이상과 같이 거버넌스에 대한 의미와 유형에 대해 명확하게 정의되고 있지는 않지만 전통적 정부 중심의 통치 형태가 엄격한 질서를 바탕으로 한 것이라면 거버넌스의 의미가 가지고 있는 새로운 통치 형태는 시장과 지역사회를 포괄하는 네트워크 논리를 바탕으로 한 협력적 통치라 말할 수 있다.

4) 네트워크의 구조화 및 운영 전략

네트워크의 구조는 관리 주체, 이해관계자의 범위, 구성 형태, 참여 방식, 책임 소재 등을 들 수 있으며, 운영전략은 네트워크 활성화, 상호작용의 주선 및 촉진, 중개, 조정과 중재 등을 들 수 있다(최영출 외, 2006: 85-88).

(1) 네트워크의 구조화전략

네트워크의 구조화에 고려될 수 있는 전략적 요소는 대체로 다음과 같다(표 12-1). 첫째, 네트워크 관리 주체의 행태(behaviors of managerial entity)이다. 관리 주체의 하나가 될 수 있는 정부조직은 다양한 방법으로 정책 네트워크의 존재에 반응한다. 가급적 관여하지 않으려는 행태, 다른 당사자들과 동등한 자격으로 참여하려는 행태, 해결책을 제시하는 특별한 당사자의 자격으로 참여하려는 행태, 거버넌스의 주도적인 역할을 담당하려는 행태 등으로 반응한다.

둘째, 이해관계자의 범위(extent of interested parties)이다. 파트너십을 형성하는 데 누가 참여하며 누가 배제되는가는 거버넌스의 중요한 과제이다. 즉, 시민단체가 지방정부의 정책결정 및 집행 과정에 많이 관여하고 있는데, 어떤 시민단체를 네트워크에 공식적으로 포함시키고 배제시키는가에 관한 기준이 필요하다. 그러한 기준이 없을 경우 참여하는 시민단체들의 대표성이나 정체성을 두고 많은 논란이 제기될 수 있다(Cloke, et al., 2000:

〈표 12-1〉 네트워크 구조화 전략과 운영전략 요소

구 분	세 부 요 소
네트워크 구조화전략	① 관리 주체, ② 이해관계자의 범위, ③ 구성 형태, ④ 참여 방식, ⑤ 책임 소재
네트워크 운영전략	① 네트워크 활성화, ② 상호작용 주선, ③ 중개, ④ 상호작용 촉진, ⑤ 조정과 중재

125).[3]

셋째, 네트워크의 구성 형태(formative pattern)이다. 거버넌스의 네트워크 형태는 기본적으로 각 행위자들이 균형을 유지하면서 밀고 당기고 하는 과정 속에서 형성된다(Koolman, 1994: 195). 로즈는 정책 네트워크가 행위주체들의 자원 의존성에 의해 서로 연결되며, 그 연결 강도에 따른 네트워크 형태는 고도로 통합된 정책 네트워크에서 느슨하게 통합된 이슈 네트워크까지 다양하다고 한다고 한다(Rhodes, 1997). 결론적으로 네트워크의 형태는 고정적인 것이 아니라 환경적 변화에 따라 항시 변화될 수 있기 때문에 다양한 형태가 존재할 수 있다.

넷째, 참여 방식(roll of participation)이다. 각 파트너들의 참여 방식을 크게 세 가지로 유형화할 수 있다. 즉 행정기관에 의한 일방적인 정보 제공이 이루어지는 동원적인 참여, 쌍방향 관계이지만 파트너들이 정부에 대해 피드백을 제공하는 자문적 참여, 파트너들이 적극적으로 정책결정 과정에 직접 참여하는 주체적 참여의 방식이다.

다섯째, 책임 소재(location of responsibility)이다. 많은 이해관계자들이 정책에 참여하게 되면 필연적으로 책임문제가 수반된다. 네트워크 모델에서도 이러한 책임문제에 대해 명확한 설정이 있어야 된다는 점을 강조한다. 책임의 종류는 세 가지로 나뉜다. 즉 파트너들 사이의 책임, 각 파트너와 행정기관 사이의 책임, 각 파트너가 일반 국민에게 지는 책임 등이다.

(2) 네트워크의 운영전략

운영전략은 네트워크 내부의 상호작용 과정을 조정하기 위한 과정으로 이해될 수 있다. 이것은 전술한 네트워크 구성에 못지않게 중요한 것으로서 여기에는 다음과 같은 세부전략이 필요하다(최영출, 2006: 89-92).

첫째, 네트워크 활성화(activation of network)이다. 네트워크 활성화는

---

3) 공공 서비스 제공이나 공공기관의 운영에서 이해관계자의 범주는 일반적으로 서비스 이용자, 미래의 잠재적 이용자, 배제된 이용자, 일반 시민, 지역사회, 지방의원, 의회 정책결정자, 공무원, 여타 공공기관, 비영리 자선단체, 전문기관, 전체로서의 사회 등을 포함시키고 있다(Goss, 2001: 97-103, Donnelly, 1999: 50).

특정한 문제를 해결한다거나 목표를 성취하기 위해 상호작용 또는 게임의 시작을 포함한다. 네트워크 관리에서 가장 중요한 것 중의 하나는 네트워크의 활성화이며, 이를 위해서는 직접 관련되어 있는 이해관계자들을 적극적으로 참여케 하는 것이 중요하다.

둘째, 상호작용의 주선과 촉진(arranging and promoting interaction)이다. 이것은 공동의 문제를 해결하기 위해 관련 행위자들이 게임에 참여하도록 유도하는 것이다. 네트워크의 행위 주체는 비록 독립적 주체로서 각 분야에서 본연의 기능을 수행하고 있지만 공통의 관심사를 발견하여 토의 주제로 이끌어낼 때 서로가 자연스럽게 연결된다. 또한 상호작용을 촉진하기 위해서는 만남의 시간과 장소 합의, 회의 주제 선정, 회의록 유지, 워크숍 개최, 서베이 실시 등 지방 거버넌스의 과정에 필요한 사항을 사전에 철저히 준비하는 노력이 필요하다.

셋째, 중개자의 역할(role of brokerage)이다. 네트워크 관리에서 중개는 브로커의 역할을 직접 수행하거나 아니면 다른 사람이 이런 역할을 수행하도록 하는 것이다. 느슨하게 결합된 네트워크 구조 속에서 정책 과정이 진행될 때는 파편화의 경향으로 정책문제, 해결책, 결정참여자 등 정책결정의 3대 요소가 서로 연결되지 못해 혼란 상황에 놓이게 될 가능성이 높다. 그러나 네트워크의 중개자가 이를 발견하여 서로 연결시켜 준다면 쉽게 문제가 해결될 수 있다. 이처럼 브로커의 역할을 충실하게 수행하는 것도 거버넌스의 중요한 전략에 해당한다.

넷째, 갈등의 조정과 중재(mediation and arbitration of troubles)이다. 조정과 중재는 행위 주체 사이에 갈등이 존재하고 상호작용이 교착 상태에 빠져 있을 때 수행된다. 이러한 조정과 중재의 특징은 특정 결과에 도달하는 책임이 참여한 당사자들에게 있으며, 갈등에 관련되지 않는 제3자에 의해 수행되는 데 있다. 조정과 중재 방법은 위원회와 같은 조직기구에 의한 것, 법원에 의한 것이 있다. 전자는 절차가 용이한 점이 있으나 구속력이 적고, 후자는 절차가 복잡하지만 구속력이 있는 장점을 지니고 있다.

5) 거버넌스의 한계

공공기관의 거버넌스 이념 도입에서 제기될 수 있는 문제점은 크게 두 가지로 요약할 수 있다. 첫째는 거버넌스가 정부가 아닌 대안적 통치 양식을 의미한다면, 거버넌스 양식에 의한 통치에 잘못이 있을 경우 누가 책임을 질 것인가 하는 문제이다. 즉 거버넌스의 종국적 책임 주체가 누가 될 것인가이다. 그러나 이의 주체적 실체를 확인하는 것은 쉽지 않다. 둘째는 기존의 권력 관계가 거버넌스 양식에 맞추어 반영되도록 맡겨질 경우 전통적 의미의 국가 역할이 수평적으로 각 방면에 분산되어 약화됨으로써 권력의 공동화(空洞化, hollowing out)가 초래될 경우, 과연 정부가 없는 통치(governance without government)가 가능할 것인가에 대한 의문이 제기된다.

2 지방 거버넌스

1) 지방 거버넌스의 의의

지방 거버넌스(local governance)라 함은 단순한 주민참여의 개념보다 급진적이고 적극적인 개념으로서, 공공기관인 행정기관, 자본 영역인 기업, 시민사회 구성원인 시민집단 간의 관계에 근거하여 공사 간의 구분 없이 협력과 참여라는 파트너십(partnership)을 통해 지역의 공공문제를 해결해 나가는 방식을 지칭한다. 지방 거버넌스의 특징은 지방정부를 중심으로 한 제도적이고 공식적인 관계보다는 행정기관, 기업, 시민집단 간에 공식적 내지 비공식적인 네트워킹을 통해 각자의 전략적 목표와 이해관계를 조정, 통합해 나가는 데 있다.

이러한 지방 거버넌스 대두의 일반적인 배경은 후기 관료주의 국가의 등장에 따른 공공 서비스의 민간위탁, 정책과 집행 기능의 분리, 다양한 기관들 간의 성과 경쟁 중시와 관련지을 수 있다. 현대 정부는 지역 주민들에게 무언가를 제공하는 것보다는 가능하도록 한다는 의미에서 점차 직접 모든 것을 집행하기보다 방향을 잡아가는 안내자로서의 역할이 커져가고 있다. 또한 정부는 정부가 직접 지역사회의 모든 문제를 해결하려고 해서는 안 된다. 즉 지시하고 통제하기보다는 서로 돕고 협력해야 한다(Leach & Smith, 2001).

우리나라의 지방 거버넌스는 지방분권화에 대한 본격적인 논의와 연구가 시작된 2000년 초반부터 지방정부의 지역사회 관리를 위한 중요한 개념의 하나로 등장했다. 특히 참여정부에서 강조하기 시작한 분권적 혁신에 힘입어 지방정부의 운영 관리가 어우러지면서 논의가 본격화되었고, 이러한 논의는 지방정부 운영의 고객 지향적(customer oriented) 행정 방향과 주민참여의 일반화 등이 촉매 역할을 했다고 볼 수 있다. 결론적으로 지방 거버넌스는 지방정부, 지역기업, 지역 주민 및 NGO 등 사회의 주요 행동 주체들 간의 협력과 참여라는 동반자 관계를 통해 지역사회의 공공문제를 해결해 나가는 방식을 의미한다. 이러한 지방 거버넌스의 실현은 지역사회의 통치행위에 대한 새로운 측면을 보여 주는 것으로서 지방정부의 공공서비스 생산과 공급에 대한 의사결정권이 약화되는 반면, 민간 부문의 의사결정권이 확대되는 모습을 보여 준다.

2) 지방 거버넌스의 모형

지방 거버넌스의 모델은 행위 주체 상호간의 관계적 특징을 기준으로 다양한 모형이 제시될 수 있지만 중앙정부와 지방정부의 관계를 중심으로 다음과 같은 모형을 제시할 수 있다(Miller, Dickkson, & Stoker, 2000: 29; 이은구, 2003: 10).[4]

---

4) 이 밖에도 셀러스(Jefferey M. Sellers)는 지방 거버넌스를 둘러싼 각 국가들의 인프라 구조가 각기 다른 패턴의 거버넌스를 성성해 낸다고 보고, 독일 등 유럽 국가들의 거버넌스 현실을 토대로 ① 조직화모형, ② 시장모형을 제시했다. 피에르(Jon Pierre)는 각기 다른 형태의 거버넌스 과정은 가기 다른 형태의 정책참여와 영향력을 가져오므로 다양한 가치 체계가 지방 거버넌스의 제도적 틀을 구성한다고 보고 ① 관리적 거버넌스, ② 조합주의적 거버번스, ③ 성장 지향적 거버넌스, ④ 복지 거버넌스 등을 제시했다(배유일, 2004: 318-322). 이 중에서 피에르의 모형은 주로 거버넌스의 형식과 내용을 기준으로 분류한 것이어서 복잡성을 지닌다.

첫째, 지방분권자 모형(localist model)이다. 이것은 지방정부의 전통적 방어 논리에 의거한 것으로서 정치학적 입장에서는 자유주의적이고, 다원주의적 시각을 갖는다. 지방분권자들이 추구하는 지방 거버넌스의 핵심적 요소는 지방정부에 선택의 자유를 확대하는 것이다. 즉 지방정부 공직자들이 주민의 요구에 충분히 부응할 수 있도록 지방정부에 자율성을 확대 부여하고, 지방정부를 중심으로 거버넌스를 형성하여 지역 발전을 도모하는 것이 바람직하다는 입장이다.

둘째, 개인주의자 모형(individualist model)이다. 이것은 지방 거버넌스의 목적이 지역공동체의 집단적 선택을 촉진하는 것이 아니라 개별 소비자의 개인적 필요를 충족시키는 데 중점을 두는 모형이다. 따라서 집단적 결정이나 대규모의 참여는 오히려 주민들의 이익을 희생시킬 뿐만 아니라 자원과 혜택을 확대하려는 조직화되고 시끄러운 소수에게 이익이 결집될 가능성이 높기 때문에, 개별 소비자의 권리와 이익을 보호하는 것이 무엇보다 중요하다는 입장이다. 이러한 개인주의자 모형은 신자유주의 정치사상을 반영하기 때문에 서비스 공급자 간의 경쟁을 선호한다.

셋째, 동원모형(mobilization model)이다. 이것은 지방정부와 주민 간의 관계에 더 많은 역점을 두는 모형으로서 지방의 불평등과 자립적 한계를 극복하기 위해 지방정부의 개입을 선호하기 때문에 좌파적 시각을 갖는다. 이러한 주민의 정부 개입 요청은 지방정부가 열악한 지역 여건을 개선하기 위해 사회적 혜택을 거의 받지 못하는 불만에 찬 소외자들을 조직화하여 중앙정부에 대항하는 정치 세력을 구축하고 동원할 수 있는 기회를 얻게 된다. 영국에서 1980년대 좌파적 노동당 지방의회가 대처 정부에 대항하고, 지방 수준에서 좌파 정치연합을 활성화하기 위해 저항적 지방 정치문화를 발전시킴에 따라 동원모형이 주목을 받게 되었다.

넷째, 중앙집권자 모형(centralist model)이다. 이것은 지방자치에 높은 가치를 두지 않거나 반대하는 입장에 있는 모형이다. 강력한 지방정부를 선호하지 않는 이 모형은 정치학 입장에서는 공개적 지지를 찾기 힘들지만, 실제의 정치 현실에서는 엄연하게 존재하고 있다. 이 모형은 전국적 차원의 평등과 민주주의에 근본적 가치를 두기 때문에 모든 국민이 질 높은 서비스에 접근할 수 있도록 할 뿐만 아니라 서비스의 전국적 수준을 높게 유지하는 것을 중시한다. 이 모형의 핵심적 논점은 중앙정부에서 제시한 목표 및 성과 수준에 도달하기 위해 지방정부는 중앙의 통제와 지시에 따라야 한다는 것이다.

3) 한국적 지방 거버넌스의 확립

(1) 한국 사회의 정확한 인식

한국적 거버넌스를 이해하기 위해서는 한국 사회에 특유한 사회적 관계의 특성을 정확히 인식하는 것이 필요하다. 즉 개인 간의 관계, 조직 간의 관계, 개인과 조직 간의 관계를 살펴보는 것이 중요하다. 특히 사회적 관계의 질적 수준이 어떠한가를 가늠하는 일이 매우 중요하다. 이러한 의미에서 본다면 공공정책은 무엇보다 사회적 관계의 질을 제고하는 방향으로 나아가야 할 것이며, 이를 위해 다음과 같은 세 가지 사항을 고려해야 한다.

첫째, 특정 시점에서 국가가 해결해야 할 정치·경제적 과제를 고려해야 한다. 영미 권역에 있는 국가들이 신공공관리 모형에 따라 정부개혁을 서두르게 된 데에는 복지정책과 노령 인구 증대로 인한 경제적 부담이 작용했다는 점을 거울로 삼아야 하는 것이다.

둘째, 우리나라에 역사적으로 배태된 국정 운영의 문화적 및 제도적 구조를 감안해야 한다. 예를 들면, 시장 중심의 거버넌스 모형은 개인주의(個人主義) 문화가 지배적인 사회에서, 관료제 중심의 거버넌스 모형은 위계주의(位階主義) 문화가 지배적인 사회에서, 시민사회 공동체 중심의 거버넌스는 평등주의(平等主義) 문화가 지배적인 사회에서 각각 상대적으로 더 성공적으로 제도화될 수 있다는 점에 유념해야 한다.

셋째, 일국의 최적 거버넌스 체계를 설계하는 문제는 당대를 살아가는 사회 구성원의 원활한 담론에 의해 뒷받침되어야 한다는 점이다. 이러한 과정이 없이 진행된 새로운 거버넌스는 국민적 합의가 잘 이루어지지 못해 새로운 체제의 도입이 지체되거나 실패할 가능성이 높다.

(2) 한국적 지방 공공관리

한국의 바람직한 지방 공공관리의 방향은 비효율적이고 비대한 관료제 중심의 정부에서 시민사회 또는 지역사회 중심의 정부로 바뀌어야 한다는 데 초점을 두고 있다. 이러한 정부에 대한 개혁적 변화의 요구는 정부로 하여금 더 작으면서도 더 효율적으로 업무를 수행하고, 좀 더 주민의 요구에 잘 대응하는 행정이 되기를 바라는 것에 바탕을 두고 있다. 다시 말해서 관료주의적 패러다임에 바탕을 둔 전통적인 정부관리의 대안으로 공공관리에 대한 새로운 시도가 부상한 것이다. 공공관리론은 계층적인 통제와 전문화, 그리고 명확하게 규정된 절차 등을 강조하는 관료제적 행정관리보다는 관리주의에 근거한 신제도주의 경제학에 근거한 공공관리가 현재 우리 사회의 여러 문제들을 해결할 수 있는 대안이라고 주장하는 것이다.

전통적인 행정과 구별되는 현대 사회의 공공관리를 위해 지방 거버넌스의 입장에서 제시하고 있는 공공관리의 방향은 정부가 과거의 계층적 운영관리에서 벗어나서 사회의 여러 행위 주체들 간의 네트워크를 통한 지역사회의 운영 관리라는 것이다. 그 구체적 내용에 대해서는 많은 학자들이 전략적인 방법들을 제시하고 있는데, 이들의 내용을 종합하면 지방정부는 지역사회의 네트워크 관리자(manager of network)로서 역할을 수행함으로써 지역사회 행위 주체들 간의 상호 의존적이고 협력적인 행동을 촉진하고, 정책적 네트워크를 형성하여 지역사회가 달성하고자 하는 목적을 달성할 수 있게 해야 한다(Rhodes, 1997; Kettle, 2000; 이명석, 2001).

결론적으로 정부의 운영자인 행정관료들은 새로운 행정환경을 운영 관리하기 위한 시각의 전환과 전문성의 제고가 필요하며, 특히 주민들이 더 많은 정보를 얻을 수 있고, 또 이를 이용할 수 있는 환경을 조성해야 한다. 그리고 지역 주민들에게는 지역사회의 공공 가치를 높게 인식하는 시민정신의 제고도 아울러 요청된다.

제 3 절 주민자치센터의 운영

1 주민자치센터의 의의

1) 주민자치센터의 개념

주민자치센터는 일정한 지역에 생활 터전을 가진 지역 주민들이 자발적 참여를 통해 자신의 문제를 스스로 해결해 나가는 중심체로서 주인 의식과 연대 의식을 기반으로 주민자치 기능을 수행하는 커뮤니티 성격의 지역조직이다(김필두 외, 1998: 73). 우리나라에서 주민자치센터라는 용어는 국민의 정부 출범 이래 지방행정 개혁과 함께 추진된 읍・면・동의 기능 전환의 일환으로 주민자치센터라는 용어가 사용되기 시작했다. 그러나 주민자치센터는 학문적으로나 실생활에서 아직 정확하게 개념 정립이 되어 있지 않은 상태라 할 수 있다.

이러한 이유로 우리나라에서의 주민자치센터 개념은 주민 중심의 커뮤니티센터나 일본에서의 공민관(公民館)과 유사한 개념으로 사용되는 경향이 있다(유낙근, 2004: 7-9). 그러나 주민자치센터는 이제 동사무소 기능의 축소로 유휴 공간을 활용하는 차원을 넘어 지방자치의 이념에 근거하여 주민참여에 의한 자치시설로서 지역공동체를 형성하기 위해 주민에게 제공되는 커뮤니티의 장으로 개념을 정리할 필요가 있다.

따라서 주민자치센터는 비록 중앙정부의 일방적인 행정개혁 일환으로 설립된 것이지만 주민 스스로 지역문제를 해결해 나가는 주민자치의 거점으로서, 일정한 지역을 기초로 형성된 공통체 의식을 바탕으로 커뮤니티를 자율적으로 관리하는 주민자치기관으로서의 성격과 주민에게 일정한 행정서비스를 제공하는 행정기관의 성격을 동시에 가지면서 민원행정 처리, 생활정보 획득, 여가 선용을 위한 주민의 종합적인 생활공간이 되어야 할 것이다. 즉 주민자치센터는 앞으로 주민자치 의식과 공동체 의식, 자치 역량을 배양하는 구심체 역할을 수행해야 할 뿐만 아니라 주민생활에 직결된 증빙서의 발급 등 민원 업무 외에도 사회복지, 민방위, 재난관리 등의 서비스, 편익시설과 문화복지의 확대 등 다양한 프로그램의 자율적 운영을 통해 주민의 삶의 질을 한층 높일 수 있는 주민복지의 장으로 만들어 나가야 할 것이다.[5]

2) 주민자치센터의 배경 이론

주민자치센터와 관련한 배경적 이론으로서 커뮤니티 이론과 지역사회 구축 이론을 들 수 있다. 첫째, 커뮤니티(community) 이론은 지역이라는 범주를 상정하고, 그 안에서 사람들이 공동생활을 영위하는 생활 체계를 커뮤니티의 핵심적 요소로 보는 것이다. 이러한 의미에서 본다면 커뮤니티에는 지역(area), 공동성(common), 상호작용(interaction)이란 요소가 항상 내재되어 있음을 알 수 있다. 따라서 커뮤니티는 일정한 지역의 주민들이 공동체 의식을 가지고 공동의 가치와 이익을 위해 같이 참여하고 각자 역할을 분담하면서 더불어 살아가는 집단으로 정의할 수 있다.

유럽의 경우, 커뮤니티 내부에는 지역성 및 공동성을 기초로 하는 주민조직의 개념이 반드시 포함되어 있었다. 잉글랜드 지방은 는 패리시(parish), 웨일스와 스코틀랜드는 커뮤니티(community)라고 부르고, 프랑스에서는 코뮌(commune), 독일에서는 게마인데(Gemeinde)라는 이름을 가진 주민조직이 지방자치단체의 기초가 되었고, 커뮤니티를 기반으로 하는 주민조직은 후에 법인격을 가진 지방자치단체로 발전하게 된 것이다(임승빈, 1997: 66-67). 따라서 주민지치센터는 지역 주민들이 공동생활을 영위하는 공간으로서 생활정보의 교환이나 여가의 선용 등 사회·문화적 활동을 전

---

5) 우리나라 행정 동의 운영 방향은 대체로 네 가지 대안이었다. 첫째, 소규모 행정 동을 통폐합하여 동의 수를 줄이는 방안, 둘째, 행정 동을 완전히 폐지하는 방안, 셋째, 행정 동을 폐지하되 그 시설을 주민자치센터로 전환하는 방안, 넷째, 행정 동의 기능을 축소 조정하고, 주민자치센터와 병존시키는 방안 등이다. 이 중에서 정부는 넷째의 대안을 선택했다.

개하면서 지역의 문제를 스스로 결정 처리하는 민주주의의 기초적인 장을 마련해 주는 차원으로 이해할 수 있다.

둘째, 지역사회 구축(community building) 이론은 지역사회의 문제를 해결할 때 누구보다 지역 주민이 지역의 사정에 대한 지식과 정보를 정확히 파악하고 있으므로 지역사회 문제의 해결에 중심이 되어야 한다는 신념에서 출발한다. 따라서 각 지역사회는 여러 부문에서 지방정부와 상호 협력하여 지역의 현안 문제를 스스로 해결하는 것이 가장 바람직한 것으로 보고 있다. 따라서 지역사회 구축을 위해 정부와 해당 지역사회가 공동으로 노력해야 하는 핵심적인 사업은 시민들의 공동 비전의 구축, 많은 파트너의 유인, 지역사회 역량의 강화, 정보 공개 및 공유 기반의 구축 등을 들 수 있다(하미승 · 강황선, 2002: 50).

결론적으로 지역사회 구축 이론은 지역사회 문제의 주민 자율적 해결이라는 이념을 구현하는 데 필요한 중요한 전략적 요인으로서 다양한 리더십, 이해관계자들의 발굴과 이들 사이의 파트너십 형성, 각 지역사회 고유성의 발굴, 각 지역사회 자체 역량의 육성, 정부 업무와의 연계성 확인 등을 강조한다.

2 주민자치센터의 유형화

주민자치세터는 커뮤니티를 중심으로 형성된 주민의 자치적 활동공간이므로 여러 국가에서 다양한 형태로 존재할 수 있지만 지역사회 주민의 친목과 공동의 문제를 해결해 나가는 제도적 차원의 주민자치 조직은 그렇게 많지 않다. 미국과 영국, 독일과 일본 등의 국가에서 다소 의미 있는 자치적 조직을 발견할 수 있다. 따라서 특정 국가들의 몇몇 사례(한국지방행정연구원, 1998)를 토대로 유형화를 도모하는 것은 상당한 무리가 따를 수 있지만 국가별로 그 특성을 확연히 달리하고 있기 때문에 이념적 측면에서는 어느 정도 유형화의 의미를 찾을 수 있다.

1) 관 주도형

주민에 의해 운영되는 주민자치센터는 행정기관과의 관계를 기준으로 세 가지 형태로 유형화할 수 있다. 첫째 관 주도형이다. 이것은 행정기관의 깊은 관여 하에 운영되는 자치조직으로서 자치기구의 구성과 운영에 대해 행정기관이 직접 주도하도록 설계된 유형을 말한다. 즉 행정기관장의 책임 아래 자치위원회를 구성하고. 자치위원회는 단지 심의기관으로서의 역할만 하고 행정기관장이 모든 것을 최종 결정하는 우리나라의 주민자치센터와 일본의 공민관이 여기에 해당된다.

일본의 공민관(公民館)은 제2차 세계대전 이전에도 존재했지만 1949년 문부성의 주도로 제정된 사회교육법에 공민관 규정을 둠으로써 전국의 시·정·촌에 설치 운영하게 되었다. 이것은 주민의 사회교육을 목적으로 한 정부 주도의 자치기관으로서 주민생활에 필요한 교육, 학술 및 문화에 관한 각종 사업의 시행, 주민의 교양 향상, 건강 증진, 문화생활 진흥, 사회복지 증진 등이 중요한 목적 사업이며, 현재 기초자치단체별로 6~7개의 공민관을 두고 있어 전국에 약 1만 8천 정도의 공민관이 있다(일본 전자백과사전).

이것은 시(市) 지역의 경우 중학교 통학구역, 농촌지역은 소학교 통학구역을 기준으로 설치한 것으로서 현재 그 수는 전국의 중학교 수를 능가하는 수치이다. 재원은 정부보조금, 회비. 사용료, 수수료, 사업수익 등으로 충당되고, 시·정·촌에서 파견된 상근 직원(평균 1명)을 두고 있다. 공민관장은 교육위원회에서 임명하되 공민관 운영심의회의 의견을 반드시 듣도록 되어 있다. 이러한 관 주도형은 민주사회의 형성이 미진한 국가, 또는 민주주의가 어느 정도 성숙된 국가라 할지라도 자치센터 운영에 대한 지식과 경험이 없거나 제도를 처음 도입하는 국가들에 적합한 모형이라 하겠다.

2) 민간 주도형

민간 주도형은 주민자치센터의 조직과 운영이 제도적으로나 실질적으로 주민에 의해 자율적으로 이루어지는 유형을 말한다. 이것은 순수하게 주민

자율에 의해 운영되는 유형으로서 일본의 자치회(自治會)가 민간 주도형의 전형으로 판단된다.

일본의 자치회는 정내회(町內會)라고도 하는데, 1500년대 도요토미 히데요시(豊臣秀吉) 시대에 주민관리 체제의 일환으로 조직되었으며, 관동대지진(1932) 이후에는 전쟁물자 조달, 인력 동원 등을 위한 전시동원 체제 및 지역방위 체제 등으로 조직되었다. 미군정 시절에는 군국주의 유지를 위한 지역조직으로 간주되어 폐지되었다가 1952년 한미강화조약 이후 부활되어 오늘에 이른다. 이것은 자생부락 단위로 설립되고, 가입 단위는 세대이며, 관할지역 안의 모든 세대는 자동적으로 가입해야 하는 주민자치기구로서. 현재 전 국민의 90% 이상이 자치위원회에 가입되어 있으며, 원천적으로 임의단체의 성격을 띠었다(김필두 외, 1998: 84).

그러나 1991년 법적 지위를 인정하기 위해 지방자치법을 개정하고, 조례가 정하는 바에 따라 시·정·촌의 하급조직으로서 행정보조 및 주민 의견 반영을 위해 지역자치구(地域自治區)를 설치하고 여기에 지역협의회(地域協議會)를 설치 운영하도록 법제화했다. 이러한 조치는 상당한 공유재산을 소유하고 있는 자치회가 일반 법인과 마찬가지로 자유롭게 재산권을 행사하도록 하기 위한 것이다(임승빈, 1997: 63-83). 지역협의회(자치위원회)의 주요 기능으로서는 기존의 자치사무, 즉 복지 증진 및 친목 도모, 취미, 문화활동, 폐품 수집, 기타 수익사업 등 자치사무, 그리고 교통 안전 및 방범, 방재 및 재해구조, 공해 방지, 보건위생, 기타 녹지사업, 축제의 개최 등 자치단체와 특별지방행정기관으로부터 위탁받은 사무도 수행한다.

여기에는 임기 4년 이하의 회장과 부회장을 두며, 일반 위원은 단체장이 선임하되 구역 내 주민의 다양한 의견을 반영해야 하며, 사무직원은 시·정·촌의 직원으로 충당한다(일본 지방자치법 제202조의 4-9). 이처럼 일본의 자치회는 과거 임의적 단체로 운영되다 근년에 이르러 지방자치법의 개정에 의해 법적 단체로 전환됨에 따라 그 위상이 한층 강화되었다. 그러나 이러한 공식적 기구로의 전환은 지금까지 유지해 온 행정기관과의 파트너십 관계가 손상되고 종속적 관계로 전락할 우려가 있다는 비판도 없지 않다. 그러나 이것은 오랜 세월 동안 다져온 주민자치의 전통을 기반으로 운영되는 자치조직인 만큼 더욱 내실 있게 운영되고 있다.

결론적으로 이러한 민간 주도형은 도입과 정착의 단계를 넘어선 활성화 단계에서 볼 수 있는 유형으로서 민주주의가 크게 발전하여 주민의 자치 의식과 자치 능력이 상당 수준에 도달한 선진 민주사회에 적합한 모형이라 할 수 있다.

3) 민관혼합형

민관혼합형은 주민자치위원회가 주민대표들과 공직자(행정공무원, 지방의원)들로 혼합 구성되어 운영되는 절충모형에 속한다. 민선자치단체장이 지방정부를 이끌어 가는 상황에서는 주민자치기관의 실질 운영은 민간이 중심이 되어야 하지만 주민들의 자치 역량이 부족하거나 관의 협력이 요구되는 사업들이 다수 존재할 경우 이러한 절충형의 도입이 고려되는 것이다. 민관혼합모형의 대표적 사례는 독일의 공회당(公會堂)을 들 수 있다.

공회당은 1973년 전국적으로 단행된 기초지방단체(Gemeinde)의 통폐합(3~4개) 과정에서 탄생된 주민자치기구이다. 공회당에는 특별한 조직은 존재하지 않고 지역 주민의 직선으로 선출한 대표자와 그 지역 출신 의원을 중심으로 한 자원봉사자들로 구성되어 있으며, 지역대표자의 공식적 기능은 없으나 지역을 대표하고 지역의 대소사를 주관하여 시장의 자문 역할, 부시장 역할을 수행하면서 지역 주민의 의견을 정책 당국에 전달하고 있다(김필두, 1998: 87-90).

공회당이 담당하는 기능은 행정 서비스의 지원, 민원 관련 서비스, 시민대학 기능, 취미단체 및 로터리클럽 등의 지역단체 중심의 각종 문화행사 기능, 주민자치 기능 등이다. 공회당의 재원은 수강료, 찬조금 그리고 시정부의 지원 재정으로 충당된다.

이러한 민관혼합형은 일상생활에 요구되는 생활복지나 지역문제를 공동으로 모색함으로써 민관협동 체제를 구축할 수 있고, 더욱이 주민자치회가 의사결정의 실질적인 주체로 기능할 경우 민주성을 확보할 수 있는 제도이다.

3 주민자치센터의 운영 체계

주민자치센터의 운영을 위한 기본 체제로서 ① 운영 주체, ② 운영시설, ③ 프로그램, ④ 운영재원 등을 들 수 있다.

운영 주체는 주민자치센터의 체제 성격을 근본적으로 규정하는 부분이므로 적절한 설계가 이루어져야 한다. 일본의 공민관은 지방정부의 사회교육 목적으로 정부가 계획적으로 설치한 것이기 때문에 운영 주체는 행정기관이며, 주민자치회의는 주민 선거로 구성되기 때문에 운영 주체가 민간이다. 독일의 공회당은 주민 직선에 의한 대표들과 지방의원으로 구성되므로 관민혼합형의 성격을 지닌다.

운영시설의 경우 주민자치센터가 개인적 차원을 넘어 주민의 공동 관심사를 해결하는 커뮤니티 성격을 가진 공공성이 높은 조직이므로 원칙적으로 정부가 기본 시설을 마련해 주는 것이 타당하다. 만약 기본적인 시설 외에 추가적인 시설이 필요할 경우 지방정부가 보유한 공유시설을 제공하거나 기타 공·사적 시설물을 이용하는 데 최대한 협조해야 한다.

프로그램은 대체로 ① 취미교양 프로그램, ② 체육 프로그램, ③ 정보 프로그램, ④ 사회봉사 프로그램 등으로 유형화할 수 있다. 주민자치센터의 활성화를 위해서는 프로그램의 종류를 다양화하고 대상자별로 특성화해야 할 것이다.[6)]

운영재원은 이용자가 부담하는 것이 원칙이지만 공공성을 감안하여 정부 차원의 적극적 지원이 요망된다. 그 밖에도 좀 더 저렴한 실비 가격, 또는 무상으로 공급받을 수 있도록 자원봉사자를 최대한 활용하는 방안을 강구해야 한다.

---

6) 취미교양 프로그램은 서예, 공예, 풍물, 요리, 컴퓨터, 노래, 다도, 교양강좌 수지침, 고전무용 등이 대표적이며, 체육 프로그램은 댄스 스포츠, 기훈련 및 기체조, 탁구, 배드민턴 등이고, 정보 프로그램은 인터넷방, 영상정보실 등이다. 사회봉사 프로그램은 무의탁노인 생일상 차리기, 사랑의 도사락 나누기, 사랑의 이·미용실 운영, 거리 청소 등을 들 수 있다.

4 주민자치센터의 발전 과제

1) 주민자치위원회의 대표성 제고

주민자치위원회는 주민자치센터의 운영과 관련한 의사결정에 보조적인 역할을 행하는 심의적 기구이지만 최종적 결정에 지대한 영향을 미치므로 대표성과 전문성을 갖추어야 한다 예컨대 성별, 연령별, 사회 조직단체별, 프로그램 동아리별 등 다양한 대표자들이 자치위원회에 참여해야 할 것이다. 그러나 대부분의 지역이 이러한 기준을 적용하지 않고, 과거 자문위원으로 있던 사람이나 지역 유지를 위촉함으로써 관변 단체적 성격을 띠게 되는 경향이 있고, 자영업자나 남성 위주로 운영함으로써 특정 분야 전문가나 여성 전문가들의 참여가 배제될 수 있다.

시의원이나 구의원 등 지방의원들의 참여는 긍정적 측면과 부정적 측면이 동시에 존재한다, 이들의 참여는 자칫 주민자치센터를 정치활동의 장으로 악용할 가능성이 있는 반면, 주민과 접촉함으로써 지역의 문제를 찾아내고 개선해 나가는 긍정적 측면도 있다. 더욱이 지도급 인사들의 참여가 미흡한 상황에서 이들의 참여는 자치센터의 활성화에 일조를 기할 수 있을 것이다. 따라서 지방의원의 참여 문제는 지역의 입장에 따라 달라질 것이므로 제도적으로 제한할 필요는 없을 것이다.

2) 분과위원회의 구성

주민자치위원회는 전체회의이기 때문에 자주 개최할 수 없으므로 분과위원회가 중심이 되어 주민들의 다양한 요구에 부응할 수 있도록 해야 할 것이다. 대부분의 회의체는 분과위원회나 소위원회를 구성하는 것이 일반적인데, 주민자치센터 역시 그러한 방향으로 운영되어야 할 것이다. 즉 정기적으로 개최되는 주민자치위원회에서 모든 것을 해결할 수 없기 때문에 운영분과위원회, 프로그램분과위원회, 지역발전분과위원회 등의 위원회를 구성하여 운영할 경우 전문성을 확보하면서 운영의 효율성을 제고할 수 있을 것이다.

예컨대 운영분과위원회는 주민자치센터의 운영 전반에 관한 기본 방향을 설정함과 아울러 각 분과위원회의 활동을 조정하여 다수의 주민이 참여할 수 있도록 유도하고, 프로그램 분과위원회는 각 분야별 전문가를 중심으로 구성하여 주민들의 취미 및 여가활동을 지도할 수 있도록 해야 한다. 그리고 지역발전분과위원회는 지역의 현안 문제를 발견하여 해결할 수 있는 방안을 모색하고 이를 위한 실천을 주도해 나가야 한다.

3) 네트워크 구축

주민자치센터가 지역 주민의 요구를 충족시키는 자율적 활동공간으로 발전하기 위해서는 지역단체들의 조직화가 필요할 뿐만 아니라 각 단체들이 상호 연계되는 네트워크의 형성이 필요하다. 지역에 산재해 있는 주민들을 조직화될 경우 정보의 전달이 용이하며, 네트워크의 형성은 협력 체제의 구축을 통해 기능을 활성화할 수 있다.

오늘의 현대 행정에서 중요한 관리 수단으로 등장하고 있는 거버넌스의 개념에 유념할 필요가 있다. 이것은 정부를 사회의 모든 문제에 대한 해결의 주체로 보는 것이 아니라 사회의 한 구성원으로서 각 사회단체들과 함께 네트워크를 형성하여 공동으로 사회문제를 처리하는 주체로 파악하고 있는 것이다. 따라서 주민자치센터도 지역 내 존재하는 각 단체들과 연계하여 운영할 경우 주민참여의 제고는 물론이고 프로그램의 운영에도 많은 도움을 받을 수 있으며, 또한 지역문제의 해결책에도 다양한 시각을 바탕으로 훌륭한 대안을 모색할 수 있을 것이다.

4) 프로그램의 개발과 운영

주민자치센터가 지역 주민의 관심 속에 활성화되기 위해서는 무엇보다 프로그램의 적절성이 확보되어야 한다. 프로그램은 특정 장소의 좁은 공간에 한정하지 말고 시설의 이용이 가능한 모든 공간을 고려하여 프로그램을 선택하고 운영해야 할 것이다. 이렇게 될 경우 활동사업의 종류는 자연히 다양화되면서 주민들의 욕구를 충족시킬 수 있을 것이다.

프로그램을 크게 유형화하면 취미생활 프로그램과 공동체 형성 프로그램으로 대별된다. 취미생활 프로그램은 생활 과정에 필요한 여가의 선용 및 지식·교양의 증진에 관련되고 있지만 공동체 형성 프로그램은 지역공동체의 구성원으로서 의무와 건전한 생활 태도의 형성에 관련하고 있다. 이러한 두 측면은 주민자치센터 활동의 중심적 내용으로서 동시적으로 활성화해 나가지 않으면 안 된다. 그러나 활성화 단계적 측면에서 보면 개인적 취미생활 프로그램을 먼저 활성화하는 것이 순서일 것이다. 그것은 공동체 형성 프로그램은 전체적 행사이며, 의무가 강하게 요구되는 사업이므로 취미생활에 기초한 소집단별 사업이 활성화되고, 이것이 상호 연계망을 구성할 때 전체적 행사가 좀 더 쉽게 이루어질 수 있다고 보기 때문이다.

프로그램 활동시간대의 확대는 관심 있는 사람들의 참여를 가능케 한다. 아침에는 헬스 등 건강 관련 프로그램이 적합할 것이고, 주간에는 주부를 대상으로 한 교양강좌가, 그리고 야간 및 주말에는 직장인이나 청소년들을 대상으로 한 외국어 강좌나 교양강좌가 적합한 것으로 생각된다. 따라서 프로그램의 내용을 다양화하는 것은 물론이고 운영 시간을 아침, 주간, 야간은 물론이고 주말에도 운영하여 참여 계층을 직장인과 청소년 등으로 확대하는 것이 필요하다.

5) 자원봉사자의 조직화

주민자치센터는 지역 주민에 의해 자율적으로 운영되는 조직으로서 참여자의 부담이 전제되는 것이므로 자원봉사자를 적극적으로 활용해야 한다. 자원봉사자는 무보수가 원칙이므로 보수에 연연하지 않는 봉사정신이 강한 사람들을 그 대상자로 삼아야 한다. 이러한 자원봉사자는 주민자치센터의 각 분야별로 전문지식 및 기술을 가진 사람들로 충원되는 것이 바람직하지만 이의 확보가 그렇게 쉽지 않다. 그러나 적절한 인센티브 제도를 둔다면 더욱 용이할 것이다.[7]

7) 인센티브의 경우 학생들에게는 봉사 시간이나 학점 등을 인정해 주고, 성인들에게는 지역봉사자로서의 자긍심을 가질 수 있는 마을 차원의 예우를 고려할 수 있다.

6) 운영재원의 확충

주민자치센터는 지역 주민의 복지를 증진하는 기능이 중심이므로 공적 성격이 강하기 때문에 자치센터의 운영에 필요한 재원의 상당 부분은 정부에서 부담하는 것이 원칙이다. 그러나 정부 예산은 한계가 있을 뿐만 아니라 제공되는 주민자치센터의 서비스는 수익자 부담의 원칙이 적용될 수 있는 부분이 있기 때문에 정부의 예산 지원은 필요한 최소한에 그쳐야 한다. 즉 주민자치센터는 지역주민 중심의 자치적 공간이므로 자치센터 운영에 필요한 경비는 수익자 부담금이나 마을 차원의 사업수익의 확대가 가장 바람직한 대안이 될 수 있다.

7) 지역복지 실천의 중심 역할

지역복지는 지역 내 문제는 지방정부가 책임을 지고 해결한다는 개념으로서 지방정부가 지역 내에 거주하는 사람들의 사회복지 문제를 스스로 발견하여 해결하는 것을 말한다. 즉 지역의 문제는 누구보다 당해 지방정부가 책임지고 해결하는 것이 바람직하다는 데에 기초하고 있다. 그러나 지역문제라 하더라도 지방정부가 할 수 없는 것이 있기 때문에 주민자치센터는 이를 보완하는 방향에서 사업을 추진해야 한다.

일반적으로 사회복지에서 경제적 지원은 중앙정부가 담당하고, 지방정부는 비금전적인 노력 봉사를 담당한다. 이러한 노력 봉사에는 많은 일손이 필요하여 자원봉사자의 협조가 필요한데, 이를 충족시킬 수 있는 것은 주민자치센터가 적합하다. 즉 주민자치센터의 자원봉사자들을 통해 지역 내에 존재하는 불우 아동이나 노인, 장애인, 모자가정, 소년가장 등 사회복지 서비스 대상자들에게 더 나은 서비스를 제공할 수 있다.

앞으로 동사무소의 기능이 자치구로 이관되고, 그것이 명실공히 주민자치의 공간으로 발전한다면 주민자치센터는 비금전적인 지역복지 실천의 중심조직이 되어야 할 것이다. 일반적 기획은 지방정부가 수립하지만 관할구역 내에 있는 사회복지 수요자들에 대한 서비스 제공은 주민자치센터의 자원봉사자들이 중심적 역할을 담당하는 것이 바람직하다.

제 13 장 지방정부의 혁신

제 1 절 지방정부 혁신의 의의

1 정부혁신의 개념

혁신은 더 나은 상태를 향해 끊임없이 변화를 추구하는 의도적 노력이라 할 수 있다. 즉 낡은 것을 파괴하고 새로운 것을 창조하는 창조적 파괴(creative destruction)가 그 본질이다. 이처럼 혁신은 버리고, 바꾸고, 새롭게 하는 창조적 발전 과정이므로 기본적으로 과거와의 단절을 의미한다. 따라서 공공 부문의 정부혁신(governmental innovation)은 정부의 경쟁력과 고객 만족을 높이기 위해 새로운 조직구조, 관리 기법, 조직문화, 제도, 업무 수행 절차 등을 도입하여 정착시켜 나가는 총체적인 활동이라 할 수 있다. 즉 정부혁신은 공공조직의 능률성, 효과성, 적응성, 책임성 등을 극적으로 증대시키기 위해 정부조직을 근본적으로 변형하는 것을 의미한다(Osborne & Plastrik, 1998: 38). 이러한 변화는 공공조직의 목적, 유인 체제, 책임성, 권력구조 및 조직문화를 변화시킬 때 더욱 효과적으로 달성될 수 있다. 그러나 제도는 모두 역사적 연속성을 가지고 있으며, 또한 사회를 지배하는 가치관이나 문화 역시 강력한 지속성을 가지고 있기 때문에 과거와의 단절은 결코 쉬운 일이 아니다.

오늘날 많은 사회조직이 혁신에 매달리는 이유는 생존의 문제에 관련되기 때문이다. 혁신하지 않는 것은 퇴보이고, 그것은 곧 파멸이라는 인식이 사회 전반에 강하게 자리 잡고 있다. 혁신은 국가의 생존과 발전을 위해 필수적이다. 따라서 정부는 국가의 생존과 발전을 위해 끊임없이 변신하고 새로운 것을 창조하며 효율을 증진시킨다. 특히 정부의 효율성을 제고하기 위해 민간경영(private management) 기법을 도입하는 것이 오늘날 행정개혁의 중요한 과제로 인식되어 많은 각국들이 이를 도입하여 활용하고 있다. 그러나 신자유주의가 초래한 병폐들이 여러 면에서 지적됨에 따라 신자유주의적 행정개혁에 많은 회의를 불러일으키면서 정부혁신에 대한 새로운 모형이 조심스럽게 모색되고 있다.

2 정부혁신의 접근 방법

정부혁신을 위한 접근 방법은 다양하게 존재하지만 이를 유형화하면 크게 네 가지로 구분할 수 있다. 그 첫째는 조직구조(organizational structure) 접근이다. 이것은 공식적인 조직에 중점을 두는 전통적인 접근 방법으로서, 최적 구조가 업무의 최적 수행을 초래한다는 전통적 조직이론에 그 기반을 두고 있다. 이것은 과학적 접근법이나 베버(Max Weber)의 관료제이론이 대표적이며, 미국의 초창기 행정개혁위원회의 활동이나 행정개혁도 이러한 입장을 따랐다. 조직구조와 절차의 변경이 개혁 수단이 되고 있으나 인간적 요소와 조직의 동태적 성격과 환경적 요인이 충분히 고려되지 못한다는 단점이 있다.

둘째, 관리기술(managemental technique) 접근이다. 이것은 행정기술, 장비, 수단을 개선하고 관리과학, OR, 체제분석, EDPS 등의 활용을 통해 행정 성과의 향상을 도모하려는 접근 방법이다. 최근 전자정부와 함께 전산화된 통합적 관리정보 체계가 조직의 인적·구조적 요인에 심대한 영향을 미치고 있다는 점에서 그 중요성이 높아지고 있다.

셋째, 인간관계(human relation) 접근이다. 이것은 실험실훈련이나 조작적 전략 등 인위적 방법을 통해 행정인의 가치관, 신념, 태도 등을 변화시켜 종국적으로 행정 체제 전체의 개혁을 도모하려는 접근 방법이다. 자율과 참여를 중시하는 조직발전(OD)과 총체적 품질관리(TQC) 등이 여기에 속한다. 그러나 행정조직은 사기업과 달리 공식적이고 계층제적 성격이 강할 뿐만 아니라 법적 규제를 많이 받으므로 비공식적이며 감정적 측면에 치중하는 인간관계 접근은 그 활용에 많은 한계가 따른다.

넷째, 체제(system) 접근이다. 이것은 조직구조, 인간관계, 환경문제를 포괄하는 종합적 접근으로서 조직을 하나의 체제로서 파악하여 이들 상호간의 관계분석에 치중하는 접근 방법이다. 어떠한 행정개혁이든 조직구조와 관리기술의 개선, 행정인의 이해, 그리고 정치인과 국민의 협조 등 우호적 환경이 개혁에 중요한 요소로 작용하기 때문에 모든 것을 종합적으로 고려하여 행정개혁을 도모하는 것이다.

제 2 절 지방정부 혁신의 배경

1 신자유주의 대두

자유방임적 자유주의가 초래한 사회적 혼란을 극복하기 위해 새로이 등장한 케인스 경제 체제는 자본주의가 갖는 구조적 모순을 거의 해결해 냄으로써 자본주의의 건전성을 과시할 수 있었지만 1970년대 2차에 걸친 오일 쇼크를 계기로 자본주의 사회는 다시 흔들리기 시작했다. 즉 불황 속의 물가고(物價高)라는 케인스 경제학으로서는 풀 수 없는 스태그플레이션(stagflation) 현상이 나타나 자본주의 사회를 위기로 몰아넣음으로써 케인스 체제는 역시 종말을 가져오게 되었다. 케인스 경제 체제가 초래한 위기를 극복하기 위해 새로이 등장한 정치 이념이 바로 신자유주의 이념이다.

신자유주의(new liberalism)는 기존의 자유주의에 대한 새로운 개념이며, 특히 개량적 자유주의에 대한 반동으로 탄생된 이념이다. 따라서 신자유주의는 케인스 체제가 가지고 있는 국가 개입적 정치 이념을 크게 수정한 것으로서 자유의 확대, 경쟁성 제고, 민간 지향, 세계 지향을 그 이념적 특성으로 하고 있다.[1] 이것은 국가개입주의를 인정하면서도 필요 부분으로 최소화하는 한편 가급적 시장의 원리에 충실하고자 하는 입장을 취하고 있다.

신자유주의 이념은 특히 뷰캐넌(James M. Buchanan)을 중심으로 한 공공선택론자(public choice)들이 규명한 스태그플레이션(stagflation)의 발생 원인을 극복하는 과정에서 생성된 이념이라 할 수 있다. 즉 공공선택론자들은 스태그플레이션의 원인을 ① 자원민족주의(resource nationalism)에 의한 원자재 가격의 인상, ② 과도한 법적 규제로 인한 부대비용의 증대, ③ 사회보장제도의 과도한 운영과 기업 부담의 증대, ④ 방만한 경영 등에 의해 제품의 원가가 크게 상승한 데 그 원인이 있는 것으로 분석했으며, 이러한 문제를 해소하기 위해 작은 정부와 시장경제 원리를 지향하는 신자유주의가 등장하게 된 것이다(김현조, 2004: 151).

그러나 이러한 신자유주의도 언제까지 계속될 것인지는 아무도 예측할 수 없다. 그러나 신자유주의·자본주의 체제가 세계화와 더불어 발전하고 그 과정에서 더욱 더 발전할 수 있는 잠재력을 가지게 된다면 앞으로도 상당 기간 번영을 구가할 수 있을 것이다. 그러나 자신의 잠재력을 남김없이 소진한다면 다른 체제가 그 대안으로 다시 나타날 가능성을 배제할 수 없다. 그것은 어떠한 사회구성체도 그 내부에서 더 이상 발전의 여지가 없을 정도로 생산력이 발전하게 되면 멸망하게 된다는 마르크스의 논리에서 이를 예견해 볼 수 있다(마르크스, 1989: 383; 김종원 역, 2003: 26).

현재 미국에서 시작된 서브프라임 모기지(불량 주택담보 대출)로 인한

---

1) 자유주의의 개념은 역사적 전개에 따라 자유방임적 자유주의, 개량적 자유주의, 신자유주의로 구분할 수 있다. 자유방임적 자유주의는 19세기 개인의 정치적 자유와 자유무역 등 경제적 자유의 확대를 내용으로 하는 개념이라 할 수 있다. 이러한 고전적 자유주의는 독과점 기업의 탄생과 빈부격차의 심화 등 자본주의의 모순을 적나라하게 드러냄으로써 1929년 세계 대공황을 계기로 그 종말을 고하게 되었다.

부동산 가격의 폭락으로 미국의 금융업계가 위기에 직면하고 있으며, 이것이 전 세계 국가로 확산되고 있는 현실을 감안할 때 신자유주의의 진로도 그렇게 순탄하지 않을 것으로 보인다. 그 동안 신자유주의가 남긴 부정적 현상으로 지적되고 있는 것은 ① 감세정책으로 인한 재정적자의 누적, ② 소득의 양극화 심화, ③ 금융 부실로 인한 구제금융의 실현 등이다. 이것은 시장의 기능을 지나치게 신뢰하고 정부의 규제정책을 너무 느슨하게 운영한 데에 그 원인이 있다고 보고, 새로운 진로를 모색하야 한다는 목소리가 나타나고 있다.

이러한 결과 신자유주의의 등장으로 종말을 가져왔던 케인스 경제 체제가 다시금 부활을 시도하고 있다. 그러나 과거의 케인스 경제 체제로 다시 돌아가는 것은 현실적으로 어려울 것이므로 새로운 자본주의 모형이 모색되어야 할 것이다. 이러한 의미에서 본다면 새로운 자본주의는 케인스 체제와 신자유주의의 중간에 위치한 온정적(warmhearted) 신자유주의, 공동체(common society) 자본주의, 사회책임(society-responsible) 자본주의 등을 그 대안으로 그려볼 수 있다. 이들은 모두 유사한 내용으로서 정부가 해야 할 것과 하지 말아야 할 것을 명확히 구분하고, 자유와 규제를 필요한 곳에 적절히 적용하여 조화로운 복지사회를 이룩하려는 정치 이념으로 이해되는 것이다.

2 신자유주의와 신공공관리

1) 영국의 신관리주의

신자유주의는 기존의 공공관리 방식의 일대 전환을 가져오는 새로운 이념으로 작용했다. 즉 국가개입주의가 초래한 거대정부는 더 이상 효율적으로 작용할 수 없는 한계점에 도달하여 일부 국가들은 작은 정부를 지향하는 관리 방식을 도입하게 되었는데, 특히 영국은 신관리주의를 표방하게 되었다. 영국은 1970년대 오일 쇼크를 계기로 재정 위기가 도래하여 긴축재정이 강하게 요구됨에 따라 공급자 위주의 행정 서비스 산출에 익숙해 있던 기존의 제도, 규정, 사고방식, 관행, 관리 프로그램으로는 이에 대응하지 못할 뿐만 아니라 고객 만족을 가져올 수 있는 소비자 중심의 행정 서비스가 곤란함을 인식하고 행정, 사회, 경제, 전 분야에 걸쳐 대대적인 개혁을 시작했다.

이러한 국정개혁의 출발은 과학 기술의 급격한 변화와 영국의 국제경쟁력 약화 및 경제력의 감소가 그 배경적 요인으로 작용했다. 외부 세계는 새로운 기술이 개발되면서 급속히 발전하는 반면, 국내적으로는 이러한 변화에 대응할 수 있는 관료들을 가지지 못했고, 더욱이 전문성이 부족한 일반행정가 중심의 관료 체제는 엘리트 의식에만 젖어 있을 뿐 경제적 난국을 해쳐 나갈 전문지식이 결여되어 효율적 행정관리가 사실상 불가능한 데에 신관리주의의 대두 원인이 있는 것이다(김석준 외, 2000: 180).

영국의 신관리주의는 무엇보다 적은 정부를 지향하고 특히 시장 원리를 강하게 적용한 것이 특징으로 나타나고 있다. 즉 민영화, 인력 감축, 재정지출 억제, 책임운영기관 도입, 규제 완화 등을 주요한 개혁 수단으로 사용하여 종래의 명령에 의해 움직이는 사회를 자발적으로 작동되는 사회로 변모시키고자 한 것이 영국의 신관리주의가 갖는 목적이라 할 수 있다. 여기에는 정부정책이 국가보다는 국민의 측에서 선택된다는 공공선택론이 그 이론적 토대를 마련했으며, 국민의 선택이 가능하기 위해서는 먼저 정부운영의 민주화와 시장화가 전제되어야 하므로 영국 정부는 네 가지 방향에서 공공개혁을 추진했다(박영호 역, 1996). 즉 ① 민영화(privatization), ② 정부 내부의 시장화(internal market), ③ 시민헌장제도(citizen charter) 실시, ④ 책임운영기관(executive agency)의 운영이었다.

2) 미국의 기업가적 정부

미국의 신공공관리는 기업가적 정부에 초점이 맞추어진다. 이러한 기업가적 정부모형의 구축은 크라이슬러 사나 포드 사 등 오랜 기간 민간기업들의 구조조정 노력의 원리와 결과를 행정에 도입한 것으로서(김석준, 2000: 181-182), 특히 연방정부 보조금의 삭감 등으로 인해 심각한 재정난에 시달린 지방정부의 경영혁신에서 그 출발점을 찾을 수 있다. 신자유주의에 입각한 미국의 신공공관리 원칙은 「일은 잘하고 비용은 적게 드는 정부의 창출」이라는 제목의 1993년 국가업무평가위원회의 최종보고서(NPR, 일명 앨고어 보고서)에서 잘 나타나고 있다 (Gore, 1993).

NPR(National Performance Review)이 내세운 정부재창조의 기본 원칙은 첫째, 고객을 제일로 여긴다 (putting customers first). 기업가적 정부에서는 시민(citizen)이 아니라 고객(customer)이라는 인식을 토대로 고객의 만족을 추구한다. 둘째, 번문욕례를 제거한다 (cutting red tape). 기업가적 정부는 각종 규정 및 규칙이 불필요하거나 무의미한 것은 아니지만, 그것의 긍정적 측면보다는 부정적인 측면이 더 많다는 점을 강조하여 지적한다. 셋째, 결과를 달성하기 위해 공무원에게 권한을 부여한다 (empowering employees to get results). 이는 정책집행자에게 권한과 재량을 주고 불필요한 감독행위를 담당하는 상부구조를 줄여야 한다는 인식에서 나온 원칙이다. 혁신적인 아이디어와 함께 실제적인 문제 해결 능력은 현장성 있는 감각을 지니고 고객들과 상호작용의 결과로서 학습된 경험을 가진 일선관료(street-level bureaucrats)로부터 주로 나온다는 인식이 이 원리의 기저에 함축되어 있다. 넷째, 적은 비용으로 더 많은 것을 생산하도록 불필요한 것을 감축한다(cutting back to basics: producing better government for less). 이것은 일을 무조건 많이 하는 것이 아니라 국민에게 불편을 주는 일은 하지 않음으로써 비용을 절감하자는 취지를 담고 있다. 예를 들면 대통령에게 세출예산 항목을 통폐합할 수 있는 권한을 부여하여 불필요한 부분의 예산 집행은 막도록 하는 방안이 건의된 것에서 이를 확인할 수 있다.

이상과 같은 원칙에 따라 낭비를 줄이고, 불필요한 규제를 제거하며 납세자에게 봉사하는, 작지만 생산적인 정부를 구현하는 것이 미국 행정개혁의 핵심 내용이며 기업가적 정부의 본질을 이루고 있다. 이러한 원칙에 의해 전개된 미국의 행정개혁 성과는 ① 연방정부의 규모 축소, ② 성과 중심의 행정관리, ③ 정보기술의 활용과 전자정부의 구현, ④ 규제 개혁, ⑤ 고객에 대한 서비스 전달체계의 개선, ⑥ 행정 내부의 관리개혁의 형태로 나타났다.

제 3 절 정부혁신의 방향

1 혁신정부의 모형

20세기 행정국가의 시스템은 대체로 경제력 중심의 국가 발전과 사회복지의 증대에 목표를 둔 강력한 정부와 거대한 행정조직의 유지에 있었다. 그러나 고비용 저효율의 행정구조와 비탄력적인 관료조직은 급변하는 환경변화에 탄력적으로 대처하지 못해 정부실패를 초래함으로써 새로운 공공관리 전략을 요구하게 되었다.

정부혁신의 배경적 요인은 여러 가지가 있지만, 주요 OECD 국가를 중심으로 그 원인을 살펴보면(박희봉 · 김상묵, 1998: 19-35), 첫째, 과중한 재정적자와 공공 부채로 인한 공공 부문의 한계에 대한 인식의 고조, 둘째, 세계화 추세가 일반화되어 감에 따라 국가경쟁력에 미치는 정부 역할의 중요성 제고, 셋째, 공공 부문의 생산성이 민간 부문에 뒤졌다는 인식의 확산, 넷째, 공공 부문이 민간 부문에 불필요한 부담을 주면서 국가 발전의 걸림돌이 되고 있다는 우려, 다섯째, 전통적 처방에 의한 정부의 사회경제적 문제 해결 능력의 미흡, 여섯째, 서비스의 질에 대한 시민 요구의 증가, 마지막으로 정보기술의 급속한 발달 등이다.

이상의 여러 요인들 가운데 특히 행정개혁의 중요한 촉발 요인으로 지적할 수 있는 것은 국제 경쟁의 점진적인 강화와 국가 경쟁력의 지속적인 저하, 사회 · 문화적 변화에 대한 행정의 비효율적 대응이라 하겠다. 따라서 행정환경의 새로운 변화에 적응하면서 정부의 경쟁력과 효율성을 획기적으로 제고하기 위해 새로운 정부 운영 방식이 요구되었는데, 이것이 바로 신자유주의에 기초한 신공공관리이다.

신공공관리가 지향하는 정부는 오스본(D. Osborne)과 게블러(T. Gaebler)가 제시한 정부모형이 많은 의미를 담고 있다. 그들은 혁신정부 모형으로

① 촉진적 정부(catalytic), ② 지역사회가 주도하는 정부(community owned), ③ 경쟁적 정부(competitive), ④ 사명 지향 정부(mission driven), ⑤ 성과 지향 정부(result oriented), ⑥ 고객 지향 정부(customer driven), ⑦ 기업가 정부(enterprising), ⑧ 미래에 대비하는 정부(anticipatory), ⑨ 분권적 정부(decentralized), ⑩ 시장 지향 정부(market oriented) 모형을 들고 있다(Osborne & Gaebler, 1992).

2 지방정부 혁신의 방향

1) 작은 정부

신자유주의 국정관리의 방향은 작은 정부(small government)를 지향하는 것이다. 작은 정부는 개인의 영역에 대한 국가적 개입을 최소화하는 데서 비롯된다. 이것은 국가 기능을 축소하고 시민에게 더 많은 활동 기회와 자유를 부여하는 것을 말한다. 개인의 자유는 활동의 자유와 경제적 선택의 자유로 나누어 생각할 수 있다. 전자는 자유주의 시대에 강조되던 소극적 의미의 자유이며, 후자는 복지국가 시대에 강조된 평등 이념에 기초한 경제적 평등을 의미한다. 그러나 신자유주의(new liberalism)는 전자에 더욱 무게를 두고 있다. 따라서 개인이 소유한 경제적 부를 기준으로 자유의 정도를 평가하고 부(富)의 균형을 통해 자유를 보장하려는 적극적 자유관은 결국 개인의 자유를 침해하여 진정한 자유주의를 형성하지 못하게 하므로(공병호, 1996: 162-166), 정부는 소극적인 의미의 자유를 우선적으로 고려해야 한다는 것이다.

작은 정부를 지향해야 될 논거는 큰 정부가 초래하는 부정적 측면들에 있다. 즉 작은 정부를 지향함으로써 첫째, 경직화된 관료사회의 비효율을 제거할 수 있다. 둘째, 민간 부문의 활성화를 도모할 수 있다. 이것은 경제적 자유의 확대와 시장적 경쟁의 강화를 의미한다. 즉 공공 부문의 축소는 정부 규제가 그만큼 적어지므로 민간 부문이 상대적으로 확대되면서 자유경쟁이 더욱 강화되는 것이다. 정부의 경제에 대한 역할은 시장의 공정한 경쟁 조건을 마련하는 데 그쳐야 한다. 그러나 그 이상으로 개입하는 것은 경제의 정상적인 흐름을 가로막아 자원 배분을 왜곡할 뿐만 아니라 민간 부문의 창의성(originality)과 경쟁력(competitive power)을 상실케 하여 궁극적으로 경제 발전을 저해하는 요인으로 작용한다. 경제에 대한 국가의 적극적 개입은 자원이 빈약하고 민족자본이 형성되지 못한 후진국의 경제 개발에는 큰 도움을 줄 수 있지만 국민경제가 어느 정도 성숙한 단계에 도달한 국가에서는 오히려 장해 요인으로 작용한다.

2) 내부경쟁과 성과 지향

신자유주의 국정관리의 하나는 행정부 내부에 경쟁 체제를 장착하는 것이다. 정부는 공공 서비스를 독점하여 공급하기 때문에 원천적으로 경쟁이 존재할 수 없는 영역이다. 따라서 외부적 경쟁자가 존재하지 않음으로써 발생되는 비효율을 극복하기 위해서는 차선의 방법으로 행정부 내부의 시장화를 통해 경쟁성을 제고하여 생산성을 제고할 수밖에 없다. 이를 위해 정부는 목표에 의한 관리제도(MBO)와 근무성적평정제도를 인사제도와 보수제도에 연계하여 운영하는 것이 일반적이다.

목표관리제도는 공공 분야에 적용하기 어려운 측면이 있어 과거 공공 분야에 도입을 시도하다 실패한 경험을 가지고 있지만 과학기술의 발달에 힘입어 의사결정 기법과 직무분석 기법이 크게 발달하여 공공 업무의 단위화(unit making)와 계량화(quantification)가 용이해짐으로써 오늘날 이 제도는 새롭게 조명을 받고 있다. 현대 민주사회는 행정의 투명성과 국민에 대한 응답성을 그 어느 때보다 강하게 요구하고 있는 상황이므로 목표관리제도는 시대적 요구에 부합하는 제도로 평가되어 오늘날 많은 국가로 확산되어 가고 있다. 우리나라도 1999년부터 지방정부를 중심으로 이 제도가 도입되어 현재 시행 중이다.

3) 환경대응과 고객 지향

공공 부문이 가장 전환하기 어려운 부분이 있다면 그것은 공공 서비스의 수요자에 대한 고객 존중 태도라 할 수 있다. 이것은 재화를 독점적으로 공급하는 민간기업과 공공기관 모두 동일게 요구되는 행태이다. 그 동안 국가개입주의의 영향 아래 비대화된 정부 부문의 경직화 현상은 국민의 요구에 신속히 대응할 수 없는 한계를 원천적으로 내포하고 있었다. 따라서 신자유주의는 이러한 정부의 경직적 메커니즘(stiff mechanism)을 치유하기 위해 등장된 것인 만큼 외부 환경 변화에 민감할 뿐만 아니라 고객의 요구에 순응적이다. 영국은 종래 명령에 의해 움직이는 사회를 자발적으로 작동되는 사회로 변모시키고자 신관리주의를 표방했기 때문에 당연히 고객지향의 행정에 초점을 맞추게 되었다. 즉 승객헌장(passenger), 환자헌장(patient), 학부모헌장(parents) 등을 통해 정부의 경직화된 대국민 서비스를 시장적 조건에 맞추어 나가게 된 것이다. 특히 미국의 경우는 기업가적 정부를 표방하여 고객에 더 많은 관심을 보였고, 특히 공공 서비스 전달 기준을 계량화함으로써 좀 더 국민에게 가까이 다가서게 되었다.

4) 정부와 민간 부문 간의 협력 강화

지방정부의 혁신이 성공적으로 정착하기 위해서는 민간 부문과 협력 체제를 구축해야 할 것이다. 지방 거버넌스(local governance)라 함은 단순한 주민참여 개념보다 급진적이고 적극적인 개념으로서 국가기관인 행정기관, 자본 영역인 기업, 시민사회 구성원인 시민집단 간의 관계에 근거하여 공사간의 구분 없이 협력과 참여라는 파트너십을 통해 공공문제를 해결해 나가는 방식을 지칭한다. 지방 거버넌스(local governance)의 특징은 지방정부를 중심으로 한 제도적이고 공식적인 관계보다는 행정기관, 기업, 시민집단 간에 각자의 전략적 목표와 이해관계를 네트워킹을 통해 조정, 통합해 나가는 데 있다.

이러한 지방 거버넌스 대두의 일반적인 배경은 후기 관료주의 국가의 등장에 따른 공공 서비스의 민간위탁, 정책과 집행 기능의 분리, 다양한 기관들 간의 성과경쟁 중시와 관련지을 수 있다(차미숙 외, 2003). 현대 정부는 지역 주민에게 무언가를 제공하는 것보다는 가능하도록 한다는 의미에서 점차 직접 모든 것을 집행하기보다 방향을 잡아가는 안내자로서의 역할이 커져가고 있다. 또한 정부는 정부가 직접 지역사회의 모든 문제를 해결하려고 해서는 안 된다. 즉 지시하고 통제하기보다는 서로 돕고 협력해야 한다(Leach & Smith, 2001).

제 4 절 지방정부 혁신의 수단

1 정부혁신의 일반적 수단

1) 다운사이징

지방정부 다운사이징(down sizing)의 핵심적 내용은 조직과 인력의 감축, 사업활동의 축소라 할 수 있다. 먼저 인력 조정과 연계한 조직 개편은 가장 먼저 손쉽게 시도하는 생존전략이라 할 수 있지만 공무원의 감축은 강한 신분 보장 때문에 이의 감축이 쉽지 않다. 인력의 감축 방안은 희망퇴직, 명예퇴직, 권고사직, 신규채용 중지 등(김용달, 2000: 34-38)을 들 수 있지만 명예퇴직과 신규채용 중지가 일반적 수단이라 할 수 있다.

인력 구조조정의 초점은 양적 인력 감축뿐만 아니라 인력구조의 질적 고도화를 추구하는 조직개혁에 있으며, 사업구조 · 재무구조 · 조직구조 · 관리구조 등 여타의 구조조정에서와 마찬가지로 핵심 역량 강화에 놓여져야 한다. 위기 상황에 대한 일시 미봉책으로서 인력 구조조정을 실시하는 경우 구성원의 사기 저하로 인해 저생산성에 처하게 되어, 결과적으로 다시 인력 구조조정이 필요하게 되는 악순환의 고리로 빠져들 수 있다. 무엇보다도 중요한 것은 인력 구조조정의 필요성이 높아졌을 때 그 원인에 대한 냉철한 판단에 입각하여 근본적 처방으로서 가장 적합한 방법을 선택하고 시행하여 미래 지향의 인력구조를 구축하는 것이다.

2) 아웃소싱

지방정부 기능의 아웃소싱(outsourcing)은 외부위탁을 의미한다. 이것은 주변 업무를 외주화(outside order)함으로써 핵심 역량을 강화하는 데 있다. 즉 보유 자원을 집중하여 조직의 업무 가치를 극대화하는 데 있다. 이러한 외부위탁은 관리비용을 절감하여 재무구조의 건전화를 도모하고, 경기 변동과 같은 경제적 환경 변화에 신속히 대응할 수 있는 조직의 유연성을 제고할 수 있을 뿐만 아니라 인적·물적 자산의 효율적 활용을 통해 생산성을 제고할 수 있다. 정부조직이나 민간기업 모두 아웃소싱을 시도하는 궁극적 목적은 조직의 생존에 있으며, 이를 좀 더 구체적으로 말하면 능률의 향상과 경쟁력의 제고에 있다. 아웃소싱은 일반적으로 정부조직이 계약을 통해 기능의 일부 또는 전부를 제3자에게 위탁 처리하는 경우이다.

3) 벤치마킹

벤치마킹(benchmarking)은 지속적인 발전과 개선을 도모하기 위해 정부 내부의 활동과 기능, 그리고 관리 능력을 외부기관과 비교하여 모방 여부를 판단하는 것을 말한다. 즉 최고 선두그룹 조직의 경영 방법을 비교 분석한 후 우수한 측면을 지속적·체계적으로 모방하여 경영의 개선을 도모하고, 나아가 선두 그룹(leading group)을 앞서가는 프로세스라 말할 수 있다. 벤치마킹은 민간 부문의 경영기법이나 관리 방식, 시장경제 원리의 요소 등을 그대로 정부에 투영하고자 하는 것이 아니라 민간 부문이 갖고 있는 장점을 정부조직에 접목시켜 운영의 효율화를 도모하기 위한 전략적 방법이다.

이러한 벤치마킹은 대상 기관의 선정과 적용 분야의 결정이 먼저 이루어져야 하고, 선두 그룹과의 격차 발생 원인과 그 폭을 정확히 분석하여 대응할 때 더 높은 효과를 거둘 수 있다. 즉 벤치마킹의 절차는 대상 부문의 결정, 모방대상기관의 결정, 팀의 구성, 카운터 파트의 선정, 자료 수집 및 격차 비교, 결과 보고, 개선활동으로 이루어진다(심재권, 2004: 205-206).

4) 리엔지니어링

리엔지니어링(re-engineering)은 업무재설계(BPS: business process restructuring)로서 비용, 편익, 서비스의 품질 및 속도 등과 같은 정부의 핵심적 성과를 획기적으로 향상시키기 위해 정부활동의 프로세스를 근본적으로 재검토하고 원천적으로 재설계하는 것을 말한다(강신규 외, 2002: 184). 이러한 리엔지니어링은 사회 분화, 고객 지향 등 행정환경의 변화, 그리고 조직의 대규모화 및 프로세스의 복잡화, 창의성의 결핍, 규모의 비경제성 등 정부 내부적 요인으로 인한 비효율을 극복하기 위해 모색되는 구조조정 방법의 하나이다.

특히 지식기반 사회에서 새로운 정보기술의 토대 위에 조직의 발전을 저해하는 근본적이고 구조적 문제를 재검토하여 새로운 기회를 찾는 것은 매우 중요한 일이다. 이러한 리엔지니어링을 통해 가져오는 기대 효과는 피라미드식 계층구조의 파괴, 서비스와 품질의 개선, 의사전달의 촉진 등이며, 민원처리 절차의 간소화 및 서류의 감축, 업무 권한 및 책임의 위임, 보고 및 회의의 간소화, 결제 단계의 축소 및 전산 결제 등은 이의 구체적인 세부 방안들이라 할 수 있다.

5) 리스트럭처링

리스트럭처링(restructuring)은 시스템이나 조직을 새로운 방향으로 조정하는 것을 의미한다. 기업 차원에서는 일반적으로 사업구조 재구축의 의미를 가진다. 즉 사업의 통폐합, 사업의 재편, 사업의 철수, 특정 사업의 분리, 기존 사업의 포기, 새로운 사업 분야의 개척 등 사업구조의 리뉴얼(renewal)을 말한다. 이러한 의미에서 본다면 리스트럭처링은 사업을 중심으로 한 구조조정을 말하고, 리엔지니어링은 프로세스를 중심으로 한 구조조정이라는 점에서 양자는 구별된다.

이러한 리스트럭처링을 통해 얻을 수 있는 기대 효과는 경영전략에 적합한 조직과 사업의 재구축, 사업의 구조조정, 다운사이징, 조직문화의 재구축, 조직풍토의 쇄신 등 긍정적 효과를 수반하게 된다. 그러나 지방정부는 일반 행정조직이기 때문에 사업의 재구성과 같은 구조조정은 크게 요구되지 않으나 프로세스의 구조조정은 비교적 많이 요구되는 편이다.

2 행정관리의 발전 과제

1) 경쟁 체제의 확대

지방정부는 정부 내 경쟁 체제를 강화하기 위해 목표관리제를 실시하고 있다. 목표관리제를 인사관리와 연계하기 위해 지방공무원 보수 체계를 개편하여 2000년 1월부터 고위직 공무원(1~3급)을 대상으로 전년도의 업무 실적을 기초로 성과급 연봉을 지급하도록 했으며(지방공무원 보수규정 제38조), 또한 4급 이하의 공무원에 대해서는 종래의 특별상여수당을 성과급 제도로 확대 개편하여 1999년 1월부터 업무 실적에 따라 성과상여금을 지급하도록 했다(지방공무원 수당규정 제6조의 2, 별표 2의2 및 별표 2의3).[2)]

또한 지방정부들은 목표관리와 근무성적평정제도와의 연계를 위해 4급 이상 공무원은 목표달성도를 기준으로 평정하도록 하고(지방공무원 평정규칙 제7조), 5급 이하의 공무원은 근무 실적 60%, 직무 수행 능력 30%, 직무 수행 태도 10%로 실적 위주의 근무성적 평정 기준으로 변경함으로써 목표관리제의 외부적 연계를 강화했다(지방공무원 평정규칙 제8조 제4항).

앞으로 정부 내부에 경쟁 압력을 도입하고, 전문 인력의 활용을 촉진하기 위해서는 고위직의 일정 수준까지 개방형 직위로 운영하는 개방형 임용제의 도입이 요구된다. 개방형 임용 대상 직위는 전문성과 중요도를 고려하여 선정해야 할 것이며, 이들 직위는 정부 내부와 외부의 인사를 대상으로 경쟁에 의해 선발하도록 해야 할 것이다

2) 고객 지향 행정 체제의 강화

정부 고객헌장제도를 도입하여 서비스 이행 기준의 설정, 잘못된 서비스

---

2) 세부적으로는 업무 실적이 상위 10% 이내의 해당자에게는 월 봉급액의 200%, 10% 초과 25% 이내의 해당자는 월 봉급액의 100%, 상위 25% 초과 50% 이내의 해당자는 월 봉급액의 50%를 지급하도록 했다(지방공무원 수당규정 제6조의 2, 별표 2의2 및 별표 2의3).

에 대한 시정 등 고객 중심의 서비스 제공을 위한 기반을 정비할 필요가 있다. 정부를 고객 중심의 서비스 운영을 유도하기 위해 우리나라는 고객만족도 평가 실시, 고객헌장제도 도입, 고객 불편 해소 과제 발굴 등이 추진되고 있다. 고객만족도 평가는 지방정부가 지역 주민을 대상으로 조사하여 향후의 행정관리에 참고자료로 활용하는 데 그 목적이 있다. 고객헌장제도는 서비스의 제공 방법 및 기준, 잘못된 서비스에 대한 보상 조치 등의 기준으로서 수요자 중심(주민 중심)의 서비스 제공을 위한 제도로서 현재 도입하여 시행되고 있다. 결국 고객만족 경영 마인드의 확산은 궁극적으로 정부조직의 효율성을 향상시키고 경쟁력이 제고될 것으로 기대된다.

3) 행정정보 공개의 확대

행정정보의 공개는 지방정부 등 정보 보유기관이 행정에 관한 정보를 주민에게 공개하는 것을 말한다. 이러한 정보 공개의 개념은 정보 공개 의무의 유무에 따라 광의, 협의, 최협의로 구분할 수 있으며, 중간 수준인 협의의 개념을 일반적으로 정보 공개로 보고 있다. 광의의 정보 공개는 공공기관이 소유하고 있는 정보를 일반 국민에게 제공하는 일체의 행위를 의미한다. 협의의 정보 공개는 공공기관이 보유하고 있는 정보 중 의무적으로 공개해야 할 사항에 한정된 정보 공개를 의미한다. 이보다 더 좁은 협의의 정보 공개는 공공기관이 법령에 의해 의무적으로 정보를 제공하는 경우라 하더라도 국민의 청구행위가 있을 때 비로소 정보 공개가 이루어지는 경우이다.

행정정보의 공개는 무엇보다 주민의 알 권리를 충족시켜 주는 데 의의가 있다. 알 권리라 함은 일반적으로 접근할 수 있는 정보원으로부터 의사 형성에 필요한 정보를 수집하고, 취사·선택할 뿐만 아니라 필요한 경우 정보의 공개를 적극적으로 청구할 수 있는 권리를 의미한다. 이러한 알 권리에 의해 획득된 정보는 행정을 감시 비판하거나 국민의 자유와 권리를 보호하고 구제할 수 있는 여건을 만들어 준다.

4) 균형성과관리제도의 확대

전통적인 재무 성과의 평가는 단기적이고 균형적이지 못할 뿐만 아니라 기업의 전략적 목표를 달성하는 데 오히려 저해 요인이 될 수 있다는 비난을 받아 왔다. 이러한 문제를 해결하기 위해 고안된 것이 최근에 개발된 균형성과관리(BSC: balanced score card) 제도이다. 이것은 하버드 경영대학원(Harvard Business School)의 캐플란(Robert S. Kaplan) 교수와 경영 및 회계 관련 기업인 KPMG의 연구지부 최고경영자인 노턴(David Norton)이 「미래 조직에서의 성과 측정(Measuring Performance In The Organization Of The Future)」이라는 공동연구 프로젝트의 결과로서 소개된 것이다(Kaplan & Norton, 1992 / 송경근 · 성시중 역, 2002).

이러한 균형성과관리제도는 민간 기업에서 최근 많이 활용되고 있지만 우리나라 공직사회에서도 이를 도입하여 점차 그 사용을 확대해 나가고 있다. 이러한 균형성과관리는 네 가지의 관점에서 조직을 관리하는데, 그 동안 고위직 공무원들이 3~5개의 목표를 설정하여 관리해 온 목표관리제와 거의 일치함에 따라 기존의 목표관리제를 폐지하고, 균형성과관리 제도로 대신하고 있는 실정이다. 즉 ① 고객 관점, ② 내부 프로세스 관점, ③ 학습 및 성장 관점, ④ 재무 관점에서 조직관리가 이루어지는 것이 특징이다(Kaplan & Norton, 1998: 135).

고객의 관점(perspective of customer)은 고객의 입장에서 고객의 효익(効益)이 증가되는 내용을 의미하는 것으로서 가격 · 품질 · 서비스 등이 여기에 해당한다. 균형성과관리제도가 성공하기 위해서는 고객들이 관심을 가지는 가격과 품질, 서비스에 관한 목표들을 먼저 정확히 담아 내고, 그 다음 이들 목표에 대해 구체적인 측정치로 전환시켜 주어야 한다.

내부 프로세스 관점(perspective of process)은 주로 추진되어야 할 사업 자체에 관련되는 것으로서 이들 측정치는 사업 주체가 고객들의 기대에 부응하기 위해 내적으로 무엇을 해야 하는가에 대한 측정치로서 원가, 품질, 생산성 등이 여기에 해당한다. 따라서 기업은 내부 프로세스 관점을 통해 고객과 주주의 목표를 달성하는 데 핵심적인 사업의 프로세스들을 구체화한다.

학습 및 성장 관점(perspective of study and growth)은 장기적인 성장과 발전을 위해 반드시 구축해야 하는 기반 구조로서 교육과 훈련, 보직관리 등의 능력 개발에 관한 측정치들이 여기에 해당한다. 이것은 조직이 장기적으로 발전할 수 있는 자조적 능력을 갖추게 하는 것이므로 BSC의 네 가지 관점 중에서 가장 미래 지향적인 선행지표에 해당한다. 따라서 미래의 잠재력에 대한 투자가 조직의 성장에 어떠한 영향을 미칠 것인가를 이 관점에서 파악할 수 있다.

재무적 관점(perspective of finance)은 조직의 수익과 성장 등 재무적인 지표에 관련된 것으로서 조직의 성과를 보여 주기 위한 측정치들이다. 평소 구성원들의 각종 실천 행위의 결과로서 이루어진 재무적 성과측정치들은 대차대조표 및 손익계산서상에 나타나 기업의 건전성 여부를 외부에 노출하게 된다. 이러한 의미에서 본다면 고객 관점, 프로세스 관점, 성장 및 학습 관점은 모두 재무적 관점의 목표치에 연결되어 작용하고 있는 것이다.

제 5 절 지역혁신과 지역 발전

1 지역혁신 체제의 의의

국민경제의 발전과 국토의 균형적 발전이라는 측면에서 지역혁신은 최근에 중요한 의미를 지니고 있다. 혁신이란 용어가 중요한 학문적 논의의 대상으로 부각되기 시작한 것은 현대 사회가 지식기반 사회로 진입함에 따라 기술혁신이 기업 성장이나 국가 성장의 원동력이라는 시각이 강력하게 제기된 때부터이다. 이것은 주로 유럽의 학자들에 의해 비교적 최근에 제기된 입장으로서 그들은 경제 발전의 동력은 과학의 발전이나 기술의 발전(발명, 발견, 개발) 그 자체가 아니라 과학기술을 상품화하여 초과 이윤을 획득하는 능력(혁신 능력)이라는 사실을 주장했고, 그러한 주장이 점차 국가 발전 및 지역 발전의 지배적 패러다임으로 자리를 잡아 감에 따라 혁신이라 개념은 학문 및 실무 영역에서 동시적으로 주목받게 되었다(김영정,

2004: 29).

지역혁신 체제(regional innovation system)는 지역, 혁신, 체제의 세 개념이 합성된 개념이다. 여기에서 지역이라 함은 국가의 광역적인 하위 공간 단위로서 토질 및 기후 등 자연적 지리적 조건에 기초하여 사람들이 사회·경제적 활동을 할 때의 경계 있는 터전이라 말할 수 있다. 혁신은 좁은 의미에서는 생산 과정의 기술적 혁신을 의미하지만 넓은 의미에서는 경제적으로 중요성을 지닌 새로운 창조물을 모두 혁신으로 정의할 수 있다. 즉 혁신은 "경제적으로 유용한 지식의 창출 및 이용 과정에서 이루어지는 체제내적 요소들의 상호 복합적 작용을 통해 생성되는 새로운 산물"로 정의한다(임경순, 2003: 29). 그리고 체제는 상호 영향을 주고받는 주체들 간의 관계적 구조를 의미한다.

따라서 세 가지 개념을 합성한 지역혁신 체제는 일정 지역 단위의 발전을 위해 경제적으로 유용한 새로운 지식과 기술을 생산·확산·활용하는 과정에서 엮어지는 경제 주체들 간의 역동적인 네트워크 구조라고 정의할 수 있다. 즉 지역혁신 체제는 대학·기업·연구소·지방자치단체 등 지역의 산업생산 주체, 과학기술 주체, 기업 지원 주체들 간의 상호 협력과 공동학습을 통해 지역경제를 활성화할 수 있는 요소들의 관계구조를 의미하는 것이다.[3] 이러한 지역혁신을 이끌어 내기 위해서는 무엇보다 혁신 기반에 해당하는 인적 자원(human resources)의 개발이 우선되어야 한다.

지역혁신은 지역 개발과는 서로 구별되는 개념이다. 지역 개발의 주체는 정부이지만 지역혁신의 주체는 기업, 학교, 연구소, 지방자치단체, 전문인력, 시민단체 등이다. 그리고 지역개발사업의 대상은 다양한 분야에 걸친 사업이지만 지역혁신사업의 대상은 지식집약산업(knowledge intensive industry)에 한정되는 점에서 차이가 있다(표 13-1).

3) 지역혁신 체제에 대한 정의로서 김선배(2001)는 지역 내 다양한 경제 주체들이 지역의 생산 과정이나 새로운 기술과 지식의 창출·확산·활용 과정에서 역동적으로 상호작용하고 협력함으로써 형성되는 일정 지역 내의 경제 주체들 간의 연결 구조인 네트워크 체계로 정의하고 있다. 김형기(2003: 143)는 혁신 주체들을 상호학습 과정에 참여시키는 지역에 뿌리내린 조직이나 제도 형태들의 총체로 보며, 정치·경제·사회·문화가 망라된 지역사회 시스템으로 보고 있다

〈표 13-1〉지역개발과 지역혁신의 차이점

	지역 개발	지역혁신
주체	정부	기업, 학교, 연구소, 지방자치단체, 전문인력, 시민단체 등
방법	종합적(백화점식)	지식집약산업(leading industry)

지역혁신 체제를 형성하는 구성 요소는 상부구조와 하부구조로 나뉜다. 상부구조는 지역의 조직과 제도, 문화, 규범 등이며, 하부구조는 물리적 하부구조와 사회적 하부구조로 나뉜다. 물리적 하부구조는 도로, 공항, 통신망 등이며, 사회적 하부구조는 대학, 연구소, 금융기관, 교육훈련기관, 지방정부 등의 행위 주체들을 말한다(이철우, 2003: 2-10). 이러한 지역혁신의 대표적 성공 사례는 미국의 실리콘 밸리, 일본의 쓰쿠바 연구학원도시, 대만의 신주과학산업단지, 영국의 케임브리지, 프랑스의 소피아, 독일의 도르트문트 등을 들 수 있다.

지역혁신 체제에 내재하는 특성으로 들 수 있는 것은 첫째, 중간 범위의 지역이 강조된다. 이것은 중앙정부보다 하위 수준이고, 일정한 문화적·역사적 동질성을 갖는 소지역(local)보다 상위 수준이므로 지역혁신에 필요한 핵심 경제 주체들의 결집과 행·재정적 능력을 갖춘 행정기관의 확보에 유리하다.

둘째, 혁신의 동력을 강조한다. 새로운 사상이나 지식 및 기술은 변화를 일으킬 수 있는 동력이며, 이것은 특히 환경적 요인과 맞물릴 때 빠른 속도로 현실화된다.

셋째, 네트워크를 강조하고 있다. 네트워크는 공통의 관심사를 추구하기 위해 연합한 경제 주체들의 공식적 또는 비공식적인 협력의 연결구조로서 다수인이 참여할 때보다 바람직 변화를 일으킬 수 있다.

넷째, 제도적 학습을 강조하고 있다. 이것은 새로운 지식과 기능 및 능력의 개발이 조직의 일상과 관행에 뿌리내려 지속적인 성장과 발전을 이룩하는 데 필요한 요소이다.

2 지방분권 · 지역혁신 · 지역 균형발전

1) 지방분권과 지역혁신 간의 관계

지방분권과 지역혁신은 상호 분리될 수 없는 불가분의 관계를 가지고 있다. 즉 지방분권 없이는 지역혁신이 제대로 될 수 없고, 지역혁신 없이는 지방분권이 제대로 추진될 수 없기 때문에 양자는 불가분의 관계에 있다 할 것이다. 지역혁신은 본래 지역 주민의 자주 능력에 기초하여 지역사회의 발전을 이루어 내는 데 그 본질이 있다. 그러나 역량을 발휘할 수 있는 자치권이 지방정부에 충분히 주어지지 않는다면 자발적이고, 내생적(endogenous) 발전은 처음부터 기대할 수 없다. 따라서 지방분권은 지역혁신을 위한 전제 조건(precondition)에 해당한다.

오늘날 강조되고 있는 새로운 지방분권은 공평성에 효율성을 더하는 생산적 지방분권이다. 이러한 생산적 지방분권(productive decentralization)은 가치의 이전만 이루어지는 것이 아니라 가치의 창출도 함께 이루어진다. 지방분권이 가치 창출을 가져오려면 지방분권이 지역혁신과 결합되어야 한다. 이러한 지역혁신은 창조적 파괴를 통해 지역의 혁신 역량을 강화하여 가치 창출 능력과 성장 잠재력을 제고하게 된다. 즉 지방분권을 통해 지방에 주어지는 권한, 세원, 인재들이 혁신과 결합하여 지역혁신 역량을 강화할 때 지방분권은 가치 창출에 기여한다. 이때 비로소 지방분권은 국가의 경쟁력 제고에 기여하게 된다.

더욱이 지역혁신 체제는 지역 내부의 자생적 발전의 잠재력을 창출한다는 점에서 지역의 내생적 발전(endogenous development)을 가능하게 한다. 지역의 내생적 발전은 지방분권적 체제 하에서 지역혁신이 추진될 때 주로 나타나는 현상으로서 이때의 지방정부는 중앙정부와 종속적 관계에서 벗어나 자립적 지역 발전을 도모할 수 있는 입지를 구축하게 된다. 오늘의 한국적 상황에서 주민의 삶의 질을 높일 수 있는 새로운 대안이 있다면, 그것은 그 동안 경험해 왔던 중앙집권적 국정 운영이나 신자유주의적 시장만

능주의에 의한 국정 운영이 아니라 이를 뛰어넘는 새로운 비전으로서의 지방분권과 지역혁신에 기초한 국정 운영이어야 할 것이다(김형기, 2004: 76-80).

2) 지역혁신과 지역 균형발전 간의 관계

지역혁신은 지방분권적 차원에서도 필요하지만 지역 균형발전의 측면에서도 필요하다. 지역 불균형발전의 문제는 주로 부존자원이 빈약한 저발전국가(undeveloped country)가 산업화를 추진하는 과정에서 흔히 나타나는 현상이다. 불균형 발전은 다양한 차원에서 논의되지만 주로 경제적 측면에서 논의되는 것이 일반적이다. 경제적으로 낙후된 지역이 다른 지역과 균형적 경제 발전을 이룩하려면 무엇보다 부가가치를 크게 창출할 수 있는 산업들이 많이 입지되어야 한다. 여기에는 공업 생산을 중심으로 한 2차 산업, 서비스를 중심으로 한 제3차 산업이 유효할 수 있다.

그러나 지역 균형발전을 위해서는 장기적으로 성장할 수 있는 산업의 입지가 무엇보다 중요하기 때문에 지방정부는 지역특화산업(regional specialized industry)을 개발하고 육성하는 데 많은 관심과 노력을 기울여 왔다. 즉 지역특화산업은 지방정부의 입장에서 볼 때 지역 불균형의 핵심적 요인으로 작용하는 지역 소득을 향상시킬 뿐만 아니라 지역의 균형발전도 함께 이루어 낼 수 있는 전략적 요소이기에 지역혁신 체제의 중요한 구성 요소로 편입된 것이다. 결론적으로 지역혁신의 요체는 지역의 혁신 능력을 지역 스스로가 창출하는 것이며, 이것은 결국 균형적인 지역 발전으로 연결되는 것이다.

3) 지방분권과 지역 균형발전 간의 관계

지방분권과 지역 균형발전의 관계는 단선적인 관계가 아니라 매우 복잡한 구조를 가지고 있다. 지방분권은 국민의 자유와 권리에 관련된 정치적이고 가치적 분권인 반면, 지역 균형발전은 수도권과 지방 간에 존재하는 경제사회적 실물 분포상의 균등화란 점에서 다르다. 따라서 지방분권의 강화는 지역 균형발전에 유리한 영향을 미치기도 하고, 반대로 지역 불균형을 확대되는 요인으로 작용하기도 한다. 만약 지역 불균형이 초래되었다면 그것은 중앙정부의 권능을 지방정부에 이양하더라도 이것을 생산적으로 이용할 수 있는 제반 여건의 불비에서 비롯된 것으로 보아야 할 것이다. 따라서 중앙정부가 권능을 이양할 때는 이의 생산적 이용이 가능한지를 잘 판단해야 한다. 그러나 국가 전체적으로 지방분권이 미진한 경우는 별개의 문제이다.

그 동안 불균형 발전전략(unbalanced development strategy)의 추진으로 인한 지역 격차 현상이 아직도 문제로 남아 있는 한국적 상황에서 볼 때, 지방분권과 지역 균형발전 사이에 비례적 함수 관계가 유지되기 위해서는 취약한 능력을 드러내고 있는 지방자치단체에 큰 힘이 될 수 있는 유력한 권능이나 자원을 선별적으로 배분하는 방안이 있다. 그러나 이것은 여러 면에서 현실적으로 어려운 점이 많기 때문에 자체적으로 역량을 강화하여 지역의 성장과 발전을 도모하는 내생적 혁신 체계(endogenous innovation system)를 활용하는 방안이 유효하다. 이러한 의미에서 본다면 지역혁신 체제는 지방분권과 지역 균형발전이 상호 비례적 함수 관계를 가질 수 있도록 작동하는 매개 변수 내지 조절 변수의 역할을 담당하는 것으로 이해된다.

3 지역혁신 체제의 핵심 요소

지역혁신 체제를 구성하는 핵심적 요소로서는 산업 클러스터의 형성과 네트워크의 활성화, 산업 육성 기반 확충, 추진 체계 및 운영 체계의 구축 등을 들 수 있다(김인중 외, 2001: 63-68).

1) 산업 클러스터 형성

지역혁신 체제의 가장 중요한 부분은 지역의 산업생산 체제와 과학기술 및 기업지원 체제를 서로 유기적으로 접합시키는 것이다. 산업생산(industrial products) 체제는 전략산업과 연관산업이 중층적으로 네트워크를 형성하고 있는 기업들의 집합체로서 지역혁신 체제의 중심이 된다. 과학기술

(technology) 체제는 대학 및 연구기관과 이들에 설치된 응용 연구시설의 집합체를 말하며, 기업 지원(supporting enterprise) 체제는 공공 및 민간 부문의 다양한 생산 지원(기술 지원, 마케팅, 유통 등) 기관 및 서비스 기업들의 집합체를 의미한다. 따라서 산업생산 체제를 중심으로 과학기술 체제와 기업 지원 체제가 서로 접합된 산업 클러스터(industrial cluster)를 형성하는 것이 지역혁신 체제 구축의 요체라 할 수 있다. 이러한 맥락에서 보면, 공공 부문의 정책적 역할은 이러한 각 체제에 연결된 기관을 설립하고 확충하는 일이 중요하다.

2) 네트워크 활성화

지역혁신 체제 구축의 기본 전제이면서 지역혁신 체제의 효율적 작동을 위한 핵심적 수단으로 네트워크의 활성화가 필요하다. 21세기 산업경쟁력은 무형자산인 정보 네트워크 및 지식기반 인프라에 의해 크게 좌우될 것이기 때문이다. 특히 네트워크 활성화는 물리적 인프라와 소프트웨어의 콘텐츠(contents)가 함께 갖추어져야 때문에, 지역 전략산업의 육성을 위한 네트워크의 활성화를 위해 중앙정부와 자지단체가 공동으로 노력해야 한다. 이러한 네트워크의 활성화를 위해서는 협력 주체, 협력 방식, 공간 차원 등 다양한 차원에서 협력 프로그램이 개발되고, 법적·제도적인 정책 수단들이 정비되어야 한다. 예컨대, 연구개발, 생산, 마케팅, 산학 등은 협력 주체 간의 네트워크 수단이며, 온라인(on-line)과 오프라인(off-line)은 협력 방식의 네트워크 수단이다.

3) 산업육성 기반 확충

지역혁신 체제의 효율적인 구축을 위해서는 전략산업 육성에 필요한 산업인력, 산업입지, 정보 인프라, 지역 마케팅 등의 산업 육성 기반이 적절히 정비·확충되어야 할 것이다. 즉 지역 전략산업과 이들 전후방 연관 기업이 모두 필요로 하는 산업인력의 양성과 클러스터(cluster)의 형성을 촉진하기 위해 물리적 기반인 산업입지의 정비와 확충이 중요하다. 따라서 산업인력의 양성은 적절한 교육제도를 통해 이루어져야 하며, 산업입지를 포함한 물리적 인프라의 조성은 중앙정부와 지방정부의 공동 노력으로 해결되어야 한다.

4) 추진 및 운영 체계의 구축

지역 전략산업의 육성을 위한 지역혁신 체제의 효율적인 운영을 위해서는 혁신 관련 자원의 확충과 더불어 국가적 차원에서의 추진 체계의 구축, 지자체 차원의 자율적 운영 체계 정비, 관련 법률과 제도의 개편이 필요하다. 기존의 지역발전 모형에서는 자원의 이동만을 강조했을 뿐 지역자원의 활용은 논의되지 않았다. 내생적 지역 발전 패러다임에서 강조하는 기본 골격은 지역경제 성장(regional economic growth)에 유리한 산업환경을 만들기 위해 혁신적인 추진기구나 제도를 정비·확충하는 것이다. 즉 지역 전략산업의 육성·발전을 위해 중앙정부 차원에서는 연도별 지원계획의 수립 및 중복사업의 조정을 위한 지역산업발전협의회와 같은 추진기구를 설치하고, 지방정부 차원에서는 지역산업발전본부와 같은 지역개발기구를 설치하여 지방정부의 자율적 운영 체계를 구축해 나가야 한다.

4 지역 발전의 내용

1) 지역경제의 성장

산업사회를 마감하고 정보화 사회로의 진입과 더불어 전개된 세계화 시대에는 정치·경제·사회·문화적 영역에서 모든 국가가 장벽을 허물고, 국제 교류를 확대해 나가는 것이 순리라고 생각하여 지방과 지역에 대해 관심을 가지는 것은 세계화의 흐름에 역행하는 것처럼 보인다. 그러나 인류가 추구하는 진정한 세계화의 의미는 다양성과 특징이 소멸되고 모든 것이 하나로 접근하는 동질화를 위한 세계화가 아니라 다양성의 기초 위에서 새로운 성장과 발전을 위한, 그리고 정체성과 독창성의 바탕 위에서 추진되는 세계화라고 한다면 앞으로 지방과 지역의 특성을 지닌 존재들은 더욱 높은 가치를 지니게 될 것이다. 즉 세계화의 치열한 경쟁 속에서 최후의 승자로 살아남거나 높은 가치를 인정받을 수 있는 것은 누구도 모방할 수 없는 독창적이고 유일성을 지닌 존재라 할 것이므로 행정 주체들은 가장 지방적이고 가장 지역적인 것을 만들어 내기 위해 많은 노력을 기울이고 있다.

지방정부를 이끌어 가는 정치행정 책임자들은 지역경제의 성장과 발전을 위한 경제적 노력의 일환으로 부존자원을 최대한 활용하는 지역특화산업을 창출하고 육성하는 데 지대한 관심을 보이고 있으며, 이러한 부존자원이 존재하지 않거나 미흡할 경우 행정 주체는 다른 지역에 비해 입지 조건이 상대적으로 유리한 업종을 성장 동력산업으로 찾게 된다.

특히 정보화 시대의 전략산업으로서 서비스업을 중심으로 한 탈공업화 산업이 중시되지만 이것은 탈공업화를 추진했던 미국, 영국, 캐나다 등 선진 민주국가들이 공업화를 중심으로 경제 발전을 이룩한 독일, 스위스, 덴마크, 일본, 포르투갈, 아일랜드, 오스트리아, 이탈리아, 뉴질랜드 등의 국가보다 소득 신장률이 낮고, 수출보다 내수에 주로 의존하기 때문에 제조업에 비해 국가의 경제 성장에 유용하지 못하다는 주장이 있다. 또한 제조업의 생산품은 빈곤에 허덕이는 세계 인구의 90%가 빈곤에서 탈출할 경우 가장 먼저 찾는 대상이므로 그 장래는 무궁하다는 논리이다(김영정, 2004: 65-66). 이러한 점에서 본다면 지역경제가 활성화되기 위해서는 적어도 다음과 같은 조건들이 충족되어야 한다.

첫째, 물적 자본의 확충(magnification of physical capital)이다. 여기에는 외국인 직접 투자, 지역산업단지 확충, 지역금융 활성화 등이 중요한 전략적 요소로 등장한다. 외국인 직접 투자는 기업이 속한 산업의 전·후방 연관 효과를 통해 고용을 창출할 뿐만 아니라 외국의 선진 기술 및 경영 기법의 도입을 통해 국내 기업의 기술 수준을 향상시킬 수 있다. 또한 선진 외국기업의 우수한 자금 동원력과 마케팅 능력을 통해 국내 경기의 하향적 변동에 완충 역할을 담당하여 궁극적으로 지역총생산(GRDP)의 증대에 이바지한다.

지역산업단지는 자본 집적을 통한 외부 경제의 실현과 규모의 경제를 실현하기 위해 조성되는 것이다. 산업단지를 선정할 때 고려할 사항은 입지의 토지, 자본, 원료, 유틸리티(utility), 교통, 노동력, 정부의 입지 관련 정책, 산업의 집적도 등을 들 수 있다.

지역 금융의 활성화는 금융 부문의 발달이 실물경제의 장기 성장과 관련이 있다는 것을 전제로 한다. 즉 발달된 금융시장은 저축을 촉진하며 자본의 효율적인 배분을 가능케 하여 실물 부문의 장기적 성장을 유도하는 역할을 하는 것이다. 즉 은행의 경쟁적인 금융 시스템이 실물 부문의 성장을 제고하는 방향으로 자원 배분을 유도하여 성장이 촉진된다고 주장한다.

둘째, 지역 인적 자본(human capital)의 확충과 기술혁신(technological innovation)이다. 이것은 자체적 인적 자본의 육성과 기술혁신이 중요하지만 이것이 쉽지 않는 상황에서는 외국인 직접 투자를 통한 기술 이전이 중요한 전략적 요소로 등장한다. 인적 자본이 경제 성장에 미치는 효과에 대한 연구는 다양하지만 연구 결과는 모두 인적 자본이 어떠한 형태로든 생산성과 경제 성장에 기여한다는 사실이다. 따라서 그 동안 중앙정부는 인적 자본의 축적과 기술 진보를 위한 정책적 노력을 기울여 왔으나 지적 인프라가 미흡한 지방정부는 외국인 투자기업의 유치를 통한 기술 이전에 주로 관심을 가져온 편이다.

외국에 투자하는 다국적기업(multinational company)은 대부분 현지의 기술 수준보다 우위에 있다고 할 수 있다. 이러한 외국 기업의 유치에 따른 기술 이전 효과에 대해 많은 논쟁이 있었으나 대부분의 국가에서 기술의 진보가 있었다는 것이 일반적 시각이다. 그러나 여기에서 유념해야 할 것은 외국인 투자기업의 기술 이전이 이루어지기 위해서는 그 기술을 전수받을 수 있는 지역의 인적 자본이 축적되어야 한다는 점이다. 그렇지 않을 경우 고도의 전문지식을 쉽게 이전받을 수 없다. 즉 외국의 선진 기술의 확산효과는 현지 지역의 인적 자본이 얼마나 축적되어 있는가에 따라 그 성과가 달리 나타난다고 하겠다.

또한 외국 기업이 투자 회사에 기술을 이전할 때의 특징은 초기 기술의 이전을 회피하고, 성숙 기술과 기술 라이프 사이클이 끝나는 저평가된 기술이 주로 이전되고 있으며, 기술 이전에는 로열티(royalty)를 지불해야 할 뿐만 아니라 자본 참가 또는 부품 등 중간재의 다른 기업 구입 제한 등 부대 조건을 제시하기 때문에 외국인 직접 투자를 통한 선진 기술의 도입은 많은 어려움이 따르므로 공동 부담과 공동연구 개발의 형태가 적합하다. 또한 조세 감면 등 외국인에게 유리한 우호적 여건을 만들어 주는 것이 필요하다.

이처럼 외국인 투자 기업의 유치는 많은 어려움이 수반되기 때문에 자체적인 인적 자본의 개발과 기술혁신으로 지역경제 발전을 도모하는 것이 최선의 길이다. 즉 연구기관 및 기술공원의 건설, 연구 생산자들의 연구 능력의 확대, 기술이전센터, 혁신서비스센터, 전문정보센터의 활성화, 산학연 연구개발 협력 체제의 구축과 기술 이전, 첨단기술 분야 신생기업의 창업 지원, 보조금과 같은 전통적 재정 수단의 활용, 지역 소재 대학의 전문교육 강화, 연구기관을 통한 재교육 및 훈련의 강화 등 지역혁신 체제의 구축과 활용에 의존하는 것이 더욱 효율적이다.

2) 삶의 질 향상

삶의 질(quality of life)은 개인의 신체적 건강, 심리적 상태, 독립의 가능성, 사회적 관계, 개인적 신념, 환경적 요인 등 여러 분야에 걸친 복잡한 구조를 지닌 광범한 개념으로서 복지 및 행복의 정도를 말한다. 그러나 이것은 동일한 대상을 두고도 각자가 다르게 느끼는 주관적인 요소가 많이 내포되어 있기 때문에 이를 개관적으로 측정하는 척도를 발견하기 힘들다. 즉 삶의 질이라는 개념에는 물질적인 측면과 정신적인 측면이 혼재하기 때문에 일반적 기준을 제시하기 힘들다는 것이다. 그러나 인간집단이 누리는 식사나 주거, 안전, 자유 및 권리 등의 수준이 높을수록 전반적인 삶의 질이 높아지기 때문에 어느 정도 질적인 삶에 대한 인식 기준이 존재한다고 보아야 할 것이다. 인간 삶의 질은 다양한 영역에서 인식되는데, 사회복지, 환경 요인, 문화예술, 사회 질서, 보건의료 등이 대표적인 영역이다.

사회복지(social security)는 주로 인간의 최저 생활을 보장하는 사회보장제도를 의미하는 것으로서 사회보험, 공적부조, 사회복지 서비스를 포함한다. 사회보험(social insurance)은 사적 보험의 원리를 공공 부문에 적용한 강제보험으로서 가입자의 기여금과 사용자의 분담금으로 재정이 운영되므로 국가의 재정적 지원이 없는 것이 원칙이지만 재정이 부족할 경우 그 일부를 지원할 수 있도록 제도화하고 있다.

공적 부조(public aid)의 경우는 정부의 예산으로 지원하는 최저생계비 이하의 저소득층에 대한 지원을 목적으로 하고 있다. 역사적으로 볼 때 이것은 과거 절대왕정 시절에 존재했던 구빈제도(救貧制度)의 현대적 부활이라 할 수 있으며, 소득 격차를 해소하여 함께 사는 사회를 만드는 사회안전망의 초석이므로 국가가 가장 관심을 기울여야 하는 대상이다. 공적 부조는 저소득 계층 외에도 국가를 위해 희생된 군경 유가족이나 전통문화를 계승하는 무형문화재 등 사회 발전을 위해 헌신한 사람에게도 생계 유지나 활동의 보전을 위해 지원하고 있다.

사회복지 서비스(social welfare services)는 노인, 아동, 장애인, 부녀자, 모자가정 등 사회적 약자의 정상적 발육이나 활동을 지원하는 제도로서 국가 · 지방정부 · 개인에게 공동의 책임을 부여하고 있다. 노인의 경우 의학기술의 발달로 인간 수명이 점차 연장되어 국민 전체 인구 중에서 65세 이상 노인이 차지하는 비율은 매년 증가되고 있는 추세이다. 일반적으로 전체 인구의 7%를 상회하면 고령화사회로, 14%를 넘으면 고령사회, 20%를 초과하면 초고령사회로 간주하고 있는데, 이들에 대한 정부 차원의 대책이 마련되어야 한다. 또한 아동은 미래의 국가를 이끌어 갈 주역으로서 정신과 육체가 건전하고 건강하게 발육되지 못하다면 국가의 미래가 약속되지 못하며, 특히 향후에 커다란 사회적 부담으로 남게 되므로 국민적 관심과 보호가 있어야 한다.

환경적 요인(environmental factors)은 역시 삶의 질과 밀접히 관련되어 있다. 이것은 다양한 측면에 관련되지만 여기에서는 주로 생활환경에 관련된다. 인간 생활의 쾌적한 환경 조건, 예컨대 상수도 및 하수도, 도로망, 대중교통 수단, 공중위생, 주거공간 등 생활기반시설이 잘 구비되지 못한 경우 인간의 삶에 많은 불편을 주게 된다. 그리고 문화예술(culture and art))에 가까이 접근할 수 있는 많은 시설공간들의 존재는 인간의 정서생활을 한층 풍요롭게 할 것이며, 사회 질서(social order))의 확립은 시민에게 평화로운 삶을 가져다 준다. 특히 사회 질서의 확립은 도덕성을 전제로 한다.

도덕성이 결여된 사회에서는 결코 사회 질서를 제대로 유지되기 힘들다. 선진 사회와 후진 사회를 가름하는 일반적 기준은 사회를 규율하는 제도적 장치들이 얼마나 정교하게 다듬어져 있으며, 시민의 도덕성이 얼마나 살아 있는가에 있다. 이것은 오랜 세월 동안 많은 국가들의 문화를 접한 외교관들의 공통된 견해로서 선진국으로 진입해야 하는 한국의 입장에서 볼 때 많은 시사점을 던져 주고 있다. 마지막으로 보건의료(health and medicine)는 질병을 예방하거나 질병이 발생했을 때 이용할 수 있는 의료시설의 수준을 의미하며, 양질의 병원시설이 다수 존재한다는 것은 건강한 생활을 담보하는 것이어서 결국 삶의 질을 높여 주는 것이다.

참고 문헌

국내 문헌

강신규 · 이철호 · 추현 · 한동훈(2002). 「경영학원론」, 서울: 형설출판사.

강신일(1988). 「공기업의 민영화에 관한 연구」, 한국개발연구원.

강신택(2005). 「행정과학의 원리」.

강황선 · 최병대(2001). 「서울시정의 로컬 거버넌스 도입 방안」, 서울시정개발연구원.

고영선 외(1999). 경쟁적 저력시장 내 자연독점 부문의 규제 체제에 관한 연구. 「공기업논총」. 11(1).

공병호(1996). 「시장경제란 무엇인가」, 서울: 한국경제연구원.

국중호(2002). 「한 · 일 지방세 구조와 조세부담 특성 비교」, 한국조세연구원.

권오성(2006). 「주요국 지방재정지원제도 비교분석」, 한국행정연구원.

김광수(1990). 「정치경제학」, 서울: 아세아문화사.

김동건(1996). 「주요국의 지방재정」, 서울: 지방경제사.

김동환(2003). 다스림 경영의 재무론적 고찰. 한국로고스경영학회. 추계학술대회 발표 논문.

김명국(2002). 광역행정 대상시설과 사무 분류의 기준, 「사회과학연구」, 제9권, 안양대학교.

김명연(1999). 주민직접참여의 활성화를 위한 법의 정비 방향, 시민자치정책센터.

김번웅(1997). 「한국행정개혁론」, 서울: 법문사.

김병국 · 금창호 · 권호철(1998). 「지방자치체제의 개편 방안: 지방행정계층과 행정구역의 개편 대안을 중심으로」, 한국지방행정연구원.

김병준(2002). 「한국지방자치론」, 서울: 법문사.

김보현 · 김용래(1985). 「지방행정의 이론과 실제」, 서울: 법문사.

김삼영(1999). 동의 기능 전환의 과제, 「시정연구」, 제19호, 대구광역시.

김석준 외(2000). 「뉴거버넌스연구」, 서울: 대영문화사.

———(2002). 「거버넌스의 이해」, 서울: 대영문화사.

김선배(2001). 지역혁신 체제 구축을 위한 산업정책모형,「지역연구」, 17(2), 한국지역학회.

김성한 역(1988). 빅토르아파 나세프 저,「역사적 유물론」, 서울: 벽두.

김안제(1979).「환경과 국토」, 서울: 박영사.

김영정(2004).「지방분권시대의 지역혁신과 지역공동체 형성」, 한국통신정보연구원 용역보고서.

김영평·최병선(1992).「행정개혁의 신화와 논리」, 서울: 나남출판사.

김완석(1994). 토지초과이득세제의 헌법적 평가,「한국조세연구」, 한국조세학회.

김용열·진태홍(2003).「기업지배구조 개혁의 성과에 관한 연구」, 산업연구원.

김용웅·차미숙·강현수(2003).「지역발전론」, 서울: 한울.

김인중·김영수·김선배(2001). 지식기반 경제에서의 지역혁신 체계 구축모형,「연구보고서」, 산업개발연구원.

김정렬(1998). 정부간 관계의 변화와 지방정부의 대응: 서구의 경험과 교훈.「한국행정연구」, 6(4).

———(2000). 정부의 미래와 거버넌스: 신공공관리와 정책네트워크,「한국행정학보」 34(1).

김재균 외(1993).「정보통신과 미래의 사회」, 한국과학기술진흥재단.

김정훈(2005).「외국의 국고보조금제도」, 한국조세연구원.

김종보(2001).「읍·면·동 기능 전환과 관련하여: 동계학술대회 자료집」, 한국지방자치학회.

김종순(2001).「지방재정학」, 서울: 삼영사.

김종원 역(2003). Meghnad Desai 저,「마르크스의 복수」, 서울: 아침이슬.

김철·신해룡(1990).「지방재정학」, 서울: 세명서관.

김필두·김선기·한표환(2002). 자치단체 간 협력사업 활성화 방안, 한국지방행정연구원.

김필두.·조석주(1998).「읍면동 기능 전환에 따른 주민자치센터 도입 방안 연구」, 한국지방행정연구원.

김태호 역(2003). Carl Marx 저,「임금, 노동과 자본」, 서울: 박홍철출판사.

김학로(1997).「지방행정의 이론과 실제」, 서울: 박영사.

김해룡(1990). 상급지방자치단체와 기초자치단체간의 기능배분,「지방자치연구」, 2(2).

김현조. 청원제도와 지방의회(Ⅰ)(1991).「지방의회정책자료집」 제4권, 동의대학교, 행정대학원 지방의회제도연구소.

———(2004).「국정관리론」, 서울: 대영문화사.

김현조·백승기 공역(1985).「사회과학의 본질」, 부산: 소문출판사.

김형기(2003). 지방분권-지역혁신과 지역발전. 「지방분권형 국가만들기」, 서울: 나남출판.
———(2004). 지방분권화시대 지역혁신을 통한 사회 발전, 「분권과 혁신」, 서울: 도서출판 소화.
김형배(1992). 「지방자치론」, 서울: 계명사.
김홍래(2005). 「지방재정의 이론과 실제」, 서울: 박영사.
나태준 외(2004). 「갈등 해결의 제도적 접근: 현행 갈등 관련 제도분석 및 대안」, 한국행정연구원.
대한국토도시계획학회(2004). 「지역발전론」, 서울: 보성각.
류재현(2002). 지방정부의 거버넌스형 시장리더십 모색, 「한국지방자치학회보」, 14(3), 한국지방자치학회.
류순현(2004). 「주와 지방정부의 형태」, 행정자치부 국제전문가과정 훈련보고서.
마르크스(1989). 정치경제학 비판 서문, 맑스·엥겔스연구소(쏘련) 편, 「맑스·엥겔스전집 I」, 서울: 백의.
박영도(1996). 주민투표법의 입법 방향, 「현안분석 96-2」, 법제연구원.
박영호 역(1996). Medsen Pirie 저, 「공공부문 개혁은 가능한가?」, 서울: 오롬시스템.
박완규(2007). 지방교부세제도의 개선 방안: 재원 및 인센티브제도를 중심으로, 「지방행정연구」, 21(1), 한국지방행정연구원.
배유일(2004). 지방 거버넌스와 제도주의적 시각: 이론, 유형 및 비교연구, 「정부학연구」, 9(2), 고려대학교 정부학연구소.
박정수(1993). 「공동세제도의 활용 방안에 관한 연구」, 한국조세연구원.
박찬욱(1994). 참여민주주의를 위한 시민주도 연대운동, 「대화」, 서울: 대화출판사.
박희봉·김상묵(1998). 외국 행정개혁과 김대중정부의 행정개혁 비교연구, 「한국행정학보」, 32(4).
부만근(2005). 「지방정치와 지방행정」 제주: 제주대학교출판부.
삼성경제연구소 역(1997). Osborne과 Gaebler 저, 「정부혁신의 길」.
소병희(2004). 「공공부문의 경제학」, 서울: 박영사.
소순창 역(2001). 고바야시 요시아키 저, 「지방정부의 실증연구: 한미일 3개국의 비교분석」, 서울: 한울.
손봉숙(1985). 「한국지방자치연구」, 서울: 삼영사.
송경근·성시중 역(2002). 「가치실현을 위한 통합경영지표 BSC」, 서울: 한언.
신무섭(2006). 「재무행정론」, 서울: 대영문화사.
심익섭(2002). 주민자치센터의 운영 활성화 방안, 「한국지방자치학회보」, 14(2).
안영훈(2006). 지방자치단체의 기관구성 다양화 방안, 한국지방행정연구원.
안용식(2004). 「지방공기업론」, 서울: 대영문화사.

엥겔스(1989). 칼 마르크스 정치경제학 비판, 맑스 · 엥겔스연구소(쏘련) 편, 「맑스 · 엥겔스전집 Ⅰ」, 서울: 백의.

유세준 외 편역(1998). 「기업형 정부 재창조」, 서울: 두남.

안성호(2005). 자치구역의 광역화를 경계한다, 「지방자치」, 통권 200호(2005. 5), 현대사회연구소.

———(2005). 자치계층의 단층화를 우려한다, 「지방자치」, 통권 201호(2005. 6), 현대사회연구소

———(2004). 로컬 거버넌스와 지역경쟁력, 「자치발전」, (2004. 9) 한국자치발전연구원.

안용식 · 강동식 · 원구환(2006). 「지방행정론」, 서울: 대영문화사.

오연천(1992). 「한국조세론」, 서울: 박영사.

오재일(1993). 중앙과 지방관계의 모델에 관한 연구: 일본의 예를 중심으로, 「한국행정학보」, 27(2).

우종덕(2007). 행정구역 확대 논의의 타당성 검토, 「지방행정연구」, 21(2).

원구환(2003). 지방정부의 거버넌스 모형 구축, 「행정논총」, 41(1).

유세준 외 편역(1998). 「기업형 정부 재창조」, 서울: 두남.

유낙근(2004). 주민자치센터의 효율성 측정과 영향요인에 관한 연구, 한양대학교 대학원 박사학위 논문.

유한성(1991). 「재정학」, 서울: 박영사.

윤건영(1995). 한국조세제도의 근본적 개혁 방안, 「지방세개혁을 위한 정책세미나 논문집」, 한국조세학회.

윤정섭(2002). 테크노폴리스, 인텔리전트 시티, 「21세기를 여는 첨단과학기술」, 한국과학기술진흥재단.

이계식(1990). 중앙 · 지방정부 간 기능 및 재원의 재조정, 송대희 · 권순원(편), 「국가 예산과 정책목표」, 한국개발연구원.

이기우(2005). 자방자치단체의 사무체계에 대한 비판적 검토: 독일의 지방사무체계를 중심으로, 「지방행정연구」, 19(1). 한국지방행정연구원.

이영조(1995). 「지방재정론」, 서울: 대명출판사.

이영희(1993). 「국세와 지방세의 합리적 세정조정 방안」, 한국지방행정연구원.

이우택(1995). 지방세행정의 주요 쟁점과 본질적 개편 방안, 「한국조세연구」, 한국조세학회.

이원희(1996). 전략적 재정운영으로서 세외수입 확충 방안, 「지방공기업과 자치시대의 재원 확보 방안」, 한국지방재정학회.

이은구 외(2003). 「로컬거버넌스」, 서울: 법문사.

이재은(2005). 지방분권형 재정체계에 적합한 지방세제 개혁 방향, 「한국지방재정

학회보」, 한국지방재정학회 2005년 10월 학술세미나 발표 논문.
———(2003). 「지방소비세제의 도입 효과와 대응 방향」, 서울대 행정대학원 국가정책 세미나.
이재은 역(2000). 神野直彦 저, 「세제개혁의 정치경제학」(システム改革の政治經濟學, 岩波書店), 한울아카데미.
이정만(2004). 지방교부세제도의 한·일간 비교연구, 「지방정부연구」, 8(2), 한국지방정부학회.
———(2008). 일본의 삼위일체 개혁의 추진과정과 성과, 「한국행정학보」, 42(1).
이창균(2005). 재정조정에 있어서의 로칼 미니멈(Local Minimum)론의 시도, 지방행정연구원.
이철우(2003). 지역혁신 시스템의 개념, 「강원광장」, 강원발전연구원.
임경순(2003). 자립형 지방화를 위한 혁신체계의 구축 방안, 최종보고서, 국토균형발전위원회.
임승빈(1997). 일본 지역사회의 전통적 주민조직의 역할, 「지방행정연구」, 12(1), 한국지방행정연구원.
장동희(1988). 「한국행정사」, 서울: 법문사.
장지호(1987). 「서독지방자치론」, 서울: 대왕사.
전상경·홍완식(1991). 「관료제의 정치경제학」, 서울: 대영문화사.
정용덕 외(2002). 「거버넌스제도의 합리적 선택」, 서울: 대영문화사.
정창화·한부영(2005). 지방분권화의 이론과 원칙 탐색, 「지방행정연구」, 한국지방행정연구원.
조정제(1991). 우리나라 관민협력체제 확립을 위한 제도 개선 방향, 지방행정연구소, 「자치행정」(1991년 9월호).
조성한(2000). 경영혁신의 허와 실: 이론적 모순과 비합리적 과정, 「한국정책학보」, 9(1).
조성호 외(2008). 행정구역 개편의 평가와 대안의 제시에 관한 연구, 「정책연구」, 2008-20, 경기개발연구원.
조창현·강태구(1998). 「지방재정조정제도」, 서울: 한양대학교출판부.
조태제(1997). 지방자치법상의 직접민주주의제도, 「헌법학연구」, 제3집, 한국헌법학회.
주재복·한부영(2006). 갈등 유형별 협력적 로컬 거버넌스의 구축 방안, 한국지방행정연구원.
주재현·김태진(2001). 정부-기업간 파트너십과 환경정책, 「한국행정연구」, 10(4).
지역개발학과 교수협의회, 「지역개발론」, 서울: 법문사.
차미숙·박형서·정윤희(2003). 「지역 발전을 위한 거버넌스 체계 구축 및 운용 방안 연구」, 국토연구원.

차병권(1984). 지방세제의 현황과 개선 방안, 최광 편, 「한국 세제의 주요 정책과제와 개선 방향」, 한국개발연구원.

최근열(2001). 주민자치센터의 활성화 방안: 대구공역시 북구를 사례로, 「지방정부 경쟁력 제고와 지역 발전」, 한국행정학회·부산경남울산제주행정학회 주최 2001년도 11월 학술세미나 발표 논문.

최영출(2002). 거버넌스 이론과 지역발전전략, 「월간국토」. 제252호, 국토연구원.

———(2004). 로컬 거버넌스의 성공적 구현을 위한 정책과정, 「지방행정연구」, 18(1).

———(2005). 지방자치단체 적정 규모 검토를 위한 실증적 연구, 「지방행정연구」, 19(2).

최유성(1997). 지방자치단체의 경영수익사업에 관한 연구, 한국행정연구원.

최창호(2003). 「지방자치학」, 서울: 삼영사.

하미승·강황선(2002). 정부의 정책 파트너로서의 지역사회 구축에 관한 연구: 주민자치센터를 통한 지역사회 구축 방안, 「2002년도 한국행정학회 하계 학술대회 발표논문집」.

한부영·신현기(2002). 「독일행정론」, 서울: 백산자료원.

한원택(1987). 「도시개발체계론」, 서울: 대왕사.

———(2000). 「지방행정론」, 서울: 박영사.

홍기용(1989). 「지역경제론」, 서울: 박영사.

황명찬(1993). 「지역개발론」, 서울: 법문사.

국토개발연구원(1988). 「광역도시시설의 입지 및 관리에 관한 연구」.

한국지방행정연구원(1993). 「지역이기주의 극복을 위한 정책연구」.

행정자치부(2007). 「지방자치백서」.

———(2007). 「지방재정연감」.

———(2007). 「행정자치통계연보」.

행정안전부(2008). 2008년 지방자치단체 예산 개요(최종).

국외 문헌

望月正光(1976). 中央政府と地方政府の 財政關係 の 一考察: 神戸勸告をめぐって, 「經濟と經濟學」, 第41號, 東京道立大學.

宮本憲一 編(1986).「地方財政の國際比較」. 東京: 勁草書房.
金子勝(1997).「市場と制度の政治經濟學」. 東京: 東京大學出版會.
______(1998). どのような新地方税が必要か. 神野直彦・金子勝 編.「地方に税源を」. 東洋經濟新報社.
村松岐夫(1988).「地方自治」, 現代政治學總書 15, 東京: 東京大學出版會.
天川晃(1983).「廣域行政과 地方分權」, ジユリスト增刊總合全集 第29號, 東京: 有裵閣.
橋本勇(1997). 條例の制定又は改廢請求,「住民參政制度(地方自治法講座 4)」, 東京: ぎょうせい.
大島通義・宮本憲一・朴健久 編(1989).「政府間財政關係論」, 東京: 有斐閣.
大出峻郎(1978).「現代地方自治全集」, 3. 東京: ぎょうせい.
石田淳・沓拔覺(1978).「現代地方自治全集」, 16. 東京: ぎょうせい.
小松芳明(1980).「各國の租税制度」, 東京: 經濟詳報社.
神野直彦(1996).「分權型社會の税・財政・金融システム」. 並河信乃 編.「分權型社會の創造」, 東洋經濟新報社.
神野直彦 轉換期の税制改革(1997). 岩波講座,「現代の法」, 東京: 岩波書店.
神野直彦・金子勝 編(1998).「地方に税源を」, 東洋經濟新報社, 文眞堂.
神野直彦・堀場勇夫(1998). 租税思想としての税源配分論, 日本地方財政學會 編.「高齡化時代の地方財政」. 東京: 勁草書房.
日本地方財政學會 編(1994).「分權化時代の地方財政」, 東京: 勁草書房.
佐藤進・林建久(1994).「地方財政讀本」, 東洋經濟新報社.
重森曉(2001).「分權社會の政策と財政」. 櫻井書店.
時頂村自治硏究會 編(2007). 市頂村合倂 ハンドブック(第4次改訂版), ぎょうせい.
出井信夫 編(2008). 地方財政 デクプク(平成 20年度版), 學陽書房.

Advisory Commission on Intergovernmental Relations(1982). *States and Local Roles in the Federal System*, Washington D.C.: U.S. Government Printing Office.
Alchian, A. & H. Demsetz(1973). The Property Rights Paradigm. *The Journal of Economic History*, 33.
Arnstein, Sharry(1996). A Ladder of Citizen Participation, *Jourral of the American Institute of Planners* 35.
Bahl, Roy(1986). The Design of Intergovernmental Transfers in Industrialized Countries. *Public Budgeting & Finance.*
Bennett, Robert J.(ed)(1990). *Decentralizations Local and Markets*, Claredon

Press.

Black, C. E.(1966). *The Dynamics of Modernization.*

Bollens, J. C. & H. J. Schmandt(ed.)(1982). *The Metropolis: Its People, Politics, and Economic Life*, New York: Harper & Row Publishers.

Brans, Marleen(1992). Theories of Local Government Reorganization: An Empirical Evaluation, *Public Administration*, Volume 70 Issue 3, Blackwell Publishing Ltd.

Brice, James(1921). *Modern Democracy*, Vol. I, New York: Macmillan Company.

Burns, Peter(2002). The Intergovernmental Regime and Public Policy, *Journal of Urban Affairs*. 24(1).

Buchanan, James M. & Gordon Tullock(1974). *The Calculus of Consent*, University of Michigan Press.

Clake, Paul, Paul Milbourne & Rebekah Widdowfield(2000). Partnership and Policy Networks in Rural Local Governance, *Public Administration*, 78(1).

Christoper, Plein L., Kenneth E. Green, & David G. Williams(1998). Organic Planning: A New Approach to Public Participation in Local Gover-nance. *Social Science Journal*, 35(4).

Cronin, Thomas E.(1989). *Direct Democracy: The Politics of Initiative, Referendum and Recall*, Harvard University Press.

Dahl, Robert A.(1961). *Who Governs*, New Haven: Yale University Press.

Dente, B. & F. Kjellberg(2007). Local Government Reform and Legitimacy, *Public Administration*, 70(3), New Jersey: Blackwell Publishing Ltd.

Donnelly, M.(1999). Making the Difference: Quality Strategy in the Public Sector. *Managing Serrice Quality*, 9(1).

Elcock, Howard(1982). *Local Government*, Cambridge: Great Britain.

Fesler, James W.(1949). *Area and Administration*, University of Alabama Press.

Flood, M. & M. Dresher(1950). Prisoner's Dilemmas, *Game Theory*, Rand Corporation.

Friedman, J.(1966). *Regional Development Policy: A Case Study of Venezuela*, MIT Press.

Friedman J. & Douglass(1978). Agropolitan Development: Towards a New Strategy for Regional Planning in Asia, F. C. Lo & K. Salih(ed.),

Growth Pole Strategy and Regional Development Policy, Oxford: Pergamon Press.

Glendinning, Caroline(2002). Martin Powel and Kirstein Rummery(ed), *Partnerships, New Labour and the Governance of Welfare*, The Policy Press.

Gore, Al(1993). Businesslike Government, *National Performance Review*.

Goss, Sue(2001). *Making Local Governance Work*, New York: Palgrave.

Hall, Jeremy L.(2007). Informing State Economic Development Policy in the New Economy: A Theoretical Foundation and Economical Examination of State Innovation in the United States, *Public Administration Review*.

Hardin, Garrett James(1968). The Tragedy of the Commons. *Science*, Vol. 162, American Association for the Advancement of Science.

Hauser, P. M.(1965). Urbanisation: An Overview. M. Hauser & L. F. Schnore(ed.), *The Study of Urbanisation*, New York: John Wiley & Sons, Ltd.

Herald, David(1984). Privatization: Analysis its appeal and Limitation, *Fiscal Studies*, Vol. 51(February).

Highsaw, Robert B. & John A. Dyer(1965). *Conflict and Change in Local Government*, University of Alabama Press.

Hirsh, W. E.(1964). Local versus Areawide Urban Government Services, *National Tax Journal*, December.

Hirschman, Albert O.(1958). *The Strategy of Economic Development*, Yale University Press.

Homans, George C.(1965). *The Nature of Social Science*, Taiwan: Rainbow-bridge Co.

Jackson, P. M.(1986). *The Political Economy of Bureaucracy*, Vol. 51, February, New Jersey: Barnes & Noble Books.

Joint Committees of American Bar Association. National Tax Association, National Association of Tax Administrations(1942), *The Coordination of Federal, State and Local Taxes*.

Jones, G. W.(1982). *New Approaches to the Central-Local Government Relationships*, England: Gower Publishing Co. Ltd.

Kaplan, R. S. & D. P. Norton(1992). The Balanced Score Card: Measures that Drive Performance. *Harvard Business Review*, January.

———(1996). *Translating Strategy in to Action: The Balanced Score Card*, Boston: Harvard Business School Press.

King, M. A.(1983). An Index Inequality: With Applications to Horizontal Equity and Social Mobility. *Econometrica*, Vol. 51.

Kickert, W.(1997). Public Governance in the Netherlands: An Alternative to Anglo- American Managerialism, *Public Administration*. 75.

Koolman, J.(2003). *Governing as Governance*. London: Sage.

Lasker, R. D., E. S. Weiss, & R. Miller(2001). Partnership Synergy: A Practical Framework for Studying, and Strengthening the Collaborative Advantage, *The Milbank Quarterly*, 79(2).

Leach, Robert & Jan Percy Smith(2001). *Local Governance in Britain*, New York: Palgrave.

Leemans, A. F.(1970). *Changing Patterns of Local Government*, The Haegue: International Union of Local Authorities.

Leibenstein, Harvey(1966). Alternative Efficiency vs X-efficiency, *The American Economic Review*, Vol. 56. No. 3. June.

Lindblom, C. E.(1977). *Politics and Market*, New York: Basic Book.

Lipman, V. D.(1949). *Local Government Area*, Oxford: Basil Blackwell.

Maher, Mariaand & Thomas Anderson(1999). *Corporate Governance: Effect on Firm performance and Economic Growth*, OECD.

MacPherson., C. B.(1973). *Democratic Theory: Essays in Retrieval*, Oxford University Press.

McLure, Charles(ed.)(1983). *Tax Assignment in Federal Countries*. Australia: Australian National University Press.

Mera, K.(1978). On the Urban Agglomeration and Economic Efficiency, in L. S. Bourne & J. W. Simmons(ed.), *Systems of Cities: Readings on Structure*, Oxford University Press.

Mercuro, Micholas & Steaven G. Medema(1997). *Economics and the Law: From Poster to Post-Modernism*, Princeton University Press.

Messer, K. C.(1993). *Tax Policy in OECD Countries: Choices and Conflicts*, Amsterdam: IBFD Publication.

Milspaugh, Arthur C.(1936). *Local Government and Crime Control*, Washington D. C.: Brookings Inc.

Monsen, R. Joseph & Keneth D. Walters(1983). *Nationalized Companies*, New York: McGraw-Hill.

Mueller, Dennis C.(1979). *Public Choice*, Cambridge University Press.

Murphy, K. J.(1985). Corporate Performance and Managerial Remuneration, *Journal of Accounting and Economics*, 7(2).

Musgrave, Richard & P. B. Musgrave(1984). *Public Finance Theory and Practice*, 3rd(ed.), Tokyo: McGraw-Hill.

Niskanen, W. A.(1971). *Bureaucracy and Representative Government*, Chicago, Illinois: University of Chicago Press.

Office of Management and Budget(2005). *Budget of the United States Government Fiscal Year 2006: Analytical Perspectives.*

Olson, Mancur Jr.(1971). *The Logic of Collective Action: Public Goods and the Theory of Groups*, Revised edition, Harvard University Press.

Osborne, D. & T. Gaebler(1992). *Reinventing Government: How the Entrepreneurial Spirit is Transforming the Public Sector*, MA: Addison-Wesley.

Osborne, D. & P. Plastrik(1997). *Barnishing Bureaucracy*, MA: Addison Wesley.

Owen, J. P. & John Norregaard(1991). *The Role of Lower Levels of Government: The Experience of Selected OECD Countries*, in Owens & Panella(ed.).

Perloff, Harvey S.(1967). Metropolitan Planning: Comments on Papers, in Wentworth Eldredge(ed.), *Taming Megalopolis*, New York: Doubleday.

Pierre, Jon(ed)(2000). *Debating Governance*, Oxford University Press.

Pondy, Louis R.(1967). Organization Conflict: Concepts and Models, *Administrative Science Quarterly*, 12(2).

Rhodes, R. A. W.(1983). *Control and Power in Central-Local Government Relation*, Aldershot: Gower Publishing Company Limited.

———(1996). The New Governance: governing without government, *Political Studies*, 44(4).

———(1997). *Understanding Governance: Policy Networks, Governance and Accountability*, Buckingham: Open University Press.

Rogers, Everett M. & Judith K. Larsen(1984). *Silicon Valley Fever: Growth of High-Tech Culture*, New York: Basic Books.

Romzek, Barbara S. & Patricia W. Ingraham(1994). *New Paradigms For Government: Issues for the Changing Public Service*, Jossey-Bass Publishers.

Sandel, Michael J.(1996). *Democracy's Discontent: American in Search of a Public Philosophy*, Harvard University Press.

Shafrits, J. E. et al.(1992). *Personal Management in Government: Politics and Process*, New York: Marcel Dekker Inc.

Sharpe, L. J.(1988). Local Government Reorganization: General Theory and U.K. Practice, B. Dente & C. Kjellberg(ed.), *The Dynamics of Institutional Change*, London: Sage.

Smilor, Raymond W., David V. Gibson, & George Kozmetsky(ed.)(1988). *Creating the Technopolis: Linking Technology Commercialization and Economic Development*, MA: Ballinger.

Smith, B. C.(1985). *Decentralization: The Traditional Dimension of the State*, London: George Allen & Unwin.

Stoker, G.(1998). Public-Private Partnership and Urban Governance, in J. Pierre(ed.), *Partners in Governance: European and American Experience*, London: Macmillan.

Tiebout, Charles M.(1956). A Pure Theory of Local Expenditure, *Journal of Political Economy*, October.

Toqueville, Alexis de(2007). *Democracy In America*(Complete), Teddington: Echo Library.

Verba, Sidney & H. Norman(1975). *Participation in America: Political Democracy, and Social Equality*, New York: Harper & Row.

Wright, D. S.(1978). *Understanding Intergovernmental Relations*, North Scituate, MA: Duxbury Press.

———(1988). *Understanding Intergovernmental Relations*(3rd), Pacific Grove, California: Brooks/Cole Publishing Co.

Zimmerman, Joseph F.(1983). *State-Local Relation: A Partnership Approach*, New York: Praeger.

찾아보기

ㄱ

간담회 391
간접세 302
개별적 배분 82, 251
개인주의자 모형 404
거버넌스 396
결절성 243
경계 변경 245
경영수익사업 314, 319
경제적 능률성 260
경제적 복지 38
경험적 연구 30
계몽사상 14
고객 지향 정부 426
고객헌장제도 432
고유권설 58
고유사무 85
고정세율 305
골격 기준 361
공동관리 376
공동사무 268
공동세 방식 295
공동처리 방식 363
공동체 의식 55
공동체의 비극 369
공리주의 74
공민관 410
공익 73
공적 부조 446
공청회 390
공회당 412
과세자주권 281, 308
과학성 26
관리기술 419
관리집행권 209
광역사무 263
광역자치단체 148
광역주의 357
광역행정 357
교부공채 353
교부금 346
교육자치제 216
국가사무 262
국고보조금 344
국고지출금 330
국내차입채 352
국민주권 사상 13
국외차입채 352
국정개혁 423
규범적 연구 29
균형성과관리 433
긍정적 외부성 373
기관분립형 158

기관위임사무 85, 271, 272
기관통합형 154
기능배분 251
기술성 27
기술혁신 444
기업가 정부 426
기준보조율 348
기준재정수요액 338
기준재정수입액 338
기채자주권 282
기초자치단체 151

ㄴ

나폴레옹(B. Napoleon) 44
내부조직권 183
내생적 발전 438
내재적 한계 225
네트워크 441
네트워크 관리자 406
뉴잉글랜드 168
능률성 76
님비(NIMBY) 372

ㄷ

다국적기업 444
다운사이징 429
다원성 79
다원주의 386
다원주의이론 119, 386
단체위임사무 85, 272
단체자치 43
단층제 222
대리자모형 107
대의회제 201
대표통할권 209
데파르트망(departement) 149
도시공동체 366
도시단체법 42, 169
도시화 94
독립모형 111
독립행정위원회 389
동반자모형 107
동원모형 404
동질성 244
디스트릭트(district) 149, 151
딜런의 법칙 110

ㄹ

라이트(D. S. Wright) 109
런던 광역정부 156
레종(région) 149
로즈(R. A. W. Rhodes) 106
로크(J. Locke) 37, 51
리바이어던 22
리스트럭처링 431
리엔지니어링 430
리프먼(V. D. Lipman) 235

ㅁ

마그나 카르타(Magna Carta) 40
마르크시즘 120
매출공채 353
명예직 200
명예혁명 40, 42
목적세 299
목표관리제도 427

몽테스키외(C. Montesquieu) 37, 51
무라마쓰 미치오(村松岐夫) 112
무임승차 375
무한경쟁 90
문화적 복지 38
민영화 423
민주성 76
민주주의 14, 15, 18
민주주의의 훈련장 48
민주화 92
민회 41, 46
밀스포(A. C. Milspaugh) 236

ㅂ

발전행정론 387
법의 정신 51
법정교부율 343
벤치마킹 430
보통교부세 334, 340
보통세 297
보편적 가치 74
복합사무조합 366
부단체장 212
부담금 315, 346
부동산교부세 341
부정적 외부성 373
북아일랜드정부 149, 223
분권교부세 340
분권적 분리형 116
분권적 융합형 115
분리모형 110
분쟁조정위원회 378
불균형 발전전략 440
브라이스(J. Bryce) 46
비권력적 통제 137

ㅅ

사무목록 방식 84
사무배분 251, 270
사무위탁 365
사법적 통제 135
사심관제도 121
사업소 214
사용료 313
사이버 의정 203
사회보험 445
사회복지 445
사회복지 서비스 446
사회적 복지 38
사회적 형평성 77
산업 클러스터 440
삶의 질 445
상대적 독립 17
상호의존모형 107
생태사회 203
샤우프조사단 254
선결처분권 219
성장거점전략 103
세계화 89
세외수입 311, 319
세원배분 289
세원분리 293
세원의 공동이용 방식 295
세입분여금제도 327
세입분할 324
세포 기준 361
소득과세 302
소비과세 302

소의회제 201
수수료 313
수요 교부금 325
수익자부담금 316
수직적 균등화 338
수평적 균등화 333
스코틀랜드정부 149, 223
스태그플레이션 421
시민사회 16
시민정부론 37, 51
시민헌장제도 423
시장-의회형 159
신공공관리 423
신관리주의 422
신다원주의 120
신자유주의 420, 422
신중앙집권 66
신지방분권 66
신행정론 388
실천적 연구 30
심의위원회 389

ㅇ

아마카와 아키라카(天川晃) 114
아웃소싱 429
애향심 55
업무 처리의 종합성 261
엘리트 385
엘리트이론 118, 385
여론조사 391
연구 대상 31
연구의 초점 31
연합 방식 365
연합정부 377
열거 방식 83
영국의 의회형 154
예시적 열거 방식 83, 176
원인자부담금 315
원조적 보조금 347
웨일스정부 149, 223
위원회 191
위임사무 85
유급직 200
유니터리 151
의결권 175
의도성 244
의사자율권 183
의원신분심사권 183
의장단 191
의회의 동의권 179, 218
이기적 유전자 369
인간관계 420
인센티브 보조금 349
인적 자본 444
인텔리전트 시티 99
일괄교부세 335
일률 교부금 325
일반재원주의 296
일반회계채 351
일부사무조합 364
일사부재의 197
임시행정조사회 256
임의세율 306
입법적 통제 134

ㅈ

자문위원회 389
자원민족주의 421

자유 74
자유주의 420
자유주의 사회 23
자주재원주의 296
자치계층 32, 222
자치구역 19, 32, 231
자치권 19
자치단체연합 366
자치단체장의 역할 210
자치사무 32
자치사법권 62
자치운영권 62
자치입법권 59
자치재정권 61
자치행정권 61
자치헌장 63
자치회 411
작은 정부 426
장려적 보조금 347
재산과세 302
재의요구권 219
재정력 285
재정보전금 314
재정불균형 324
재정자립도 283
재정자주도 284
재정지표 283, 287
적채단체 354
적채사업 354
전래권설 58
전부사무조합 367
전제주의 사회 21
절충적 배분 252
절충형 166
정당공천제 198
정률보조금 347
정보화 91
정부 간 갈등 368
정부혁신 418
정액보조금 348
정의 74
정주체계이론 243
정치경쟁모형 113
정치적 통일 17
제도적 보장설 58
제한적 열거 방식 83, 176
조건부 교부세 335
조세분할 324
조세 저항 303
조직구조 419
조화 원칙 241
종속모형 111
종합경상교부금 329
주민 18
주민감사청구제도 394
주민대표성 171
주민발안제도 393
주민소송제도 394
주민소환제도 395
주민자치 39
주민자치센터 407
주민자치위원회 414
주민총회형 167
주민투표제도 393
준자치단체 230
중복 방식 295
중세봉건 사회 20
중심지이론 242
중앙집권자 모형 404
중앙통제 134

중첩모형 111
중층제 224
증권발행채 352
지방 거버넌스 211, 402, 428
지방교부세제도 332
지방법 64
지방분권 14, 438
지방분권자 모형 404
지방세 279, 292
지방소득세 310
지방소비세 310
지방양여세 280, 330
지방의회 169
지방자치 35
지방자치단체 144
지방자치단체장 207
지방자치단체조합 364, 377
지방자치법 64, 126
지방자치헌장 64
지방재정 275
지방재정구조 279
지방재정조정제도 322
지방정부 간 갈등 371
지방제도조사회 256
지방채 349
지방행정 70
지방행정협의회 364
지방화 93
지역개발 100, 101
지역경제 442
지역 균형발전 439
지역생활권전략 104
지역이기주의 374
지역총생산 443
지역특화산업 439
지역혁신 435
지역혁신 체제 436, 440
지휘감독권 210
직무이행명령 141
직속기관 213
직접민주제 392
직접세 302
진정(陳情) 181
집권적 분리형 115
집권적 융합형 115
징세노력부 교부세 335
징수교부금 313

ㅊ

참사회형 166
창조적 파괴 418
책임운영기관 423
청교도혁명 40
청원서 182
청원수리권 180
총체적 능률 52
최소비용이론 240
출장소 214

ㅋ

카운티(county) 149
커뮤니티 협동 390
코뮌(commune) 149

ㅌ

탄력세율 306
테크노폴리스 98

텔레토피아 98
토크빌(A. de Toqueville) 46
통제의 민주성 260
통합 방식 366
특례사무 267
특별교부세 334, 340
특별지방자치단체 152, 237
특별지방행정기관 70
특별회계채 351
특정보조금 327
티부 가설 241

ㅍ

페슬러(J. W. Fesler) 235
평등 74
폐치분합 245
포괄모형 109
포괄보조금 327
포괄적 배분 82, 252
표준세율 306
표준지출액 326
프랑스대혁명 43
핌피(PIMFY) 372

ㅎ

하부행정기관 215
학부모헌장 428
한계세율 306
합리성 78
합법성 76
합병 367
합병 방식 238
합의제 행정기관 214
행정감시권 178
행정계층 221
행정구역 231
행정사무감사 178
행정사무조사 178
행정소송 379
행정위원회 389
행정적 통제 135
행정책임 명확성 259
행정통제모형 113
행정협의조정위원회 143
행정협의회 377
향약제도 123
향직단체 121
향청제도 123
향회제도 123
헌법재판소 143, 379
혁신정부 425
현대 복지사회 24
홉스(T. Hobbes) 22
효과성 77
흡수 통합 367

저자 소개

김현조(金賢祚)

[약　력]
부산대학교(행정학 학사, 석사, 박사)
부산대학교 경영대학원 경제학과 수료
미국 오리건주립대학교 객원교수
국가고시 출제위원
한국행정학회 이사
한국지방정부학회 부화장
부산경남울산제주행정학회장
부산광역시 도시혁신위원회 재정분과위원장
부산발전연구원(BDI) 자문위원
동의대학교 지방자치연구소장
동의대학교 법정대학원장 겸 행정대학원장
현 동의대학교 행정학과 교수

[저　서]
국정관리론(2004), 대영문화사
신행정학원론(공저, 2000), 금정출판사
지방자치와 지역발전(공저, 1998), 진영문화사
행정학(공역, 1988), 형설출판사
사회과학의 본질(공역, 1985), 소문출판사

지방자치론

펴낸날 / 제1판 제1쇄 2009년 7월 30일
지은이 / 김현조
펴낸이 / 임춘환
펴낸곳 / 도서출판 대영문화사
주소 / 서울 용산구 청파동 1가 178-2 ㊕ 140-869
등록 / 1975년 12월 26일 제3-16호
전화 / (02)716-3883, (02)714-3062
팩시밀리 / (02)703-3839
우체국 온라인 / 011353-02-009106

ISBN 978-89-7644-319-9

〔값 20,000원〕